總策畫　林慶彰　劉楚華

主　編　翟志成

景印香港
新亞研究所

新亞學報

第一至三十卷

第十四冊・第七卷・第二期

景印香港新亞研究所《新亞學報》（第一至三十卷）

景印香港新亞研究所《新亞學報》（第一至三十卷）

景印香港新亞研究所《新亞學報》第十四冊

第七卷・第二期　目　次

第七卷第二期

新亞學報

新亞研究所

本學報由美國哈佛燕京學社贈資印行特此誌謝

新亞研究所

目錄

新亞學報編輯畧例

（一）本刊宗旨專重研究中國學術，以登載有關中國歷史、文學、哲學、教育、社會、民族、藝術、宗教、禮俗等各項研究性的論文為限。

（二）本刊由新亞研究所主持編纂，外稿亦所歡迎。

（三）本刊年出兩期，以每年二月八月為發行期。

（四）本刊文稿每篇以五萬字為限；其篇幅過長者，當另出專刊。

（五）本刊所載各篇，其版權及繙譯權，均歸本研究所。

從北魏前期的文化與政治形態論崔浩之死（上）

逯耀東

目次

前言

當拓拔氏族部族先驅者的蹄跡，徘徊在長城外的一百五十年的後半期，曾往來馳騁於散佈在那裏的許多中國文化前鋒地區。那裏，正是漢武帝爲阻止草原民族的入侵，所建立的許多防衛性的屯墾區，在漢朝崩潰後，孤立的發展，成爲草原與農業文化接觸的過渡地帶。拓拔氏部族在這裏活動的時候，曾採用某些農業文化的特質，而促使他們原有的文化發生轉變，由畜牧轉向農業，由遷徙轉變定居。後來進入中原地區後，直接和中國文化接觸、又吸收了中原文化的意識形態，政治組織與社會結構的形式，作爲他們建國的基礎。

不過，對這些在馬背討生活的拓拔氏部族而言，中原農業文化所包含的內容，是他們所難以了解的。因爲農業文化與草原文化生產在兩種不同的環境裏，因此所表現的，是兩種不同的文化形態：「食畜肉、飲其汁，畜食草飲水，隨時轉移」。所表現的是草原民族的文化狀況；「力耕農桑，以求衣食，築城以自備」，（註一）所代表的是農業社會文化特質。（註二）

雖然拓拔氏部族進入中原地區以後，又曾採取更多的中原文化的農業技巧，學習築城藝術，模彷中原文化的生活模式；吸收中原文化的意識形態，形成他們建國的典章制度。但他們却無法突破原來文化的籬藩，毫無保留地接受一種他們渴慕已久的文化。因爲他們仍然留戀原來的遷徙生活，仍然懷念在草原的奔馳，與粗獷的射獵生涯；更充滿着征服者的優越感。所以希望在他們所建立的國家中，注入他們原有的社會結構，政治組織，意識形態等原始內容。因此形成北魏前期在政治與文化方面，「國風胡俗，相雜揉亂」的形態。

這種胡漢雜揉的形態，自拓拔珪建國以後，相繼發展到拓拔燾時代，面臨着一個抉擇的階段。因爲在拓拔燾時代，象徵着北魏前期歷史轉變的關鍵時代。在他統治北魏的時期，不僅統一黃河流域，結束自永嘉之後，中國北方混亂的局面；而且北魏的勢力深入西域，這是自漢以後所沒有的現象。另一方面，江南的局勢也開始轉變，劉宋簒晉自立，形成中國歷史上南北對峙的局面。

不過，在這時北魏的內部，却留下許多文化接觸後，所產生的問題等待解决。他們對於到底保持原有的文化形態；還是完全放棄自己的文化傳統，投入中國文化之中；或者仍然維持現狀，仍然繼續這種胡漢雜揉局面的發展，感到困惑與徬徨。這是北魏開國匆匆採用中國文化的形式，鑄造自己國家八十年後，發展到現在需要一次文化的調整與重組。在這種情形下，崔浩便躍上歷史的舞台。

關於崔浩，無可否認地，他是一個從中國文化傳統裏，薰陶出的典型知識份子。他對中國傳統文化，有廣泛的興趣與熱忱；他對沒落的門第社會，懷着濃厚的感情；他對因門第社會而形成的世族政治，充滿懷念與憧憬。但是，却不能忽略他的一生，完全消磨在這種胡漢雜揉的社會中，在他七十年生命的前二十多年，隨着他的父親在流離中，從一個五胡政權，過渡到另一個五胡政權。在這種情形下，他的家族所教育他的是一種行爲模式，可是，他所生活的社會所給與他的，却是另一種形態。尤其在他們進入北魏以後，所面臨的又是這樣的一個胡漢雜揉社會。由於過去的經驗，所以他了解如何去適應這個社會，由於他對草原文化的認識，所以能獲得拓拔氏統治者的信任，使他一直爬到政治的顛峯。不過在他內心深處，却充滿着文化的優越感，使他認爲對於中國文化的保存與發揚，不僅是他的責任，甚至是一種神聖的使命。所以他鄙視與嫌棄在他生活的社會中，所留存的草原文化的因素，而且態度是固執與偏激的。在這種情況下，祇要他一把握機會，就會對這個胡漢雜揉的社會加以改革。可是他却忽畧了在現實社會中，許多客觀的因素。這些客觀的因素，就是後來他不幸的主要原因，也是在本文準備討論的。

由於魏收對崔浩的死記載含糊，留下了千古的疑案。在過去，曾有很多的學者，企圖去解開這個歷史的結；在我們的時代，更有許多前輩的學者與我的師友，經過不斷的研究，從不同的角度，去尋求崔浩的死因，並且已經對這個問題，留下接近史實的結論。（註三）現在，我祇綜合這些結論，再從北魏前期文化與政治轉變中，討論在這個胡漢雜揉的社會中，造成崔浩死亡的客觀因素。

本文撰寫期間，承牟潤孫師、嚴耕望師指導，楊聯陞先生通訊提示若干意見，幷此致謝。

一　拓拔氏初期文化的轉變

宋書索虜傳記載：「晉朝，索頭數萬在雲中」。這個原居於嫩江東北，納爾古納河東南地區的拓拔氏部族，南遷進入草原以後，首先居於「匈奴故地」。（魏書卷一序紀）漢書地理志記載，五原郡有頭曼城，漢書匈奴傳又說：「陽山爲冒頓所居」，所以拓拔氏在未入中原以前，最初所居的「匈奴故地」，應該是指匈奴所居的漢南五原郡而言。然後再遷到盛樂，（註四）這時拓拔氏的遊牧地區，漸漸發展到河套地區，他們的遊牧範圍，西到五原，東到幽州的代郡和上谷一帶地區（註五）。

這一帶地區正是漢武帝擊敗匈奴以後，儘量經營的地方，曾築塢堡，設屯田，開郡縣，並移民實邊。雖然當時祇是爲了消極的佔領，以防止匈奴的入侵。可是却意外地將農業文化的種子，播佈到草原文化區地的邊緣，在那裏形成許多小的農業社會單位，對於以後草原和農業文化的接觸和融合，發生了不可磨滅的影響。（註六）拓拔氏後來也在這種影響下，促使其由遊牧轉向農耕。不過，在最初仍然過着以遊牧爲主的經濟生活。

「漠北人捕六畜，善馳走，逐水草而已」。（晉書卷一一二符堅載記）這是什翼犍答覆符堅的問話，也正說明當時拓拔氏的社會經濟形態。在什翼犍三十八年，派遣燕鳳出使符堅，在他和符堅的一段對話裏，也敘述出當時拓拔氏牧畜經濟的情形。魏書卷二十四燕鳳傳：

「雲中川自東山，至河西二百里，北山至南山有百餘里，每歲孟秋，馬常大集，畧爲滿谷。」

燕鳳所說的雲中川，這個周圍長兩百里，闊百餘里的地方，應該是拓拔氏牧畜的集中地。所以燕鳳對符堅說當時拓拔氏有馬百萬匹，並不是故意誇張的。因爲在這以前的拓拔官祿時代，拓拔氏部族的遊牧經濟已經呈現出「百姓義安，財畜富實」的情況。（魏書卷一紀序），同時在拓拔猗盧的時代，也曾贈送給劉琨很多的馬牛羊，這都表現當時拓拔氏部族遊牧經濟的富足與繁榮。

對於部落的畜牧事業，拓拔氏設有專門的人員管理，而且是一種專業，往往都是世襲的。魏書卷二十八庾業延與奚斤傳說，庾業延的父親與「兄和辰，世典畜牧」。而奚斤的家族，也是「世典馬牧」，由此也可以了解，在當時，「牛羊」和「馬」是分開管理的，因爲前者是遊牧社會的經濟資料，後者是草原民族的戰鬥力量。

爲了配合畜牧事業，拓拔氏當時的法律與賦稅制度也是根據牧畜經濟而訂定的，魏書卷一一一刑罰志：「當死者，聽其家献金，馬以贖」，又魏書卷一一〇食貨志：「民有牛羊百頭，献車馬一」，當時的贖罪與賦稅都是以馬爲單位，馬是草原民族對外作戰的工具，由於拓拔氏對外不斷擴展與戰爭，所以需要大量的馬，同時由於對外戰爭的勝利，在戰利品中俘獲了大量的生畜，魏書卷一紀序及卷二太祖紀。

「（什翼犍）二十六年冬十月，討高昌大破之，獲萬口馬。

二十七年討沒歌，破之，獲馬牛羊數百萬頭。
三十年冬，征衞辰，收其部，俘獲馬牛羊數十萬頭。
（登國）三年，討解如部，大破之，獲雜畜數十萬頭。
六年，討解如部，大破之，獲牛羊二十餘萬頭。
（滅劉衞辰）薄其畜產名馬三十餘萬頭，牛羊四百餘萬頭。
（天興）二年，破高車雜種五十餘部，獲馬三十餘萬頭，牛羊四十萬頭，驃騎將軍衞王儀督三萬騎，破其遺，獲馬五萬，牛羊二十餘萬頭。」

從什翼犍二十七年（西元三六四年），到拓拔珪天興二年（西元三九九年）北魏建國以前的三十餘年間，據上述統計，拓拔氏部族的畜產，最保守的說也應該增加一倍，使它的遊牧經濟力量更擴展，更擴大。

同樣地，當拓拔氏正在發展遊牧事業的時候，而其農業經濟已逐漸開始萌芽，拓拔氏開始發展農業。除了這過渡地帶原有的農業基礎影響外，最現實的原因，還是由於拓拔氏的勢力不斷擴展，不僅獲得大量的生畜，並且還掠刼了大量的人口，再加上那些歸附的部落，原來的社會經濟基礎，不足維持所統治人民的生活，因此不得不從事農業的生產。

不過，拓拔氏由牧畜轉向農耕，並不是偶然的，河地重造氏認爲當拓拔氏移居到匈奴故地前，已經形成半農半牧的社會經濟。（註七）雖然，西喇木倫河通過，形成定期的氾濫，土質的肥沃助長農業發展。不過由當時拓拔氏遊牧經濟情況看來，拓拔氏的農業還停留在萌芽階段，而附屬於遊牧經濟之下，而沒有發展到足以和遊牧抗衡的半農半牧經濟。

魏書卷一紀序記載，拓拔猗盧因爲幫助劉琨，而向劉琨要求割注陘北縣五縣地，得到允許。於是拓拔猗盧徙十萬家以塡充這個地區，通鑑卷八七永嘉四年條下稱：「劉琨徙樓煩，馬邑，陰館，繁峙，崞五縣，以其地與猗盧。」考異引劉琨集永嘉四年六月癸巳上太傅府牋稱：「雁門北有五縣在陘北，猗盧新幷塵官，國甚彊盛，從琨求陘北地……即徙陘北五縣着陘南。」又魏書卷一紀序：「琨乃徙五縣之民於陘南，帝乃徙十萬家以充之。」，同書卷二三莫含傳：「後琨徙五縣之民於陘南，含家獨留。」根據上面所引的材料，可知劉琨雖然將陘北五縣割與拓拔氏，却將全部人民南徙。但像莫含一樣，已經先歸附拓拔氏而未徙者，一定不在少數，拓拔猗盧所徙的十萬家，來塡補這塊眞空的人民，應以雁門人居多。這些被徙的雁門人，可能都是原來在耕地上的農業生產者，因爲原先拓拔氏的勢力範圍，自綏遠北套及代郡一帶地區，已有相當的農業基礎。所以居住在這個地區的「烏桓雜人」與雁門「晉人」，雖然在拓拔氏的統治之下，並沒有改變他們原來的生活方式，仍然從事農耕工作，至於拓拔氏原來遊牧部民，也仍然繼續他們逐水草轉移的遊牧生涯。

後來什翼犍被符堅所滅，拓拔氏部族瓦解，符堅分散其部落於「漢鄣故地」，對於拓拔氏農業的發展，發生很大的影响。晉書卷一一三符堅載記：

「散其部落，於漢鄣故地，立尉監行事，官寮領押之，課之治業營生……優復三年，無稅租。」

符堅分散拓拔氏的「部落」，而且派「尉」與「官寮」監視，雖然其目的是爲對拓拔部族，進行種族分化政策。不過，另一方面，由於符堅分散拓拔氏部族，並派官員監視他們的行動，可以了解那些原先過着遊牧生活的拓拔氏部民，現在被廹定居下來，並且「課之治業營生」，强廹他們從事農業生產。

符堅强廹拓拔氏部民從事農業生產，促使拓拔氏的社會經濟加速向農業的轉變，祇是一個偶然的因素。但卻影響拓拔氏注意農業生產的重要性，因此利用符堅留下的農業基礎，繼續從事農業生產。從魏書卷二太祖紀有「登國二年，幸定襄，盛樂，息衆課」的記載。不過至於拓拔氏有計劃的從事農業生產，應該是登國九年的事。魏書卷二太祖紀：

「九年三月，使東平公屯於河北五原，至於稒陽塞外。」

從五原到固陽塞一帶地區，也是漢朝時代的舊屯田區，原來就有很好的農業基礎。魏書同卷：

「（登國）六年其（七）月，衞辰遣子直力鞮，出固陽塞，侵及黑城，九月帝襲五原，屠之，收其積穀，還紐垤川，於固陽塞北，樹碑記功。」

拓拔珪襲擊五原，並且還收孤獨氏所餘的「積穀」，可以推斷這個地區的農業生產一定非常豐富，因爲所出的農產品，不僅可以維持生活，而且還有餘粮可以積蓄。

至於拓拔儀所主持的這次屯田，是軍屯的性質。而從事屯田工作的人，他們原來或是拓拔氏部族馬上的戰士，或是牧地上的牧民，以及有農業生產經驗的別部人在拓拔儀率領下從事墾殖，這次屯田的成績非常成功。魏書卷十五元儀傳，及卷一一〇食貨志都分別記載此事，至於這次屯田的收成，可以從屯田次年，慕容寶進攻五原，所獲的戰利品中得到答案，魏書卷二太祖紀：

「慕容垂遣子寳，來寇五原，造船收穀。」

通鑑卷一〇八晉太元三年七月條下：「燕君至五原，降魏則部三萬人，收其穄田百餘萬斛」。穄是小米一類的農作物，數量達到「百萬」餘斛，已非常可觀。而慕容寶所獲的有「三萬餘家」，每家以五人計，那麼三萬餘家有十五萬人，而這十五萬人必是附着於土地，不便遷徙的農人。由上述的人數與所獲穄的數量，可以證明當時農耕的面積一定很遼闊。

由於這次屯田的成功，而對拓拔氏的部民而言，因爲「分農稼，大得人心」（魏書卷十五元儀傳），引起他們對農業生產發生興趣。所以在慕容寶取五原穄的後三年，拓拔珪大量移徙中原地區有農業生產經驗的人，以充「京師」，從事農業生產。（註）魏書太祖紀：

「天興元年春正月，徙山東六州民吏，及徙何，高麗雜夷三十六萬，百工伎巧十萬口以充京師。」

上面所引的「山東六州民」是一般中原農民，因爲這裏所謂的「六州」，應該指後燕故地而言。通鑑卷一〇一晉海西公太和二年五月條下：「符堅稱：六州之衆，豈得不使有智士一人哉？」胡注：「六州，幽，并，冀，司，兗，豫也」。不過這時拓拔氏的勢力還沒有達到黃河之南，豫州之地並沒有被佔領，司州也沒有完全控制，就兗州而言，那時慕容德還在滑台。因此所謂的「山東六州民」，應該是指中原地區有經驗的農民而言；或者就是山東六州流徙的農民。這批新徙移到京師的農民，在正月到達以後，稍事休息，二月即開始「計口授田」，開始他們的農業的拓荒工作。魏書卷二太祖本紀．

「二月，詔給內徙新民耕牛，計口授田。」

由於拓拔氏給與這些被移徙的新民耕牛與田地看來，這是眞正有計劃大量從事農業的開始。更重要的，過去拓拔氏雖然也從事農業，不過所利用僅是中原文化在邊疆地區所發展的農業基礎，這次却是眞正由中原地區的農人，担負起農業生產的工作。這對拓拔氏文化轉變有非常大的影响。魏書卷一一〇食貨志：

「天興初，制定京邑，東至代郡，西及聖善，南極陰館，北盡參右，畿內之田，其外四方四維，置八部帥以監之，勸課農耕，量較收入。」

代郡是今山西蔚縣，善聖是今右玉縣，陰館在今代縣西北，參合是今陽高縣，就是當時拓拔氏的「京畿」。由「八部帥」所担負的工作，是「勸課農耕，量較收入」，可以了解當時拓拔氏在是積極地發展農業，不僅是「勸課」，以教導人民從事農業；而且得還「較量」，這便有獎勵和懲罰的意味在內了。

不僅拓拔氏君主的中央政府重視農業的發展，就是那些附屬的部落酋長，也開始注意農業生產的重要性了，魏書卷二十八和拔傳：

「初將刑拔，太祖命其諸弟毗等視決，跋謂毗曰：灅北地瘠，可居河南，就耕良田，廣爲產業。」

灅北，即灅水之北，現在稱爲小黃河，灅水出源於山西溯縣，注入桑乾河，而和拔臨刑前，囑咐他的兄弟，移居土地較適於農業的河南，以「就耕良田，廣爲產業」，可以作爲當時部落酋帥，從事農業生產的旁證。

和農業同時發展的，便是築城。草原民族所居住的是穹廬，隨水草而遷徙，所以不需要城邑，昭成遷到灅川時，曾有在那裏建立郡城的企圖，那時正是拓拔氏由遊牧轉變爲農耕的初期，基礎還沒有穩固，因此被平文太后否決。魏書卷十一皇后傳：

「昭成欲定都於灅源川，築城郭起宮室，議不決，后聞之曰：國自五世遷徙爲業，今事難之後，基業未固，若築城而居，一旦寇來，卒難遷動。」

平文太后所持的理由，正是以草原文化的標準來衡量都邑制度，也正說明拓拔氏當時農業的發展，還沒有達到需要城邑，來保衞他們的財富與文化的數度。因此直到拓拔珪的晚年，農業生產已經相當發達，才開始建設固定的城邑，魏書卷一〇五天象志。

「明年（天賜三年）六月，發八部人，自五百里內，修繕都城，魏於是有都邑之制度。」

案南齊書魏虜傳：「什翼犍始都平城，猶逐水草，無城郭」，通鑑卷一一七晉安帝隆安二年七月條下：「魏王珪遷都平城始營宮室，建宗廟，立社稷」，魏書卷二太祖紀：

「發天賜三年，六月，發八部五百里內男丁，築灅南宮，門闕高十餘丈，引溝穿池，廣苑囿，規立外城，方二十里，分置市里。」

拓拔氏最初所建築的平城，是模彷鄴與長安的規模，魏書卷二十三莫題傳：

「太祖欲廣宮室，規度平城，四方數十里，將模鄴洛長安之制，運材數百萬根。以題機巧，徵令監之，召入與論興造之宜，題久待頗怠賜死。」

莫題是「住近塞，常往中國」莫含的兒子，他對於中國的部邑制度的規模，可能有所認識，但是却沒有深刻的了解。不過協助他建築的是「八部人」，這些八部人並不是拓拔氏原有的部民，其中應有天興初年，所移徙充京畿的十萬「百工伎巧」在內。否則，以草原的工藝技術是無法建造的，同時農業經濟沒有相當基礎，都邑制度是無法出現的，所以雖然有人認爲在這以前，拓拔氏已有完整都邑建築，（註八）上引的材料作了最好的說明。

天賜三年所創立平城都邑，祇是草創階段，以後經過不斷的修繕增建，到拓拔嗣泰常七年「又築平城外廓，周圍三十二里」。南齊書魏虜傳記載拓拔燾的時代的平城說：

「……截平城西爲宮城，四角起樓，女牆不施屋，城又無壍，南門外立二土門，內立廟，開四門，各隨方色，凡王廟，一世一間瓦屋，其西立大柱，佛狸所居云田等三殿，又立重屋，居其上飲食，廚在西，皇后可孫恒出廚求食……殿西鎧仗庫，屋四十餘間，殿北絲綿布絹庫，土屋千餘間，僞太子宮在城東，亦開四門，瓦屋，四角起樓，妃妾皆住土屋……太官八十餘窖，窖四千斛……又懸食瓦屋數十間，置尙正方作鐵及木……其郭城繞宮城南，悉築爲坊，坊開巷，坊大者容四五百家，小者六七十家，每閉坊搜檢，以備奸巧。」

這是拓拔氏建都平城的規模，由上述材料看來仍然十分簡陋。這座都城是隨着拓拔氏的農業發展，漸漸形成的。

泰常八年拓拔氏開始修建長城，魏書卷三太宗紀。

「築長城于長川之南，起自赤城，西至五原，延袤二千里，各置戍衞。」

赤城是在原來漢上谷境，水經河水注：「沽水逕赤城東，建武三年，并州刺史爲燕所敗，退保此城」，在今河北口北地。五原在今綏遠烏喇特旗之東，這條長二千餘的長城的修築，並且沿邊「各置戍衞」的目的，是爲了「以備蠕蠕」，這說明了一個事實，那就是拓拔氏已不是單純的「逐水草而居」的遊牧經濟了，而「卒難遷動」的農業經濟已頗具規模，所以築長城以保護他們的農業生產，不受那些仍然在草原遊牧的民族的侵擾，因此建築長城和拓拔氏農業發展有密切的關係，因爲長城本身意義，就是分隔草原與中原兩種不同文化類型的象徵。（註九）所以拓拔氏由遊牧轉向農業，由遷到定居，以及最後到長城的修築，發展的過程有不可分割的關聯；也是草原民族進入中原文化區域後，文化發展與轉變的軌跡。因爲一批草原民族進入長城，接受中原文化的影響以後，從事農業生產，當他們的農業發展到某個階段，他們反而會代替中原社會防守長城，阻止另一批新的草原民族的入侵與騷擾，這的確是一個很有趣的問題。

二　草原文化特質的持續

雖然拓拔氏部族由牧畜漸漸轉變爲農耕，由遷徙漸漸轉變爲定居；不過在轉變過程中，仍然有許多它原有文化的特質被留存下來，反映在他們日常生活之中。

在拓拔氏社會經濟轉變期間，農業的生產還不能達到維持人民生活的水準，因此遇到對外征戰與天災的時候，就有缺粮或荒饉的現象發生。拓拔珪進攻中山的時候，就因爲「六軍缺粮」，而召集羣臣討論「取粟方略」，（魏書卷二十三崔逞傳）當時崔逞曾建議以桑椹代替軍食。在拓拔嗣神瑞二年，因爲「比歲霜旱，五穀不登」（魏書卷一〇五天象志）平城京畿地區發生嚴重的飢荒，因此討論遷都避災的問題，後來因爲崔浩的勸諫沒有實現，崔浩所提出的救賑方案，除疏散一部份京畿地區的人口往山東就食外，從他所提不贊成遷都的理由裡，可以了解當時拓拔氏社會經濟結構。魏書卷三五崔浩：

「國家居廣漠之地，民畜無算，號稱牛毛之衆……至春草生，乳酪將出，兼有菜果，足接來秋。」

由崔浩的「民畜無算，號稱牛毛之衆」，可以了解當時拓拔氏畜牧事業的情況，同時經過這次的荒災以後，「民皆力勤」，於是「歲數豐穰，畜牧滋息」（魏書崔浩傳）「豐穰」與「畜牧」所表現的，是農業與草原兩種不同的經濟形態。由此也可以了解，當時農業的發展，不僅沒有駕凌拓拔氏原有的牧畜業，而且當農業產品不足維持人民生活的時候，畜牧的產品仍然是解決人民生活的重要資料，同時「乳酪」還是人民日常生活的必須品。所以拓拔氏的遊牧經濟，雖然因農業的發展開始轉變，但是在他們的經濟生活之中，却保持某些草原文化的特質。因此，畜牧並沒有因農業的發展受到影响，而且拓拔燾在平定統萬之後，便利用河西的地理環境建立了很大的牧場。魏書卷一一〇食貨志：

「世祖之平統萬，以河西水草善，乃以爲牧地，畜產滋息，馬至二百萬匹，槖駝將半之，牛羊則無數。」自此之後，河西成爲拓拔氏的畜牧重心。即使在後來拓拔宏時代，雖然爲了遷都，將河西的一部份畜產遷幷州，在現在河南孟縣地方，另外開避阿阻牧場。不過這個牧場的主要任務，是爲了畜養拱衞京師的戰馬，而「牧畜彌滋」的河西，仍然是拓拔氏畜牧的集中地。

雖然拓拔氏的農業生產，在拓拔珪時代已經可以課稅，可是在拓拔嗣秦常六年，所定的稅收制度：「調民二十戶輸戎馬一匹，大牛一頭。」及「制六部民羊滿百頭，輸戎馬一匹。」（魏書太宗紀）由此可知，拓拔氏原有的遊牧經濟基礎，還是國家收入的重要部份，同時也是人民經濟的財源。另一方面，在拓拔氏部落時代，管理畜牧的是世典牧業的部落酋長担任。但北魏建國以後，爲了配合遊牧經濟的發展，在中央政治組織中，還設有專門管理馬牛驢的駕部尚書。

至於那些歸附的部落酋長，雖然他們已經注意農業的重要性，並且也從事農業生產。不過他們的生活仍然依靠遊牧經濟支持的，像爾朱榮祖上就「有馬數萬匹」，（洛陽伽藍紀），他部落的牧地在現在山西朔縣西北地區南的北秀容川，這週圍三百里的地區，是經過拓拔氏册封的。北齊書卷十五也記載越豆眷因爲有功，拓拔珪將善無以西的西臘汙山，封給他作爲牧地。這些部落酋帥的牧地是由拓拔氏分封，所以他們的牧產也非常豐富，爾朱一族，在爾朱榮的曾祖爾朱新興時代，他們一族的牧產，已經是「牛羊駝馬，色別爲羣，谷量而已」，（魏書卷七四爾朱榮傳）在拓拔燾時，提雄杰一族的牛馬也「以谷量」的，所以這些部落酋帥的畜產，不僅可以維持有已的生活，同時在拓拔氏對外征戰時，「輒献私馬，兼備資粮，以稗軍用」（魏書卷七四爾朱榮傳）

當時拓拔氏不僅對那部落酋帥分封牧地範圍，同時對於有功大臣的賜賞，除僮僕婢隸外，也以畜產爲賜賞的單位：像賜王建雜畜數千，安同馬二匹，羊十口，楊珍牛馬羊，張濟馬牛數百，長孫肥畜物以千計，李先馬牛羊五十，元渾馬百匹、車伊洛牛羊等，（以上各見魏書本傳）這是從拓拔珪建國到拓拔燾三朝的記錄，除此之外，在每次征戰勝利之後，所獲的畜產或生口，賞賜給從征的將士，所謂「生口」，雖然指軍前的擒俘，但也可指牲畜而言，陔餘叢考卷四十三稱：「今北人乃謂驢馬牛爲生口」。

那些「爲國服臣」的部落酋長，在率部歸國後，被拓拔氏君主分劃固定區域給他們居住，但是他們却仍然保持「夏歸部落」的遊牧習慣。（魏書爾朱榮傳）至於拓拔氏君主，則在他們所統治的地區裏不斷巡幸，翻閱魏書太祖、太宗、世祖的本紀，可以發現自天興元年七月，拓拔氏遷都平城以後，到世祖拓拔燾時代，他們很難在都城停留一段較長的時期。大部份的時間都是車駕奔馳在外，當然一部份的時間是爲了征戰。此外這種穿梭不停的巡遊四方，和拓拔氏原來「遷徙爲業」的生活有密切關係。而且每次出巡的規模都很龐大，拓拔嗣泰常七年：「車駕南巡自天門關踰桓嶺，四方蕃附大人各率所部從者五萬餘人」，（魏書卷三太宗紀）所以「車駕所過……所經州縣復貲租一年。」（魏書卷二太祖紀）由此也可以反證拓拔氏君主每次巡幸的時候人數都非常衆多，同時拓拔氏君主每年六月，都要到陰山「却霜」，這便是對他們仍然保持遷徙習慣最好的解釋，宋書索虜俘：

「六月末，率大衆至陰山，謂之却霜，陰山去平城六百里，遠遠饒樹木，霜雪未嘗釋，蓋欲以暖氣却寒也。」

拓拔氏君主除了喜愛「巡幸」之外，同時對於「射獵」仍然有着濃厚的興趣。太祖世祖等三朝本紀，有拓拔氏君主射白熊、射虎、獵野馬的記載。而且每次的射獵規模也非常大，拓拔嗣永興六年，在骨羅山的一次射獵，即獲獸十萬頭，拓拔燾曾，「畋於山北，大獲麋鹿，詔尚書發牛車五百乘以運之」。（魏書卷二八古弼傳）又魏卷書二四鄧潁傳：

「（世祖）車駕幸漠南高車莫弗若干率騎數萬，驅鹿百餘萬，詣行在所，詔潁文字，銘于漠南，以紀功德。」

由上述資料，可以了解拓拔氏君主的狩獵，並不是像中原農業文化君主那樣，把狩獵作爲一種消遣。因爲狩獵是他傳統的生活習慣，同時過去他們自狩獵中獲得衣食的必須品，所以他們在進入中原以後，仍然保持着這種生活的習慣。另一方面拓拔氏原來的部民，也因爲進入中原之後，減少了狩獵的機會，因此拓拔氏君主將獵獲物分賜他們的臣民，所以在每次狩獵之後，便「大饗羣臣將吏，以田獵所獲賜之，命民大酺三日。」或「饗勞將士大酺二日，班禽獸以賜之」。（魏書卷三太宗紀）和他們的臣民分享草原生活的情趣。

在拓拔氏經濟生活開始轉變的過程中，許多帶有濃厚草原氣息的文化特質被保留下來，這些粗獷的生活習俗不僅表現經濟形態上，同時也反映在他們的日常生活的衣食方面。草原民族的衣着是獸皮毛毳，和中原農業文化人民穿絲着錦，有顯著的不同。拓拔氏部族活動在草原時期，他們「國中少繒帛」，（魏書卷一序紀）但他們却喜愛中國的絲繒，他們所獲得繒帛的來源有三，一是從安同，莫含那樣的商賈貿易中獲得；一是從對農業社會的搶刼中獲得，一是從晉朝的贈遺中獲得。因此被視爲侈奢品，所以當留居洛陽的沙漠汗，穿着與「南夏」相同的「被服」回來以後，曾引起他們的驚異。同時在拓拔珪時，許謙因「盜絹二匹」，結果「慚而自縊」。（魏書卷一序紀）這都說明當時拓拔氏部族中，絲絹都非常稀少。

不過，在拓拔氏定都平城以後，漸漸開始生產繒帛，南齊書魏虜傳記載在拓拔燾時代，他後宮有婢使千餘人，不僅織錦造宮袍供宮中使用，而且宮中還有儲藏絲錦的「絹庫」，並且還有剩餘供這些婢使「織綾錦販賣」。織錦是中原農業社會的特有技巧，顏氏家訓卷五止足篇稱：「耕則問田奴，絹則問織婢」，因此可知拓拔氏後宮主持織錦婢使，都是拓拔氏征服中原社會的技工，或因罪沒入宮的中原婦女，魏書卷九四仇洛齊傳：「東州既平，綾羅戶民樂蔡，因是請爲漏戶，供爲綸錦。」又內司楊氏墓誌：

「又轉文繡大監，化率一宮課藝有方」

案誌稱楊氏卒正光二年（西元五三年），享年七十，入宮時年及笄，則楊氏於拓跋濬和平五年左右（西元四六四年）入宮。又案宮一品張安姬墓誌：稱她也曾担任過文繡大監，由此可知在北魏初期在拓拔氏後宮設有管理宮庭服裝的女官，而這些女官都由中原因罪入宮的婦女担任。（註十一）

農業社會的絲織物和草原民族的獸皮相比，當然要輕柔舒適可愛得多，所以遊牧民族對中國的需求，以絲絹佔首要地位。因此在他們進入中原之後，首先所注意的，便是絲繒。五胡之中的石趙，在他們的都城鄴，於尙方御府中便有「巧工作錦」，而另有「織成署皆數百人」，（鄴中記）專門負責編織不同的絲錦。因此拓拔氏對於絲錦也有同樣的喜好，但他們雖然很快地接受穿着中國的絲錦，但是他們却不願完全放棄他們傳統的衣着，拓拔燾曾明白地表示：「國人皆着皮袴，何用絲帛？」（南齊書魏虜傳）因此長孫高穿着一件老熊皮，「彰泥數十年不易」。（魏書卷二五本傳）雖然這種衣服不如絲錦那樣舒適，而且也不易洗滌與維持整潔，以致「蟣虱被體」。（魏書卷八七于什門傳）但是爲保持他生活的傳統，却不願輕易更換。

在飲食方面，最能夠顯示出兩種不同文化的差異。洛陽伽藍記卷三：

「（王）肅初入國，不食羊肉及酪漿，常飲鮮魚羹，渴飲茗汁……經數年後，肅與高祖殿會，食羊肉酪粥甚多，高祖怪之，謂中國之味也，羊肉如何魚羹？茗汁如何酪漿？」

以上記載，說明兩種不同文化飲食的差異，王肅於太和十七年奔魏，所謂「數年後」，應該是拓拔宏遷都洛陽以後的事。遷都洛陽勵行華化以後，拓拔氏的飲食仍然保持着草原的風味，以此上溯拓拔燾以前的時代，草原風味更爲濃厚，在拓拔氏投入中原文化領域以後，也曾嘗試過中原飲食，魏書卷四三毛修之傳：「修之能爲南人飲食，手自烹調，多所適意，世祖親待之，進爲太官尙食……久在太官，主進御食」。在後宮內，主持嬪妃飲食的，也是罪入掖庭的中原婦女，據傅母王遺女墓誌稱：「……宰調酸甜，滋味允中，又進嘗食監。」後來文明太后對她烹飪手段非常欣賞，而「擢升爲知御膳」，最後晉升爲「御食大監」，案魏書皇后傳「大監」秩二品，御食大監應該是後宮掌管飲食的主持人。因此也可以了解，拓拔氏統治者及他後宮的嬪妃，對於中原的飲食方式都是非常欣賞的，不過僅是欣賞而已，至於他們日常的飲食仍然是以酪漿與畜肉類爲主，王肅的那段談話便是很好的證明。

三　拓拔氏君主對中國文化的態度

在拓拔氏進入中原地區以後，由對外戰爭的勝利，佔領的地區繼續擴展，統治的人口也隨着增加。而且自建都平城以後，不斷遷徙征服地區的人民充實京畿，自天興元年（西元三九八年），到正平元年（西元四五一年）以前五十餘年間，共有十三次遷徙中原人民前往京畿，總計人口在一百萬以上。在這種情況下，以拓拔氏過去部落時期的統治經驗，是無法統治一個文化與經濟都比自已優越的社會。所以就需要一個完善的制度，以及支持這個制度的文化基礎；可是對於此二者，拓拔氏也像其他統治中原地區的五胡君主一樣淺薄。爲了塡補中間的文化空隙，爲了鞏固他們自已的統治權力，就不得不向中國文化傳統與歷史中吸取經驗。

可是這些在馬背上討生活的拓拔居主，對於中原文化並沒有深刻的認識和了解，因此對於中原文化的吸收並不沒有存什麼偏好。拓拔珪曾詢問李先該讀什麼書，李先回答「唯有經書，三皇五帝治化之典，可補王者神智」（魏書卷三十三李先傳）於是下令搜集天下的經書。儒家思想是中原文化的政治思想基礎，所以對於儒家思想，似乎表現出他們的喜愛，不過這種敬意並非出自內心的敬意，而是爲了從這些學說中，找尋統治的經驗。這也是拓拔珪便常常召崔立伯「引問今古舊事，治世之則」的原因。（魏書卷二十四崔玄伯傳）雖然拓拔嗣「愛儒生，好覽史傳」，（魏書卷三太宗紀），並且召燕鳳，崔玄伯，封懿，梁超等「入講經傳」，（北史卷二十一燕鳳傳）對於儒家思想的吸收，表現得非常積極，但仍然是爲了「兼資文武」的目的：

「太宗……以劉向所撰新序，說苑，於經典正義，多有所闕，乃撰諸經史，該洽古義，兼資文武焉。」（魏書卷三太宗紀）。

在北魏初期皇室的公主婚嫁，便是受漢朝和親政策的影响。根據魏書，北史並參考墓誌所得的統計，分析五十一個「駙馬的家世」，拓拔氏公主下嫁代北部酋長家族的二十一人，下嫁投降北魏的南方魏宗室大族的十一人，下嫁歸部落的四人，因姻關係下嫁后族與中原士族的十一人，（註十一）這個政策的制定，是因爲拓拔珪聽崔玄伯講漢書的結果：

「太祖曾引玄伯講漢書，至婁敬說漢祖欲以魯元公主妻匈奴，善之，嗟嘆良久，是以諸公主皆釐降于附賓之國，朝臣弟子，雖族彥美，不得尙焉。」（魏書卷二十四崔玄伯傳）

由此可以了解，拓拔君主並沒有撰擇那一種學說，作爲他們統治準則的意思。所需要的，祗是有利於他們的統治，適合他們的胃口就可以。不過拓拔氏統治者對於法家的思想，似乎比較興趣，因爲法家的思想，既可以維持統治者的尊嚴，又可以適合拓拔氏部落時代的峻酷的刑法，所以在公孫表「承旨上韓非書二十卷」（魏卷三十三本傳）李先奉召讀韓子連誅二十二篇（魏書卷三十三本傳）的時候，都能獲得拓拔君主的歡心。因爲法家對王權的尊崇，與拓拔氏部落酋長絕對的權威，多少有點相似的地方。在部落時代的部落酋長，由各部落共同推選「有勇敢能理決鬥訟者」担任。（後漢書卷九十烏桓傳）這個被選出的酋長對於各部落間有絕對的控制權，所謂「有所召呼，則刻爲信，雖無文字，而部衆不敢違犯」。（仝上）而且部落的法律也非常嚴峻，在「明刑峻法」的拓拔猗㐌時代，「諸部民多以違命得罪，凡後其者，皆舉部戮之，或有室家相携而赴死所，人問何之：答曰：當往就誅。」（魏書卷一一二刑法志）這是表現部落酋長的絕對的權威，所以法家崇名尙實的思想，對拓拔氏統治者來說，是比較容易接受的。魏書卷二太祖紀：

「古置三公，職大憂重，故曰待罪宰，相將委任責成，非虛寵祿也，而今世俗，僉以台輔爲榮，企慕而求之，夫此職司在人主之所任耳，用之則重，捨之則輕。」

從以上所引的材料，最後幾句看來，顯然是受法家思想的影响，同時也可反映拓拔氏統治者的心意，是企圖將部落時代酋長絕對權威，經過法家思想的媒介，過渡到中央君主專制政體裏來。

不過拓拔氏君主對中原文化的興趣是多方面的，他們並不希望被中原文化某種學說和思想約束，他們祇是選擇對他們統治有幫助，而且他們自已感到興趣的。所以他們不僅對於儒家思想表示崇敬，對法家思想感到濃厚的興趣，同時對於黃老也非常愛，（註十二）對於陰陽讖諱之學也有所偏好，（註十三）另一方面對中原的風俗習慣也表示出他們學習的熱誠，拓拔珪晚年歡喜服食寒食散，拓拔燾改葬他外祖父杜豹死的時候，他因爲受到當時中原門第社會風氣的感染，而找尋當時諸杜地望最高的杜銓作宗正。魏書卷西十五杜銓傳：

「……天下諸杜何處望高？浩對京兆爲美，世祖曰朕今元改葬外祖，意欲取京兆中長老一人爲宗正，命營護凶事，浩曰：中書博士杜銓，其家今在趙郡，是杜預之後，於今諸杜之最，即可取之。」

由上述可以了解拓拔氏統治者，在初入中原的時候，對於中國文化的吸收，祇是爲了如何利用這種文化力量鞏固他們的政權。因此他們對於中原文化的興趣表現得非常廣泛，他們既愛儒家，又喜黃老，更覺得法家思想適合他們的胃口。另一方面，他們像其他初入中原的草原民族一樣，由於自已文化落後，對次那些他們自已文化中所缺少的事物都感驚奇，而加以模彷與學習，可是對於各方面都沒有深刻的了解，也不求深刻的了解，祇是建築地現實的需要上，既無遠大的理想，也沒有長久的計劃，更沒有放棄他們原有的文化，完全投入中原文化長流的意念。

對於兩種不同類型文化的接觸，他們最初的態度是比較頑固與保守的。在拓拔珪的時代，他是反對他的部民接受中原文化的，他認爲他的部民必須保持草原文化原來純樸的習氣，不受中原文化的影响而轉變。魏書卷三三公孫表傳：

「太祖以爲……國俗敦樸，嗜欲寡少，不可啓其心機，而導其巧利。」

所謂「巧利」，因爲受中國文化的影响，對他們原有文化而發生的轉變，他曾坦白地表示他對這種情形「深非之」（仝上）因此賀狄干的死並不是偶然的，魏書卷三三賀狄干傳：

「狄干在長安幽閉，因習讀書史，通論語尙書諸經，舉止風流，頗類儒者，初太祖普封功臣，狄干雖爲姚與所留，遙賜爵襄武侯……及狹干至，太祖見其言語衣服，有類羌俗，以爲慕而習之，故忿焉，既而殺之。」姚興雖屬於羌族，可是羌族的漢化從符秦時已經開始，到姚興時代已經非常徹底。賀狄干雖然言語衣服，有類「羌俗」，可是他既通論語尙書諸經，而舉止又像儒者，由此可以了解，他所受到的「漢化」的影響，已超過「羌俗」。而且當時姚氏的羌俗中，已有着濃厚的漢化成份在內，這是拓跋珪所不能容忍的。因此說拓跋珪討厭賀狄干的羌俗，還不如說反對漢化來得恰當些，後來的拓跋燾對於文化的接觸，因爲許多客觀因素的影响，已經不像拓跋珪那樣地頑固，不過他仍然很保守。他還認爲如果强廹一種文化接受另一種不同的文化，就會發生：

「有似園中之鹿，急則衝突，緩則定之。」（魏書卷二六劉潔傳）

拓跋氏君主對中原文化的態度既然如此，因此在他們初入中原的時候，對於漢人的引用也祇局限於代人與雁門人（註十五）。最初投入拓跋氏的部族的，是衞操與他的族人和部下，衞操曾担任過晋朝征北大將軍帳下的門將，他在桓穆二帝時代參加了拓跋氏部族，正是拓跋氏開始由遊牧轉變爲農業的初期，而且因爲他久居北方，對於拓跋氏草原文化有深切地了解，所以他認爲如果拓跋氏要謀求發展，必須和農業社會的人民合作，因此他建議拓跋氏「招納晋人」，拓跋氏對於他的建議也非常樂意接受，於是自此以後「晋人附稍衆」（魏書卷二三衞操傳）

所謂「晋人」，和漢朝匈奴人稱「漢人」爲「秦人」一樣。是草原民族對居於邊疆，過着農業社會生活人們的稱呼。漢書匈奴傳稱「衞律爲匈奴謀，穿井、築城、治樓以藏穀，與秦人守之」，顏師古漢書西域傳註稱

「謂中國人爲秦人，習言也。」所以拓跋氏最初所招納的「晋人」，也屬於這一類。他們不像後來加入拓跋氏的中原士族，祇是身懷農業文化技術的普通人民，雖然在政治中，對於拓跋氏國家的建立，沒有直接的影响。可是他們的努力，促使拓跋氏農業的轉變，而使拓拔氏企圖建立一個具有農業文化形式的功績，却是不可磨滅的。因此，他們是農業文化的播種者，是北魏建國的奠基者，雖然他們的貢獻歷史上記載得不多。

由於拓跋氏對中原文化態度的影响，因此最初在政治上所接納的漢人，並不是粹純的漢人，而是有些胡化成份的漢人，或者受過農業文化影响的胡人。像莫含是居住在雁門的漢人，安同是居於遼東歸化的胡人，因爲他們「居近塞下」，而又常「往來中國」，（魏書卷二三莫含傳）所以對於中原文化既有認識，同時對於草原文化的生活習慣也有深刻的了解。這一類人正是拓跋氏與中原文化接觸之初，最迫切需要的。由於他們生活在兩種不同的文化之間，能够適應草原文化的方式，沒有隔閡的困難，可以與拓跋氏合作無間。另一方面，由於他們對中原文化的了解，可以協助拓跋氏解决兩種文化接觸時，所產生的種種問題。這是在中國歷史上，每一個草原民族進入中原過渡期間，必須引用這一類型人物的原因，所以可以歸納這一類型的人物，稱爲農業與草原文化接觸過渡時期的媒介人物。

四　中原士族對北魏建國的貢獻其所受的待遇

上節所述的兩種不同文化的媒介人物，對於拓跋氏建立北魏王朝是有貢獻的，因爲他們至少曾緩和兩種文化接觸時所發生的衝突。不過最初拓跋氏對於他們的接納，並沒有利用他們建立王朝的企圖，祇是爲了解决當時所發生的問題。像拓跋珪最初向劉琨求莫含，就是因爲他爲代王以後，「備置官屬」，於是不得不「求含於琨」。（魏書卷二三莫含傳）不過到後來，由於拓跋氏的勢力不斷向外擴張，這些最初引用的文化接觸的媒介人物，憑着他們能力與經驗，已不足應付迅速發展形成的復雜局面。於是拓跋君主就不得擴大引用漢人的範圍，把目標轉向那些有政治經驗的中原士大夫。魏書卷二太祖紀：

「帝初拓中原，留心慰納，諸士大夫詣軍門者，無少長皆引入賜見，存問週全，人得自盡，苟有微能，咸蒙叙用。」

這並不表現拓跋氏對中原士大夫的慕賢若渴的心情，關於這一點，可以從他對中原士大夫獲取的手段上了解，魏書卷二十四燕鳳傳：

「代人也，好學，博綜經史，明習陰陽讖緯，昭成素慕其名，使人以禮致之，鳳不應聘，乃命諸軍爲圍代城，謂代城人曰：燕鳳不來，吾將屠汝，代人懼，送鳳。」

又同卷崔玄伯傳：

「太祖征慕容寶，次於常山，玄伯東走海濱，太祖素聞其名，遣騎求之，執送軍門。」

由於求燕鳳不惜屠城，對於崔玄伯則遣騎執送軍門的情形看來，拓跋氏爲了獲得中原士大夫，是不擇手段的。同時也表現中原士大夫對與拓跋氏的合作，並不熱心。至於拓跋氏大量獲得中原士大夫的，還是在登國十年破慕容寶於合陂以後，在俘虜中「擢其才識者」參加拓跋氏的政治，於是賈彝，賈實，晁崇等這一批慕容寶的舊臣，得以「議謀憲章」。次年由許謙的建議，上書勸進尊號，建天子旌旗，建台省，改元皇始。而自「尙書以下悉用文人」，（魏書卷二太祖紀）所謂「文人」，即是指中原士大夫而言。因爲北魏國家初建，在政治方面需要中原士族協助的地方更多，於是拓跋珪便開始對中原士大夫「留心納慰」了。

次年（皇始二年），拓跋珪又討慕容寶，寶敗走中山，慕容寶的尚書閔亮，祕書崔逞，太常孫沂，殿中御史孟輔等被俘而投降，這一年的十一月，拓跋珪攻破中山，又獲慕容寶「所署公卿尚書將吏士卒降者二萬餘人」，（魏書太祖紀），協助拓跋氏創立國家的規模的崔玄伯，鄧淵也是這次的戰利品。更重要的在這次戰役裏所獲的戰利品中，包括「皇帝璽綬，圖書，府庫珍寶，薄冊數萬」，（魏書卷二太祖紀），所以這次的戰役對拓跋氏王朝的建立，發生了直接的影響。因爲在這次戰役裏，旣獲得協助他們建國有政治經驗的中原士族，同時也獲得建國的重要參考資料。所以在次年便改元「天賜」：

「六月、詔有司議定國號

七月、遷都平城，始營宮室，建宗廟，立社稷。

八月、正封畿，制郊甸，平五權，較五量，定五度。

十有一月：命尚書即中鄧淵立爵品，定律呂，協音樂。儀曹尚書董謐撰郊廟，社稷，覲見之儀，三公郎王德定律令，晁崇浩造儀考天象，吏部尚書崔玄伯總裁之。

十有二月：席臨天文殿，太慰司徒進璽綬，百官咸稱萬歲，大赦改元，樂用黃始之舞，詔萬司議定行次……尚書崔玄伯等奏以士德，尙黃數用五。」（魏書卷二太祖紀。）

從皇始二年十月攻被中山，到第二年十二月拓跋珪即皇帝位，其間不過一年的時間，一個國家所需要的一切制度，都匆匆地樹立起來。如果沒有慕容氏所留下的圖書簿冊作爲依據，如果沒有曾在慕容氏政權下服務過的中原士族的協助，那是不可能的。

對拓跋氏建國有貢献最大的崔玄伯與鄧淵都曾出仕過慕容氏：崔玄伯的祖父「悅，仕石虎，官至司徒左長史，關內侯，父潛，仕慕容韋，爲黃門侍郎。」至於他自已「少有儁才，苻堅……征爲太子舍人……不就……左遷著作佐郎……慕容垂以爲吏部尚書左丞，高陽內史。」（魏書卷二四崔玄伯傳），至於鄧淵的祖父「羌、苻堅車騎將軍，父翼河間，慕容垂圍鄴，以翼爲后將軍翼州刺史眞定侯。」（魏書同卷鄧淵傳），在五胡十六國中，慕容氏所建的幾個國家，漢化程度比較深，對待中原士族比較尊重的國家，因此也獲得中原士族的支持，拓跋氏很幸運地承繼了這個成果。如果追溯當時或後來參加拓跋氏政權的中原士族，那麼將可以發現他們，或他們的家族，大多都曾爲慕容氏政權服務過。拓跋氏既然從慕容氏那裏獲得建立國政家的形式，後來又從河西接收了支持這個國家的文化基礎。這是五胡在中原地區匆匆建立許多國家，又匆匆潰崩，而拓跋氏却在不斷地蛻變中，建立一百五十年政權的主要原因。這得完全歸功於中原族的貢献，他的智慧與經驗，作爲拓跋氏王國建立的基石。

可是拓跋氏統治者對他們並不表示感激，更缺少應有的尊敬。這一方面當然由於這批中原士族的身份是俘虜，是降吏，因此拓跋氏統治對於他們，表現出征服者的威嚴。另一方面，拓跋氏以一個文化落後的遊部落，一旦君臨中原以後，雖然在心內心隱藏着文化的自卑，可是在表面上却不能不維持統治者的優越感，因此對於文化水準超過他的中原士族顯得非常苛刻，魏書卷二十八李粟傳：

「粟性簡慢，矜寵不率禮度，每在太祖前，舒放倨傲，不自祗肅，咳唾任情，太祖積其宿過，天興三年，遂誅之，於是威嚴始厲，勒羣下盡卑之禮。」

李粟的死，顯示出拓跋氏更進一步地樹立統治者不可侵犯的威嚴，對待統治者「簡慢」可以構成死罪，因此對統治者文化的卑視更不可饒恕的，崔逞因爲「食椹變音」而引起拓跋的不滿，最後因爲一句「賢兄虎步中原」而被賜死，（魏書卷三十二本傳）公孫表因爲拓跋嗣「好術數」，而「使人夜就帳中縊殺之」（魏書卷三十二本傳），許謙的死是因爲「盜絹二匹」，雖然書傳上說是「自縊」，但到底是怎樣死的仍然是一個謎，（魏書卷二十四）被視爲北魏開國貢献最大之一的鄧淵，因爲受和跋案件的牽連，拓跋珪「疑淵知情遂賜淵死」，由於鄧淵的死「時人咸愍惜焉」，可以了解他的死是寃枉的。（魏書卷二十四本傳）因此中原士族對於拓跋氏統治者都懷着戰戰競競的心情，崔玄伯因爲有與五胡君主合作的豐富經驗，所以「未嘗謇諤忤旨，所以在拓跋珪的晚年「大臣多犯威怒」，而他「獨無譴者」，（魏書卷二十四本傳）不過中原士族爲拓跋氏服務，祗要稍有疏忽即可以得罪，封懿祗因爲拓跋珪數引見問以慕容舊事，懿應對疏慢，而被「廢還家」，（魏書卷三十二本傳）

中原士族雖然參加了拓跋氏的政權，而且忠誠地爲他們服務，可是並不能得到信任，對於他們的行動常常受到監視，拓跋珪對於崔玄伯，就「嘗使人密察」他的生活行動。段暉因人密告，有南奔的企圖，拓跋燾「密遣覘之」，結果被斬而曝尸街市（魏書卷五十二段承根傳）在這種情況下，可以了解中原士族境遇是非常可悲的，因此宋隱臨終時曾沉痛地告誡他的子姪說：

「苟能入順父兄，出悌鄉黨，仕郡幸至功曹史，以清忠奉之則足矣，不勞遠詣台閣，恐汝不能富貴，而徒門戶之累耳，若忘吾言是爲無苦父，使鬼有知，吾不歸食矣。」（魏書卷三十三本傳）

宋隱不希望自己的子姪參加拓跋氏的中央政府，因爲恐怕他們稍有差錯而累及門戶，同樣也可以反映拓跋氏對中原士族的態度。

拓跋氏對中原士族的態度既然如此，他們所受到的待遇也是非常差的，這些曾在其他五胡國家服務過的中原士族，由於他們的身份是被征服者，雖然他們參加拓跋氏政府工作，對於他們「多降品秩」錄用。（魏書卷三十三張蒲傳）而且當時又「官無祿力」。（魏書卷二十四崔寬傳）沒有奉祿，對於那些過去拓跋氏的部落酋長來說，是不會發生問題的。因爲他們既有原來的封地與牧產，並且還不時受到拓跋氏君主所賜的畜牲，（詳上述），以及爲他們操作的童僕與隸戶，像王建因「從征伐諸國，破二十餘部，以功賜奴婢數十口」，又「從征衛辰破之，賜僮隸五千」（疑「千」爲「十」之訛），安同「賜以妻妾及隸戶三十」，李先賜「隸戶二十二」，于洛拔「從征涼州既平，賜奴婢四十口」，王洛兒「賜僮隸五十戶」，姚黃眉「賜隸戶二百」，宿石的父親沓干，以功「賜奴婢十七戶」，奚斤「以戰功賜僮隸七十戶」，司馬楚之「以功賜隸戶一百」，陳建「賜戶二十」，李順「賜奴婢十五戶」，盧魯元「以功賜童僕前後數百人」。（以上見魏書各本傳）

上述是從太祖拓跋珪到世祖拓跋燾三朝的記錄，其中除李先及李順是中原士族外，其他的或代北的部落酋長，或早期投入拓跋氏部落胡化的漢人與外戚，或者是由南方奔來的落難貴族。

拓跋氏君主對於由南方來奔的士族，也比留在中原地區士族所享受的待遇高，除了那些晉朝的宗室可以娶拓跋氏的公主外，其他的士族也可以享受「客」的待遇。所謂「客」，有「上客」，「次客」和「下客」的區別，（魏書卷四十三房法壽傳），上客的待遇是「給田宅，奴婢，牛羊」。（魏書卷五十八楊椿傳）至於「下客」，僅給「粗衣蔬食。」，（魏書卷六十一沈文秀傳），因此「上客」與「下客」之間，待遇相差得非常懸殊，根據資料，從太祖到世祖時代，中原士族獲得上客待遇的祇有段承根的父親段暉，而段暉的「入國」是內附，不是降吏或俘虜。至於由南方歸化的來的嚴稜，及隨司馬休之歸來的袁式，刁雍的弟弟刁惠寶都受上客的待遇，（見魏書各本傳），當時隨司馬休之奔魏的魯軌，韓延之，殷約平，桓謐，桓璲，桓道度，桓道子，刁雍等數百人。（魏書司馬休之傳）雖然沒有說明他們入魏後受到什麼待遇，但以袁式和刁惠寶的情形推論，他們的待遇一定不錯。唐和因爲是隴西李寶的舅舅，和他的姪子立達入魏後都爲「上客」(魏書卷四十三唐和傳)薛野豬及呂大肥是率部落歸國的酋長，因此也受到「上客」或「第一客」「上賓」的待遇。（見魏書本傳）由此可以知道拓跋氏對中原士族的態度，視其入魏的方式而異。像崔玄伯是中原士族的代表，而且對於拓跋氏建國有不可磨滅的功績，而且也得到統治者的眷寵，「與舊功臣庾岳，奚斤等同班」，而「信寵過之」，但他的生活却非常清苦。魏書卷二四崔玄伯傳：

「家徒四壁，出無車乘，朝晡步上，母年七十，供養無重膳。」

至於高允是拓跋氏征服地區被遷徙代郡的渤海士族，而得拓跋愰眷顧，可是他的家「惟草屋數間，布被緼袍，厨中鹽菜而已……時百官無祿，允常使諸子樵采自給。」（魏書卷四十八本傳），張蒲是拓跋珪破中山時的降吏，雖然入魏後曾任過東部大夫，可是生活「淸貧，妻子衣食不給。」

總之，在動亂中、知識份子的命運是非常悲哀，他們雖然貢献出自己的力量與智慧，可是得不到應有的尊敬和待遇。永嘉之亂後的北方，黃河流域掀起的一陣歷史風暴，冲毁了中原士大夫的籬蕃，他們在暴風雨裏流離。從一個五胡政權過渡到另一個政權，他們爲了生存放棄了知識份子尊嚴，在五胡君主羽翼下討生活。他們唯一的目的，祇是保存他自己及他們家族的生命，他們沒有理想，沒有希望，更不敢有對現狀改革的企圖。同樣地，在拓跋氏君主的權威之下，他們所做的祇是統治者的意旨，他們是沒有力量也沒有勇氣面對現實，去淸除他們在他們生活中的草原氣息，因此許多草原文化的特質都被保留下來。

五　北魏初期文物制度「胡風國俗」雜揉的情况

在草原文化與農業文化接觸轉變的過程中，許多草原文化的物質被保存下來；而且拓跋氏統治者也沒有放棄自已原有的文化，完全投入中國文化長流的企圖。另一方面，後來雖然中原士大夫加入拓跋氏政治集團，把許多中原傳統文化滲入拓跋氏的文化之中。不過，因爲他們是被征服者，和拓跋氏征服者之間，有着隷屬關係存在。所以他們祇能憑籍着征服者的意旨工作，不敢對於那非我族類的草原文化特質加以觸犯，或進一步地加以改革。這些情况表現在北魏建國初期的文物制度上，而形成「胡風國俗，雜相揉亂」的局面。魏書卷一〇八禮志（一）：

「自永嘉之亂，神州蕪穢，禮壞樂崩，人神殲殄，太祖南定燕趙，日不暇給，仍世征伐，務恢彊宇，雖馬上治之，未遑制作，至於國軌儀，至舉其大，但事多粗略，且兼闕遺。」

所謂「經國軌儀」，即是指禮樂，樂，服，輦等文物制度而言，這些文物制度經過長期戰亂的淪喪，多半失散。同時當時拓跋氏忙於馬上征戰，對於支持一個國家的精神基礎的禮樂制度，並不未表示十分注意。所謂「既初撥亂，未遑創政，因時所行而用之」，便可以了解，北魏最初建立這些制度，祇是爲了適應當時現實環境的需要，並沒有永久的計劃。更重要的還是拓跋氏統治者對中國文化的態度，所以「雖采古式，多違舊章」，（魏書卷一四八禮志）這就是說拓跋氏在建國的時候，雖然採用中國傳統典章制度形式，但其中却揉雜了某些草原文化的內容。所以隋書經籍志也說：

「後魏以來，制度咸闕，天興之歲，草創繕修，所造車服，多參胡制，故魏收論之，稱爲違古也。」

至於「多參胡制」的車服制度，議於天興元年，定於天興六年：「詔有司制冠服，隨品秩各有差」，（魏書禮志）這次所制定的服冠制度，依禮志的記載，也是「多失古禮」的，不過關於這次所制定服冠的實際情形，沒有詳細的記載，但通鑑晉安帝隆義三年條下，記載拓跋珪登極的時候，曾命「朝野皆束髮加帽」，所謂「帽」，案說文：「小兒蠻夷蒙頭衣」，不是中原的制度。隋書卷十二禮儀志（七）：

「後周之時，咸著突騎帽，垂屏覆蓋，索髮之遺象也。」

後周的服制，是承繼北魏前期的服制而來的，隋書禮儀志記載：

「後周制冠，加爲十二，既與前禮數乃不合，而適應五行，又非典故……後魏以來，制度咸闕……所造車服……周氏因襲，將爲故事，大象承統，咸取用之，與輦衣冠，甚多迂怪。」

既然後周的冠服制度，是繼承北魏天興制度而來，而後周時所用的「突騎帽」，說明是「索髮之遺象」，該是拓跋氏部落的舊時物，所以隋書禮儀志所說的「突騎帽」，就是天興初所制定冠冕中的一種。魏書卷十四神元平文諸帝子孫傳：

「丕雅愛本風，不達古式，至於變俗，遷都，改官服制，禁絕舊言，皆所不顧，高祖知其如此，亦不逼之……至於衣冕已行朱服，而丕猶常服，列在坐隅，晚乃稍加弁帶，不能修飾容儀。」

元丕是對孝文帝拓跋宏遷都改制等設施，表現得最頑固最保守的一個。拓跋宏在「太和十年制五等公服」及「給尚書王公等品爵已上朱衣玉佩，大小紐綬」；在太和十八年十二月「革衣服之制」，但元丕並沒有因此放棄原來的衣服，這種服裝的樣式雖然沒有記載，不過由元丕「晚乃稍加弁帶」看來，可以為拓跋氏初期的服裝沒有「弁帶」，留下一個很好的注脚。而且這種服裝很可能是左衽，北齊時的王紘曾與侯景討論「撩衣法」，因涉及左右衽的問題，而發生爭執，北魏書卷二五王紘傳：

「尚書敬顯雋曰：孔子云微管仲吾其披髮左衽矣，以此言之，右衽為是，紘進曰：國家龍飛朔野，雄步中原，五帝異儀，三皇殊禮，撩衣左右，何足事非。」

王紘是北方的「小部酋帥」，他的意見正代表當時一部份北方人的意見，由此推論元丕所穿的天興時的很可能也是左衽的，至於後宮的服制，也是在孝文帝的時制定，魏書卷九十四：

「宗之納南來殷孝祖妻蕭氏，多悉婦人儀飾故事，太和中制六宮服章，蕭被令在內，預見訪採。」

這是六宮改革服制的記載，前此「婦人冠帽，而著小襦襖」，（魏書卷十九任城王澄傳），這種小襦襖的樣子是「夾領小袖」，（魏書卷二十一咸陽王禧傳）和當時中原仕女所著的寬大的衣服顯然不同。

天興初年拓跋珪命董謐所制定的軒輦制度，也是「未知古式，多違舊章」的（隋書卷十禮儀五）這些「未知古式，多違舊章」的軒輦，在孝文帝改制以後，「藏於府中，盡不所用」，（仝上）後來北周大象年間又重被引用，隋書卷十禮儀至五：

「大象初遣鄭譯閱視武庫，得魏舊物，取尤異者，並加雕飾，分給六宮。」

這些「舊物」都是「魏天興中所制」，（仝上）在孝文帝拓跋宏沒有命崔光，崔璸，元延明改革車輦之前，北魏所用的仍然是天興中所制定的舊物。因此可以用隋書禮儀志所記載大象年間所用的，與宋書魏虜傳記載拓跋燾時代所用的車輦至相比較，可以略窺天興時代車輦制度的梗概。不過大象初所用的已另加「雕飾」，也許不如拓跋燾時代所用的，更保存「天興舊物」的風味。宋書索虜傳：

「其車服，有大小輦入皆五層，下施四輪，三二百人捧之，四施緪索備傾倒，軺車建龍旗，尚黑。后妃則施雜綵，幰無幢絡，太后出，則婦女著鎧騎馬，近輦左右，虜主及后妃常行乘銀鏤羊車，不施帷幔，皆偏坐，垂脚轅中……爲四輪車，元令日六七十人捧上殿。」

北魏在建國初期，曾接受中原士大夫的建議，採用中國傳統的禮儀制度，應用到祭祀典禮方面去，魏書卷二太祖紀：

「天興元年，七月遷都平城……建宗廟，立社稷……十有一月，詔儀曹郎中董謐撰郊朝，社稷，朝覲，饗宴之儀……十有二月……尙書崔玄伯等奏以士德，服色尙黃，數用五。

二年春正月，甲子，初祠上帝於南郊，以始祖神元皇帝配，降壇視燎，成禮而反。」

這是拓跋氏採用中國傳統禮儀的記錄，不過他們雖然採取中國的禮儀的形式，但在祭祀的典禮中，仍然保存他們原始宗教與初期社會組織的痕跡。

後漢書卷九十，記載與拓跋氏習俗相同的焉桓的宗教說：「敬鬼神，祠天地，日月，星辰，山川及大人健名者，祠用牛羊，畢皆燒之。」這段記載可分兩方面解釋，祠天地，日月，星辰，山川是對自然的崇拜（Natural warship）；祀大人健名者是對祖先的崇拜（Ancestor warship），這正是初民社會原始宗教形成的双軌。

關於前者，是草原民族宗教信仰的特色，由於對「天」的敬畏，因而尊敬與「天」顏色接迅的「黑」與「青」色，這種對於天的崇敬，是對統馭自然與人類生活的超權威（Supper power）的一種和解手續。（註十五）因爲人類感到他們周圍種種力量，不是人類力量所能駕馭的，因此引起恐懼，設法和他們修好，甚至祈求他們的幫助。在這些對自然的崇拜中，當然以天爲最高的主宰。尤其對於那些生活在「天蒼蒼，野茫茫」草原裏的遊牧民族而言，天更是一個至高無尚的權威，拓跋氏是一個草原民族，因此在他們進入中原以後，對於「天」的祭祀還保持着他們傳統的形式，所以仍然對「青」與「黑」色視爲神聖的象徵，（註十六）南齊書五七魏虜傳：

「其車服有……尙黑，胡俗尙水，又規圖黑龍相盤繞，以爲厭勝。」

不過在天興元年十二月，拓跋珪接受崔玄伯等人的建議，「從士德，服色尙黃」。（魏書卷二太祖紀）由此可見，拓跋氏雖然用士德尙黃，仍然對於「靑」與「黑」有着偏好，即使華化最徹底的拓跋氏宏在討論服色時，還持「天何時不玄，地何時不黃」的理論，而他對服色仍「意欲從玄」。（魏書禮志）或者說他將拓跋氏改姓元氏，也和「青」「玄」有關。(註十七)在當時把青色象徵廉潔，魏書卷八十八良吏傳：「鹿生……顯祖嘉其能，賜以驄馬，加以青服以彰其廉潔。」所以拓跋氏對於青里兩種顏色，是懷有教意的，所以在祭天的時候，用黑、青二色裝飾，魏書卷一〇八禮志：

「天賜二年夏四月，復祀天於西郊……帝立於青門外內……外朝與大人咸立青門之外……后率六宮從黑門入，列於青門外。」

這種以在祭天時用黑色與青色的裝飾，在孝文帝時仍然保持，南齊書魏虜傳記蕭琛范雲出使北魏，曾參觀孝文帝祀天時「蹋壇」，「繞天」等儀式，有可容百人的「百子帳」，上面即覆以「青繒」，又同傳記載在祀天的時候：「(拓跋)宏自率衆至壽陽，軍中有黑氈行殿……步軍皆黑盾，綴以黑蝦幡。」至於祀天的情形，魏書禮志有詳細的記載：

「于西郊爲方壇一，置木主七於上，東爲二陛無等，周垣四門，各以其方色爲名，色用白犢，黃駒，白羊各一，祭之日，帝御大駕，百官及賓國大人畢從至郊所……廩犧令掌牲陳於壇前，女巫執鼓，立於陛之東西，選帝之十族弟子七人執酒，在巫南西，面北上，女巫升壇搖鼓，帝拜若肅拜，祀訖，復拜，拜訖，乃殺牲，執酒七人向西，以酒灑天神，主復拜，如此者七，禮畢而返。」

上面的這段記載，值得注意的有兩點，一是參與祭典的「女巫」，一是參與陪祭的「十族弟子七人」，前者是拓跋氏原始宗教的餘諸，後者是拓跋氏族社會的遺痕，關於參與祭典的「女巫」，可能與拓跋氏初期宗教的「淫祀」有關，魏書卷十三皇后傳：「(胡太后)幸嵩山……昇於頂中，廢諸淫祀」，又魏書卷七高祖本紀：

「太和二年詔……徐淮未賓，廟隔非所，致令祠典寢浸，禮章殄滅，遂使女巫妖覡淫進非禮，殺生鼓舞，倡優媟狎，豈所以尊神明，敬聖道者也，自令以後，有祭孔子廟，制用酒脯而已，不令婦女合雜……犯者以違制論。」

胡后廢嵩高山的淫祀，說明在孝文帝改制以後，拓跋氏的原始宗教仍然存在。同時也說明在平城時代的拓跋氏，不僅祭祀他們自己的宗教用女巫，即使在祭典孔子的時候，也有「婦女雜合」的情形出現，這不僅透露了拓跋原始宗教的情況，同時由女巫掌握宗教，對拓跋氏初期曾經過母系社會，也有着一種強烈的暗示。

至於帝室十姓弟子參加陪祭，與拓跋氏血緣組織的氏族社會有密切的關係，魏書卷一一三官氏志：

「初，安帝統國，諸部九十九姓，三十六國，七分國人，使諸兄弟分攝之。」

所謂九十九姓與三十六國，都是拓跋氏氏族社會的成員，和拓跋氏有或親或疏的血緣關係。至於和拓跋氏有最親密的，當然要算統攝七國人民的諸兄弟，拓跋氏的七位兄弟是長兄紇骨氏，次兄普氏，三兄拔拔氏，五弟達奚氏，六弟伊婁氏，七弟丘敦氏，八弟俟亥氏，與帝室合在一起，即成爲所謂的「鮮卑八國」，後來再加上獻帝叔父乙旃氏，與疏屬車焜氏就構成「百世不婚」的帝裔十室，而且「國之喪葬祀禮，非十族不得與也」。（魏書官氏志）由此也可以說明帝裔十室間的血緣關係。

在部落時代的部落酋長，除了在政治上表現其絕對的權威外，同時還主持部落的祭祀。帝室十裔參與陪祭，也在說他們的地位超越其他部落之上。這種參與陪祭的儀式，在北魏末年仍然有在，通鑑卷一一五梁大通四年條下：「戊子，孝武即位于東郊之外，用代舊制，以黑毡蒙蒙七人，高歡居其一」，皇帝即位後的祭天，所用的是「舊制」，既用黑毡，又以帝室十姓中的七人參與陪祭，高歡不是帝室十姓，因爲權勢而參與，但帝裔十姓的陪祭傳統仍然保持的。（註十八）

崔玄伯奏用土德尚黃，雖然不能除去拓跋氏對於「黑」與「青」色的偏見，但他所提出的：

「宜爲土德，故神獸如　，土畜，又黃星顯曜，其符也。」（魏書卷一〇八禮志）

以中國傳統五德終始思想的內容，套入拓跋氏初期圖騰（Totem）的形式裏去，這是拓跋氏統治者所易於接受的。所以拓跋氏一朝禁止對牛的屠殺，魏書肅宗紀：「熙平七年，重申殺牛之禁」。所謂「重申」就是表示過去曾經被禁止的，至於視爲神獸的　與拓跋氏圖騰的關係，後漢書鮮卑傳：

「……因鮮卑山爲號焉」。

對於「鮮卑」的原意，後世學者有不同的解釋，楚辭大招篇有「小腰秀頭若鮮卑只」。「鮮卑」，王逸注稱：「鮮卑，袞帶也」，漢書匈奴傳顏師古注「犀毗」說：「胡帶之鈎也」，又說「鮮卑」亦「師比」也，由此「犀比」，「師比」，「鮮卑」字雖不一樣，「然總一物也」，其所以「有比差異」，僅因爲譯音不同的緣故。

史記匈奴傳索隱引張晏曰：「鮮卑郭落帶，瑞獸名也」，白鳥氏認爲「郭落」是「Kwuk-Lok」的譯音；其原意爲獸，鮮卑是「Sei-bi」的譯音，其原意爲「瑞」，爲「神」，所以「鮮卑郭落」合在一起便是「瑞獸」或「神獸」的意思，（註十九）魏書卷一序紀：

「獻帝南遷，山谷高深，九難八阻，於是乃止，有神獸其形似馬，其聲類牛。」

這種神獸可能卽指「鮮卑」而言，在拓跋詰分率領他的部族，進入沙漠匈奴故地之前，停留在東胡故地時期，他們的生活方式是「畜牧，射獵」爲業，這是一種放牧與狩獵的混合經濟。據後漢書鮮卑傳的記載，「禽獸異於中國者，野馬，原羊，角瑞牛」，後漢書李奇引漢書音義稱：「角瑞似牛，角可爲弓」，又惠棟補注引說文：「角瑞狀似豕，其角善爲弓」，又郭璞注爾雅稱：「角瑞似豬，角在鼻上」，由上各注知中國學者對「角瑞牛」的形狀衹是臆測，可能這種獸在當地也很稀少，因此視爲「瑞獸」而稱爲鮮卑，以此爲自己氏族的圖騰。將圖騰的形狀鏤鑄在帶鈎上，作爲徽飾，在戰國時傳到與東胡接境的趙國，國策有趙武靈王以「黃金師比」賜給周紹的記載，當卽此物。楚辭招魂篇有「晉制犀比」，由此可知以圖騰「鮮卑」爲圖案的師比帶，在戰國時流傳的範圍很廣泛，這種異獸在中原地區沒有。因此以其形狀相類似的動物作爲符瑞的象徵，是非常可能的。

在中國傳統思想裏，禮樂是治理天下教化萬民的軌儀，二者缺一不可。在「樂」的方面，拓跋氏在建國的時候，所接受中國的古樂，比其文物制度的內容要豐富些。魏書樂志：

「永嘉已下，海內分崩，伶官樂器皆爲劉聰，石勒所獲，慕容雋平冉閔，遂克之，王猛平鄴，入於關右，符堅旣敗，長安紛擾，慕容永之東也，禮樂器用多歸長子，及垂平永，幷入中山。自始祖內和魏晉二代，更致樂伎，逮太祖定中山，獲其樂懸。」

這兩段記載，說明永嘉之亂後，中原樂器流轉與拓跋氏建國前後，所接受中原樂器情形。在拓跋珪時代，曾於「天興元年冬，詔尙書吏部郎鄧淵定律呂，協音樂」，（魏書樂志）後來拓跋燾破赫連昌，曾「得古雅樂」，及平涼州，又獲「伶人器服」，不過他們對於這些中原雅樂，並沒有完全採用，祇是「幷擇而存之」，或「間相施用」。（仝上）所以如此，因爲他們不能違反天興建國時，所創立的音樂傳統，在天興元冬，命鄧淵所定的律呂中。有：

「……及追尊皇曾祖，皇祖，皇考諸帝，樂用八佾，舞皇始之舞，皇始舞，太祖所作也……掖庭中歌眞人代歌，上叙祖宗開基之由，下及君臣廢興之，凡一百五十章，歌昏歌之，時與絲竹合奏，郊廟宴饗亦用之。」（魏書樂志）

皇始舞是拓跋珪親手所定，但這種舞蹈並不是拓跋珪的創作，可能是拓跋氏部時代所流行的舞蹈，經過删訂而成的，其內容「以明大始之業」（魏書樂志），和「宮庭與郊廟宴饗」時，所用的眞人代歌，同樣是叙述拓跋氏祖先馳騁在原野上的英雄事跡，關於「眞人代歌」，郭淸茂「樂府詩集」卷二稱是馬上樂。唐書音樂志：「北狄樂其可知者，鮮卑，吐谷渾，稽胡三國，皆馬上樂也……魏樂府始有北歌，即魏史所謂眞人代歌是也」，這種充滿濃厚草原氣息馬上音樂，正能表現拓跋氏部落時代粗狂豪邁的氣概，也是拓跋氏的部人所樂於習唱的，在隋書經籍志有「國語眞歌」十卷，「國語御歌」十一卷，魏書卷十四元丕傳：

「丕……聲氣高朗，博記國事，饗宴之際，恒在坐端，必抗聲大言，叙列既往，……及高祖還代，丕請作歌，許之。」

元丕是一個頑固保守的代北舊族，他「抗音大言，叙列既往」，所用的必是鮮卑語；所以他所作的歌應該屬於「眞人代歌」之類。在這些舞蹈與歌曲的演奏方面，粗獷奔放的「皇始舞」「眞人代歌」，而配合中原緩慢而柔和的「八佾」絲竹伴奏，顯得十分不調和，却是對北魏初期「國風胡俗，雜相揉亂」最好的說明。

拓跋氏部族最初沒有文字，祇是「刻木紀契而已」。（魏書卷一序紀）又魏書卷一一一刑罰志也說：「以言語約束，刻契紀事」，祇是一種簡單的記事符號。不過在他們立國之初，曾有創造屬於他們自己文字的企圖。魏書卷二太祖紀：

「天興四年……集博士儒生，比衆經文字，義類相從，凡四萬餘字，號衆經文。」

至於這四萬餘字的「衆文經」，是否即是拓跋氏最初創造的文字，現在沒有更明顯的材料可以證明，不過在拓跋燾時，的確創造過「新字」。魏書卷四世祖紀：

「光始三年，初創新字千餘，詔曰……今制定文字，世所用者，頒下遠近，永爲楷式。」

這種「新字」，是否即是拓跋氏利用當時中國文字的形式，創造屬於他們自己文字，或者即是隋書經籍志所謂：「后魏初定中原，軍容號令，皆以夷語，後雜華俗，多不能通，故錄本語相傳教習，謂之國語」的文字，由於材料的限制，還是一個待考的問題。

不過，在隋書經籍志目錄的裏，有國語十五卷，又國語十卷，鮮卑語十卷，國語物名四卷，國語雜物三卷，國語一卷，國語御歌十一卷，又鮮卑語十卷，國語號令四卷，國語雜文十五卷，這些被稱爲國語的鮮卑語書籍，必須用文字記載之後，才可以留傳。如果拓跋氏沒有創造屬於自已的文字，那麼這些書籍根本無法存在。魏書卷三十呂文祖傳：「以舊語譯注皇誥，辭義通辯」，又隋書經籍志記載，孝文帝曾命伏侯可悉以夷語譯注孝經，這些所謂的夷語，舊語，國語不僅是語言，可能有文字存在，否則他們譯註孝經，皇誥的時候，就不會有「辭義通辯」的情形發生。這些文字可能是以拓跋燾時代，所創的千餘新字爲基礎而形成的，所以由此可以推論，拓跋氏進入中原之後，爲了發揚他們本身文化特質，曾利用中原文化原有的文字基礎，來創造一種屬於自已的文字，這是非常可能的。（註廿）

註一：漢書匈奴傳引中行氏說漢使語，這是對草原與農業兩種不同類型文化最基本的區分，李濟先生也有類似的說法，他認爲導源於黃帝的「我們的集團」。(We Group) 是一個種植，穿絲，吃米，築城的民族，至於草原文化的「你們的集團」（You Group），則是一種遊牧，穿毛毳，吃肉酪，住穹廬的民族。(The Formation of Chinese People: An Anthropological Inquiry, Horvard University Press, Combridge, 1928.) 田村造實也是從生活模式(Made of life)方面，區分兩種不同的文化，這種兩種不同的生活模式，是由於地理與氣候的自然環境的差異而形成，構成兩種不同類型的文化圈。「アジア北における歷史の世界形成」，哈佛燕京社東方文化講座第十輯，京都，昭和三十一年

註二：所謂文化特質 (Cultural trait) 是每一個文化類型中，附着於文化叢仲最微小而固定的單位。(Kroeber, A. L. "The Nature of Culture P. 101,) 不過却是最不容同化與融合的，即使强制兩種不同類型文化特質互相間的模彷，但是經雜揉以後，仍然保持原來的狀態，而且是很易公辨的。(Hereskovits, M. T. "Cultural Antropology, PP. 360-366)

註三：牟潤孫師：「崔浩與其政敵」認爲：「崔浩史獄即起佛道之爭」，又說：「太武之崇道毀佛，與夫罷

舊祀之不合祀典者，雖是信仰上改革，與其後孝文遷洛諸政虛實相似，其華化之表現則一……太武之施爲由浩主課，故諸人（太子晃，長孫嵩，穆壽）多與浩爲敵。」」（載輔仁學誌十卷一、二期合刊）周一良的「北朝民族問題與民族政策」認爲「浩之死是統治階級內部的矛盾而鬥爭的結果，國史之獄不過是一個近因」」。（淸華學報第三十九期）周氏「統治階級內部矛盾而鬥爭的結果」的論調，多爲今日中共歷史學者所接受，馬長壽「鮮烏桓與鮮卑」，王仲犖的「魏晉南北朝隋初唐史」（上）唐長孺「魏晉南北朝史論叢」（續集），李亞農「拓跋氏前封建制」也都採取這種論調。谷齊光的「六期門閥」認爲「崔浩欲齊人倫，提高中原士族地位，虜姓之貴族與北魏之勳門，絕不能與中原士族相提並論，後來崔浩修史引起北人忿毒，其原因此在」（谷氏另有「崔浩之獄與北方門閥」一文刊天津益世報，史學副刊十一期，未見）陳寅恪的「崔浩與寇謙之」認爲「浩之社會階級意識，甚於民族意識，故利用鮮卑鄙視劉宋，然卒因胡漢民族內部仇怨致死」（領南學報第十一卷一期）王伊同「崔浩國書釋疑」認爲「其宅心未嘗忘漢，有非北人所願聞者」，（案呂思勉兩晉南朝史頁三七八—三八三採用南齊書柳元宗傳的說法，認爲崔浩的死是由於民族意識所起。）王氏又說：「然浩之敗，斷不緣國書之直筆，而突因有胡漢之衝突。」（淸華學報，新一卷第二期）孫同勛「北魏初期政治的衝突與崔浩之獄」，認爲「崔浩之被殺，是由於欲領袖中原世族與代北貴戚相頡抗，見疑而被殺」（幼獅學報第四期二期），其他如湯用彤認爲崔浩之獄，緣於欲「張中華主道正統之義」（漢魏兩晉南北朝佛教史頁四九六）。

註四：拓跋氏部沿興安領南下，一度在西喇土倫河流域停留，然後再溯水要行入匈奴故地，最後向長城北邊沿邊地區移動。田村造實，「ポヨウ王國の成立と性格」，（東洋史研究，第一一卷第五號。）

註五：魏書卷一序紀：「分國三部，帝自以一部居東，在上谷北，濡源之西，東接宇文部；以文帝長子猗㐌統一部，居代郡之參合陂北，以桓帝之弟猗盧居定襄之盛樂故城。」

註六：另詳拙作「試釋論漢匈之間的甌脫」（大陸雜誌三十二卷第一期）

註七：河地重造：「北魏王朝の成立とその性格について」（東洋史研究，第十二卷第五號）

註八：韓國盤：「北朝經濟初探」。

註九：Owen Lottimore: "Inner Asian Frontiers of China" P. 470, 1962, Boston.

註十：另詳拙作「深宮怨」—談談幾塊北魏宮女的墓碑（大學生活第一三二期）

註十一：另詳拙作「拓跋氏與中原士族的婚姻關係」（新亞學報第七卷一期）

註十二：魏書卷五神元子孫傳：「太祖好黃老，數詔諸王與朝臣，親為說之，在坐莫不祇肅，順獨坐寐，欠伸顧而唾，太祖怒廢之。」

註十三：魏書卷二四：燕鳳「明習陰陽讖諱」，鄧淵「長於易筮」，許謙「善天文圖讖之學」。又卷二八：李先「善占相之術」，卷二四崔玄伯傳雖然沒有說善陰陽讖諱之學。但崔浩傳，稱浩「博覽：玄象陰陽百家之言」，可知崔玄伯也是長於此道的，所以在北魏初期，服務於北魏王朝的中原士人，大多都會陰陽讖諱之學的。

註十四：魏書卷二四：燕鳳「代人」，許謙「代人」，莫含「雁門繁時人」，李栗「雁門人」，張黎「雁門人」。

註十五：Frozer, J. G.: "Magic and Religion" The Golden Bough, PP. 220-243, Vol. 1, 1936, London.

註十六：Peter, A. Boodbery: "The Language of the T'o-Pa Wei," Horvard Journal of Asiatic Studies, PP. 180-182, Vol. I, 1936.

註十七：陳述「哈喇契丹說」—兼論拓跋改姓和元代清代國號，（歷史研究，一九五六年，第二期）。

註十八：這是中亞遊牧民族即位加冠的傳統，見 Peter A. Booeberg: "Manginolia to Histories of Northern Dynasties," HJOAS, Vol. IV. PP. 230-283, 1939.

註十九：王國維氏的「胡服考」會詳細討論，後白鳥庫吉的「東胡民族考」（「史學雜誌」第二一編，第七號）更進一步用語言學公折，伯希和也肯定「鮮卑」是一種獸類，（T.P. 1914. 258），馮家昇則認鮮卑，是蒙古語的 Sobor（貔即五爪虎），（「西北利亞」名稱的來由，歷史研究，一九五六年，第十期）。

註廿：陳毅「魏書官氏志疏証」：「太祖紀天興四年，博士儒生，比象經文字，義類相從，凡四萬餘字，號曰象經文，世祖紀始光元年，初造新字千餘。可知魏初無字，借用華文，後乃造字，若金史完顏希尹傳所云，金人初無文字，用契丹字，希尹乃依漢人楷字，因契丹字制度，合本國語，制女直字」。（見開明版，廿五史補編）

唐代方鎭使府之文職僚佐

嚴耕望

唐代方鎭使府之組織有文武兩系統。通典與新唐書百官志皆僅記文職僚佐，而於武職軍將之組織皆不觸及。關於軍將，前已爲文論之。（刋史語所出版之李濟之先生七十歲頌壽論文集。）今再就文職僚佐稍詳考論如次。

唐代方鎭使府之文職僚佐組織，舊政書中作扼要之記載者，可以通典三二及新唐書百官志的代表。通典三二職官一四述節度使府之僚佐云：

「有副使一人，副貳使。

行軍司馬一人，申習法令。

判官二人，分判倉兵騎胄四曹事。副使及行軍司馬通署。

掌書記一人，掌表奏書檄。

參謀，無員，或一人或二人，參議謀劃。

隨軍四人，分使出入。」

其時已置採訪使，但非方鎭之仕，故通典不之載。其餘諸使建置之時代較後，例不述矣。

新志記諸使僚佐較詳云：

「節度使、副大使知節度事、行軍司馬、副使、判官、支使、掌書記、推官、巡官、衙推各一人。同節度副使一人。館驛巡官四人。府院法直官、要籍、逐要、親事各一人。隨軍四人。節度使封郡王則有奏記一人。兼觀察使，又有判官、支使、推官、巡官、衙推各一人。又兼安撫使，則有副使、判官各一人。兼支度、營田、招討、經略使，則有副使、判官各一人。支度使復有遣運判官、巡官各一人。」

「觀察使、副使、支使、判官、掌書記、推官、巡官、衙推、隨軍、要籍、進奏官各一人。」

「團練使、副使、判官、推官、巡官、衙推各一人。」

「防禦使、副使、判官、推官、巡官各一人。」

此條所記員額較通典為詳。然於職掌曾未涉筆。今就此兩條所有者，論其演變，詳其職掌；所無者，考而補之。

（1）副使　前引通典與新志，節度使府之上佐有副使與行軍司馬。通典首副使，司馬次之。新志首行軍司馬，副使次之。此關乎地位之升降，俟於行軍司馬目論之。

節度副使——通典，節度使府有副使。是必天寶中已見置。復考徐安貞易州刺史田公德政碑（萃編八三、全唐文三〇五），為靈州刺史朔方軍節度副使。時在開元二十年前後。孫逖授馬元慶河西節度副使制，「可充河西節度副使、涼州長史、兼赤水軍副使仍都知兵馬使。」當亦在開元末。又李休墓誌（京畿墓文中），充范陽節度經略副使，轉平盧節度副使，以天寶九載卒。是此職始置不能遲於開元中，疑與節度使同時置之。其後此職見於史傳石刻者極多，其爲通制無疑。

不但節度使府有副，即觀察、防禦、團練、經略、支度、營田等使亦皆有副使。試略述如次：

觀察副使——前引新志，觀察有副使。考舊趙憬傳，「建中初，擢授水部員外郎，未拜。會湖南觀察使李承請爲副使，檢校工部郎中，充職。歲餘承卒，遂知留後事。尋授潭州刺史、兼御史中丞、湖南觀察使。」舊竇羣傳，弟鞏，「歷司勳員外、刑部郎中。元稹觀察浙東，奏爲副使。」又通鑑二五一，咸通九年，宿州闕刺史，觀察副使焦璐攝州事。則似終唐世爲經制。然此諸例皆在觀察區。至於節度使加觀察者則未見史例可證。或者單置觀察使者則置副使；以節度使兼觀察銜者即不置；故新志前後亦敘述不同也。

防禦團練副史——新志云防禦團練有副使。通典三二州郡都督條，「後又改防禦使爲都團練守捉使……有副使一人，掌貳使事。」是防禦使、都團練使亦置副如節度觀察也。通鑑二一七至德元年條，龐堅爲潁川防禦副使。是最早之史例。團練副使，尤常見。如舊李芃傳，魏少遊爲江西團練觀察使，署奏爲檢校虞部員外郎充都團練副使。舊嚴綬傳，貞元中，由侍御史充宣歙團練副使。是其例。

經略副使——新志，經略有副使。考王侁墓誌（芒洛墓文三編），「聖曆元年，制授明威將軍守左玉鈐衞將軍，充懷遠軍經略副使。」是此職之置極早。又郭氏家廟碑陰（萃編九二），子儀遷桂州都督府長史充當管經略副使。」此亦在安史亂前。又封崇寺陀羅尼經幢（常山貞石志一（　）有經略副使鎮遏都將、經略副使兼馬步虞候各一人。時在光啓二年。是終唐世經略使府有副使也。

支度副使，營田副使——此亦見新志。考舊段秀實傳，白孝德「改鎮邠寧，奏秀實試太常卿、支度、營田二副使。」舊于邵傳，「西川節度使崔寧請留爲支度副使。」北岳府君碑（萃編七三），有義武支度副使高述。時在元和三年。徐州使院新修石幢記（萃編一〇七），支度副使檢校司封郎中高瑀撰。時在元和十二年。諸葛武侯祠堂碑（萃編一〇五），營田副使檢校吏部郎中兼成都少尹柳公綽書。時在元和四年。楚州使院石柱題名（金石續編一一）記歷任楚州刺史皆充本州團練使淮南營田副使。大抵節度觀察團練諸使加領支度使營田使者，皆置副使，實際負支度營田之責任。

同節度副使、同經畧副使——佛頂尊勝陀羅尼石幢讚序（萃編六六），嚴震所造，具銜爲鳳州刺史、充興鳳兩州都團練使、同山南西道節度副使。王履清碑（萃編一〇〇），題銜爲同朔方節度副使兼慈州刺史。申屠夫人賀氏墓誌（山右墓文下），祖軫，「節度表狀孔目官兼同節度副使、澤州長史。」王大劍墓誌（襄陽墓文），曾渾「涇原節度衙前兵馬使兼同節度副使。」通鑑二五一，咸通十一年，西川節度府有同節度副使譚奉祀、王偃。又劉談墓誌（京畿墓文中），貞元二十年改充同經畧副使兼都知馬兵使押牙。田伾等經幢（萃編六六）有同經畧副使。妒神頌（續編八），黨昇爲山南東道節度經畧副使。鐵塔寺幢（萃編六六），何敬則爲同經畧副使。據此，節度使府經畧使府皆常有同副使之職。新志皆不載。

通鑑二四二，長慶元年，「以沂州刺史王知興爲武寧節度副使。先是副使皆以文吏爲之。上聞智興有勇畧，欲用之於河北，故以是寵之。」按前引諸節度觀察副使，除極少數外，皆爲文人。又通鑑二二五，「郭子儀以朔方節度副使張曇性剛率，謂其以武人輕己，銜之。」是亦文人也。「皆以文吏爲之」，信然。其實不止副使，凡本節所考之僚佐皆以文吏爲之，非軍將之職也。

通典述節度府僚佐以副使居首，職「副貳使。」其位自尊。觀察等副使地位當同此。故常掌節度觀察留後事。茲就舊書舉例如次：

酷吏吉溫傳：「（天寶）十載，祿山加河東節度，因奏溫為河東節度副使知節度營田及管內採訪監察留後事。」

趙憬傳：「建中初，擢授水部員外郎，未拜。會湖南觀察使李承請為副使。……歲餘，承卒，遂知留後事。尋授潭州刺史（畧）湖南觀察使。」

德宗紀：「貞元九年……宣武軍亂，逐節度使劉士寧。……以宣武軍節度副使李萬榮為汴州刺史宣武軍節度汴宋等州觀察留後。」

嚴綬傳：「貞元中，由侍御史充宣歙團練副使，深為其使劉贊委遇。……十二年，贊卒，綬掌宣歙留務。」

然此皆貞元中葉以前事也。德宗晚年節度府則以行軍司馬為儲帥，別詳下目。開成四年省司馬。至後唐天成初復置。亦詳下目。而五代會要二五幕府目：「天成……四年六月敕，諸道節度行軍司馬名位雖高；或帥臣不在，其軍州事，節度副使權知。」是雖復置司馬，且居高位，然知留務仍屬副使也。

（2）行軍司馬　通典、新志皆云節度使府有此職。古者將軍上佐有司馬，節度使亦古將軍之比，故亦置司馬，惟加行軍之號耳。唐制，統軍之官最高者有天下兵馬元帥、都統等，皆置行軍司馬。新志述此類行軍司馬之職云：

「行軍司馬掌弼戎政。居則習蒐狩，有役則申戰守之法，器械糧備軍籍賜予皆專焉。」

通鑑胡注（卷二三五貞元十二年條）即以此文注節度行軍司馬。考李翰淮南節度行軍司馬廳壁記（全唐文四三〇）云：

國家……軍出於內，謂之將，鎭於外謂之使，佐其職者謂之行軍司馬。行軍司馬之職，弼戎政、掌武事，居常習蒐狩之禮，有役申戰陣之法。凡軍之攻，戰之備，列於器械者，辨其賢良。凡軍之材，食之用，頒於卒乘者，均其賜予。合其軍書契之要，比其軍符籍之伍，賞罰得議，號令得聞，三軍以之，聲氣行之，哉雖主武，蓋文之職也。」

此述節度使行軍司馬之職甚詳，要亦與新志之文相應，則胡注是也。

行軍司馬職掌之重要如此，故常得繼任節度使。通鑑二一六，天寶十一年十二月，「以安西行軍司馬封常清爲安西四鎭節度使。」此爲最先見史之事例。胡注：「唐制，行軍司馬位節度副使之上。天寶以後，節鎭以爲儲帥。」此言似是而實不甚正確。蓋封常清事僅可視爲特例，自此至德宗初年，三十年間實甚少見。（舊崔寧傳，永泰元年，杜濟以西川行軍司馬知軍府事，但未繼任節度使。稍後，寧以行軍司馬繼爲節度，似爲唯一之史例。）至德宗興元以後則事例漸多。即就舊書德宗紀而言，如興元元年正月樊澤爲山南東道節度，貞元十年正月李欒爲朔方節度留後，十一年五月李說爲河東節度留後，十五年二月陸長源爲宣武節度，十六年四月盧羣爲義成節度，同年六月韋夏卿爲徐泗節度，同年十月鄭儋爲河東節度，十七年八月嚴綬爲河東節度，十八年三月李康爲東川節度，鄭元爲河中節度。十九年三月王鍔爲淮南節度，同年五月裴筠爲荆南節度，劉昌裔爲陳許節度，同年十一月閻巨源爲振武節度，二十年正月裴玢爲鄜坊節度，皆以本軍行軍司馬繼任節度使也。足見德宗時代此制之盛行。舊書李景略傳云：

「時河東李說有疾，詔以景略爲太原少尹、節度行軍司馬。時方鎮節度使少徵入換代者，皆死亡乃命焉。行軍司馬盡簡自上意，受命之日，人心以屬。景略居疑帥之地，勢已難處。」

又同書嚴綬傳云：

「河東節度使李說嬰疾，事多曠弛。行軍司馬鄭儋代綜軍政。既而說卒，因授儋河東節度使。是時姑息四方諸侯，未嘗特命。帥守物故，即用行軍司馬爲帥，冀軍情厭伏。儋既爲帥，德宗選朝士可以代儋爲行軍司馬者，因綬前日進獻，上頗記之，故命檢校司封郎中、充河東行軍司馬。不周歲，儋卒，遷綬銀青光祿大夫（畧）充河東節度（畧）等使。」

此更說明德宗以本軍行軍司馬爲使府儲帥之本意。通鑑二三五云，「初上（德宗）不欲生代節度使，常自擇行軍司馬以爲儲帥。」即謂此也。

又按上列史例，始於興元。蓋涇原亂後，一意姑息耳。然觀前引史例，德宗朝之前期尙甚少見，貞元十年以後，愈來愈多，幾已形成習慣法。復檢通鑑於貞元十年前後有下列三條紀事云：

貞元八年，「劉玄佐之喪……上……遣使即軍中問以陝虢觀察使吳湊爲代，可乎？監軍孟介、行軍司馬盧瑗皆以爲便，然後除之。」

貞元十年七月，「以王延貴爲昭義留後，賜名虔休。昭義行軍司馬攝洺州刺史元誼聞虔休爲留後，意不平，請以邢洺別爲一鎭。昭義精兵多在山東。……」

貞元十一年五月，「河東節度使李自良薨，……監軍王定遠請以行軍司馬李說爲留後……知府事。說深德王定遠，請鑄監軍印。」

按第一事，朝廷命帥先徵得行軍司馬之同意。第二事，朝廷別任留後，行軍司馬意有不平。皆足見此職地位崇高，本有儲帥之望。而觀第三事，行軍司馬因監軍奏請爲留後而德之，則見司馬繼任尚未眞正成爲習慣法。舉此三例，正見貞元十年前後，爲此種制度形成之關鍵時期。故前引舊紀史例，此前甚少而此後則日多也。韓愈河東節度使鄭公神道碑（全唐文五六二）云：

「德宗晚節，儲將於其軍，以公爲河東軍司馬，能以無心處嫌間，卒用有就。」

云儲將於本軍乃德宗晚年事，大體得之。然通鑑二二六，建中二年，成德節度使李寶臣欲以軍府傳其子行軍司馬惟岳。同書二三二，貞元六年，盧龍節度使劉怦疾病，詔以其子行軍司馬濟權知節度事。又似河北三鎭早有此事例矣。

行軍司馬之地位原不甚高。李翰淮南行軍司馬廳壁記云：「舊制，朱衣銅印墨綬。開元故事，多選臺郎爲之。」即就前引貞元時諸行軍司馬言之，盧羣累轉左司、職方、兵部三員外郎然後任之。尙由臺郎也。然劉昌裔由陳州刺史遷任，韋夏卿由給事中，出爲常蘇二州刺史，然後遷任，王鍔由嶺南節度，歷刑部尙書始任淮南行軍司馬，則位任極隆矣。蓋儲帥之選地位日崇耳。

又唐會要七九諸使雜錄下，開成四年六月，中書門下奏請省節度使參佐云，「行軍之號本繫出師，參謀之職尤是冗長。其行軍司馬及參謀，望勒停省。」勅旨依奏。是文宗開成四年曾停省司馬之職。考新書劉知謙傳，劉隱爲封州刺史，有功，昭宗拜爲本軍（嶺南東道）行軍司馬。事又見新書徐商傳。似唐末復置。復考五代會要二七諸色料錢上條，後唐同光三年二月，租庸院奏定節度使府僚佐料錢甚詳，有副使、節度判官、觀察判官、掌書記、推官，且云祇置五員，則此時又無司馬也。而同書二五幕府條云：「（天成）四年六月敕，諸道節度行軍司馬，名位雖高。或帥臣不在，其軍州事，節度副使權知。」此下晉漢周若干條敕文皆云「諸道行軍、副使。」是同光末至天成初年，復置司馬，且明云地位在副使之上，仍爲帥臣不在時之法定代理人。至天成四年始特敕由副使權知耳。

據上所論，唐末五代行軍司馬位在副使之上甚明。新志述節度使府之僚佐，司馬居首，副使次之。當即據後期制度序之。然通典載早期節度府僚佐，以副使居首，司馬次之。檢舊段秀實傳，涇原節度使馬璘以秀實爲行軍司馬，兼都知兵馬使。大曆十一年「璘疾甚不能視事，請秀實攝節度副使兼左廂兵馬使。」代掌軍府事。似副使視司馬爲重。又元稹沂國公魏博德政碑（全文六五四），弘正爲魏博節度使，「始求副節度以下於朝。」亦見副使爲賓佐之首。復考唐會要七八諸使雜錄上，貞元十六年十二月勅，「諸道之應奏副使、行軍、判官、支使、參謀、掌書記、推官、巡官，請改轉臺省官……」明以副使爲首。同書八九諸使雜錄下，開成「四年六月，中書門下奏，諸道節度使參佐自副使至巡官共七員。」據下文，行軍司馬即包括於此七員中。則副使爲首席僚佐自不待言。大抵開元天寶間，節度僚佐，本以副使爲首；及安史亂後，實掌軍政之司馬漸見重要，有駕凌副使之勢。逮德宗常預置行軍司馬爲儲帥，司馬地位遂出副使之上。然就舊章而言，仍以副使爲首，故開成四年六月宰相奏章仍以副使為首也。此年省司馬之官，至後唐同光末天成初年復置行軍司馬，乃就德宗晚年以後之事實，尊司馬之位於副使之上耳。由此言之，通典述節度府僚佐，副使居首，司馬次之，新志以司馬居首，副使次之；亦各就其當時制度序之耳。

（3）判官　判官有廣狹二義，前引通典、新志，節度使參佐有行軍司馬、副使、判官、支使、掌書記、推官、參謀等員，此判官乃狹義之專名。而唐會要七九諸使雜錄下云：

「其年（會昌四年）九月，中書門下奏：條流諸道判官員額。西川本有十二員，望留八員，節度副使、判官、掌書記、觀察判官，支使、推官、雲南判官、巡官。淮南、河東舊額，各除向前職額外，淮南留營田判官，河東留留守判官。幽州、淄青舊各有九員，望各留七員。幽州除向前職額外，留盧龍軍節度推官。淄青除向前職額外，留押新羅渤海兩蕃巡官。山南東道、鄭滑、河陽、荊南、汴州、昭義、鎮州、易定、鄆州、魏博、滄州、陳許、徐州、兗海、鳳翔、山南西道、東川、涇原、邠甯、河中、嶺南，已上舊各有八員，望各留六員：節度副使、判官、掌書記、推官、觀察判官、支使。振武、靈夏、益州、鄜坊舊各有八員，緣邊土地貧，望各留五員：節度副使、判官、掌書記、推官、觀察判官。浙東、浙西、宣歙、湖南、江西、鄂岳、福建，以上舊各有六員，望各留五員：團練副使、判官、觀察判官、支使、推官。黔中舊有十員，望各留六員：經略副使、判官、招討判官、觀察判官、度支鹽鐵判官。東都留守、陝府舊有五員，並望不減。天德舊有三員，亦望不減。同州舊有四員，商州兩員，並望不減。防禦副使，華州、泗州各有兩員，並望不減。楚州、壽州各有三員，壽州望減團練副使一員，楚州望減營田廵官一員。汝州、壚州、隴州舊各有一員，望不減。桂管舊有六員，望減防禦廵官一員。容管舊有五員，望減招討廵官一員。延州舊有兩員，亦望減防禦推官一員。樓煩、龍陂舊各有兩員，望各減巡官一員。右奉聖旨令商量減諸道判官約以六員爲額者。臣等商量，須據舊額多少，難於一例停減。今據本鎭額量減，數亦非少，仍望令正職外不得更置攝職，仍令御史臺及出使郎官御史專加察訪。勅旨依奏。」

按此條述諸道參佐留省員額頗詳。首段「條流諸道判官員額」及末段「右奉聖旨令商量減諸道判官，約以六員爲額者。」此廣義之「判官」，義猶「參佐」。中間屢次提到副使、判官、掌書記等，此「判官」乃狹義之專名。徵之他籍，如魏謩請令判官推劾訴事奏（全文七六六），「今諸道觀察使幕中判官少不下五六人。」是必廣義者。又舊紀，長慶元年七月幽州軍亂，「害判官韋雍、張宗元、崔仲卿、鄭塤。」此「判官」，舊傳作「從事」，通鑑作「幕僚」，是亦廣義者。然載籍所見絕大多數仍爲狹義者，本條下文所考仍以狹義爲主。

唐六典卷二吏部云：

「凡別敕差使，事務繁劇要重者給判官二人，每判官並使及副使各給典二人。非繁劇者，判官一人，典二人，使及副使各給典一人。」

是開元之制，凡使職皆置判官一人或二人。此即狹義者。其始是必在開元二十年以前。復考李昊墓誌（芒洛中）云：

萬歲登封年，以門子宿衞蘭錡。尋拜務州武義縣主簿，充海運判官。……授太原府交城縣尉、支度判官。……授懷州司士，會寧郡長史、充朔方推覆判官。加朝散大夫，……安北都護府城兼朔方推按。…

授銀川郡司馬。無何，拜靈武郡長史兼本道防禦使，兼採訪判官。尋拜廬江郡長史知郡事。」

按昊以至德二載卒，年七十三，則當生於武后垂拱元年。其爲海運判官不能早於中宗世。此爲余所見任判官之最早者。又會要七八諸使雜錄：「開元十年六月七日勅，支度營田若一使專知，宜同爲一額，共置判官兩人。」同卷節度使條，「開元十四年三月二日勅，河西長行轉運九姓即隸入支度使，宜加支度判官一人。」是判官之置必在開元十年以前。

玄宗世，諸道採訪使有判官，如舊裴冕傳，天寶初爲渭南尉，王鉷爲京畿採訪使，表爲判官。舊崔器傳，爲監察御史，宋渾爲東畿採訪使，引爲判官。舊令狐彰傳，父濞，天寶中爲鄧州錄事參軍，本道採訪使引爲判官。是也。通典二二行臺省：「行臺省，貞觀以後廢。其後諸道各置採訪等使，每使有判官二人，兼判尚書六行事，亦行臺之遺務。」則似與採訪等使同置者，亦當在景雲間歟？

前引通典，節度使府有判官二人。通鑑二一二開元十五年紀，蕭嵩爲河西節度使，同時任裴寬牛仙客二人爲判官。即其證。而新志云一人。按會要七九諸使雜錄下，開成四年六月，中書門下奏，「節度判官舊額雖本兩員，近日諸道亦不盡置，起今已後望以一員爲定。」勅旨依奏。則自開元間節度使府有判官二人，至開成四年始省爲一員，新志據後事述之耳。又此二員皆常員也。而宣宗給夏州等四道節度以下官俸勅云：「夏州、靈武、振武節度使宜每月各給料錢厨錢共三百貫文，監軍每月一百五十貫文，別勅判官每月五十貫文，節度副使每月七十貫文，判官、掌書記、觀察判官每月各五十貫文。」是常員之外又有別勅判官也。

前引新志，觀察使有判官一人。然新楊綰傳，大曆十二年拜相，「減諸道觀察判官員之半。」又會要七八諸使雜錄上，大曆十二年五月十三日，「諸道觀察都團練使，判官各置一人，支使一人，推官一人；餘並停。」檢宰相表，綰爲相在是年四月，則會要置判官一人，即新傳減判官員之半。是本亦兩員，此時減爲一員。新志亦據後事述之也。

新志，兼安撫使有判官一人。按安撫使不常置。今不詳論。

新志又云「兼支度、營田、招討、經略使，則有副使、判官各一人。」此「各」字具有雙重意義，謂支度使、營田使、招討使、經略使各置副使一人、判官一人也。支度營田判官，前期已置，詳前引。又李寶臣碑（常山貞石志一〇）有支度判官、支度營田判官各一人。楚州使院石柱題名（金石續編一一）有營田判官。是中葉有之。招討使經略判官待考。

新志，防禦使、團練使皆有判官。考舊魏謩傳，辟同州防禦使判官。新楊綰傳，大曆十二年拜相，時諸州悉帶團練使，有團練判官。楚州使院石柱題名（金石續編一一）有團練判官。五代會要二五幕府目所載諸敕文更屢稱防禦判官、團練判官。是亦經常設置之職。

綜上所考，自玄宗世以降，採訪使、節度使、觀察使、經略使、招討使、防禦使、團練使，支度使、營田使等等，幾凡立使名皆有判官也。

通典二二行臺省：「其後諸道各置採訪等使，每使有判官二人，兼判尚書六行事，亦行臺之遺務。」同書三二總論州佐條：「採訪使有判官二人，分判尚書六行事，及州縣簿書。」則使府諸務無不綜理者。又同書三二，節度使有判官二人，「分判倉兵騎胄四曹事。」是雖節度府官員之衆，而判官所任仍甚廣泛。通鑑二一六天寶六年紀，胡注：「唐諸使之屬，判官位次副使，盡總府事。」是也。

判官之職不但廣泛而已，且爲使府上佐之任。例如：

通鑑二一三：開元十五年，以蕭嵩爲河西節度使。「時王君㚟新敗，河隴震駭。嵩引刑部員外郎裴寬爲判官，與君㚟判官牛仙客俱掌軍政，人心浸安。」

又二一六：天寶十載，安祿山領河東。奏吉溫「爲節度副使知留後。以大理司直張通儒爲留後判官，河東事悉以委之。」

又二一八：至德元年，「太子至平涼數日，朔方留後杜鴻漸、六城水陸運使魏少遊、節度判官崔猗、支度判官盧簡金、鹽池判官李涵相與謀」迎立太子爲帝。

又二二二：寶應元年，「（李）光弼在徐州，惟軍旅之事自決之。自餘家務悉委判官張傪。傪吏事精敏，區處如流，諸將白事，光弼多令與傪議之，諸將事傪如光弼。由是軍中肅然，東夏以寧。」

觀此四例，則判官在使府中地位職權之重要可知。下文試再舉三事加以說明。

宣宗兩稅外不許更徵詔（全文八〇）：「其天下諸州府百姓，兩稅之外，輒不許更有差率。……如有違犯，縣令、錄事參軍、判官節級科責。」

宣宗給夏州等四道節度以下官俸勑（全文八一），先云給夏州靈武振武天德節度、防禦使、監軍、副使、判官、掌書記、推官、巡官，月料各若干。下云：「如以後依前兵額不實，器仗不修。其本判官重加貶降，主帥別舉處分。」

後唐曹允昇請禁府郡以僕使代書判奏（全文八四八）：「如藩侯郡守不能書札，請委本判官代押。」

按縣令爲一縣之長；錄事參軍爲州之首席參軍，總統諸曹，其權至重。觀第一條，則判官之於使府當亦猶錄事之於州郡，其重要可知矣。又宣宗時，使府判官之上有副使，後唐時判官之上有司馬、副使。然據第二三事，與府主負連帶責任者，可爲府主代押者，皆爲判官而非司馬、副使，亦以判官實際佐府主處理政務耳。

其地位職權如此，故亦往往侵他官之職。如李商隱樊南乙集序（全文七七九）云：

「尚書范陽公以徐戎凶悍，節度闕判官，奏入幕。故事，軍中移檄牒刺皆不關決記室，判官專掌之。其關記室者，記室假，故余亦參雜應用。」

按移檄之任在掌書記，而判官專掌，成爲故事，是侵書記之職也。又如：

李岸墓誌（京畿墓文中），「子季陽，授成德軍節度作坊判官。」（元和十年）

李憺華獄題名（萃編七九）「鄭縣尉李憺……充京畿採訪使勾覆判官。」

舊陽城傳：「出爲道州刺史……賦稅不登，觀察使數加誚讓。……遣判官督其賦。……城……自囚於獄，……判官不自安，辭去。其後又遣他判官往按之。」

是作坊、勾覆、督賦之類，皆常以判官任之也。

判官既職位重要，故常得權知留後事。如通鑑二一六天寶六年紀，高仙芝爲安西節度使，署「封常清爲判官，仙芝出征，常爲留後。」又二三六，貞元十八年紀，浙東觀察使裴肅入京，「判官齊總代掌後務。」舊張建封傳，「建封卒，判官鄭通誠權知留後事。」北岳府君碑陰（萃編七三）有攝節度判官權知州事陳去疾。皆其例也。而每有軍亂，亦往往與府主同遇害。如舊崔瓘傳，爲湖南觀察使，「會月給糧儲，兵馬使臧玠與判官達奚覯忿爭。……玠遂搆亂，」殺瓘及覯。舊田緒傳，緒殺魏博節度使田悅，矯悅命召行軍司馬扈崿、判官許士則、都虞候蔣濟殺之。舊陸長源傳，授宣武行軍司馬，知府事，與判官孟叔度等皆因兵亂被殺。此皆其例也。蓋判官爲府主親任，諸事依辦耳。又通鑑二四五太和九年紀，鳳翔節度使鄭注因故被殺，並及其副使錢可復、節度判官盧簡能、觀察判官蕭傑、掌書記盧弘茂等。亦見其與府主關係之近密。

（4）掌書記　胡三省注通鑑（卷二六〇乾寧二年）云：

景鳳元年，行軍府置掌書記。開元以後，諸節鎮皆置之。掌朝覲聘（問）慰薦祭祀祈祝之文，與號令升絀之事。」

按唐無「景鳳」年號，疑「景龍」之譌。舊張仁愿傳，神龍三年爲朔方軍總管。景龍二年還朝。任內奏柳彥昭爲管記。即掌書記也。此爲余所見掌記最早之材料，正當在景龍中，即其證。至於節度使府掌書記。舊高適傳，河西節度使哥舒翰表爲左驍衛兵曹充翰府掌書記。又甄濟傳，天寶中，採訪使安祿山表授試大理評事充范陽節度掌書記。（通鑑二二〇稱祿山爲採訪使，奏掌書記。似採訪使有掌書記者。非也。）似爲此職之最早見者。

據前引通典、新志，掌書記皆一員。蓋終唐五代世。例多不舉。舊盧簡能傳，子知猷登進士第，蕭鄴鎮江陵、成都，辟爲兩府記室。即掌書記也。

前引胡注已述其職。按通典述其職云，「掌表奏書檄。」其詳有兩文可證。崔顥薦齊秀材書（全文三三

○。又卷五四三令狐楚集重收，必有一誤）云：

「愚以爲軍中之書記，節度之喉舌。指事立言而上達，思中天心。發號出令以下行，期悅人意。諒非容易，而可專據。」

又韓愈徐泗豪三州節度掌書記廳石記（全文五五七）云：

「書記之任亦難矣。元戎整齊三軍之士，統理所部之甿，以鎮守邦國、贊天子施教化；而又外與賓客四鄰交其朝覲聘問慰薦祭祀祈祝之文，與所部之政、三軍之號令升黜，凡文辭之事皆出書記。非閎辨通敏、兼人之才、莫宜居之。」

觀此兩文，其職掌與重要性皆可知。又舊文苑李巨川傳云：

「乃以刀筆從諸侯府。王重榮鎮河西，辟爲掌書記。時車駕在蜀，賊據京師，重榮匡合諸蕃，叶力誅寇，軍書奏請，堆案盈几。巨川文思敏速，翰動如飛。傳之藩隣，無不聳動。重榮收復功，巨川之助也。及重榮爲部下所害，朝議罪參佐，貶爲漢中掾。時楊守亮帥興元，素知之，聞巨川至，喜謂客曰，天以李書記遺我也。即命管記室。」

此則掌書記見重之實例矣。其職既甚重，故俸料亦得與判官等。見宣宗給夏州等四道節度以下官俸勅（全文八一）。又通鑑二二五，大曆三年，郭子儀爲朔方節度使，欲誅副使張曇，掌書記高郢力爭之。同書二四五，太和九年，鄭注爲鳳翔節度使，被誅，幷殺其副使、判官、掌書記等。是不但俸料與判官相等，即在府中之實際地位亦甚高也。

（5）支使　前引通典，節度使府無支使。而新志，節度府及觀察府皆有支使。是不同。按通典(三二州郡上，總論州佐條：「採訪使有判官二人，支使二人。」支使下原注：「分使出入，職如節度使之隨車（軍）。」則節度府無支使，而採訪使則有之。考之史傳碑刻，不但安史前後未見有任節度支使者，即中葉以後亦未見。（惟宰相世系表，于德休爲涇原支使，崔整爲廣州支使，薛洸爲許州支使。此三府長官皆爲節度使，蓋亦因兼觀察故。）而採訪支使、觀察支使則常見。如舊書韋元甫傳，「初任滑州白馬尉，本道採訪使韋陟深器之，奏充支使。」趙居貞新修春申君廟　，「初余之拜命也（爲吳郡太守兼江南採訪使），表授（畧）安喜尉李岡爲支使。」（全文二九六）。顏眞卿京兆尹鮮于公碑，「調補益州新都尉，……（開元）二十七年，長史張宥奏充劍南採訪支使。」章仇兼瓊繼爲節度，「復奏充採訪支使。」是採訪支使之例也。又舊書李芃傳，爲山南東道觀察支使，嚴武爲京兆尹，舉爲長安尉。此在始置觀察使時期。舊姚南仲傳，浙江東西道觀察使韓滉奏充支使。通鑑二四一元和十五年條，王承宗卒，以其弟觀察支使王承元爲留後。芒洛冢墓遺文（卷中）有嶺南觀察支使崔恕墓誌，時皆中葉以後事。唐會要七八諸使雜錄上：大曆十二年五月十三日，「諸道觀察都團練使，判官各置一人，支使一人，推官一人，餘並停。」是且明見政書矣。

採訪支使、觀察支使極常見如此。新志節度府亦有支使。而訖不見其他史料可相印證，何邪？考通鑑二五二乾符元年條胡注云：「唐制，節度使幕屬有掌書記；觀察有支使，以掌表牋書翰，亦書記之任也。」是節度有書記，觀察有支使，職同而名目不同，似不並置。而同書二一五天寶四年條胡注又云：「唐採訪節度等幕屬有判官，有支使，有掌書記、推官、巡官、衙推等。宋朝始定制，書記支使不得並置。有出身者爲書記，無出身者爲支使。」是謂唐制，節度府亦置支使也。與前條注文自相矛盾。復考寶慶四明志卷三官僚條云：

「皇朝因唐制，兩使各置判官、推官一，節度置掌書記，觀察置支使，爲幕職官，……凡書記支使不得並置，有出身即爲書記，無出身即爲支使。」

是謂宋制節度置掌書記觀察置支使，即承唐制也。與通鑑乾符元年胡注合，而與天寶四年胡注有異，參以唐代史傳碑刻，蓋唐代後期，節度府似亦不置支使。新志謂節度觀察兩使並置支使，蓋誤書歟？

前引通典總論州佐條，採訪有支使二人，「分使出入，職如節度使之隨車。」而前引通鑑乾符元年條胡注，觀察支使即掌書記之任，職「掌表牋書翰。」是不同。考舊韋元甫傳，河北採訪使韋陟「奏充支使，與同幕判官員錫齊名，元甫精於簡牘，錫詳於訊覆，陟推誠待之，呼謂員推韋狀。」以精於簡牘而爲支使，正書記之任也。然通典所云，當亦有據，姑存待考。

（6）**推官** 通典述節度使府僚佐無此職。同書三二總論州佐條云，採訪使有推官一人。而新志，節度使觀察使府皆有之。考之史傳，顏眞卿東川節度使杜公神道碑（全文三四四）：「皇甫侁採訪江西，奏公爲推官，授大理司直。」是在採訪使時代已有推官，與通典合。至節度府之置此職，如新楊國忠傳，仇章兼瓊爲劍南節度使，表爲推官，是在玄宗時。李寶臣碑（萃編九三），「推勾官朝散大夫行太子司儀郎王士則書并撰。」碑陰又有推勾官杜顥。碑以永泰二年七月建，推勾官即推官也。中葉以後，節度推官更常見。如杜牧、楊收皆曾辟淮南節度推官，各見舊書本傳。竇庠辟武昌節度推官，見舊竇羣傳。

唐會要七八諸使雜錄上，大曆十二年五月「十三日，諸道觀察都團練使，判官各置一人，支使一人，推官一人，餘並停。」是觀察團練使亦各有推官，大曆省官，亦未之廢也。如貞元中，陝虢觀察府推官，見懷州錄事參軍崔君墓誌（芒洛墓文卷中）。浙江東西觀察府推官，見舊姚南仲傳。河東觀察府推官，見裴度等承天題記（山右石刻叢編八）。又崔恕墓誌（芒洛墓文中），「攝嶺南經畧推官崔瑠撰。」唐會要七九諸使雜錄下，「大中二年七月中書門下奏。……望黔中置經畧推官一員。……勅旨宜依。」則經畧使府亦或置推官也。

懷州錄事參軍崔君墓誌（芒洛墓文中），「相國于公（于頔）……賦政分陝（時爲陝虢觀察）……引爲府推官，小大之獄，重輕之典，操刀必割，迎刃斯解。」又權德輿鄜坊節度推官大理評事唐君墓誌（全文五〇三）稱君「以廷尉評事、理軍訟。」是推官乃推勾獄訟之職。

宣宗給夏州等四道節度以下官俸勅（全文八一），夏州、靈武、振武節度使每月給料錢廚錢三百貫文，監軍一百五十貫文，節度副使七十貫文，判官、掌書記、觀察判官各五十貫文，推官四十貫文。則推官待遇僅下判官掌書記一等，足見地位重要。蓋訟獄之重，故特優之。

（7）**巡官與館驛巡官**　通典述節度使僚佐尚無巡官。新志，節度使、觀察使各置巡官一人。不知始於何時。按舊陳少遊傳，爲淮南節度使，有巡官。時在建中興元之際。盧寂墓誌（芒洛墓文四編卷六），子炎爲徐州節度巡官，時在貞元九年。舊韓愈傳，董晉鎭大梁，辟爲巡官。舊鄭注傳，徐州節度使李愬署爲巡官。北岳府君碑陰有節度巡官。則唐中葉節度巡官甚常見，其置不能遲於大曆末年。至於觀察巡官，見於韓愈崔評事墓誌（全文五六六）、白居易王績授校書郎江西巡官制（全文六五九）、杜牧浙西觀察使崔鄲行狀（全文七五六），則亦中葉已有之。

又毛璋墓誌（芒洛墓文四編六），金州防禦巡官劉爲撰。是防禦使府有之也。楚州使院石柱題名（金石續編一一），楚州刺史例充團練使兼淮南營田副使，有團練判官、營田判官各一人；又有巡官一人，不知爲團練巡官抑爲營田巡官。韓愈崔評事墓誌云，「隴西公作藩汴州……署爲觀察巡官。實掌軍田。鑿澮溝，斬菱茅，爲陸田六千二百頃，水田五百頃，連歲大穰，軍事以饒。」是亦掌營田也。又舊穆宗紀，元和十五年，平盧軍加押新羅渤海兩蕃使，「許置巡官一人。」蓋兩蕃巡官也。

新志，節度府又有館驛巡官四人。考北岳府君碑側（萃編七三）有攝館遞巡官。曲阜文宣廟記（萃編一一七），有攝鄆曹僕館驛巡官。是也。又舊劉崇望傳，王凝廉察宣歙，辟爲轉運巡官。是亦其類。

（8）衙推 通典無此職。新志，節度使觀察使各有衙推一人，位在推官巡官之下。按北岳府君碑（萃編七三），元和十一年十月八日立冬祭，初獻爲節度衙推將仕郎守試秘書省秘書郎兼殿中侍御史鄭志。舊鄭注傳，襄陽節度使李愬署爲節度衙推。愬爲徐州節度，又署爲巡官。是唐中葉節度府已有此職之證。觀鄭注事，位誠在巡官之下，新志書事甚確。

（9）參謀 通典三二，節度使府有「參謀，無員，或一人或二人，參議謀劃。」此當亦安史亂前已有之。元結墓碑（萃編九八），安史亂起，肅宗拜君右金吾兵曹攝監察御史充山南東道節度參謀。是任職之最早見者。其後常見史籍：如淮南節度參謀，見舊陳少遊傳、竇羣傳。徐州節度參謀，見舊溫造傳。山南西道節度參謀，見舊隱逸崔覲傳。幽府節度參謀見王叔平唐監察御史裏行王公墓誌（全文六一四）。嶺南節度參謀，見元稹裴溫等充清海軍節度參謀制（全文六四九）。西川節度參謀，見陳谿彭州新置唐昌縣幷天王院記（全文八〇四）。

又舊張建封傳，「大曆初，道州刺史裴虬薦建封於觀察使韋之晉，辟爲參謀，奏授左淸道兵曹。」是大曆初，觀察使亦見置參謀也。復考通典三二都督條，「自永泰以來，都團練使稍有加置參謀者。」大抵安史亂後，觀察使團練使多有置參謀之職者。

會要七九諸使雜錄下，開成四年六月，中書門下奏「諸道節度使參佐，自副使至巡官共七員。……參謀之職，尤是冗長，望勒停省。」「勑旨依奏。」是開成四年已廢節度參謀，觀察等府自不待言。故新志已不載此職。

（10）孔目官　通典、新志皆不書此職。而史籍頗常見。茲先舉通鑑所載關涉其性質職權者四條如次：

卷二一七，天寶十四載，范陽節度使安祿山「決意遽反，獨與孔目官太僕丞嚴莊、掌書記屯田員外郎高尙、將軍阿史那承慶密謀。自餘將佐皆莫之知。」

卷二二五，大曆十三年，郭子儀以朔方節度副使張曇性剛率，謂其以武人輕已，銜之。孔目官吳曜爲子儀所任，因而搆之。子儀怒，奏曇扇動軍衆，誅之。」

卷二三二，貞元二年，鎭海節度使韓滉入朝，道過汴州，「留大梁三日，大出金帛賞勞，一軍爲之傾動。（汴宋節度使劉）玄佐驚服。旣而遣人密聽之。滉問孔目吏，今日所費幾何，詰責甚細。」

卷二五三，乾符六年，「敕賜河東軍士。銀牙將賀公雅所部將士作亂，……執孔目官王敬送馬步司。節度使李侃……爲之斬敬於牙門。乃定。」

據第一條，知節度府孔目官在安史亂前已有之，且爲親近之職，故得參與祿山密謀。第二條亦見其職之親近。

第三第四條，財計出納當爲其重要職務。又舊陳少遊傳，爲淮南節度使，「乃與心腹孔目官等設法重稅管內百姓。」此一事既見親信，又見其職也。而胡三省注通鑑，凡三述孔目之職云：

「諸鎮皆有孔目官，以綜理衆事，吏職也。言一孔一目皆所綜理也。」（卷二二五大曆十三年注。）

「唐藩鎮吏職，使院有孔目官，軍府事無細大皆經其手，言一孔一目無不綜理也。」（卷二二八建中四年注。）

「孔目吏，今州部皆有之，謂之孔目官，亦謂之都吏，言一孔一目無不總也。」（卷二三二貞元二年注）

此雖有望文生義之嫌，但述其職蓋亦近實。故宋末元初有都吏之稱。且考之蔡詞立虔州孔目院食堂記云：

「虔居江嶺，地扼咽喉，有兵馬之繁，賦役之重、苟一物爲害，則萬姓何辜，一綱不提，則七邑何守。同舍諸公得無屬意焉。小子承乏，每慙尸素，志求短拙，憂心忘餐，或有公事之稽留，獄訟之冤滯，六曹之臧否，百姓之慘舒，農桑之失時，鄉閭之蠹弊，聞見所未及，才智所未臻，希會饌以言之，共稗風化……。」

按此文作於咸通十三年。是唐制，州之此職亦無所不綜，而云「六曹之臧否」與錄事參軍之職爲近，疑爲錄事參軍之屬吏。前論使府之判官略相當於州之錄事參軍，則使府孔目官與判官之性質爲近。劉談墓誌（京畿墓文中）：「貞元……十二年，又充孔目判官，貞勤幹能，允叶繁劇。」似可爲證。又前考判官事，引舊崔瓘傳，達奚覯爲湖南觀察判官，以發軍糧，與兵馬使忿爭而被殺。又引舊陸長源傳，宣武判官孟叔度以克軍給而被殺。其情形與本目前引通鑑孔目掌支計財物賜軍士事正同。亦其證也。然成德節度使李寶臣碑陰（常山貞石志一〇）有節度判官，冠羣僚之首。又有支度判官、營田判官。復有孔目官四人，地位較低。則孔目官又決非即判官之異稱。疑職掌有連，或爲判官之屬歟？

石刻所見，妒神頌（金石續編八）題名有孔目官一人。申屠君夫人賀氏墓誌（山右墓文下）祖諱軫，節度表狀孔目官兼同節度副使澤州長史。而下列二條尤可注意。

棲巖寺題記（山右石刻叢編一〇）「隨使押衙充都孔目官張靄書。」

撫州寶應寺鐘欵（萃編一一七）有「孔目院助緣子錄事」「押衙充孔目官」各一人。

是孔目官甚多，有總其任者曰都孔目官。並有孔目院，如前引虔州有孔目院也。

（11）府院法直官　僅見於新志。碑傳無考。

（12）要藉　新志，節度使院有要藉一人。按通鑑二二七，建中三年，成德節度李惟岳使要藉謝遵至趙州。

胡注：

「要藉官，亦唐時節度衙前之職。中宗景雲二年解琬爲朔方大總管，分遣隨軍要藉官河陽丞張冠宗、肥鄉令韋景駿、普安令于處忠校料三城兵募。（按見舊解琬傳。）則唐邊鎮有要藉官尚矣。又據新書忠義傳，朱泚統幽州行營，爲涇原鳳翔節度使，詔蔡廷玉以大理少卿爲司馬，朱體微爲要藉。則要藉乃節度使之腹心也。（見蔡廷玉傳。廷玉體微從朱泚歸朝者。）」

此論要藉已得大畧。考碑刻中，屢見節度要藉。如何載墓誌（京畿墓文中），充節度要藉，元和四年卒。陳立行墓誌（同上），節度要藉于今益書。時在大中十一年。閻好問墓誌（同上卷下），幽州節度要藉周彥恭叙。

時在咸通中。又有幽州節度要藉祖君夫人楊氏墓誌（同上），時在中和二年。是自中葉至唐末，幽州皆有之也。會昌中，昭義軍節度要藉，見奚獎書經幢（萃編六七）。申屠輝光爲昭義軍節度要籍，見本人墓誌（山右墓文下）。又申屠君夫人賀氏墓誌（同上），伯諱珪，節度要藉。蓋亦昭義也。成君信墓誌（山左墓文），女婿實，爲節度要藉。蓋淄青也。是就可考者而言，幽州、成德、昭義、淄青諸府皆有之。

通鑑二三〇興元元年紀，李懷光云，「李晟既欲別行。某亦都不要藉。」胡注：「要者須其用，藉者借其力。當時諸鎮有要藉官，所以名官之意亦如此。」按文宗更定薦代例詔云：「府使……既有薦用，當且要藉。豈合數月之間，便稱去職。」可爲胡注旁證。又新朱滔傳，建中三年稱冀王，置百官，其「驅使要藉官曰承令。」亦見此職親近與重要性。今語曰「要緊」，疑即「要藉」之音變歟？

又成君信墓誌云，「牛從實爲節度要藉，支計斛斗司。」何載墓誌云，「充節度要藉，權知市事。既主要務，奉公無私，闤闠駢闐，商賈霖集。」此蓋以要藉充職，皆財計要任。

（13）逐要　新志，節度使院有逐要一人。按李寶臣碑陰（常山貞石志一〇）有逐要官朝散大夫試祕書省著作郎高昇，時在永泰中。是此職之最早見者。其後如妒神頌（金石續編八）有（河東）節度逐要官一人，時在大曆十一年。代岳觀碑（萃編五三）有（兗州）節度逐要官太子通事舍人郭某，時在建中元年。畢君夫人趙氏墓誌（京畿墓文中）「小郎岑，義武節度逐要。」時在元和五年。北岳府君碑陰（萃編七三）「太祝官節度逐要攝曲陽縣尉並攝岳令李寬。」時在大和七年。孟弘敏碑誌，「妹適鎮府逐要賈煒。」時在天祐十六年。而申屠君夫人賀氏墓誌（山右墓文下）「伯諱珪，節度要藉，登仕郎試右金吾衞長史右補充節度逐要。」似位在要藉之上。又邢通墓誌，考諱羨，「授鎮府駈要，糾轄六司，咸規軌則。」（時約在乾符以前）駈要當即逐要，則其職亦畧可知。

（14）**驅使官**　通典、新志，節度使院皆無此職。考長安志二京兆尹條，「肅宗元年建寅月勅，京兆府縣官，多被諸使奉請。……自今後，諸使諸司諸州改官充判官、支使、隨身、驅使等，準舊勅不得放去。」是必安史亂前已有驅使之職。又孫逖有授蕭誠幽州節度驅使制(全文三〇九)，時間亦早。新朱滔傳，建中三年稱冀王，改「驅使要藉官曰承令。」亦供左右驅使之謂。又五代會要一七御史臺條：「天成元年……御史臺奏……應諸道進奏院，准本朝例，各合置臺巡驅使官一員，凡有公事，並合申臺巡，日逐在臺，承應公事。」是進奏院亦置驅使官也。驅使，石刻皆作駈使。極常見。如岱岳觀碑（萃編五三）有祭岳使駈使官某及節度駈使官明幹，時在建中元年。劉談墓誌（京畿墓文中），充駈使官，時在貞觀初。京兆杜氏墓誌（京畿墓文下），父華，成德軍節度駈使官。時在大和稍前。郎氏夫人墓誌（同上），前盧龍節度駈使官賈暄撰。時在大中二年。行唐封崇寺陀羅尼經幢（常山貞石志一〇）有駈使官李某，時在光啟二年。劉建墓誌（山右墓文下），節度駈使官郭洪撰。皆是也。當即驅使無疑。

（15）**隨軍、隨使、隨身**　通典及新志，皆云節度使院有隨軍四人。考舊解琬傳，「景雲二年……爲朔方軍大總管。分遣隨軍要藉官河陽丞張冠宗、肥鄉令韋景駿、普安令于處忠等校料三城兵募。」是此名之起亦甚早，與要藉爲同類官。中葉以後成爲官名。如通鑑二三〇，興元元年，魏博節度使田緒「遣隨軍侯臧詣貝州説欵於（朱）滔。」又二三二，貞元三年，韓滉爲鎮海節度，故人子來謁。署爲隨軍，使監庫門。開元寺三門樓題刻（八瓊四二）有節度隨軍攝稾城縣令張逵。時在元和九年。鐵塔寺幢（萃編六六）有節度隨軍文林郎守康州司馬何宥則。時在寶曆二年。王方徹墓誌（京畿墓文下），（鎮府）節度隨軍勾當書記程恭已撰。時在會昌元年。何叔平夫人劉氏墓誌（山左墓文），（平盧）節度隨軍梁昕撰。時在景福元年。是自前期至唐末均有之。蓋隨軍無定職，臨時遣使勾當職事耳。

復考棲霞寺題記（山右石刻叢編一〇）有隨使右都押衙兼內知客及隨使押衙充都孔目官各一人。乾祐二年建景福寺思道和尚塔記（萃編一二一）有隨使右教使一人。天福六年陳渥書陁羅尼經幢（山左金石志一四）有平盧隨使二人，隨使押衙四人。蓋卽隨軍之類歟？

前支使目引長安志，肅宗時，各道有隨身。又妒神頌（金石續編八）有節度隨身官。會要七九諸使雜錄下：「其年（會昌三年）五月勅，比來節將移改，隨從將校過多。……（自今）節度使移鎮，軍將至隨身不得（得下脫「過」字）六十人。觀察使四十人，經畧都護等三十人。」（舊紀引是勅作「節度使置隨身不得過六十人，觀察使不得過四十人，經畧都護不得過三十人。」誤也。）曹允昇請禁府郡以僕使代書判奏（全文八四八），「使府郡牧，例以隨身僕使爲中門代判通呈等。」云云。據此，隨身僕使之儔地位甚低，疑即前期之傔人也。

（16）傔人與別奏　唐六典五兵部郎中條（近衞本）：

「凡諸軍鎮大使副使已上（據舊唐志，上當作下。）皆有傔人、別奏，以爲之使。

大使，三品已上，傔二十五人，別奏十人。

四品五品，傔遞減五人，（掃葉本作「四十」誤。）別奏遞減二人。
副使，三品已上，傔二十人，別奏八人。
四品五品，傔遞減四人，別奏遞減二人。
總管，三品已上，傔十八人，別奏六人。
四品五品，傔遞減三人，別奏遞減二人。
子總管，四品已上，傔十一人，別奏三人。
五品六品，傔遞減二人，別奏遞減一人。
若討擊、防禦、遊奕使、副使，傔准品各減三人，別奏各減二人。總管及子總管，傔準品各減二人，別奏各減一人。若鎭守已下無副使或隸屬大軍鎭者，使已下傔奏並四分減一，所補傔奏，皆令自召以充。
若府鎭戍正員官及飛騎三衞衞士邊州白丁皆不在取限。」

是開元中軍將皆有傔人、別奏各若干，以供驅使也。按節度傔人惟見舊新兩書封常清傳。而舊王君㚟傳，「初爲郭知運別奏。驍勇善騎射，以戰功累除右衞副率。及知運爲河西隴右節度使，遷右羽林將軍判涼州都督事。」據吳廷燮唐方鎭年表八，知運以開元二年秋爲鄯州都督隴右節度使，九年卒，君㚟代爲節度使。則王君㚟爲知運別奏必在開元二年之前頗久。又舊魯炅傳，「天寶六年，隴右節度使哥舒翰引爲別奏。」新傳，同。是前期節度使有別奏之明證。其後惟平盧一見。通鑑二四一元和十四年條，平盧節度使李師道以劉悟將兵在外，「署悟子從諫門下別奏。」胡注：「門下別奏者，使側員牙門，俟別奏補官。」是也。他處不見，可能發展爲其他名稱如隨軍、隨使、驅使官之類歟？

節度使觀察使僚佐表

唐世方鎮諸使名號甚多，然節度使之權最重，觀察使最普遍，蓋凡節度例兼觀察之號也。今惟就此二使之僚佐作簡表於次：

節度使僚佐	觀察使僚佐	職掌	備注
副使 一人	副使 一人	副貳使職	開元天寶間，節度副使爲首席僚佐。安史亂後，司馬以掌武而漸權要，德宗以爲儲帥，位在副使之上。開成四年省司馬員。後唐同光天成間復置，但不復權要。
行軍司馬 一人		掌弼戎政，居則習蒐狩，戰則申法令。凡器械軍糧皆得專之。	
判官 本二人。開成四年減一人。	判官 本二人。大曆十二年，減一人。	一云盡總府事。一云分判倉兵騎冑四曹事。一云判尚書六行事。職務廣泛可知。又有勾覆判官、作坊判官等名目。蓋有要務則額外置之。	位次副使司馬，亦常得掌留務。

掌書記　一人	支使　一人	掌表牋書翰，爲府主之喉舌	新志云節度觀察皆有支使。疑誤。
推官　一人	推官　一人	掌推勾獄訟	通典不載。
巡官　一人	巡官　一人	不詳。有掌屯田者。	通典無節度巡官。然大曆中已見有之。
館驛巡官四人	轉運巡官	掌館驛轉運事。	通典皆無。新志有館驛巡官。
衙推　一人	衙推　一人	不詳。	通典無節度推官。然中葉已見有之。
同副使　一人		蓋散職。	通典不載。
參謀　一人或二人	參謀　人數不詳	參議謀劃。	開成四年省。故新志不載。
都孔目官 孔目官		軍府事無巨細皆掌之，尤以財計出納爲要務。似爲判官之屬。	通典新志皆不載。

府院法直官 一人			惟見新志。
要籍 一人		親近職，但不詳所任。	通典不載，但安史亂前已有之。
逐要 一人			通典不載。始見於永泰年間。
驅使官			通典新志皆不載。
隨軍 四人		分使出入。	通典新志皆見。又有隨使隨身，蓋亦隨軍之類。
別奏 若干人			安史前後有之。末期不復見。

民國五十三年五月初稿

民國五十四年十二月一日再稿

中國佛教史傳與目錄源出律學沙門之探討(下)

曹仕邦

目錄

釋智昇與開元釋教錄第八

一　智昇之律學與著書動機

開元釋教錄爲佛家經錄中最爲人頌揚之一部，治目錄學者莫不知之，姚名達先生且譽之爲「至高無上」（中國目錄學史頁二七五），蓋是書體製嚴謹，分類細密，考據詳審，書成於安史之亂以前，時史料完備，故不特能爲漢末迄盛唐譯經撰疏之歷史作一總結，亦對佛典分類立一軌範，其受推崇也宜。本書撰人智昇，宋高僧傳卷五義解篇有傳，題「唐京兆西崇福寺智昇傳」，畧云：

釋智昇，未詳何許人也。義理懸通，二乘俱學，然於毗尼，尤善其宗。此外文性愈高，博達今古。每慊聶道眞、道安至於明佺、宣律師各著大藏目錄，乃於開元十八年，撰開元釋教錄二十卷，最爲精要。何耶？諸師於同本異出，舊目新名，多惑其文，眞僞相亂，或一經爲兩本，或支品作別翻，一一裁量，少無過者。如其舊錄江泌女子誦出經，黜而不留，可謂藻鑑，杜塞妖僞之源，有茲獨斷。麟德中，道宣出內典錄十卷，靖邁出圖紀四卷，昇各續一卷。經法之譜，無出昇之右矣。

傳載智昇之生平雖極簡略，而其中有「然於毗尼，尤善其宗」一語，則尚透露其人屬律學沙門。蓋贊寧不同意譯梵文 Vinaya 爲漢文之「律」，見僧史畧卷上譯律條，故行文時喜用「毗尼」一詞，如開元錄卷九稱大周錄之撰人明佺「尤精律學」，宋高僧傳卷二慧智傳附明佺傳則稱佺公「尤善毗尼」，是也。今寧公言智昇「於毗尼尤善其宗」，即謂昇公精通律學也。而昇公之爲律學沙門，今更可自開元錄中得進一步之證明。書卷一二有譯有本錄之二畧云：

菩薩調伏藏二十六部五十四卷五帙。夫戒者防患之總名也，菩薩凈戒唯禁於心，聲聞律儀則防身語，故有託緣興過；聚徒訶結，菩薩大人都無此事，佛直爲說令使遵行。既無犯制之由，故闕訶結之事，諸大乘經明學處者摭之。

此說明菩薩戒（大乘）與僧尼戒（小乘）之別也。近讀聖嚴法師撰戒律學綱要一書（覺世旬刊社版），於菩薩戒有專篇論述，稱「小乘重在戒行，菩薩重在戒心」（頁三〇七），正與昇公之說相同。或曰，昇公二乘俱學，故知兩類戒律性質之異耳，未足證其人之夙習律學也！故今更舉一條，詳爲考述，以證吾說之不謬。開元錄卷六總括羣經錄上之六略云：

五分比丘尼戒本一卷。沙門釋明徽，梁都建初寺僧也，戒行精苦，習彌沙塞部。徽以宋代覺壽譯彌沙塞律，但出比丘戒本而無尼戒，遂以武帝普通三年於大律內抄出尼戒一卷，即今見行者是。

昇公於末句「即今見行者是」之下注云：

撰錄者曰：檢此戒中衆學之後無七滅諍，律本雖略，於義合安，豈可尼僧有諍不殄？祇律正文與僧同，故彼律第四十云：衆學法中唯除汚草及水；七滅諍法，隨順法並同比丘，彼師不安，理不通也。

昇公稱明徽於彌沙塞部和醯五分律中抄出尼戒一卷，而所抄者於「衆學」之後無「七滅諍」云云。夫律典與戒本之別，前者詳載每一僧（或尼）戒條產生之歷史；守戒之功德與破戒處分及果報之輕重等，後者則僅誌每一戒條及其處分。換言之，戒本屬律典之删節，以便施行時尋檢者也。戒本之單行自天竺時已然，姑以迦葉毘（一作維）律爲例，斯律於南北朝時因法獻尋經路梗，大本未傳中國（見本文首章），至唐世玄奘返國時携來之梵本中有「迦葉臂耶部經律論一十七部」（見慈恩傳卷六），而未能譯出之。然其戒本已在北魏之代由瞿曇般若流支翻成漢文，名解脫戒本經，大藏經律部三，頁六五九釋僧昉撰解脫戒本經序稱：「迦葉毘妙觀人我，每尋斯文，慨五數闕（指五部律僅傳來四部），敢以追訪，獲斯戒本。雖未廣具，敬以洗心」云云。是廣律未傳而戒本單行之證，其二者同時傳來並譯出者，更比比皆是矣。但佛陀什（覺壽）譯五分律時，僅同時出僧戒，故明徵於廣律中抄出尼戒部份單行，今兩戒本並見大藏經律部一。

至於「衆學」與「七滅諍」，均五分律中戒律之一，衆學者，指僧伽與四衆相處時應注意之舉止儀軌，今舉五分律卷一〇衆學法中之一條爲例，畧云：

佛在王舍城，爾時諸比丘以蕩鉢水瀉白衣屋內，諸居士見譏呵言：此諸比丘不知蕩鉢惡水所應瀉處，況知遠事？諸長老比丘以是白佛，佛種種呵責已，告諸比丘，不應以蕩鉢水瀉白衣屋內。有諸白衣新作屋，得比丘鉢中水灑地以爲吉祥，諸比丘不敢灑，諸居士言此諸比丘不堪人敬，諸比丘以是白佛，佛告諸比丘：聽以鉢中無食水用灑地，不以鉢中有食水灑白衣屋內應當學。

而七滅諍者，摩訶僧祇律卷四〇作七止諍，指七種消除諍訟之法。五分律卷二三滅諍法畧云：

佛在舍衞城，爾時諸比丘好共鬪諍，更相言訟，比丘比丘共諍，比丘尼比丘尼共諍，比丘尼比丘共諍。

時闡陀括比丘助比丘尼，未生諍便生，已生便增廣，未滅者不滅，已滅者更起。諸比丘以是白佛，佛種種呵責，汝等所作非法，不隨順道。是此事故，爲諸比丘結七滅諍法，若有諍起，得以除滅。

是七滅諍法包括處置僧尼間之衝突在內，而明徽所集之五分尼戒最末一節爲衆學，此外別無七滅諍，故智昇認爲尼僧間若生糾紛，依此尼戒本將無從檢出殄滅諍訟之法，故認爲「彼師」（指明徽）於尼戒本中「不安」置此條，爲於「理不通也」。所謂「律本雖畧」者，指五分律第一分之七滅諍法（見卷一〇）過份簡畧，且語意含糊，然第五分之滅諍法記載極詳細，可用以補其闕。至於昇公謂「祇律正文」與「彼律第四十」云云，指摩訶僧祇律卷四〇「一百四十一波夜提法」之「明八提舍尼法」中之一節，畧云：

衆學法廣說如比丘中，唯除六羣比丘尼生草上水中大小便；餘者盡同。七滅諍法；現前比尼，憶念比尼、不癡比尼、自言比尼、覓罪相比尼、多覓比尼、布草比尼，法隨順法如上比丘中廣說。

蓋謂僧祇律之衆學法中，僧與尼僅有一條相異；而七滅諍與隨順法尼僧盡同也。昇公所以持僧祇以勘五分者，蓋二律系統雖不同（前者屬大衆部，後者屬彌沙塞部），然二律之衆學與七滅諍大同小異，此點若持彌沙塞五分戒本、五分比丘尼戒本、摩訶僧祇律大比丘戒本、摩訶僧祇比丘尼戒本四書（皆在大藏經律部一）互檢即知，不煩更尋律典本文，故可借僧祇以助五分之了解也。

夫明徽自大律中抄出五分尼戒而畧去七滅諍，此蓋出作者本人主觀之去取，不應屬於開元錄校勘範圍之內，而智昇特爲指出，並說明七滅諍畧去之不當，若非平素研習律藏，豈知注意及此一小節，又焉知此一小節關係之重大？正見昇公爲內行人也。而其援引僧祇律以說明五分律者，蓋關乎二律傳來之歷史，不可不於此述之。五分與僧祇系統雖不同，而皆釋法顯於東晉時攜其梵本返東夏，祐錄卷一五法顯法師傳畧云：

> 顯後至中天竺，得摩訶僧祇律。顯留三年，學胡書胡語，躬自書寫。於是到師子國，復得彌沙塞律。（返國後）遂南造京師，就外國禪師佛大跋陀，於道場寺出摩訶僧祇。

高僧傳卷三宋建康龍光寺佛馱什傳畧云：

> 以宋景平元年七月屆於揚州，先沙門法顯於師子國得彌沙塞律梵本，未及翻譯，而法顯遷化。京邑諸僧聞什既善此學，於是請令出焉，集於龍光寺譯爲三十四卷，稱五分律，至明年四月方竟，

顯公不特將兩律歸國，且親於建康譯出僧祇。五分雖未及譯出，而佛馱什翻譯時亦在建康，由京邑諸僧贊助。據摩訶僧祇律四〇附法顯私記稱本律於普義熙十四年（公元四一八）譯迄，與景平元年（公元四二三）相去僅六年，什公龍光寺譯場中，當有翻譯僧祇時之舊人前往聽采，是二律出經地點既同，譯場中人亦京邑諸僧。仕邦前爲文論中國古代之譯場，考知譯場弟子往往被訓練成宣講之經師（見新亞學報五卷二期頁二四三及二六四），則二律就譯出與弘揚言，在中國方面其系統相同。而唐時僧祇律派之活動中心在關中，見續高僧傳卷二八智首傳（吾前於道宣章曾引傳文）。五分律之宣揚在唐時僅見宋高僧傳卷一四愛同傳，愛同天水人，於中宗神龍年間佐義淨譯經，是同公弘律亦在關中。智昇爲西京僧侶，今既兼通五分僧祇二律，是唐中宗雖墨敕天下同奉四分律，而二律在關中之潛力，至玄宗開元之代，仍於昇公身上窺見之也。

智昇既通習律學，何以贊寧仍置其傳記於義解篇？蓋明律篇之通例，必其人曾有宣講律儀或撰寫律疏之事實；始入是篇，智昇既未嘗務此，而開元錄卷九總括羣經錄上之九有自記一篇，畧云：

昇早預釋流，志弘大教，但才微力寡，無遂本懷，俛仰之間，亟經寒暑。曾未能宣傳正法，荷擔菩提。而近閱藏經，仍採衆錄，覩其差謬，或所未安。狂簡斐然，考成斯記。雖文詞靡叙而事有所憑，但鄙見未弘，因多疏闕耳。幸諸來哲，無貽誚焉。

昇公自謂未能宣揚正法，故退而編撰目錄，以糾前世經錄之失。又本書卷首自序中有偈語一首，云：

稽首善誓牟尼尊，無上丈夫調御士。亦禮三乘淨妙法，并及八輩應眞僧。我撰經錄護法城，三寳垂慈幸冥祐。惟願法燈長夜照，迷徒因此德慧明。正法遐久住世間，依學速登無上地。

是昇公著書之目的，在引導有心學佛之人研讀釋典，謂依此書之指示學習，則較易「登無上地」獲正果，佛法亦得久住世間云。而宋高僧傳卷七義解篇論有稱譽義解沙門之語，畧云：

俱作導師，指迷人之歸路；悉銜明燭，照暗室之績工。從聞且思，思至而修，故曰：精義入神以致用也。既有所用，則捨筌蹄而直造佛地。

語意頗與智昇之偈語相同，是知贊寧編智昇傳入義解篇者，蓋謂其編著開元錄之用心，一如義解僧人之宣弘正法也。而開元錄分類細密，考據精審，亦猶之講塲中殷勤解說；辯析奧義，導迷徒按步就班，漸入經法之正途也。

二　論開元釋教錄之體製與編次

開元錄爲世所重者，緣於其組織嚴密與子注詳細，子注詳細，正見其考據精審與校讐認眞。惜子注散見全書，一時不易歸納，容後另撰專文論之，今僅言其書之組織。梁任公先生謂是書「踵內典錄之成規，而組織更加綿密」（見佛家經錄一文）。中國佛教史籍概論卷一畧云：

本書分兩方式：甲、總錄，以譯人爲主，分十九朝代記之，末附諸家目錄，凡十卷。乙、別錄，以經爲主，分七類記之，末爲入藏錄，亦十卷。

全書既分總錄與別錄，當循此兩方式探求本書踵承內典錄者爲何，與昇公作何等改進而成此新體製者也。

總括羣經錄上

總括羣經錄者，猶內典錄之傳譯錄，卷首小序稱「所出教等以人代先後爲倫，不依三藏之次」，故云「總括羣經」，其所載十九朝代所隸之卷數如下：

卷一漢、魏，卷二吳、晉，卷三東普、苻秦，卷四姚秦、西秦、前涼，北涼，卷五宋，卷六齊、梁、元魏、高齊，卷七周、陳、隋，卷八、九唐。

其編次稍異於內典錄（見道宣章），大抵昇公著書已在盛唐，無道宣當初處隋唐統一盛運再臨時之興奮心情，故僅按朝代先後爲序，而非在編排上寓其深意也。昇公補前涼一代，陳援菴先生謂此舉「殊有意義」（見概論）。

本錄異於內典錄之傳譯錄者，更有兩點，非僅朝代之編排而已。其一爲傳譯錄於每一朝代皆爲立一序，詳記其建國與譯經之因緣，本錄則無之，僅於每一朝代之下記其帝姓、都城、國祚、譯人及所譯經典之數量。蓋二錄所載朝代相同，內典錄已有所交代，智昇又何必重出？至於唐玄宗之得位，蓋經歷所謂「武韋之亂」，其中經過在當日實難宣之文墨，故昇公於卷八唐錄中僅謂「自高祖武德元年至開元十八年，兼天后代凡經一百一十三載」，而不另立「大周」之錄。

其二爲內典錄之傳譯錄於唐以前所譯經典，每於經名之下注其翻譯年月、筆受人與所據古時經錄等，如道宣書卷二載竺法護所譯經中有：

聖法印經　元康四年十一月五日出於酒泉郡，竺法首筆受，道安云出雜阿含，見（聶道）眞（寶）唱等錄。

是也。然於隋唐所譯者，則不加此小注。開元錄本錄循道宣舊規，而對楊李二朝出經亦附注之，如卷七闍那崛多所譯中有：

發覺淨心經二卷　初出，與寶積（經）發勝志樂會同本，開皇十五年九月出，十月訖，沙門僧琨等筆受。見長房錄。

又卷八載玄奘所譯經中有：

大菩薩藏經二十卷　見內典錄，貞觀十九年五月二日於西京弘福寺翻經院譯，至九月二日畢，沙門智證筆受，道宣證文。

又卷九載義淨所譯經中有：

署教誡經一卷　景雲二年閏六月二十三日於大薦福寺翻經院譯，沙門智積等筆受。

皆是其例。此外，智昇又據大正文與注解之說明範圍，加添道宣傳譯錄舊規所無之如下各項：

（A）指出經目屬於見存或闕本，如卷五載釋法海於劉宋譯出之經稱：

寂調音所問經一卷，樂瓔珞莊嚴方便經一卷，右二部二卷　前寂調音經見在後樂瓔珞經闕本。

又如卷九載唐實義難陀所譯諸經稱：

大方廣華嚴經（至）菩薩出生經，右一十九部一百七卷（起信論上十四部一百二卷見在 摩訶般若隨心經下五部五卷闕本。）

等皆其例。按實義難陀譯於武后中宗朝，去智昇之世最近，而昇公稱本錄所羅列十九部中，大乘起信論以上之十四部見存，以下自摩訶般若隨心經起五部闕本，似當時譯本保存不易，實則所謂「闕本」者，指長安無其書耳，此點容後論別錄之有譯無本錄時詳之。

（B）指出何者應刪而不存，如卷二竺法護傳末小注稱：

今詳檢羣錄，護所出經多少不定，長房錄中其數彌衆，今細尋括，多是別生等經，有非護公所出，不可為正譯之數，今為實錄，故總刪之，如後所述。

而於其後列寶女慧問經等二十七種應刪之經，蓋誤別生經為某人所譯，則易淆亂思想源流與翻譯歷史也。又如卷五載曇摩蜜多所譯經中有：

禪祕要經五卷（今有禪祕要經五卷，文極交錯，不可流行，如刪繁錄中述。）

文字錯誤則所表達之思想亦不可靠，故認為應刪以免怡誤信佛之人。

（C）指出何者屬新編入，如卷六載梁時寶唱著作中有：

比丘尼傳四卷（述晋宋齊梁四代尼行，新編入錄。）

又如卷七載隋世闍那崛多所譯經中有：

起世經十卷（第五譯，是長阿含起世經異出，新編入。）

等是，謂舊時經錄所遺者也。

（D）指出何者屬疑僞經論，如卷四載大五濁經一卷，小注稱：

羣錄云僞，今亦編之。

又如卷五載毘羅三昧經二卷，小注稱：

祐等諸錄皆注爲疑，大周錄中刊之爲正，今尋文言淺鄙，義理疎遺，故入疑科，用除穅穢。

等是也。

（E）指出何者屬不入藏之中華佛學述作，如卷六僧祐傳末畧云：

自蕭齊末爰及梁代，撰釋迦譜等三部。自外法苑集、世界記、師資傳等，以非入藏，故闕不論。

同卷寶唱傳末畧云：

房錄中後有名僧傳等七部，非入藏，故闕不論。

等是。陳援菴先生謂「本書注重翻譯，而忽畧本土著述，以故中土高僧言論，多被删除，甚而唐代最有名而現存之法苑珠林百卷，亦不著錄」（中國佛教史籍概論卷一），若就上例觀之，似智昇收華人之佛學藝文，以入藏與否爲取捨，法苑珠林若不藏，當不著錄矣。實則所謂「入藏」之標準由昇公自訂，非當時一般寺院藏經所共守之標準，珠林之擯，確出昇公本意，此節容律論別錄之補闕拾遺錄時更詳之，而援菴先生之說實不誣也。

何以增加傳譯錄所無之上述各項？蓋總錄猶之總帳，別錄猶之分類帳，分類帳上之帳目；應在總帳內條條覔得，故昇公於此一一注出，以使讀者按錄互尋，而收一經一之緯之效也。或曰：目錄學自有互著之法，如校讎通義卽有專篇論「互著」，總別二錄之關係，謂之互著可矣，今以帳目爲喻，似覺不倫。實則昇公認眞講求數字之正確性，如卷九之末畧云：

右從後漢；逮至皇朝，合一十九代，所出大小乘經律論幷賢聖集傳，總二千二百七十八部，都合七千四十六卷。據其實數，但一千一百二十三部；五千四十七卷是見行數，一千一百四十八部；一千九百八十卷是闕本數，兩件見闕合有二千二百七十一部；七千二十七卷。

昇公於末句注云：

與前都數欠七部一十九卷，不同者，其東晋無垢眼譯毘尼序合入十誦。其蕭齊法意譯提婆達多品一卷；及周武帝代志德譯普門品重誦偈一卷並合入妙法華中。其隋朝崛多譯銀主品、囑累品共一卷合入金光明中。其北涼曇無讖譯四卷金光明；梁朝眞諦譯七卷金光明；周世崛多譯五卷金光明。隋朝沙門寶貴取前三本合成八卷，故上三經在刪繁錄。加此七部一十九卷，還與都數符同，無一欠少。

昇公此注，申明四種單品合入大經；三種金明經合成一部，故後漢至唐卷部總數與現存數及闕本數雖似有差減，實則連此通計，並「無一欠少」。彼本人對數字符同如此重視，以「帳」爲喩，不亦宜乎？

總錄既屬本書專言歷史之部份，其中小注所述亦有出譯經史事以外者，可爲研究史學之參攷，茲舉二例以見。譬如陳援菴先生提倡研究避諱學，著史諱舉例一書，而總錄卷七那連提黎耶舍傳中「後移住廣濟寺」句下注曰：

煬帝名廣，改爲弘濟，今復避諱爲崇濟焉。

此避諱之資料也，唐高宗太子名弘，故避「弘」字，史諱舉例卷八唐諱例嘗言及之。又如陳援菴先生撰法獻佛牙隱現記（文史第一輯），文中不逑佛牙形狀，又未附有照片，而總錄卷六達摩摩提傳中「佛牙安置鍾山上定林寺」句下小注畧云：

佛牙長可三寸，圍亦如之，色帶黃白，其牙端窗凸若今印文，而溫潤光潔，頗類珠玉。

是佛牙爲一臼齒。此節小注後之正文稱佛牙於隋仁壽三年「五月送東禪定寺供養，東禪定寺即今大莊嚴寺也」，陳氏法獻佛牙一文亦謂隋唐間「牙遂一直在長安莊嚴寺安置」，是開元錄所記爲昇公親見者也。其他足供參攷之處，今不更舉。

至於卷十爲叙列古今諸家目錄，相當於內典錄第九之錄目序，昇公置之於總錄之中，蓋前世經錄即本錄所徵引之重要書目，仕邦嘗於道宣章申明其義，昇公置之總錄之末，正謂此爲總帳所據之資料也。而此一卷中，智昇對前世經錄皆有評擊，即祐錄與長房、法經、道宣等錄均所不滿，中國佛教史籍概論卷一開元釋教錄條畧云：

此書集諸家之成，而補其闕漏，訂其訛誤。有舊錄以爲失譯而並未失譯者，有舊錄未詳時代而今已知其時代者，有舊錄譯人誤而今特正之者，可稱後來居上。

是昇公不滿舊時經錄，蓋學術進展之必然趨勢也。

別分乘藏錄下

別分乘藏錄者，謂將釋典分別依大小乘按經、律、論三藏詮叙也。通志卷七〇校讐畧有云：「書之不明者爲類例之不分也，士卒之亡者由部伍之法不明也，釋老之學能傳其書者，專之謂矣。」而智昇部伍羣書之類例，即見於十卷別錄，其類例依次爲：

有譯有本錄第一
有譯無本錄第二
支派別行錄第三
刪畧繁重錄第四
補闕拾遺錄第五
疑惑再詳錄第六
僞妄亂眞錄第七
大小乘入藏錄第八

茲更逐一詳論，以見此八類例何者承內典錄，何者自創，與其影響後世經錄者何在。

〔1〕有譯有本錄（卷十一至十三），有譯有本者，謂知譯人；又見其經本者也。本錄分菩薩三藏（大乘）與聲聞三藏（小乘），二乘又各依契經藏（經）；調伏藏（律）；對法藏（論）以詮叙釋典，其組織之細目，梁任公先生於佛家經錄一文之頁二五至六爲製一表，此從畧。所詮叙有重譯，單譯，合譯之別，猶之內典錄之單重存亡錄。所謂「合譯」者，如大寶積經百二十卷，爲集合曹魏康僧鎧；西晉竺法護、聶道眞；東晉竺難提；姚秦鳩摩羅什；北涼釋道龔；元魏菩提留支、佛陀扇多；月婆首那；梁曼陀羅仙；高齊那連提耶舍；隋闍那崛多、達摩笈多；唐玄奘、義淨、實義難陀、菩提流志諸人之所譯而成，是其例。而本錄與內典錄之單重

存亡錄異者，有如下數點：

（甲）開元錄以前諸經錄僅就譯本流傳情況分爲單譯、重譯、別品題錄等，本錄則更依經典性質，分大乘經爲般若、寶積、大集、華嚴、涅槃五大部及五大部以外兩類，分小乘經爲長阿含、中阿含、增一阿含、雜阿含四部及四阿含以外兩類，又將小乘律分正律與眷屬兩類，更將大乘論分釋經與集義兩類，小乘論分有部根本身足及支派兩類。梁任公先生認爲「此皆因部帙繁簡，姑爲此畫分以便省覽，在學理上非有絕對正確根據」（佛家經錄一文頁二六），實則昇公於「般若部」之下有小注一節說明其體例，云：

般若經建初者，謂諸佛之母也。舊錄之中編比無次，今此錄中大小乘經皆以部類編爲次第。小乘諸律據本末而爲倫次。大乘諸論以釋經者爲先，集解義者列之於後，小乘諸論據有部次第；發智爲初，六足居次，毘婆沙等支派編末。聖賢集傳內外兩分，大夏神州東西有異，欲使科條各別，覽者易知。

智昇謂般若爲「諸佛之母」者，其說源出般若經之佛母品，此經以玄奘譯大般若波羅蜜多經六百卷爲最完備，而其中有兩處稱「佛母品」，一在初會卷三〇五至八，一在第二會卷四一一至二。兩者內容大同小異，蓋「佛經行文，譬如剝蕉，章句層疊，而意義前後殊異，驟視之似全重複，但含義隨文，確有進展」（湯氏佛教史上冊頁一五〇），故其重複並不足異，今舉卷三〇五之佛母品以見一斑，畧云：

佛言，譬如女人生育諸子，甚深般若波羅蜜多，能生我等一切佛法，能示世間諸法實相，能生諸佛一切功德。一切如來應正等覺諸佛無上正等菩提，皆由如是甚深般若波羅蜜多而得生故，由是說，能生諸佛。

此即「佛母」之義也。日本宇井伯壽博士大乘佛教史（林熊祥譯）謂般若思想之產生；爲小乘佛教之「一切有」極端固定化學說所釀成之反動，主張一切皆空以破之，一經般若經將固執遮遣，遂展開印度無欲之高遠雄渾思想。法華、華嚴、涅槃等諸經之思想均基於此一思想或由是發達展開而建立云。說見該書第一、四兩章。智昇推般若爲諸佛所生之母，頗與今日之研究冥會。而就佛教在華發展史究之，昇公具此觀念亦與般若學之流行有關，慈恩傳卷一〇稱「東國重於般若」，蓋魏晉玄理之學盛於正始時代而後，般若空宗附之光大，形成老莊般若並談之風氣，湯氏佛教史有「釋道安時代之般若學」一章詳之，錫予先生謂「是佛學在中夏之始盛，西方教理登東土學術之林，其中關鍵，亦在乎茲。」任繼愈先生漢唐佛教思想論集一書亦有「漢唐時期佛教哲學思想在中國的傳播和發展」與「南朝晉宋間佛教般若、涅槃學說的政治作用」兩專題論及，觀點雖與湯氏佛教史不同，然亦承認般若學說擴大佛教之影響力。其時流行之般若經，本錄卷一一稱有西晉無羅叉譯之放光、竺法護譯之光讚及姚秦鳩摩羅什譯之摩訶般若波羅蜜三經爲玄奘譯大般若經第二會之同本異譯，其中什公所譯卷一四爲佛母品，畧云：「譬如女人有子，是深般若波羅蜜能示世間相，能生諸佛一切智。」是「般若爲諸佛之母」此一觀念，甚早已在中國僧俗間建立。則昇公以般若部建初；冠有譯有本錄之首者，其思想可就中土佛學傳統上究其淵源也。

至於寶積、大集、華嚴、涅槃四部之繼次，仕邦初以爲昇公依此五大經卷數多寡序其先後，而細揆之又不然，茲表列其卷數於右（首一數字爲大經本身卷數，次一數字爲該部之總卷數）：

般若經　　六〇〇　　七三六

寶積經	一二〇	一六九
大集經	三〇	一四二
華嚴經	六〇	一八〇
涅槃經	四〇	五八

依此表：若就大經本身之卷數言，大集經應列華嚴、涅槃兩經之後。若就各部之總卷數言，寶積、大集二部應列華嚴部之後。似五部之序不能據此解釋，因思及智昇此一思想，或與五時判教有關。

判教爲北魏以來，中國佛教徒試圖對各類佛經間之矛盾理論作系統化之整理，而以隋世天台宗智者大師五時判教之說最能滿足此土釋子學理上之要求，陳觀勝先生近著 Buddhism in China-A Historical Survey 一書（普林斯敦大學出版）對此事之歷史過程有精要之論述（見頁一八〇至一八三，又頁三〇五至三一一）。智者之說謂佛分五時對不同程度之四衆說法：（1）華嚴時，說華嚴經；（2）鹿苑時，說阿含經；（3）方等時，說方等諸經；（4）般若時，說般若經；（5）法華涅槃時，說法華、涅槃二經。今昇公以般若建初，繼之爲寶積、大集兩方等經，再爲華嚴、末爲涅槃，阿含則置小乘諸經之首，就其排比言，頗近智顗五時之序，特華嚴、般若之次第互易耳。

或謂天台判教之所謂方等經，蓋指維摩、思益、楞伽、楞嚴三昧、金光明、勝鬘等經，而此諸經智昇皆屛之五大部外，今謂昇公之法與判教有關，似覺不倫。實則方等經之範圍包羅甚廣，明天台宗蕅益大師閱藏知津卷二方等部序畧云：

述曰：一切菩薩法藏，皆稱方等經典，今更就大乘中，別取獨被大機者名華嚴部，融通空有者名般若部，開權顯實者名法華部，重滅談常者名涅槃部。其餘若顯若密，或對小明大，或泛明諸佛菩薩因果，事理、行、位、智、斷、皆此方等部收，非同流俗訛傳，唯謂八年中所說也。

而其書之方等部開卷即敘寶積、大集二經。或又謂此屬後人之見解耳，未可據以證昇公之說也。然祐錄卷一三竺法護傳稱護公西行求法之動機爲「方等深經，蘊在西域」，護公返華後譯出之密迹金剛力士與寶髻菩薩所問經，後被編入大寶積經第三、第四十七兩會。又天台判教所列方等經中之勝鬘經，即在大寶積經第四十八會（上兩事均見開元錄卷一一），是智昇公確有意置方等部於般若、華嚴兩部之間也。

陳寅恪先生謂五時之說絕無歷史事實之根據，而屬此土自創佛教成績之一，說見大乘義章書後（史語所集刊一本二分）。而智顗與智昇均屬未離中土而潛研經論之僧伽，昇公更居於判教思想發源之北方，顗公既科判五時，昇公雖非天台血脈，而受其說影響，自有可能。豈本錄排比五部，蓋修改天台判教而成此部類經籍之標準歟？孫正心先生天台思想的淵源與特質一文（刊中國佛教史論集第二冊）嘗謂判教思想未能影響玄奘之法相宗。而道宣親炙奘公於譯場，其所著大唐內典錄即未見此五部四含之分類法，斯或足作智昇受判教影響之反面證據。若仕邦之推論爲合，則昇公此舉非如梁任公先生所言「姑爲此畫分以便省覽」者也。

自智昇創五部四含分冠大小乘之首，啟後世佛家經錄部類羣書之新法則，姚名達先生謂「宋元以後，大藏刊版，多依昇錄爲部次」（中國目錄學史頁二八六），就現存宋元經錄之著名者如釋惟白大藏經綱目指要，王古大藏聖教法寶標目，元慶吉祥至元法寶勘同錄以及大藏經第九八至一百冊法寶總目錄所收其他經錄，莫不以般若等五部居全書之首。梁任公先生謂此法「就目錄學的立場言之，則取便檢查，亦是此學中一重要條件，智昇創此，其功自不可沒」，誠屬確論。明釋智旭撰閱藏知津，其大乘經以華嚴居首，次爲方等部、方等密部、般若部、法華部、涅槃部等，蓋旭公是天台法裔，故其編次遵循五時之。序日本大正藏則不分大小乘，以阿含部建初，本緣部次之，繼爲般若部、法華部、華嚴部、寶積部、涅槃部、大集部等，然萬變不離宗，就其編次，仍見彼淵源於開元錄之遺規也。

（乙）內典錄之單重存亡錄不誌佚籍，本錄則存佚通計，如卷一一般若部有：

摩訶般若波羅蜜鈔經五卷，道行般若波羅蜜經十卷，小品般若波羅蜜經十卷，大明度無極經四卷，右四經，與大般若第四會同本異譯 前後八譯五存三闕。

小注所謂「前後八譯」中有五存者，謂右四經與大般若經之第四會皆見其本也。至於闕本之三譯，其經名見有譯無本錄中。

（丙）內典錄之單重存亡錄不收此土述作，而本錄卷一三之聲聞三藏錄中有此土撰述集傳，是將宣錄第六之「道俗述作注解錄」合併於此。卷末稱：

從釋迦譜下四十部，合三百六十八卷，並是此方賢德撰集，然於大法裨助光揚，季代維持實爲綱要。故編此錄繕布流行，若寫藏經隨情取捨。諸餘傳記雖涉釋宗，非護法者此中不錄。

謂所收以有助「大法光揚」者爲限，其他非具「護法」之効者；雖涉釋宗亦不錄，故本錄此部份之內容與道宣之述作注解錄有別（兩錄書目同異對照表從畧），而此四十部書目之下，皆注「新編入藏」，既稱「若寫藏經，隨情取捨」，何以又謂入藏之典？此一矛盾現象，容後論「補闕拾遺錄」時詳之。

（2）有譯無本錄（卷一四、五）卷首小序略云：

> 有譯無本者，謂三藏教文及聖賢集傳，名存本闕之類也。自聖教東移，鍾鼎屢遷，重以周武陵夷，三藏要文多從散缺。或東都近譯；未達西京，或創出本稀，尋求匪獲，空閱名題，撫膺奚及。今者對求諸錄，備載遺亡，冀望名賢，共垂詢訪。

本錄蓋羅列名存前世經錄而闕其本之經目，以備按錄訪尋，猶之內典錄第五之闕本錄。本錄組織之細節一如有譯有本錄，姚名達先生中國目錄學史頁二七八至九為製一表詳之。蓋二錄在使用上互為表裏者也。例如本錄卷一四之般若部闕本中有：

> 吳品經五卷，新道行經十卷，大智度經四卷，右三經與大般若第四會同本，前後八譯，五本在藏，三本闕。

所謂「五本在藏」者，指前論有譯有本錄中（乙）條引般若部所收五種大般若經異譯，而「三本闕」者則名見本錄此條，兩錄合觀，始能明「前後八譯」者為何也。然本錄既以大小乘分立，經本僅存名題，不知內容，何以定其屬小屬大？凡遇此難定所屬之釋典，則均置之大乘三藏之末，如卷一四自梵本經至和摩結神呪等一百零四種失譯經名之後略云：

> 從梵本經下失譯諸經，羣錄之中但題名目，久虧其本，無可披尋，大小二乘，實難詮定，且粗分判，尚多參涉，幸諸明士詳而定之。

難詮定二乘中何屬者置大乘之末，大抵中華以大乘經典比較流行，釋子皆自視爲「大乘根器」，故認爲此等闕本之經屬於大乘之成份較高也。

闕本之錄，歷代佛家經錄皆立之，而昇公視「東都近譯；未達西京」者亦屬闕本，則頗可異，例如卷一一有譯有本錄實積部中，大寶積經之第三十爲菩提流志譯之「妙慧童女會」一卷，昇公謂：

右新譯重本，與流志先譯妙慧童女經同本異譯，當第九十八卷　其先譯妙慧經，本在東都尋之未獲。

而卷一四有譯無本錄之寶積部闕本中有：

妙慧童女所問經一卷，大唐天后代菩提流志譯，右一經與第三十妙慧童女會同本。

就此例言之，菩提流志曾二次翻譯寶積經之第三十會，後一譯因編入大寶積經達於長安，故昇公視爲見本，前一譯留在洛陽，昇公遂以爲「尋本未獲」；置之闕本錄中。由是觀之，凡屬此類之闕本，僅指西京無其書耳，非謂其本當時已佚也。

然則昇公何以視未傳西京者爲闕本？蓋編集目錄，最忌見名不見書，宋鄭漁仲嘗譏「編書之家，多是苟且，有見名不見書者，有看前不看後者」（通志校讎畧之見名不見書論），苟不細讀其內容，豈能知書屬何類？昇公以此等經籍既蘊在洛陽，本人無緣持誦，又焉得謂見其本？故「有譯有本」僅以經在長安而又昇公親覽者爲限，本書著作態度愼重；與對讀者之負責，於茲可見矣。

〔3〕支派別行錄（卷十六），此猶內典錄第七之「支流陳化錄」，支派別行即所謂別生經也。內典錄雖爲別生闢一專章，但錄中無一條別生經之書目，故覽其書不能知何經屬別生，更不知自何大經中分出也。開元

錄本錄則不然，卷首小序畧云：

夫法門浩廣，典籍紛綸，故有隨宜宣化，多於大部之中隨時畧用，披尋者莫知所出，今統集多端，會歸當部，庶使將來學者覽派知源。

據序所言，昇公正針對宣錄之弊，爲別生經根尋出處，使之「會歸當部」，故本錄體製一如有譯有本錄，大小乘別生分別依五大部與四阿含攝之，涅槃部無別生，故獨闕。又欲使學者「覽派知源」，故經目之下皆注其所出，如大集部別生中有：

菩薩瓔珞莊嚴經一卷 僧祐錄云菩薩莊嚴瓔珞經，抄第一卷。

謂抄自大集經第一卷瓔珞品也。又五大部外之別生中有：

觀世音經一卷 是妙法華經普門品，出第八卷。

等皆是其例。別生經蓋緣於經典卷帙浩繁，故有畧出其中部份章節單行；以便持誦之舉，此猶之儒家自小戴禮中畧出大學，中庸二篇耳。此等自大經中畧出之篇章，若其本身較具獨立性，往往能成爲極流通而有潛勢力之經典，如妙法蓮華經之普門品別生爲觀世音經之後效，即其例矣。然昇公實不主張別生單行（說見刪繁錄）本錄之立，特承認前世別生經流行之事實耳。

〔4〕刪畧繁重錄（卷十七），卷首小序云：

刪繁錄者，謂同本異名，或廣中畧出，以爲繁贅，今並刪除，但以年歲久淹，共傳訛替，徒盈卷帙，有費功勞。今者詳校異同，甄明得失，具爲條目，有可觀焉。

序稱刪繁之對象爲「同本異名」與「廣中畧出」兩類，而錄中再分如下各項：

（壹）新括出別生經，下分兩類：

a、前代別生誤爲譯本，如：

虛空藏所問經八卷。右一經，是大集經中虛空藏菩薩品別抄流行，大周錄云：乞伏秦代沙門聖堅譯者，謬也，彼聖堅譯者闕本。

是其例。別生誤作譯本，則混亂眞經源流與翻譯歷史，故主張刪除此類。

b、唐時別生經，如：

佛爲少年婆羅門說知善不善經（至）禪思滿足經。右上五經，周錄之中編在闕本經內，今檢得其本，並出雜阿含中，既是別生，除之不錄。

摩竭魚因緣經（至）七有無事福業經（等）九經，並出根本說一切有部毘柰耶中。火生長者受報經（至）八大國王分會利經（等）三十三經，並出根本說一切有部毘奈耶雜事中。從摩竭魚因緣經下四十二經，並說一切有部律緣起，三藏義淨鈔出流行，既類別生，故並刪削。

就上兩例言之，前者大周錄誤雜阿含經之別生爲闕本經，昇公發現其本，知屬別生。後者四十二種，皆兩毘奈耶主譯義淨親於本人所譯之廣律中抄出流行。昇公均主張刪而不存，是有感於別生經發展過濫，故不希望唐時再產此類典籍。吾前論昇公不主張別生單行，說亦本此。

（貳）新括出名異文同經，如：

阿耨達龍王經二卷。右一經，與弘道廣顯三昧經文句全同，但名別異，今存一本。

栴陀越經一卷。右一經，與栴陀越國王經文句全同，名廣畧異，（大）周（錄）入藏中，栴陀越經編在單本，栴陀越國王經在於重譯，二處載者，誤之甚也。

凡遇此名異而內容相同者，則存其一本而刪畧異名，故弘道廣顯三昧經在卷一二有譯有本錄之單譯中詮之，栴陀越國王經在卷一三小乘單譯中詮之，其異名則於本錄。

（叄）新括出重上錄經，重上猶謂之重出，如：

無畏德女經，第一義法勝經，彌勒菩薩所問本願經均二卷。右三經，大周入藏錄中單本重譯二處俱載者；誤也，今除單本，編重譯中。

是其例。重出者則取其一。

（肆）新括出合入大部經，如：

密迹金剛力士經（至）賓髻菩薩所問經，合二十三部，並是大寶積經諸會舊譯，三藏菩提流志勘梵本同，更不重翻，直編會次，既合入大部，別者刪之。

大寶積經是合曹魏至唐十七位大德所譯爲一，前於有譯有本錄中曾言之，故主張刪去个別單行之舊譯。繁錄之體製，爲昇公獨創，前此諸佛經目錄皆無之。

〔5〕補闕拾遺錄，本錄與刪繁錄同卷，錄前小序稱「補拾錄者，謂舊錄闕題，新翻未載之類」，凡舊時經錄失載者謂之拾遺，譯於天冊萬歲以後爲大周錄所未載者謂之補闕。本錄之立，目的在說明卷一九、二〇入

藏錄所新增之經典，如：

文殊師利問菩薩署經（至）迦丁比丘說當來變經。右一百六十四部合二百五卷，並是舊譯經律論，經大周廣錄有目，入藏之內並無，闕本錄中有載不載，或有周錄遺漏；諸錄有者，今並拾遺遍(編)入藏錄。

又如：

大方廣佛花嚴經（至）大乘修行菩薩行門諸經要集，右九十六部合五百二十八卷，並是大周刊定錄後新譯，所以前錄未載，今並補闕編入藏錄。

是拾遺與補闕皆爲擴增入藏錄之內容也。本錄之末，有釋迦譜等四十部合三百六十八卷，謂「並是此方所撰傳記，然於大法裨助光揚，故補先闕，編之見錄」，其書名與排列次第全同有譯有本錄（丙）條，蓋此所謂「見錄」即昇公當日親閱其本之「有譯有本錄」也。補拾錄既爲標示入藏錄新增之典，而檢卷二〇小乘入藏錄之末，亦誌此釋迦譜以下四十部之中土述作，則有本錄稱其「新編入藏」者；是也，然何以又謂「若寫藏經，隨情取捨」？蓋入藏錄之收錄中土述作，爲昇公創舉，前此諸錄皆所未有，昇公希望他人採用其新方法，故於有本錄中書此數語致其微意。而此四十部述作既經挑選，非無條件接受內典錄之道俗述作注解錄，前論有本錄時已嘗言之，則此所謂「新編入藏」與總錄中（E）條所謂「非入藏，故闕不論」者，均出昇公個人自訂之標準，非當時一般寺院藏經之共同標準。此猶之清段玉裁氏注許愼說文解字，每於注中標示某字之古音爲第幾部，如「上」在第十一部；「王」在第十三部等，均指其自撰六書音均表所分古音爲十七部之標準（段注此義蒙 重規師示知），而非清乾嘉時代訓詁學訂音之共同標準，二者均屬自我創制者也。陳援菴先生稱開元錄對

「中土高僧言論，多被刪除」者，語蓋指此而發也。

開元錄對中土述作「入藏」與否之意義，吾讀補拾錄始悟其緒端，更據之貫串總錄與有本錄及入藏錄而得斯義，故特於此詳之。

〔6〕疑惑再詳錄（卷十八），卷首小序略云：

先後翻傳，卷將萬計，尋閱難周。定錄之人隨聞便上，而不細尋宗旨，理或疑焉，故為別錄以示將來。

本錄之立，蓋欲糾正前世經錄濫收之失，所謂「疑經」蓋指眞僞未辨之經，如：

毘羅三昧經下八部九卷，大周刊定附入正經，尋閱理多乖舛，且附疑科，仍俟諸賢共詳眞僞。

是也。而諸經所以難定眞僞，則尚有說，如上述八部中有：

清淨法行經一卷　記說孔老顏回事。

是經據湯氏佛教史下冊頁一三二稱屬於佛道爭先後邪正所造僞經之一，又引北周道安二教論所載法行經文曰：

佛遣三弟子震旦教化，儒童菩薩，彼稱孔丘。光淨菩薩，彼稱顏淵。摩訶迦葉，彼稱老子。

云云。該經既因貶抑儒道兩家而作，智昇礙於宗教立場，不便誦言其僞，疑科之立，吾人可就其處境而知其苦衷矣。

〔7〕僞妄亂眞錄，本錄與疑惑錄同卷，錄前小序稱「恐眞僞相參是非一概，今爲件別眞僞可分」，是收錄者皆確定僞撰之佛經。本錄首列昇公新搜集之僞經，繼依時代詮記諸舊錄中之僞妄，舉凡道安、僧祐、費長房、法經、彥琮、道宣、明佺諸錄中僞科所載經名，皆爲之排比，而於其中齊江泌女子；梁道人妙光；元魏募

士孫敬德等僞撰與武周時三階教經典，均特別標示，末附抄經。抄經之具僞經性質，最先由祐錄卷五之詮名錄指出，稱「肆意抄撮，或棋散衆品，或爪剖正文，既使聖言離本，復令學者逐末，蕪黷法寶」，而抄經編入僞錄，則最早見隋釋法經衆經目錄之「衆經僞妄錄」，此蓋承前人之舊耳。

智昇於本人搜得之僞經，皆有詳細考證，爲以前經錄所未備者，其中以「要行捨身經」之考證最具代表性。此一卷經題「三藏法師玄奘譯」，昇公謂「僞謬之情，昭然可見，且述四件，用曉愚心」。今摘其中二件論之，以見一斑：

僞經初云：王舍城靈鷲山者。靈鷲山名古譯經有，奘法師譯皆曰鷲峯，今言靈鷲，一僞彰也。

此以奘公譯經慣例證其僞也。陳寅恪先生西夏文孔雀明王經考釋序（見史語所集刊二本四分）稱「玄奘譯經，悉改新名，而以六朝舊譯爲譌誤」，昇公亦據此以證其作僞之迹也。

僞經初又云：靈鷲山屍陀林側者。按諸傳記，其鷲峯山在摩伽陀國山城之內宮城東北十四五里，豈有都城之內，而安棄屍之處？事既不然，二僞彰也。

此以常理證其妄也。印度氣候濕熱，城內棄屍，當招致百弊滋生。大唐西域記卷九摩揭陀國下，記王舍城建立經過，中有云：「寒林者棄屍之所，俗謂不祥之地，人絕遊往之迹」，亦見屍陀林向在無人之地。而法顯佛國記畧云：「王舍新城，出城南四里南向入谷，至五山裏，五山周圍狀若城郭，即是舊城。城東西可五六里，南北七八里。入谷搏山東南上十五里到耆闍崛山（Grdhrakuta 即鷲峯）。出舊城北，行三百餘步道西，迦蘭陀竹園精舍今現在，北二三十里有尸磨賒那，漢言棄死人墓田。」按書不能憑空造出，必參攷不少有關典籍，豈僞經撰人誤讀此節史料，以爲竹園精舍在鷲峯附近，其北近處又有棄屍地，遂大書「靈鷲山屍陀林側」，不知法顯原文明謂竹園精舍在城北，鷲峯在城之東南十五里處，二者相距匪近耶？

就此兩條觀之，與其謂之考證，不若謂之辯難，頗似宋裴世期之難郭沖五事。三國志蜀志卷五諸葛亮傳，裴氏於「張飛卒後，領司隸校尉」句下注曰：

蜀記曰：晉初扶風王駿鎮關中，金城郭沖條亮五事，扶風王慨然善沖之言。臣松之以爲沖之所說，實皆可疑，謹隨事難之如左。

所謂「隨事難之」，正是昇公之法，今舉其難第三事以見。裴氏於「遂行屯于沔陽」句下畧云：

郭沖三事曰　亮屯于陽平，遣魏延諸軍幷兵東下，亮惟留萬人守城。晉宣帝率二十萬衆拒亮，而與延軍錯道，徑至前當亮六十里。城中兵少，欲前赴延軍，相去又遠，亮勅軍中皆臥旗息鼓，大開四城門，埽地却洒。宣帝常謂亮持重，疑有伏兵，於是引軍北趣山。難曰：陽平在漢中，亮初屯陽平，宣帝尚爲荆州都督，鎮宛城。就如沖言，宣帝既舉二十萬衆，已知亮兵少，若疑其有伏兵，正可設防持重，何至便走乎？案魏延傳云延每隨亮出，輒欲請精兵萬人與亮異道會於潼關，亮制而不許。豈得如沖言，頓使持重兵在前，而以輕弱自守乎？且沖與扶風王言，顯彰宣帝之短，對子毀父，理所不容，故知此書舉引皆虛。

此條雖徵引史事，然主要亦據常理以證蜀記舉引皆虛也。裴氏自稱曰「難」，則明對蜀記採取辯難之態度。按魏晉六朝辯難之風盛行，予中國學術文化各方面均有極重大之影響，　潤孫師於一九六五年就職香港中文大學講座教授時所宣讀之論文「論魏晉以來之談辯風氣及其影响」中有詳細論說（文即將由中文大學刊布），而談辯之影响於史學；　潤孫師別有專題講演「論以考據方法治經史的由來及其影响」（新亞研究所導師第八十四次講演）詳之（未整理成文，此間存有錄音帶），　裴注斯義，仕邦即聞於該次講演。而昇公爲宋高僧傳置之「義解篇」中之僧人，當更知運用辯難方式以折僞經之妄也。

〔8〕入藏錄（卷一九、二〇），本錄前卷載大乘三藏，後卷錄小乘三藏。入藏錄置全書之末，倣自大周刊定衆經目錄，蓋大周錄之僞經別爲一軸傳寫（參明佺章），則明佺之入藏錄當在十四卷「正經」之末也。開元錄本錄體製一如有譯有本錄，以五大部與四阿含分冠大小乘之首，於小乘錄之末亦有釋迦譜以下四十部中華佛學藝文，昇公此一新法則之能影响後世，實有賴於本錄，因宋以後諸錄多屬入藏錄也。

大藏經（即大正藏）本開元錄之入藏錄有二，一誌「重出」，其非重出者僅記經目，卷數與紙數，重出者並記譯人名字。余檢影印宋本磧砂藏第四五七冊昇之開元錄，其入藏錄同於重出者，如頁一四六有：

大乘般若波羅蜜多經六百卷十六會說六十帙，一萬三百三十一紙

大唐三藏玄奘於玉華宮寺譯出翻經圖。

是「重出」者或大正藏編輯時據宋本增入。又大藏經與磧砂藏於入藏錄之末均有「不入藏經目錄」，而重出之部則無之。夫入藏錄之外附記不入藏之經目，猶之四庫總目提要外；復有阮芸台之四庫未收書目提要（見揅經室外集）也。然著者自標示不收之書，此似屬目錄學史上之特例。

由開元錄之體製與組織，　備見智昇心力之勤，　其書能成爲振鑠千古之名著，　非苟然也。　陳觀勝先生

Baddhism in China 一書頁二二三至四稱唐玄宗雖寵信道教；並予僧徒活動以若干限制，然對釋教仍非採取壓廹之手段者，卽舉昇公能於開元朝完成此權威性之譯經目錄，爲其例證之一也。

然開元錄因組織綿密故，不易檢尋，智昇又另撰開元釋教錄略出四卷。中國目錄學史頁二八三稱此「係本錄有譯有本錄之簡明目錄，惟删去考證之語，用千字文編次，較入藏錄則較詳。後世刻藏者，悉依此爲準則」云。降至千年而後，淸乾隆間勅修四庫全書，於總目將編就時，淸帝諭館臣另編一簡明目錄以便檢查，郭伯恭先生四庫全書纂修考一書頁二一一曾述及之。仕邦頗疑四庫簡明目錄二十卷之作，或受昇公開元錄畧出所啟發，因開元錄既收入四庫子部釋家類，容或館臣曾並見開元錄畧出，特以「於二氏之書畧存數家以備參攷，至於經典叙目，則惟列此書及白雲霽道藏目錄以存梗概」（四庫總目卷一四五開元錄提要），故擯畧出一書不載耳。

附論：續大唐內典錄與續古今譯經圖紀

宋高僧傳稱智昇爲道宣、靖邁之書各續作一卷，開元錄卷九言兩續作皆撰於開元十八年，而實際上均在其前，玆分別論之。

續內典錄僅有一卷，而卷首所載之總目，捨第一稱「續代衆經傳譯盡隨近錄」與道宣書之「歷代衆經傳譯所從錄」名稱稍異外，他九錄盡同於內典錄，而僅將「歷代」二字改「續代」而已。是昇公準備對內典錄作全面之續撰。然實際上，本書僅完成第一類「衆經傳譯盡隨近錄」之開頭部份，蓋該錄誌曾有譯經事業之十七朝代之名，計爲：

後漢朝、前魏朝、南吳孫氏、西晉朝、前秦苻氏、秦乞伏氏、前涼張氏、南涼漢孟氏、宋國朝、前齊朝、梁朝、後魏元氏、後齊高氏、後周宇文氏、陳朝、隋朝、皇朝。

而其內容捨載有後漢一朝之經目外，他皆闕如。由是觀之，大抵昇公後認爲其續宣公之書，不若另編新錄，故改變初衷而遺下此未完成之作品。觀乎其書已立前涼錄，且後漢一朝之經目皆轉錄自大唐內典錄卷一所載摩騰、法蘭、安清、支曜等之譯經、而非補道宣著書時未搜得之漢代經目，尤可窺見當日昇公醞釀另著新書之痕迹也。

續古今譯經圖紀則繼靖邁書續記玄奘以後翻經大德之事迹，卷首自序略云：

譯經圖紀者，本起於大慈恩寺翻經院之堂也，此堂圖畫古今傳譯緇素，首自迦葉摩騰：終于大唐三藏。邁公因撰，題之于壁，自茲厥後，傳譯相仍，諸有藻繪，無斯紀述，昇雖不敏，敢輒讚揚。

昇公所補共十九人之事迹，依次爲智通、伽梵達摩，阿地瞿多、那提、若那跋陀羅、地婆訶羅、杜行顗、佛陀多羅、佛陀波利、提雲般若、李無諂、彌陀山、阿儞眞那、義淨、菩提流志、般刺蜜帝、智嚴、戌婆揭羅僧訶、跋日羅菩提。此十九傳譯緇素之事迹與譯出之經目，亦開元釋教錄卷八、九之所本，何以言之，蓋本書之末小記有云：

前紀所載，依舊錄編，中間乖舛，未曾刪補。若欲題壁，請依開元釋教錄。除此方撰集外，餘爲實錄矣。

昇公自言此書乖舛之處「未曾刪補」，欲題壁者則「請依開元釋教錄」，是謂本書屬未定稿，開元錄則根據本書刪補而成之定本也。所謂「除此方撰集外，餘爲實錄」者，蓋古今譯經圖紀不傳中土著書弘法之人，大抵慈恩寺翻經堂向不爲此等人物繪像於壁，故昇公循其舊規，並謂凡欲題壁者可選用開之錄卷八，九所載譯人事迹，而不必理會同卷並載之「此方撰集」之撰人也。

續古今譯經圖紀既屬開元錄之前身，昇公刪補而後，兩書內容當有彼此差異之處，其中差異最甚至互相牴牾者，厥爲大佛頂首楞嚴經譯人之問題。

歷來佛教徒皆公認十卷大佛頂首楞嚴經爲般刺蜜帝譯；相國房融筆受，而近世學人則頗疑此經爲華人僞造。是耶否耶？非本文所欲論，惟是經最先由智昇此兩經錄著錄之，而兩書記載其譯人不同。續古今譯經圖紀謂般刺蜜帝於神龍元年（公元七〇五）於灌頂部中誦出此品，由彌迦譯語，房融筆受，懷廸證譯。沓僧譯畢汎舶西歸。而開元錄卷九則謂：

> 沙門釋懷廸，循州人也，往者三藏菩提流志譯寶積經，遠召廸來以充證義。所爲事畢，還歸故鄉。後因遊廣府，遇一梵僧未得其名，齎梵經一夾，請共譯之，勒成十卷，即大佛頂萬行首楞嚴經也。廸筆受經旨，兼緝綴文理。其梵僧傳經事畢，莫之所之，有因南使，流經至此。

則稱翻譯楞嚴爲懷廸與一不知名梵僧之合作。昇公稱開元錄爲可供題壁之「實錄」，是既不承認有般刺蜜帝其人，更否認房融執筆承旨與彌迦釋迦譯語之事。兩書前後矛盾有如是者，大抵楞嚴經譯本因偶然機會，遠自廣州傳來長安，譯經事迹容有傳聞失實之處，或當日智昇先信般刺密帝、房融譯經之故事，故筆之於續圖紀中，後更得新史料，發現懷廸佐菩提流志譯大寶積經功畢後；始南下譯楞嚴經，菩提流志譯寶積經在「神龍二年創筵，迄于先天二年畢席」（見開元錄卷九），廸公不可能先於神龍元年佐譯楞嚴，於是並般刺蜜帝等人之名字亦不敢信之，故刪補其事成今之懷廸傳。眞相是否如此，以史闕有間，千載而後難以窮究，特以昇公自言續圖紀爲未定稿，開元錄始屬刪補後之實錄，故作如上推論。

近讀羅香林先生唐代廣州光孝寺與中印交通之關係一書（中國學社出版），其第五章爲「唐相國房融在光孝寺筆受首楞嚴經翻譯問題」，於房相國譯經之事，援證極博洽，然仕邦於其中二點認爲仍可商榷。羅書頁一〇二至三對續古今譯經圖紀卷末自附小注，其解釋爲：

余意智昇此註，乃泛括全書，非指首楞嚴經譯事。且小註最後，亦明謂「除此方撰集外，餘爲實錄矣。」首楞嚴經爲譯經性質，非似此方撰集，則亦不在智昇所謂須依開元釋教錄之類矣。

然昇公謂「除此方撰集外，餘爲實錄」者，實指開元釋教錄。蓋續圖紀不載「此方撰集」作者之事跡，而開元錄始有之。羅氏於頁一〇三又謂：

至當日同任翻譯之沙門懷迪，則必以其共譯首楞嚴經，既見明效，而後梵僧菩提流志，乃爲延招助譯大寶積經也。開元釋教錄記其參與首楞經之翻譯，乃在譯訖大寶積經南歸以後，殆先後倒置耳。（註六）。

謂開元釋教錄將懷廸參譯兩經之時間先後倒置，其證據在「註六」，余檢「註六」（在一一三頁）爲「參見馮承鈞編著歷代求法翻經錄」，而求法翻經錄卷首載馮氏自訂凡例，其第二條云：

此錄既以求法翻經爲名，但求法者無論姓名存佚，翻經與否，皆錄之。至翻經者，唯限於東來外國僧俗，其東來之人非譯師，本國譯師未西行者，雖著名如佛圖澄、菩提達摩、智顗、道宣等，皆不錄。懷廸既未嘗西行求法，故馮氏書中無其事迹，即其書一三〇號般剌蜜帝傳與一三二號菩提流志傳，亦皆不及懷廸一字，何來「前後倒置」之說哉？

釋圓照與大唐貞元續開元釋教錄、貞元新定釋教目錄第九

圓照與大唐內典錄撰人道宣同屬長安西明寺沙門，照公著書於德宗貞元之世，去宣公百年，亦去智昇六十餘年，其時不特在安史之亂收復長安之後，更在涇源兵變收復長安之後，其著書殊有意義。宋高僧傳卷一五唐京師西明寺圓照傳畧云：

釋圓照，姓張氏，京兆藍田人也。年方十歲，篤願依西明寺景雲律師，照尋究經論，仍旁求於儒墨，兼擅美風騷，律藏珍珠，專探日用。開元年中，敕選名德參其譯務，照始預焉。至代宗大歷十三年，承詔兩街臨壇大德一十四人，齊至定國寺定奪（四分律）新舊兩疏（舊疏法礪作，新疏懷素作）是非。其十四律師，推圓照筆受正字。俄屬德宗即位，改元建中，其年五月疏草畢，至十二月進新僉定疏十卷，仍乞新舊兩疏許以並行，從學者所好，敕宜依照。著貞元續開元釋教錄（等共二十一種；七十四卷）。照於律道頗有功多，肅代二朝尤爲傑立，累朝應奉賜紫；充臨壇兩街十望大德，內供奉檢校鴻臚少卿，食封一百戶。後終於別院，春秋八十二，法臘五十八云。

傳稱照公非徒精於律學，更是善讀儒書，故不特被敕選參譯務，且諸律師奉旨定奪兩疏是非時，爲衆推作筆受正字之員也。傳載照公著述凡二十一種，其中稍有訛誤，今爲製一比較表於本章之末以見。而所列舉之著述中有關經錄者，僅有續開元錄而無貞元錄，然據南唐沙門恆安撰之續貞元釋教錄一卷，固已著錄「新定貞元釋教錄三十卷九百紙餘，西京西明寺沙門圓照奉敕集。」而宋高僧傳卷五智昇傳；述昇公著開元釋教錄事已，續云：

後之圓照貞元錄也，文體、意宗，相距不知幾百里哉！

則贊寧非不知有貞元錄也，圓照傳所以缺此書者，蓋別有故，此節容後詳之。圓照傳既著錄續開元錄，請先言其書內容。

續開元錄共三卷，卷首有進書狀一篇，畧云：

伏以開元十八年，沙門智昇修釋教錄，洎今又經六十五年。中間三藏翻經．藏內並無收管，恐年代浸遠，人疑僞經，圓照謹隨聞見，勵己書之，錄成三卷。貞元十年十二月二十五日。

據狀文，知本書出照公本人發心之撰述，目的在著錄開元錄以後六十五年間譯出之新經，免年代浸遠，後人因無錄可尋，疑爲僞經。本書上卷記法月、金剛智、不空、智慧、般若諸梵僧譯出各經及翻譯經過，圓照爲智慧作筆受事亦見此。中卷記華僧所造諸經疏及其撰述經過，並載照公自著二十一種之目（余發現宋傳之誤亦據此）。下卷爲入藏錄，銓記前二卷述及之經與疏，每誌明某經「若干卷若干紙」及某某經等「若干部共若干卷，同爲第幾帙」，猶是開元錄舊規。

續開元錄體製已明，知本書僅述譯經撰疏之歷史；並著錄其目而已。而其特色，則爲前兩卷之記事大部份屬抄錄當時僧人奏上之進書表，與帝皇批答之聖旨，甚少自撰文記事，即四分律新疏之檢定，事爲照公親歷、而本書中卷亦僅抄錄曇邃、法鑾、飛錫、如淨等所上表文與疏成後祠部所上奏章；及代宗批答之各道聖旨，非照公著文記其經過。抄撮資料而不能鎔鑄之爲文章，本非當時著書之慣例，而照公採此方式者，仕邦認爲有如下之原因。

（一）照公著作中有「集景雲先天開元天寶誥制」、「傳法三學大德碑記集」等多種（見附表），是緝存文獻爲照公之專長。

（二）續開元錄之作，既緣於懼開元錄以後之新經新疏無錄可尋，將來被誤作僞書。而照公著書時去開元十八年已六十五載，其間經歷安史與涇源兩次亂事，照公欲証明所收錄經典爲眞，與其鎔鑄史料爲譯經撰疏之人立傳，不若將原始史料顯示人前，更能達証明之効。照公善於緝存文獻，故史料不虞匱乏。其抄錄帝皇之批答者，則頗寓有「旨」爲証之意也。

本書保存數量不少之僧人表文與帝皇聖旨，頗足供今日研究佛教史之參攷，惜余前爲文論古代譯場，未及取材於是。此外，本書對研究唐史亦有助，例如郭令公單騎見回紇，千古傳爲美談，本書卷上仁王護國經條畧云：

> 永泰元年九月，時僕固懷恩，遠自靈武，合聚蕃醜，憑凌涇陽。爾時兩街大德，咸皆萃資聖寺，舉衆齊聲稱念摩訶般若波羅蜜多，爲國爲家，願無憂懼。時制使關內河中副元帥司徒兼中書令上柱國汾陽郡王

郭子儀仗節出師，兩軍交對，列陣相望，時汾陽王單騎直出，挺立軍前，感激一言，懷恩屏退，西戎北狄各自相攻，浹旬之間，王國大定。是知仁王護國般若眞經，聖心佛心，子育萬姓。

此節記事雖甚簡畧，且與兩唐書及通鑑所記稍不符（如其時懷恩已卒，郭子儀談判對象爲回紇等），然貞元十年（公元七九四）去永泰元年（公元七六五）僅三十載，此猶是當時記載也。按郭汾陽以片言消彌大戰，爲古今戰史上極僥倖之事，無怪僧人視爲念誦仁王護國經所感通之奇蹟也。其他足供參攷之處，尙待有心人留意焉。

貞元新定釋教目錄爲圓照奉德宗勅與沙門智通、玄逸、靈邃等同修，另有大臣鄭餘慶等及節度使渾瑊等參預其事（見卷一）。大臣具銜爲官修典籍之慣例，可無多論。

貞元錄凡三十卷，爲本文論及之佛家經錄中卷數最多者，然本書除卷一前半稱「特旨承恩錄」，記無能勝、法月、金剛智、不空、般若、蓮花精進、尸羅達摩諸西僧前後譯出共一二九部二四七卷新經經目外，全書其他部份幾全屬因襲開元釋教錄原文，照公於承恩錄之末稱：

臨壇大德圓照等狀，上件經未入目錄。伏緣是三朝翻譯，時乞聞奏，請同新花嚴經例入開元目錄。則天下諸寺依目傳寫，皆入一切經藏。仍請改舊目錄（指開元錄）爲貞元新定釋教目錄，豈唯事超昔帝，抑亦道冠眞宗。介福無窮，上資皇祚。奉勅宜依，牒至准勅。

是改易開元錄舊名之舉，出照公等之請求者也。夫翻印舊版本之叢書而冠新版本名，如影印百衲本廿四史而改稱介壽本；影印日本大正藏而易名大藏經等，事固無傷大雅，然取前人著作以易新名，題爲己作，則屬攘奪之舉。故梁任公先生對此深致不滿，所著佛家經錄一文（見梁氏十八篇）謂照公「攘全書易新名，太災梨棗矣。」姚名達先生中國目錄學史頁二八五對此亦有微詞。

圓照等公然攘奪他人經錄爲己有，而德宗不特未加譴責，且同意其所爲者，則須先究德宗之爲人。舊唐書卷一三德宗紀，對之尚無貶詞，然自北宋以降，歷代史家皆未置好評，如新唐書卷七德宗本紀畧云：

德宗猜忌刻薄，以彊明自任，恥見屈於正論，而忘受欺於姦諛，至於敗亂而終不悔。及奉天之難，深自懲艾，遂行姑息之政。由是朝廷益弱，而方鎮愈强。至於唐亡，其患以此。

通鑑卷二三四德宗貞元十年條畧云：

（德宗）性猜忌，不委任臣下，官無大小，必自選而用之，宰相進擬，少所稱可。及羣臣一有譴責，往往終身不復收用，好以辯給取人，不得敦實之士，難於進用，羣材滯淹。進退隨愛憎之情，離合繫異同之趣，以一言稱愜爲能而不核虛實，以一事違忤爲咎而不考忠邪。其稱愜則付任逾涯，不思其所不及，其違忤則罪責過當，不恕其所不能，是以職司之內無成功，君臣之際無定分。

唐鑑卷一六德宗紀畧云：

德宗粃政尤多，本夫志大而才小，心褊而意忌，不能推誠御物，尊賢使能，以爲果敢聰明，足以成天下之務。既猜防臣下，則專任宦者。自古治愈久而政愈弊，年彌進而德彌退，鮮有如德宗者，是以藩鎮强而王室弱，宦者專而國命危，貪政多而民心離，唐室之亡，卒以是三者，其所從來漸矣。

讀通鑑論卷二四畧云：

德宗始召叛臣之亂，中徇藩鎮之惡，終授宦豎之權，樹小人之黨，窮本探源，則好諛而已。盧杞諸姦豈別有術以得當哉？唯面柔口澤，探意旨而不相違拂耳。是故德宗之得失，恒視所信而分，或信或疑，賢姦俱不可恃，唯善諛者能取其深信，而天下皆疑矣。夫智不足則疑人之己誑，力不足則疑人之己凌，四顧不知可信之人，於是諛者起而乘之，直者之疑愈厚則諛者之信愈堅，於是偏信而無往不疑，乃以多疑召天下之離叛。

觀乎歐陽修，司馬光，范祖禹，王夫之諸大史家之論，莫不痛貶德宗之爲人與行事，甚而謂唐室之亡亦應溯源其粃政。而其人既多疑好諛，故諸僧進「事超昔帝，道冠眞宗」之諛詞，遂欣然同意攘智昇全書，視作貞元一朝新定經錄之興福大業矣。由是知贊寧擯貞元錄於圓照著作之外者，蓋深惜照公著書多種，其才實可兼人，而有此學術欺詐之舉，故傳中不誌是書，掩此博學律僧之瑕疵。隱惡揚善爲尊親諱，春秋之義，爲撰寫傳記之原則，試觀三國志於魏武帝本紀，與蜀先主傳吳主權傳記赤壁戰役文字之不同，即可知矣。

然開元錄全書僅二十卷，貞元錄則有三十卷，蓋非擴大其書，何以見諸僧「新定」之勞，而顯其書「介福無窮，上資皇祚」之功德耶？但圓照等既全部侈錄智昇之文，即使添入天寶以後新譯經目，亦豈易驟增十卷？就一般竊稿通例言，剽竊者往往擴大原文以爲掩飾，其法不出二途，一爲添入不必要之文字以充內容，一爲割裂原書篇章以增卷數，圓照等主要採後者，故開元錄總錄之朝代錄止於卷九善無畏傳，而貞元錄善無畏傳則在卷一四之前半，換言之，所增幾及五卷。其法即將開元錄卷一、卷六、卷八、卷九皆析爲二卷。貞元錄卷一四之後半至卷一七，則記開元十八年後之譯經歷史，爲圓照等於本書中自撰之部份，於是較開元錄又增三卷有餘。至於開元錄卷十之叙列古今諸家經目，照公又析之爲二，並補入貞元錄本身之詳細子目，就總括羣經錄言，貞元錄擴充者已有九卷。別錄方面，僅有譯有本錄增一卷（因有新譯經目添入），他皆未有更動。如是，貞元錄遂多十卷矣。

然擴大篇幅之法，圓照等亦有採用，如開元錄於言及唐帝之處，若廟號及「駕」、「綸旨」等字眼，均不抬頭，而貞元錄皆抬頭另起一行。又如有譯有本錄中之小注，照公將其部份改成正文等皆是。不然僅割裂篇章，卷數雖增而每卷之長度實減，於觀瞻亦不雅也。

貞元錄强增卷部，固無聊甚，然其書亦非一無可取者，玆分兩點述之：

一、貞元錄卷一四後半至卷一七，爲圓照等自撰之文，此數卷中抄錄不少僧人上表與帝王批答，作風與貞元續開元錄同，而所抄之史料更豐富，尤以有關金剛智、不空二僧者爲然，可據以考密教傳來之歷史。且貞元續開元錄之斷限在貞元十年，其卷下入藏錄之末畧云：

新譯大方廣佛花嚴經四十卷，罽賓國沙門般若奉詔譯。貞元十二年譯，十四年上，不在此收。通前般若三藏所譯，共七十卷，都收貞元藏大錄通此二十三帙。

是貞元十二年至十六年新譯之經；包括般若、蓮華精進、戒法三僧所譯出者，其經目與翻譯歷史最先由貞元錄著錄之。

二、貞元錄竊開元錄之體製與文章，開元錄爲私人撰述，雖其書有獨特發明，然不能强他人依學，而貞元錄爲官修之書，且前引特旨承恩錄末一段文字中有「天下諸寺依目傳寫」與「牒至准勅」之語，則貞元錄曾藉帝王之力推廣；爲一切寺院傳寫藏經之標準，於是智昇所發明五部四合分銓大小乘經；中華佛學著述入藏兩特點，亦緣此得普流天下。葉恭綽先生撰歷代藏經考畧一文（見張菊生先生七十生日紀念論文集），稱「北宋刋藏，始於開寳，版刻於蜀」，又稱「刻藏緣於寫藏，由開元錄舉要提綱，折衷至當，故以後大體咸相循用。歷代編藏，皆以般若居首，乃因開元錄之舊，自後無從改易。」開元錄舉要提綱；折衷至當者是矣，然非有貞元錄爲之宣傳，恐亦無此効果。圓照剽竊其書，反能發揚智昇創作之優點於千古，而爲開元錄之功臣矣。

宋高僧傳稱照公開元年中奉勅參譯，而貞元錄卷一四記金剛智於開元二十九年八月十五示寂之事後，續云：

圓照自惟微賤，限以晚生，大師殁年，始參幼學，翻譯應詔，殊未識知，謹依紀銘，敘述前事。

是照公參譯，最早應在開元廿九年後，即天寶之初年也。

附錄：宋高僧傳載圓照著作正誤表

本表上欄爲宋高僧傳所記，下欄爲貞元續開元錄卷中圓照自記之撰人

大唐安國寺利涉法師傳十卷	左監門衛率府錄事趙克勛
集景雲先天開元天寶誥制三卷	圓照
肅宗代宗制旨碑表傳共二卷	圓照
不空三藏碑表集七卷	圓照

隋代傳法高僧信行禪師碑表集三卷	圓照
兩寺上座乘如集三卷	圓照
僉定律疏一行制表集三卷	圓照
般若三藏續古今翻譯圖紀三卷	朝散大夫守太子詹事賜紫金魚袋致仕魯國都昂
大乘理趣波羅蜜多經音義二卷	都昂
三教法王存沒年代本記三卷	都昂
翻經大德翰林待詔光宅寺利言集二卷	都昂
再修釋迦佛法王本記一卷	圓照
佛現八相分利益人天成正覺記一卷	圓照
判方等道場欲受近圓沙彌懺悔滅罪辯瑞相記一卷	圓照
五部律翻譯年代傳授人記一卷	圓照
莊嚴寺佛牙寶塔記三卷	圓照
無憂王寺佛骨塔記三卷	圓照
傳法三學大德碑記十五卷	圓照
建中興元貞元制旨釋門表奏集二卷	圓照
御題章敬寺詩太子百寮和詩集三卷	圓照
大唐貞元續開元釋教錄三卷	圓照

由上表，知照公所著實際爲十六種共五十四卷，上述諸書今存者除貞元續開元錄在大藏經目錄部外，復有不空三藏碑表集在大藏經史傳部四，今題「代宗朝贈司空大辨正廣智三藏和尚上表制集」。

釋贊寧與宋高僧傳第十

一　贊寧之宗派與外學

贊寧傳記有三，其一爲南宋嘉熙間釋宗鑑撰釋門正統卷八護法外傳，其二爲寶祐間釋元敬、元復撰武林西湖高僧事畧之宋僧統寧法師傳，其三爲清康熙間吳任臣撰十國春秋卷八九僧贊寧傳。而三傳皆本之北宋王禹偁小畜集卷二〇左街僧錄通惠大師文集序，故王序實最原始之史料，爰引之以見。序畧云：

釋子謂佛書爲內典，謂儒書爲外學。工詩則衆，工文則鮮，并是四者，其惟大師。大師姓高氏，法名贊寧，其先渤海人，隋末徙居吳郡之德清縣，以唐天祐十六年己卯生。武肅王錢某(即鏐)專制江浙，後唐天成中出家。清泰初入天台山受具足戒，習四分律，通南山律。長興三年，大師聲望日隆，文學益茂。錢氏公族若(倣)、偡、億、儼、昱與大師以文義切磋。時浙中大夫崔仁冀、愼知禮、與大師以詩什唱和，又得文格於光文大師，授詩訣於龔霖。大師多毗尼著述，謂之律虎，爲兩浙僧統。太平興國三年，忠懿王携版圖歸國，大師奉直身舍利塔入朝，太宗召對滋福殿，賜紫方袍，尋改師號曰通惠。參知政事李穆，儒學之外，善談名理，事大師尤爲恭謹。八年，詔修大宋高僧傳，聽歸杭州舊寺，成三十卷。居無何，徵歸京師，參知政事，蘇易簡奉詔撰三教聖賢事迹，奏大師與太一宮道士韓德純分領其事，大師著鷲嶺聖賢錄，又集聖賢事迹，凡一百卷。制署左街講經首座，今上咸平元年，詔充右街僧錄。大師年八十二，視聽不衰。猥蒙見託，不克固辭，總其篇題，凡內典集一百五十二卷，外學集四十九卷。因徵其世家行事，備而書之，使後之傳高僧，銘塔廟者，於茲取信云。

王氏既欲日後傳高僧之人「於茲取信」，故序文記述寧公生平特詳，然有二事尚需申論；一爲其宗派，二爲其外學，茲分別言之。

王序稱寧公受戒習律皆在天台山，天台自隋智者大師以來，向爲天台宗之根據地，（參佛祖統紀卷六，四祖以下諸本紀），寧公似屬台宗沙門，然宗鑑釋門正統爲台宗護法立傳，有內外之分，內傳爲本宗僧俗，外傳爲異宗緇素，贊寧編入外傳，是天台不視寧爲本宗也。又宋高僧傳卷七宋秀州靈光寺皓端傳稱：

有台教師玄燭者，彼宗號爲第十祖，端依附之。

云云。玄燭者，佛祖統紀卷二四佛祖世繫表中未詳承嗣四十一人之一，贊寧稱之爲「彼宗」，可見未嘗自視爲天台弟子。釋門正統卷八律宗相關載記畧云：

元照，餘杭唐氏。與擇瑛從竇閣神悟謙，謙曰：近世律學中微，亡失者衆，汝當爲時宗匠。蓋明法華以弘四分，吾道不在茲乎，乃博究諸宗，以律爲本，南山一宗，赫爾大振。

元照與擇瑛同師神悟謙，而佛祖統紀卷一三神悟謙法嗣中獨誌擇瑛，以此例彼，贊寧雖受戒習律於天台，然有

「律虎」之稱，律虎者，宋高僧傳卷十六周東京相國寺澄楚傳畧云：

受具已來，習新章律部，獨能輒入毗柰耶窟穴，然其擊難酬答，露牙伸爪，時號律虎焉。

蓋謂善於辯說律旨也。寧公既得此稱，其屬律學沙門也明矣。

王序又稱寧公「得文格於光文大師，授詩訣於龔霖」，龔霖生平無考，光文即希覺，宋高僧傳卷一六明律篇有傳，作「文光」，畧云：

釋希覺，姓商氏，世居晉陵，家系儒學。屬唐季喪亂，累被剽畧，嘗傭書於給事中羅隱家，偶問名居，歎息再三，多與顧直，勸歸鄉修學，至年二十五出家。（中畧）文穆王（錢元瓘）造千佛伽藍，召爲寺主，私署曰文光大師焉，四方學者駢驁而臻。覺外學偏多，長於易道，著會釋記二十卷，常爲人敷演此經，付授於都僧正贊寧。所著擬江東讒書五卷，襍詩賦十五卷，注林鼎金陵懷古百韻詩襍體四十章。勤於講訓，切於進修，彌老而不休。

寧公自記其儒學師承於本教之先達，故雖日夕與文士以詩什唱和，而心中實輕儒者，其另一著作僧史畧卷上外學條畧云：

禦侮之術，莫若知彼敵情，敵情者，西竺則韋陀，東夏則經籍矣。此土古德高僧能攝伏異宗者，率由博學之故。是以習鑿齒；道安以詼諧而伏之，宗（炳）雷（次宗）之輩；慧遠以詩禮而誘之，權無二；復禮以辨惑而柔之，陸鴻漸；皎然以詩式而友之，此皆不施他術，唯通外學耳。

贊寧視古之高僧能以儒學結納士夫爲「攝伏異宗」，則心中頗認爲僧伽儒學超乎孔門弟子也。而自韓文公倡議闢佛以來，唐末五季以降至宋初引起儒士崇儒排佛之新自覺，爲吾國思想史上一大事因緣，治史者莫不知之，贊寧以降僧著書於歸宋之後，而其言論如此，當招致士人對之不滿，歐陽修六一居士詩話有載寧與安鴻漸在街中互嘲之事，即不滿表現之一端也。即如王禹偁序寧公文集時既刻意推崇矣，而宋史卷二九三本傳稱禹偁於眞宗即位時上疏言五事，其四曰沙汰僧尼，畧云：

漢明之後，佛法流入中國，度人修寺，歷代增加。不蠶而衣，不耕而食。假使天下有萬僧，日食米一升，歲用絹一匹，是至儉也，猶月費三千斛，歲用萬縑，何況五七萬輩哉！不曰民蠹，得乎？臣愚以爲國家度人衆矣，造寺多矣，計其費耗，何啻億萬。先朝不豫，捨施又多，佛若有靈，豈不蒙福，事佛無效，斷可知矣。

據上引論調之激烈，見禹偁絕非佞佛禮僧之人，其排佛思想甚爲積極。王氏與贊寧既各處極端，而仍能訂交結好者，蓋緣於寧公之儒學修養，宋吳處厚青箱雜記卷六畧云：

近世釋子多務吟詠，唯國初時贊寧獨以著書立言；尊崇儒術爲佛事。故所著駁董仲舒繁露二篇，難王充論衡三篇，証蔡邕獨斷四篇，斥顏師古正俗七篇，非史通六篇，答雜斥諸史五篇，折海潮論兼明錄二篇，抑春秋無賢臣論一篇，極爲王禹偁所激賞。故王公與贊寧書曰：使聖人之道無傷，於名夷儒家者流，不至於迷復，然則師胡爲而來哉？得非天祚素王，而假手於我師者歟！

寧公著文非斥駁難諸書，皆名家手著之典，即儒生亦未必博學若是，難怪王公對大師之傾倒矣。仕邦嘗讀劉子健先生撰歐陽修的治學與從政一書（新亞研究所出版），其上編五章「歐陽的信仰問題」言及歐陽一方面反佛，而又與有學問，能詩文之高僧往還。則王禹偁之於贊寧，亦猶是耳。且寧公曾撰文非難史通，史通一書專論史法，陳援菴先生中國佛教史籍概論即據此証寧公講求史法，糾四庫提要之訛。而宋史王禹偁傳稱王氏於咸平初「預修太祖實錄，直書其事」，蓋亦一能秉直筆之史家，其激賞贊寧，亦緣於此。小畜集卷七有贈寧公詩二首，中有「赴闕尚留支遁馬，援毫應待仲尼麟」與「支公兼有董狐才，史傳修成乙夜開」之句，蓋深佩其史才也。

贊寧與王氏在學問上既能接近，想寧公修史杭州之日，其稿或曾寄王禹偁研討義例，或掎摭利病者矣，然史闕有間，不能考也。

王氏序通惠大師文集時，寧猶健在，故序無其卒年，釋門正統卷八稱大師示寂於咸平四年二月，葬錢塘龍井塢，陳援菴先生釋氏疑年錄卷六之寧公卒年即據此，而考定年壽爲八十三。

二　論宋高僧傳體製上之特色及其作用

宋高僧傳與慧皎、道宣所撰梁、續二高僧傳同屬我國最重要之佛教史籍，其地位約相當於正史中之「四史」。皎、宣二書皆著者本人發心之撰述，贊寧則奉勅後始搜緝史料成書，是書既得與皎宣之典鼎足並存，猶足見其人平素之史學修養。本書主要爲唐、五代與宋初僧人立傳，亦有劉宋、陳、北魏與隋僧若干人。依道宣續高僧傳舊例，分十科，而體製上有二事與續傳異，中國佛教史籍概論卷二宋高僧傳條畧云：

本書體製，一如續傳，惟續傳僅每科後附以論述，此書則每人傳末，亦時有論述，或申明作者之旨焉，名之曰系，其有答問，則謂之通。系者法張衡賦，通則法白虎通，此與續傳不同者也。又古人著書，除類書外，多不注出典，此書所本，多是碑文，故每傳末恆言某某爲立碑銘或塔銘，此即本傳所本，不啻注明出處。

陳援菴先生謂「系者法張衡賦」者，指文選卷一五之思玄賦。而「通者法白虎通」則尚有說，按「通」在義疏中爲答案之義，意謂能答解所難， 潤孫師論儒釋兩家之講經與義疏一文（刊新亞學報四卷二期）之「論義疏之文體」一節嘗考之，寧公僧人，故知借用義疏舊規而自設問答也。至於寧公何以採上述兩方式，援菴先生未作解釋，茲分別言之。

按傳末附何人爲撰銘記，續高僧傳已如此（詳道宣章），而本書卷九唐南嶽石頭山希遷傳畧云：

門人道銑（等）相與建塔於東嶺，塔成三十載，國子博士劉軻，素明玄理，與道銑相遇，盛述先師之道。軻追仰前烈，爲碑紀德。

又卷二三晉朔方靈武永福寺道舟傳畧云：

建隆中，郭忠恕者，博覽羣籍，小學尤長，篆隸爲能，因過投於北裔，詢舟前烈，著碑頌焉。

似此詳細介紹作者學養與撰碑銘之經過，爲宣公書所未見。若究其原因，蓋贊寧奉敕後始「遐求事蹟，博採碑文」（卷首進書表語），非前此已自行搜集，而唐武宗會昌毀佛，予釋教極大之破壞，據圓仁入唐求法巡禮行記第四所記當日之情形畧云：

八月十六日至登州，雖是邊地，條疏僧尼，毀拔寺舍，焚經毀像，收檢寺物，與京師無異。

舉此足例其餘。按此次毀佛風暴有其長遠之經濟原因，故其動機以沒收寺產與逼僧尼還俗供租傭調爲主，陳觀勝先生有 The Economic Background of the Hui-Ch'ang Suppression of Buddhism.（見哈佛亞細亞學報第十九卷）一文詳論之，是以會昌五年七月纔下勅省併天下佛寺，八月，毀佛之風暴遂及於邊地。佛教經此役之摧殘，文物大見散滅，如宋高僧傳卷九靈著傳附法翫傳畧云：

> 有錢塘靈智寺釋法翫，殯於寺側山原，結塔營事。塔因會昌中所毀，今存阯焉，碑石復沒，吁哉！

又卷一四唐揚州龍興寺法慎傳畧云：

> 其塔屬會昌中例皆毀焉。

皆是其例，後再歷五季之亂，文物毀散更甚，寧公於刼後搜羅遺佚，固已不易，而碑文非均可採之入史者，陳援菴先生前曾利用碑文撰成南宋初河北新道教考一書，書中言及所收金元二代道教碑大多屬「非其事不足傳，即其文不足採。其撰人又多鄉曲之士，方志以外，無可考見，其甚者並方志而無名焉」（中華書局一九六二年七月新一版頁三一），而有「白葦黃茅，雖多何用」之歎。此境兄想贊寧亦嘗遇之，然碑文若出親友弟子之手，則較近事實，價值亦高，故寧公爲標示於傳末以見，如卷八唐潤州竹林寺曇璀傳畧云：

> 門弟子僧感僧羣等，刻石紀事，奉全師禮。

又卷九唐成都府淨衆寺神會傳末畧云：

> 時南康王韋公皋，最歸心於會，及卒，哀咽追仰。蓋麤入會之門，得其禪要，爲立碑，自撰文并書，禪宗榮之。

等是也。又古人修史素重文采，史、漢、後漢、三國四史固不待言，即唐修晉書亦全用文詠之士（舊唐書卷六六房玄齡傳），若所得資料屬名家手筆，亦應標示以見其價值，故寧公爲書之傳末以見，如法銑碑出詩僧皎然手（卷五），慧忠碑出譯經沙門飛錫手（卷九），懷暉碑出賈島手（卷一〇），文益碑出李後主手；銘出韓熙載手（卷一三），上恆、神湊、寂然三僧之銘記出白居易手（卷一六、二七）等，皆是其例。本書卷九唐睦州龍興寺慧朗傳末畧云：

新定太守蕭定述碑。司馬劉長卿書，刺史李揆篆額，所謂俱是名公，盛誇全美，有矣。

即此意也。至於非「名公」而有實學如郭忠恕、劉軻者，亦應誌其學術修養，以見史料之不濫採。清錢儀吉於道光間纂輯碑傳集一書，卷首有作者紀畧，記所採用之每一碑傳撰人之功名仕歷與文集名稱，其用意蓋與寧公相同（按北宋杜大珪名臣碑傳琬琰集尚無此，讀琬琰集刪存所附原目可知）。

至於「系」與「通」，陳援菴先生指出其作用在「論述」與「伸明作者之旨」，故中國佛教史籍概論卷二引用時稱之爲「某某傳論」。而四庫總目卷一四五子部釋家類之宋高僧傳提要畧云：

傳後附以論斷，於傳授源流，最爲賅備。

四庫館臣蓋謂其作用；在說明教法之師承也。然細揆全書有「系」與「通」之諸傳，其中僅卷一不空傳論言及密宗傳授，卷四窺基傳論言及法相宗開創，卷八慧能、神秀、神會三傳論稍言及禪宗衣鉢相傳之事；與提要之言近似外，他皆不符所論，則寧公於傳末系以論述之旨實不在此。按傳記之後有論斷，不獨梁、續二高僧傳無此方式，即紀傳體之正史，亦僅在每卷之後有論斷，非卷中各列傳之末復附有論斷也。然則寧公緣何創此方式？余檢全書三十卷；五百三十二傳記中，共有「系」與「通」八十七則（所隸卷數與傳記人名從畧），而其內容屬於解釋釋佛家名相與異跡者有四十三則，佔全數之半，茲擇其中若干條爲例以見，如卷二一唐成都府永安傳畧云：

> 人未嘗見其登圊而旋溺也，故時呼爲無漏師。系曰：蜀人謂安公爲無漏師者非也。夫斷煩惱，不復隨增，故永無種習，乃稱之無漏。今以飲食之餘歸於九孔，安公止二竅不流耳。瑜伽云：無內逼惱分也。觀乎對法論中，有清淨依止住食，示現依止住食二種，則羅漢菩薩也。若然者，安公是示現依止住食，雖食不食，滓穢奚生？必也正名，以召其體哉！

又卷二三唐吳郡嘉興法空王寺元慧傳畧云：

> 居建興寺，立志持三白法，吳會之間，謂爲三白和尙焉。系曰：何謂三白？通曰：事理二種，一：白飯、白水、白鹽，事也。二：身不偏觸，口誦眞經，意不妄緣，此三明白，非黑業也。

上兩例均解釋名相者也，「無漏」爲一專名，指僧人戒、定、慧皆臻完滿，斷惱無欲。而世人僅據字面意義，即用以稱呼無生理排洩之安公，故贊寧特爲正名，且引用瑜伽師地論解釋僧人修持至雖食等如不食，故無排洩。又三白法有兩種，爲極刻苦之素食與極嚴格之自修，史料上僅有「三白法」字樣，故須說明之也。又如卷一七唐京師章信寺崇惠傳，言惠公與道士史華角佛力道法勝負，惠公徒跣登刀山，蹈烈火，探油湯，道士怯懼。因系之曰：

> 或謂惠公爲幻僧歟？通曰：夫於五塵變現者曰神通，若邪心變五塵事；則幻也。惠公持三密瑜伽護魔

法，助其正定，履刃蹈火，斯何足驚乎，夫何幻之有哉，瑜伽論有諸三神變矣。

又卷二二宋印州大邑靈鷲山寺點點師傳畧云：

系曰：點點師而能劾鬼，亦與古人判冥司事同邪？通曰：所作在心，如不從正道力中生，則與五斗米道同。如不從有心，符禁中起，則感鬼神歸信，驅策之耳。故善戒經云，若須神通應感化度，爲示神足。

上二例皆解釋佛家「神通」之別於變幻及道家驅鬼術，然三事所表現者甚難截然辨別，故寧公以心之正不正爲說，再引經論以自圓其說。又如卷二一唐興元府梁山寺上座亡名傳，言及僧人食酒肉，上座以腐屍悟之一事（本文首章次節嘗引傳文），因系之曰：

上座始則爾之教矣，後則民胥效矣。曾不知果証之人，逆化於物，終作佛事，用警未萌。若歸其實，則對法論中，諸大威德菩薩示現食力住故也。如有妄云得果，比例而行，則如何野干鳴，擬學師子吼者乎？

上一例以「証果」之說解釋僧人畸行，謂他人妄學上座之飲酒食肉爲「野干鳴擬學師子吼」。本書中諸如此類之例証尚多，今不更舉。

然上述之佛家名相與異迹，梁、續二高僧傳中亦處處可見，而皎、宣二公從未予以解釋，何以故？蓋二公與贊寧著書之對象不同也。梁、續二傳爲作者本人發心之撰述，其目的在使後學僧伽知前輩嘉行而倣効之。換言之，皎、宣二公之寫作對象爲教內之沙門，出家人對佛家名相與異迹固不須解釋者，而對世俗之人則不然，唐釋道世緝纂諸經要集，李師政緝纂法門名義集，正爲方便一般信士了解佛法而作者也。今贊寧奉勅修僧傳，雖其書撰成後可供僧人披讀，冀能獲皎、宣二公所想望之効果，而書既奉勅撰，則其對象初本屬宋太宗一人耳。似上述之宗教名相，太宗固非所習；上述之佛家異迹，亦非太宗所能了解，故非予解釋不能助之閱讀。昔劉宋裴松之奉太祖命，注陳壽三國志（見宋書卷六四本傳），全注中「臣松之案」一詞屢見，此爲裴氏對史事之論斷，以助宋帝了解。今寧公書中之「系」與「通」，猶裴氏之「臣松之案」耳，特沙門向堅持不拜王者，讀唐釋彥悰纂錄「集沙門不應拜俗等事」一書可知，寧公雖有順俗之說（中國佛教史籍概論卷二有論及），然亦不便公然屢屢稱「臣」而已。

「系」與「通」之創製，既考知其初本欲解釋佛教名辭與異迹，然其例既啟，寧公亦借此發其胸臆所蘊，故所論者遂遍及許多方面，不獨解釋佛門名義等而已。此亦著書立說常有之事，如司馬溫公修撰資治通鑑，另有考異三十卷，「考異」據胡三省之解釋爲「考羣書之同異而審其是，訓釋其義，付之後學」（見通鑑卷二四九宣宗大中五年正月注）者矣。而余檢通鑑考異，其卷一五至德二載十月；「張巡許遠謀若棄睢陽，是無江淮」條下注云：

唐人皆以全江淮爲巡遠功。按睢陽雖當江淮之路，城既被圍，賊若欲取江淮，繞出其外，睢陽豈能障之哉？蓋巡善用兵，賊畏巡爲後患，不滅巡則不敢越過其南耳。

似此條純粹屬議論，不獨未考証任何書本記載之異同，且未有徵引任何典籍以証所論，即其例也。而「系」與「通」中言及史事之部份，頗具近乎考異之作用者，如卷五唐荆州恆景傳畧云：

景龍三年乞歸，先時追召天下高僧二十餘人常於內殿修福，至是散齋，仍送景并道俊、玄奘各還故鄉。

系曰：江陵玄奘與三藏法師形影相接，相去幾何？然其名同實異，亦猶藺相如得强秦之所畏，馬相如令楊雄之追慕，然則各有所長，短亦可見也。

又卷一四唐京兆恆濟寺道成傳畧云：

系曰：成公與隋蔣州道成，同號而異實，二者奚先？通曰：隋成也，精乎十誦，著述尤多。唐成也，傳乎四分，譯講偕妙，互有長短。

此闡明僧人之名同實異，免讀者淆混相去百數十年之二僧爲一人也。又如卷一九唐天台山封干師傳，言及干公與寒山子、拾得二人及丹丘牧閭丘胤往還之事，因系之曰：

按封干，先天中遊遨京室，知閭丘、寒山、拾得俱睿宗朝人也，柰何宣師高僧傳中，閭丘武臣也，是唐初人。閭丘序記三人，不言年代，使人悶焉。復賜緋乃文資也，夫如是，乃有二同姓名閭丘也。又大潙祐公於憲宗朝遇寒山子，仍逢拾得於國淸（寺），知三人是唐季葉時猶存。夫封干也，天台沒而京兆出，寒、拾也，先天在而元和逢，爲年壽彌長耶？爲隱顯不恆耶？易象有之，小狐汔濟，其此之謂乎？

此條考三僧與閭丘胤之時代也。然其說頗有理絲而棼之感。關於寒山等人之年代，余季豫先生四庫提要辨証一書與賓四師讀寒山詩一文（見新亞書院學術年刊第一期）均嘗考之。而季豫先生固極推崇贊寧之識見矣，四庫提要辯証卷二〇集部、寒山子詩集辯証畧云：

閭丘胤寒山子詩集序爲後人依託，寧博學有史才，故雖左右采獲，然不甚信僞序，而不肯誦言其僞，乃以隱顯不恆，巧爲廻護，未可謂僧之董狐，然談言微中，能示人以可疑，其識亦不可及矣。閭丘生之隋唐際，與先天間之封干，本無交涉，至於貞元後之寒拾，尤不相干。贊寧考証，雖未盡精確，而語必有徵，尙不失爲信史。知贊寧著書，雖不免張皇彼教，而能實事求是，不肯杜撰以欺世，所言靈祐之遇寒、拾，其必有所據矣。若夫閭丘胤之事，荒謬無徵，雖未嘗質言其僞，然觀其寒山子傳後之語，已不啻明白指出。

據此知寧公未能解決本問題，蓋別有故也。再如卷四唐京師安國寺元康傳畧云：

又衣大布，曳納播，戴竹笠，裝飾詭異，人皆駭視。系曰：康師曳納播者何？通曰：梵言立播，華言裹腹衣，形制如偏袒，一幅纔穿得手，肩袖不寬，著在左邊，右邊施帶，多貯縣絮，然是禦寒之服，熱國則否用。流於東土，則變成色帛，而削幅綴於左右袖上，垂之製曳。

此名物之考異也，納播傳來東土，已變其形，康師衣之而華人不識，故詳釋之。又如卷二七唐五臺山智頵傳畧云：

元和中，衆辟爲五臺山都檢校守僧長，固辭不允，遂登此職。宣宗即位，山門再辟頵爲十寺僧長。系曰：僧中職任也，肇自姚秦立正，魏世推都，北齊則十統分員，唐世則僧錄命職。異乎常所聞者，五臺山自貞元中智頵始封僧長矣。

又卷二六唐東陽清泰寺玄朗傳畧云：

如意元年敕度，配淸泰寺。系曰：觀其唐世已上，求戒者得自選名德爲師。近世官度，以引次排之，立司存主之，不由己也。朗之求戒，不其是乎！

此兩條皆制度之考異也，僧官之存在，治佛教史者莫不知之。然山中諸寺另立僧長，則中唐始有，故寧公特爲標示。又沙門受戒，本非關官府之事，而唐世則奪歸有司，寧公揭其事於玄朗傳，亦慨緇徒之俯仰由人也。然名物制度非僧傳體製所能容，寧公隨緣表出，固未能盡，因別著僧史畧，是書亦太平興國初奉勅撰，序畧云：

> 高僧傳外別修僧史，樹立門題，搜求事類。始乎佛生教法流衍，至于三寶住持諸事務，一皆隱括。約成三卷，蓋取裴子野宋畧爲目。

書屬類書體，欲知佛家掌故與名物制度者，可依題尋檢，用處一如唐釋義淨南海寄歸內法傳；宋釋道誠釋氏要覽者焉。今以其書非傳記體，不多論。

三　自議論方面管窺贊寧之史學與識見

贊寧於僧人傳記之末或系以論述者；前節已考知其原因與作用，而「系」與「通」之用處，前所論之兩點猶未盡之。蓋寧公既創製新體例，遂借此方式宣洩其胸臆所蘊，發爲議論，於是其人之史學與識見，亦於此有以窺見之。今先言其史學。

吾國史書汗牛充棟，人莫不知，而欲求一專言著史通例與方法之書若唐劉子玄史通者則甚難，即欲在記載歷史之書中求之，則不論以人物爲主之紀傳體，或以年代爲主之編年體，甚或以事件爲主之紀事本末體，其作者向不肯於已成之作品中自陳其著書方法與條例，昔梁任公先生著中國近三百年學術史，嘗謂柯鳳蓀先生之新元史無凡例無考異，使人不能得其著書宗旨與改正舊史者爲何（臺灣中華書局民五一年三版頁二八三），甚不然其態度。不知此爲古代著史舊規，而鳳蓀先生守傳統之形式也。自司馬溫公修通鑑，史書遂有「考異」之體，然考異特史學方法之一種，非溫公撰通鑑之全部方法義例，皆自陳於此三十卷中也。贊寧於「系」與「通」中所透露之方法，固屬有限，不能盡見全書之義例，然其方法多屬著史通則，非徒適用於撰寫僧傳而已，特引之以見。如卷一六唐鐘陵龍興寺清徹傳畧云：

系曰：徹公言行，無乃太簡乎？通曰：繁畧有據，名實錄也。昔太史公可弗欲廣三五之世事耶？蓋唐虞之前，史氏淳畧，後世何述焉。今不遂富贍，職由是也。

此申明歷史工作爲紀實，記事繁畧取決於所據史料之多寡。此爲史學中不可變更之基本原則，史通卷九省煩篇亦有是意（白壽彝先生劉知幾的史學一文嘗指出之，見學步集頁一九八），故寧公雖曾非議史通，而於此則意見一致。仕邦嘗讀陳援菴先生明季滇黔佛教考，其卷四「深山之禪迹與僧棲」一章所徵引者全屬徐霞客遊記中之滇遊與黔遊日記，蓋明季雲貴境內僧人棲隱深山之事跡，僅有徐弘祖一人曾訪山居而記錄之，此外別無其他史料足供採用，斯亦符寧公「繁畧有據」之例者也。又如卷一八隋洛州欽師傳畧云：

系曰：魏齊陳隋與宣師耳目相接，胡不入續傳耶？通曰：有所不知，蓋闕如也。亦猶大宋文軌旣同，土彊斯廣，日有奇異，叵難偏知，縱有某僧也，其奈史氏未編，傳家無據，故亦闕如，弗及錄者，留俟後賢者也。

此申明著史時非將所有史料皆搜羅淨盡，始能下筆。所謂「留俟後賢」者，非獨謂本身能補道宣書之所未備，亦冀後人能爲宋高僧傳失載之僧人立傳也。仕邦深然寧公之說，蓋史料顯隱有時，其隱沒者往往遲至千數百年後始出世，譬諸太史公著五帝本紀殷本紀時，能預知數百年後有竹書紀年出土汲冢；二千年後有甲骨資料出土殷墟者乎？又史料復有人事因素而深藏不顯者矣，如清夏爕著明通鑑，未能徵引明實錄一條，蓋其世明實錄深藏宮闕，不若現時之有影印本通行也。即如近世公共圖書館普遍設立，且藏書消息互通，更有館際借書之便利矣，而學人亦不必將所需資料搜訪一空，始能發表其研究論文也。如陳裕青先生譯日本桑原隲藏博士蒲壽庚考一書，於原書之正文與注文皆有所增補，增補者每爲原著未見之史料，然此不特未動搖原著論說，反之，適足以進一步証明原著所考唐宋畨漢通商諸事之眞確性。則贊寧謂弗及錄留俟後賢之意義，可思過半矣。近人有舉一二條元時西域人華化之史料，以譏陳援菴先生元西域華化考一書援証有遺者，殊不知其所爲反有助於陳氏西域人華化說之確立也！

寧公言采錄史料之通例，復有一條頗可注意，卷二〇唐江陵府些些師傳畧云：

釋些些師，不與人交狎，口自言些些，故號之矣。系曰：些些之聲，爲商爲羽耶？通曰：傳家采錄，其例有二，一則按文不音，二則口授知韻，今得些者，按文也。若楚詞聲餘，則蘇箇切。若山東言少，則寫邪切。此師荆楚間事也，其二音以聽來教，些些名同鳥獸之自呼也。

此條「按文不音」之例，即照抄史料字面之謂，蓋我國不行標音文字，而一字往往有兩種以上讀法，雖東漢以降因梵文與西域語文輸入而有反切四聲等標音之法，讀周法高先生佛教東傳對中國音韻學之影响一文（刊中國佛教史論集第三冊）可知，而古書向少自行將書中難字標音者，故史料僅有「些些」字樣，無人口授則不知其聲韻爲商爲羽。此乃治中國史之一問題，如水經注等古籍記林邑國建國之王名「區憐」或「區連」，此「區」

字依中國姓氏慣例當讀作廣韻卷二侯部之「烏侯切」，及 孟毅師著「林邑建國之始祖人物：區憐、區連」一文（見學術季刊五卷二期），考知二名皆Kalin之對音，源出印度Kaling 地區之名，亦即Calingae，始悉「區」應讀如廣韻卷一虞部之「豈俱切」。宋高僧傳本條所遇之問題，頗與此同。「些」一般讀「寫邪切」，而僧乃荆楚間人，則師名有讀「蘇箇切」之可能，宋玉招魂中之「些」字，即作是聲，所謂「楚詞聲餘」者也。寧公將兩音讀並存而表出之，蓋深感「按文不音」之不得已也。

關於史料採摭之範圍應否及之小說 ？ 寧公對此亦有言及，卷二一唐代州隱峯傳，言峯公於元和中淮西之役；於吳元濟軍與官軍之間擲錫杖空中，飛身越陣，解兩軍之鬥，因系之曰：

淮西之役，唐書胡弗載隱峯飛錫解陣邪？通曰：小說所傳，或得其實。是故春秋一經，五家作傳，可得同乎？

蓋古之小說皆作者自記其聞見而成，其意義與現代所謂「小說」者不同，司馬溫公修通鑑而採用飛燕外傳，即承認稗巷所傳之價值者也。宋高僧傳採用小說者不少，仕邦嘗讀唐段成式酉陽雜俎，見其書頗記唐代僧徒之神蹟，因取宋傳畧爲對檢，發現寧公嘗採用及是書之天咫、玉格、貝編、怪術、塔寺記等篇之所載。青箱雜記稱寧公曾撰非史通六篇，今佚，而劉子玄固反對引小說入史者也，史通卷五採撰篇畧云：

晉世雜書，諒非一族，所載或恢諧小辯，或神鬼怪物，其事非聖，其言亂神。皇朝新撰晉史，多採以爲書，持爲逸史，用補前傳，務多爲美，聚博爲功，雖取說於小人，終見嗤於君子矣。

對唐修晉書多採小說，深致不滿。今宋傳此條，不啻爲倖存之「非史通」也。

寧公既採小說入史，然本人並不篤信神蹟，卷一唐京兆不空傳畧云：

> 系曰：傳教令輪者，東夏以金剛智爲始祖，不空爲二祖，慧朗爲三祖，已下宗承，所損益可知也。自後岐分派別，咸曰傳瑜伽大教，多則多矣，而少驗者何？亦猶羽嘉生應龍，應龍生鳳凰，鳳凰已降，生庶鳥矣。欲無變革，其可得乎？

此條對研究宗教史甚重要，蓋一般宗教發展之通例，必先世神通多驗，近世每難見其效。此緣先世傳聞難稽，近世則耳目相接，若不能先具備此一知識，不足以治宗教史也。然寧公本身爲宗教家，對此事難以言傳，因利用中國神話中之應龍鳳凰等爲說；以該諸方式解說密宗神通自三祖已下之少有靈驗。寧公能不落迷信範疇，頗具史家風度。

然既不信之，何以仍採摭之？曰神蹟爲宗教之必然產物，若完全否定神蹟，即否定本身所歸依之宗教，寧公此條亦並不否定金剛智、不空之神通能力也。其採錄神蹟者，卷二二感通篇論有所釋之矣，畧云：

> 或曰：感通之說近怪乎？對曰：怪則怪矣，在人倫之外也，苟近人情之怪，乃反常背道之徒歟？此之怪也，非心所測，非口所宣，能至其涯畔矣。神仙鬼物皆怪者也，仙則修鍊成怪，鬼則自然爲怪，佛法中之怪，則異於是。何耶？動經生刼，依正法而修致，自然顯無漏果位中之運用也。知此怪，正怪也。在人情則謂之怪，在諸聖則謂之通，感而遂通，故目篇也。

寧公稱感通諸僧所表現者爲「無漏果位中之運用」，雖怪而異於仙鬼之怪與人情之怪，屬於「正怪」云云，余季豫先生謂寧公善「巧爲廻護」者，益可見矣。

贊寧之史學，仕邦限於識力，僅知上述諸條，他未能詳也，因轉而論寧公之識見。所謂識見者，指其人對當時若干問題之觀點及意見，或對若干恒久性問題之觀點及意見，而表現於書中之論斷者也。寧公爲一精研四分律而宗奉南山鈔之僧人，其卷一六明律篇論稱「毘尼是正法之壽命」矣，而卷一〇唐新吳百丈山懷海傳畧云：

海既居之（指百丈山），禪客無遠不至，海曰：吾行大乘法，於大小乘中博約折中，設規務歸於善焉。乃創意不循律制，別立禪居，其諸制度，與毘尼師一倍相翻，禪門獨行，由海之始也。系曰：自漢傳法居處，不分禪律，一寺中院有別耳。至乎百丈立制出，意用方便，亦頭陀之流也。矯枉從端，乃簡易之業也。所言自我作古，古故也，如立事克成，則云自此始也。辟今海公作古，天下隨之者，益多而損少之故也。謚海公爲大智，不其然乎，語曰：利不百不變格，將知變斯格厥利多矣。彌沙塞律有諸，雖非佛制，諸方爲清淨者，不得不行也。

懷海所創製者即百丈清規，其事爲中國佛教史上一大革命行動，建立近千年來之叢林制度。其法旣「與毘尼師一倍相翻」，不行佛制，寧公對此不特未唱言辯斥，爲戒律之尊嚴護法，反之對海公自我創制，許爲堪膺「大智」之謚，豈寧公能看出戒律本身之缺點，與佛教轉變之趨勢乎？蓋毘尼源出天竺，依西方生活環境以製定沙門起居之軌範，以此軌範施之生活習慣截然有別之中國，能無扞格不入，甚而互相衝突之處？近讀聖嚴法師著戒律學綱要，其書找出不少難適用於華夏之戒制，因思歷代僧人不守戒之記載屢見，恐亦因戒律與環境無法調和有關，非獨緣於僧伽中混有不肖份子也。制度與實際不合，則必思有以改革者矣，寧公稱懷海創製清規後

「天下隨之者，益多而損少」，又謂「利不百不變格，將知變斯格厥利多矣」，是承認清規能獲天下景從，其改革有實際之需要也。今本百丈清規爲元僧德煇於至元間奉勅重編，其書卷首有明禮部尚書胡濙題詞，畧云：

至元間僧德煇重新編刋，遍行天下叢林，僧徒循規遵守。洪武拾五年，節該奉太祖高皇帝聖旨榜例，諸山僧人不入清規者，以法繩之。

清規在寧公身後聲勢之顯赫，頗似唐中宗墨敕天下執行南山律也。陳寅恪先生撰蓮花色尼出家因緣跋（刋清華學報七卷一期），嘗謂：

僧徒改訂之規律如禪宗重修百丈清規，其首次二篇，乃頌禱崇奉君主之祝釐章及報恩章，供養佛祖之報恩章，轉居在後，夫僧徒戒本從釋迦部族共和國之法制蟬蛻而來，今竟數典忘祖，輕重倒置至於斯極，橘遷而變爲枳，吾民族同化之力，可謂大矣。

而當日寧公已能察見「變斯格厥利多矣」，足覘識見之遠，氣度之宏，無偏狹之宗派成見也。

寧公既知弘法之道至宋應有所變通，故主張接近王臣，卷六唐圭峯草堂寺宗密傳畧云：

系曰：或有誚密不宜接公卿而屢謁君王者，則吾對曰：教法委在王臣，苟與王臣不接，還能興顯宗教不？佛言力輪王臣是歟？今之人情，見近王臣者則非之，曾不知近王臣人之心，苟合名利，則謝君之誚也。或止爲宗教親近，豈不爲大乎，寧免小嫌，嫌之者，亦嫉之耳，若了如是義，無可無不可。

又卷一五唐常州興寧寺義宣傳畧云：

系曰：今沙門姓既爲釋，名復不諱，言我不隨俗諦，云何對君主稱臣，莫西域有否？通曰，姓名不對王者，臣妾表疏合然。昔齊帝問王儉，遂令對見稱名。自漢至唐肅宗朝，始見稱臣，由此沿而不革，良以沙門德薄，日就衰微，一往無復矣。又以法委國王，誠難改作，王謂爲是，楷定莫移，故佛言雖非我制，諸方爲清淨者，不得不行也。

陳援菴先生甚不滿其論調，中國佛教史籍概論卷二畧云：

贊寧之書，不提倡高蹈，又沾染五代時鄉愿習氣，以媚世爲當，言爲心聲，故其書頗主張隨俗浮沉，與時俯仰。若贊寧者，眞可謂名僧也矣，以言乎高，則猶未也。

按沙門不拜王者，隋唐以前佛家持之甚堅，唐釋彥悰著集沙門不應拜俗等事一書，其卷六總論畧云：

夫沙門不拜者何？蓋出處異流，內外殊分。王者所重，敬爲國賓。今僧爲法王之胤，王者受佛咐囑，斯國賓之流也。重道尊師，則弗臣矣。

此唐初僧人諍諍自勵之言也。然不拜君父之教義實與此土社會組織及傳統觀念相衝突，陳寅恪先生蓮花色尼出家因緣跋一文曾指出之。而任何宗教之發展，莫不假王臣之外護，加之中國自東晋以來即行僧官制度，陳觀勝先生 Buddhism in China. 一書第九章第十節 Sangha Officials and Administration of the Order. 對此一制度之演變述之甚備。沙門實際久已受政府之約束，寧公謂「教法委在王臣」即指此。且唐代僧人獲帝王封官爵賜食邑者象，如不空、德感、悟空、利言、圓照等是，其風至宋仁宗之世依然，讀佛祖統紀卷五一歷代會要志之沙門封爵條可知。故僧伽欲超然自遠，不拜王臣，其事往後愈難。彥悰集不應拜俗一書，本欲借先德抗辯之言喚起僧人自覺，然其後不聞有繼作者，蓋「沙門德薄，日就衰微，一往無復」，至唐肅宗朝遂稱臣於君主，於是「法委國王，誠難改作，王謂爲是，楷定莫移」矣。更就宋代君權提高之趨勢言，潤孫師著兩宋春秋學之主流（見注史齋叢稿），謂兩宋經學以春秋居首，而北宋解春秋者偏重尊王，孫明復尊王之論，且足爲宋人中央集權制張目。是宋初之學術界既有提高君權之思想。近讀劉子健先生封禪文化與宋代明堂祭天一文（刊民族學研究所集刊第十八期），稱明堂祭天方式爲自郊壇祭天轉變爲以祖宗配天，於屋內祭祀，爲君權提高之必有結果云。此思想表現於行事最顯著之例證也。明堂祭天始於仁宗皇祐二年（公元一〇五〇），去寧公身後纔五十年，寧公爲接近帝皇又交往儒士之紫衣僧，當能預感此種趨勢之必然性，故深知時勢旣易，苟非與王臣交接則難以興顯宗教，繼往開來，故主張隨俗浮沉者，亦有其護持佛法不得已之苦衷。觀乎德輝重編之百丈清規明文訂立敬禮帝王之法事，如卷一祝釐、聖節、報恩，國忌等諸項，又卷二住持日用條稱「施主到門，知客接見，引上方丈。若官貴大施主，當鳴鐘集衆門迎」，亦見形勢移人，愈後沙門愈不能逃遯世網，寧公謂「日就衰微，一往無復」，可爲長太息矣。陳援菴先生不滿寧公者，蓋中國佛教史籍概論著於抗日期間，書中論斷多有爲而發，讀其後記自明。故褒美忠貞高蹈而貶抑妥協歸順。而就北宋當時之環境言，交接王臣固佛教大勢所趨，不必專責寧公之與時俯仰，援菴先生亦謂著書時「看法與今不盡同」也。

贊寧忍辱犯嫌，力圖拯救日就衰微之釋教，故對當時法門之紛爭，亟進諍諍之諫。卷八唐荊州當陽山度門寺神秀傳畧云：

系曰：昔者達摩沒而微言絕，五祖喪而大義乖。（神）秀也拂拭以明心，（慧）能也俱非而唱道，及乎流化北方，分歧南服，致令各親其親，同黨其黨，一一弟子濯擊師足，洗垢未遑，折脛斯見，其是之喻歟！

又卷一三習禪篇論畧云：

中天達摩倡言直指人心，見性成佛，厥後此宗越盛。今之像末，鬥諍復生，師足旣傷，資爭未已。吾徒通達，無相奪倫，譬若文武是一人之藝，不能兼者互相非斥耳。若相推重，佛法增明，酬君王度己之恩，答我佛爲師之訓，愼之哉！愼之哉！

寧公對禪宗內爭，深致慨嘆，故借折脛爲喻，勸禪家諸宗互相推重，愼戒彼此非斥，如是佛法始能增明。對本教持論如此，於外教亦主張息爭共存，卷一七護法篇論畧云：

眞教東傳，累更年紀，受其艱苦，屈指可尋。其如皋原縱火，蘭艾之臭同焚；樹木摧風，鸞鴟之巢共覆者，其唯會昌滅虐我法之謂乎？初有道士趙歸眞者，（唐武宗）寵遇無比，每一對揚，排毁釋氏，宜盡除之。蓋歸眞曾於敬宗朝出入宮掖，勢若探湯，及其禍纏暴弑，京邑諸僧，競生誚謗，歸眞痛切心骨，何日忘之。是故比丘但自觀身行，莫伺玄門，非干已事，無鬥四支而傷具體。各是聖人設教，無相奪倫，如此行時，名眞護法也。今我傳家，止勸將來二教和同，弗望後生學其訐直。傳又云乎，相時而動，無累後人，其斯之謂歟？

按「護法」本指僧人之能與道士捔勝而使帝王崇敬佛法者，讀續傳護法篇論可知。而今寧公謂能使二教和同方爲「眞護法」。蓋寧公懲於佛道二教積怨已深，鬥爭不止，卒導致會昌滅法，故有息爭之論。嘗讀陳援菴先生通鑑胡注表微，其第十八釋老篇之小序有云：

吾國民族不一，信仰各殊，教爭雖微，牽涉民族，則足以動搖國本，謀國者豈可不顧慮及此。實則豈獨牽涉民族始足以動搖國本，當局者各祖所愛，亦足以動搖根本也。故寧公思從根本着手，主張沙門先自守本份修行，勿向道教譏誚生事，再進一步設法謀求兩教間之諒解。是以雖奉勅修史；依宣公舊例立護法篇，而並不鼓勵後輩僧人効法篇中護法沙門之訐直爭鋒，此猶史記游俠列傳言「游俠其行雖不軌於正義，然其言必信，其行必果，已諾必誠，不愛其軀，赴士之阨困，蓋亦有足多者焉。」漢書循史記舊例立游俠例傳，而稱「於是背公死黨之議成，守職奉上之義廢。觀其溫良泛愛，振窮周急，惜乎不入於道德，苟放縱於末流，殺身亡宗。」一稱許一責備者，蓋馬、班時代不同，故持論有別，而贊寧去道宣之世三百餘年，時勢已遷，宗教與社會之關係隨之而變，寧公之持論又不同宣公者矣。二教發展至宋初，彼此皆已根深蒂固，而長期敵對卒罹會昌之災，故寧公申和平之論，不可謂無見。惜乎二教成見太深，或更因利益衝突之問題，教爭在寧公身後仍史不絕書也。寧公既倡言兩教不相侵爲眞護法之說，故能與道士韓德純共事相安，同修三教聖賢事迹（見小畜集王序），其於僧錄任內，當能約束佛門之後生者也。

寧公對道家如此，於儒生亦應若是，然宋傳中並無此類資料，故就僧史畧一書求之，以見寧公思想之一貫性。其卷下總論畧云：

爲僧莫若道安，安與習鑿齒交游，崇儒也。爲僧莫若慧遠，遠送陸修靜過虎溪，重道也。余慕二高僧。好儒重道，釋子猶或非之，我既重他，他豈輕我，請信安遠行事，其可法也。孟子曰：天時不如地利，地利不如人和，斯之謂歟？

是寗公知儒家勢力之須結納也。然是書卷上外學條則稱道安以詼諧伏習鑿齒，又謂「此土古德高僧能攝伏異宗者，率由博學之故，釋子既精本業，何妨鑽極以廣見聞，勿滯於一方也。」其語又似鼓勵沙門研習外學以抗儒家，豈非前後矛盾乎？曰非矛盾也，其時儒士反佛情緒續漸增長，儼然釋門之大敵，欲得儒家尊重，非兼通孔門本領；使彼不敢輕視不可，此兵法所謂知彼知己之術也。若無實力，欲達成教外之交接，難矣。明僧如巹集先德嘉言成緇門警訓一書，其卷二有收僧史畧之外學條，題「右街寗僧錄勉通外學」，又卷三收僧史畧之總論，題「右街寗僧錄三教總論」，是知此兩條可並行不悖；爲後世緇徒視作對外交接之「警訓」矣。寗公在江浙時與在汴京既善與文臣往還，而又獲對方恭敬者，即此兩條躬自運用而獲成功之佳證也。

上論諸事，皆寗公對當代若干大問題之看法，而自日後歷史之發展知其人有遠見。至於佛教傳入中國後有一恒久性之大問題，即中印之民族性不同與思想移植之適應性兩相連貫之問題，寗公亦借卷二七唐京兆大興善寺含光傳予以討論。傳稱含光於師子國遇梵僧，問及隋智者大師止觀教法之內容，願光公返華後，能爲翻智者之義疏成梵文寄來，因系之曰：

末聞中華演述佛教，倒傳西域，有諸乎？通曰：昔梁武世，吐谷渾夸呂可汗使來，求佛像及經論十四條，帝與所撰涅槃、般若、金光明等經疏一百三卷付之。原其使者必通華言，既達音字，到後以彼土言譯華成胡，方令通會。彼亦有僧，必展轉傳譯，不久均行五竺，更無疑矣。又唐西域求易道經，詔僧道譯唐爲梵，二教爭菩提爲道，紛拏不已，中輟。設能翻傳到彼，見此方玄賾之典籍，豈不美歟！又夫西域者，佛法之根榦也。東夏者，傳來之枝落也。枝葉殖土，亦生榦長矣。蓋東人之敏利，何以知耶？秦人好畧，驗其言少而解多也。西域之人淳朴，何以知乎？天竺好繁，證其言重而後悟也。由是觀之，西域之人利在乎念性，東人利在乎解性也。如無相空教出乎龍樹，智者演之，令西域之仰慕。如中道教生乎彌勒，慈恩解之，疑西域之罕及。將知以前二宗，殖於智者慈恩之中土枝葉也，入土別生根榦，明矣。若栽接者見而不識，聞而可愛也。又如合浦之珠，北土之人得之，結步搖而飾冠佩，南海之人見而不識，聞而可愛也。蠶婦之絲，巧匠之家得之，繡衣裳而成黼黻，縿抽之嫗見而不識，聞而可愛也。懿乎！智者慈恩，西域之師焉得不宗仰乎？

此條議論之範圍甚廣，其意大致爲：（一）中國與印度民族性不同。（二）故印度之佛教傳來，經此土道俗研究敷演，其教義方面能引導出新見解。（三）因此中國之佛教研究成績（義疏或義章）應譯傳印度。（四）進而中國固有之玄理，亦應西傳。玆分論之。

關於（一）事，仕邦曾持此問題就正於　賓四師，蒙吾　師檢示廣弘明集卷一八錄謝靈運辯宗論，中有云：

（孔、釋）二教不同者，大而較之，監在於民。華人易於見理，難於受教，故閉其累學而開其一極。夷人易於受教，難於見理，故閉其頓了而開其漸悟。

所謂「易於見理，難於受教」者，謂華人悟性極强，必先明其理始肯信其教也，其說與贊寧謂「東人利在乎解性」同，蓋「解性」即能對最高之道理甚易了解也。所謂「易於受教，難於見理」者，謂夷人（西域與天竺之人）悟性不强，然易於對義理篤信不疑，故先使其受教；再用累學之方導其漸悟。其說與贊寧謂「西域之人利在乎念性」同，「念性」即篤信所受而自行潛修也。謝氏謂華夷有悟、信之別者，吾 師又爲檢示高僧傳卷七竺道生傳載生公於劉宋之世已不肯守佛經之滯文，而欲窮佛學之圓義。謂康樂之說，即受生公影响。如是則中印民族性不同，早於晉宋之際已有前賢論及，其說非創自寧公。

關於（二）事，由於中印民族性有「悟」（解）、「信」（念）之異，致佛教在中華演出新義一點，近讀湯錫予先生撰文化思想之衝突與調和（見往日雜稿，該文撰於一九三四年一月）一文，其說畧謂：

一國的文化思想固然受外來影响而發生變化，但外來文化思想本身也經過改變，乃能發生作用。不然不能爲本地所接受，而不能生存。所以印度佛教到中國來，經過很大的改變，成爲中國的佛教，乃得中國人廣泛的接受。

錫予先生生千載而後，固能察見佛教中國化之必然性，而贊寧生譯經事業尚在進行之時代(參拙著譯場一文)，其觀點與論說自難似湯氏之具體。然佛教之能中國化蓋緣於此土沙門之心力，寧公已指出其線索。蓋華人悟性既强，涅槃經未傳江左，竺道生已倡「一闡提人皆得成佛」之說，慧皎許爲「大本未傳，孤明先發」，故推演佛理，有西竺人難及之成績。寧公舉智顗、玄奘爲例，謂二公成就爲龍樹、慈氏二菩薩在五竺之後學所罕及。枝葉入土，別生根榦，合浦之珠結爲步搖，蠶婦之絲繡作黼黻；本質雖存，然功用既殊，價値亦異；寧公者，可謂善喻矣。

關於（三）、（四）二事，中華演述佛理而倒傳西域者，寧公舉例未爲貼切。洛陽伽藍記卷四融覺寺條畧云：

比丘曇謨最，善於禪學，講涅槃、華嚴。天竺胡國沙門菩提流支，曉魏言及隸書，讀曇謨最大乘義章，即爲胡書寫之，傳之西域。

曇謨最者，續高僧傳卷二四有傳，稱姓董氏，武安人。可見流支所譯爲華人之義章也。然此等事西僧偶一爲之，故史不多見。至於譯道經爲梵言與二教爭菩提爲道者，指玄奘三藏奉詔與道士蔡晃、成英等共翻道子五千言，見釋道宣集古今佛道論衡卷丙「太宗詔令奘法師翻老子爲梵文與道士辯覈事」，爭論起因，蓋道士粗知梵文，不滿奘公譯「道」爲「末伽」（Marga），堅欲改用梵文本義爲「覺」之「菩提」（Bodhi 一名譯之，陳寅恪先生大乘義章書後一文（見史語所集刊一本二分）對此曾有論述。寧公惜其事以爭執而輟。竊思中國翻譯佛典之事業，前後近九百年，自東晉以降，歷代皆有完善之譯場制度，翻譯經驗屢積既豐，華梵句法音義之同異知之亦審，設若華人就已有之知識與經驗，由政府資助，另組一翻漢爲梵之譯場，先譯此土佛學之著作，逡傳彼國，事若有功，天竺之人「見而不識，聞而可愛」，則進而將老莊之言，孔孟之說，亦翻作梵書，使印度得覘東方聖賢之學，則中西文化交流，我可操其柄矣。寧公之說，實發其端。而其時正值譯經事業之末期，天竺梵筴傳來漸疎，卒有如佛祖統紀載譯場道俗要求罷譯之事。若寧公之說得行，非徒中國翻譯事業，能轉出一新局面，印度學術界得新知識輸入，又不知有何影响矣，惜寧公孤明先發，當世未能產生引導之作用也。

結論

律學沙門編著史傳與目錄，其動機蓋緣於護持僧綱與經法之不墜，而受「褒貶」與「辨僞」兩種思想所促發者也。夫史書之教育性爲我國甚古之傳統觀念，褒貶思想更是中華史學所特有，律僧著書述高僧嘉行，爲後學作一典範，正是受傳統史學之影響。而中國之僞書問題肇端於魏晉南北朝，律僧於此時期最先完成辨別眞僞之佛經目錄，豈儒生知從事辨僞，乃由沙門啟廸者耶？

釋贊寧謂僧伽之史始於高、名僧傳，然寶唱、慧皎著書以前，既有僧人或居士撰寫之各種零星僧傳（讀高僧傳序可知），復有王巾僧史與虞孝敬高僧傳兩種完整傳記，何以贊寧推唱皎之書爲權輿？蓋王巾、虞孝敬以俗人撰僧史，其態度爲自外觀察，與僧人自撰歷史之隱然有內省態度，其觀點自又不同，淸姚振宗隋書經籍志考證卷二〇於虞孝敬高僧傳條下畧云：「案文選竟陵王行狀注引虞孝敬高士傳曰：何點何常躡草履；乘柴車。則此之所謂高僧，大抵如何點、何胤、周顒之流之善佛理者爲多。本志（指隋書經籍志）敘之於此，不與後名僧高僧傳相類從。」此俗人所撰與僧人所撰之顯著分別也。王巾僧史於隋志雖與高名僧傳相類從，而高僧傳序稱「瑯玡王巾所撰僧史，意似該綜，而文體未足。」慧皎有所嫌於其書者，正因僧俗觀點不同，故認爲王巾之體例未足容納僧伽種種宣法活動之歷史也。夫慧皎本因不滿寶唱「名僧」二字而著書，唱公則捃拾其師僧祐出三藏記集第四述列傳之遺漏而撰傳，而祐公之序出三藏記集，固已屢屢申明經法與人緣之關係（見本文上篇頁四四八所引），其淵源實歷歷可溯，故贊寧視僧史源出高名僧傳也。至於高僧傳序言及之各類僧傳，大抵皆「各競擧一方，不通今古」，不過納入此源頭之諸細流而已。故唱皎二公書成，諸書與王巾、虞孝敬所撰遂漸湮沒不傳矣。

寶唱著書雖在慧皎之前，然名僧傳分類以人爲主，體例瑣碎紊亂，不若高僧傳分類以事爲主，觀念正確，故所創十科無所不容，能下開道宣續高僧傳與贊寧宋高僧傳之繼作，謂僧史系統由慧皎奠定可也。然時勢推移，皎公十科之規漸不適應佛教在華之進展，故道宣稍作增改，其護法篇之添緣於佛道教爭日趨嚴重，經師、唱導二篇合成雜科蓋由僧徒外學較前發達而起，其更易自有時代之意義。贊寧奉勅循道宣舊規著書，無可發揮，因另借議論表現其史學與識見。故梁、續二傳之優點在其體例，宋傳之專長在其論斷也。

律學沙門之史學著作復有比丘尼傳與大唐西域求法高僧傳兩種，前者寶唱撰，其書體製組織皆未足稱，然能注意尼師事迹，可謂獨具隻眼。後者義淨於遊歷印度南海一帶時沿途探訪而作，夫魏晉隋唐時期西行求法之僧俗衆矣，注意及此者唯淨公一人，豈非律學沙門具史學傳統之一佳證歟！惜乎二傳均繼作無人，不然，必成爲佛教史學之重要支派也。

釋氏目錄學之基礎奠定於釋道安綜理衆經目錄，僧祐承其遺教；擴張而成出三藏記集，治目錄學史者莫不知之。安公制定僧尼軌範，祐公爲精研十誦之專家，則緇林目錄之學源出律學沙門，其淵源較之史學方面尤見明顯。安錄創始之初，已注意譯人與時代，祐錄更搜集有關譯出三藏之記事，不獨類別經目，甄審眞假，故繼作者遂分偏重譯經歷史如長房錄等之一派；及偏重分類與辨僞如法經錄等之一派。至道宣撰大唐內典錄，盡採兩派之長成書，下開智昇開元釋教錄之踵迹，此不啻明示律僧撰述爲佛教目錄學之主流，他書皆支流旁注也。

就僧祐、道宣、智昇三錄之體製與組織言之，祐公頗有意爲經法傳來並譯出之歷史過程作一總結，其書四部份中僅「詮名錄」之部屬目錄性質外，他三部均史料與傳記，嚴格而言，此非純粹以目錄學爲目的之作品。故祐錄成書雖早，而其體例無繼起效法者。內典開元二錄均對譯經歷史與經典分類並重，然就組織究之，宣、昇二公著書之態度大不相同。仕邦考內典錄十科之編次，知其前五錄之序列實暗示西方傳來佛經之譯出、流通、保存、選讀與遺佚待訪；後三錄則暗示華人聞法後之著文弘法、順俗删經與作僞爭勝；末二錄爲宣公自標示本書史料與介紹誦經之利益。換言之，道宣蓋欲借此透露其本人對弘揚佛教之理想。開元錄對佛典僅作現存、亡佚、支派、删繁、拾補、疑、僞、入藏等之劃分，爲樸素之目錄學分類。宋陸象山先生有言：「學苟知本，六經皆我註脚」，語見象山先生全集卷三四及增補宋元學案卷五八。道宣者，可謂六經注我矣，智昇則我注六經者也。然我注六經者用力至勤，故開元錄之組織與考據均遠勝內典錄，所創依經典性質之五部四含分類法更成日後編輯藏經之標準，其書受世所推崇；許爲釋氏目錄學之極軌者，宜矣。

此外律僧所撰復有明佺之大周刊定衆經目錄與圓照之貞元新定釋教目錄，均奉勅聚衆修撰，大周錄偏重校刊經目，貞元錄則照公攘開元錄全書爲己有，皆不足觀也。然帝王必委律僧主其事，亦見毘尼學者之具目錄學傳統也。

本文論律學沙門此兩類撰述，止於宋高僧傳，蓋入宋以後爲佛教之衰退期，陳觀勝先生Buddhism in China一書第四部份"Decline"即始於宋世，而在該部份之首章（即十四章）首節即申明僧伽道德之敗壞（Moral Degeneration of the Sangha），律學於唐世本已非屬大宗，至是益見黯淡，今舉南宋元照律師之遭遇，可見一斑。芝園集卷下有「論增戒書」，爲照公弘律被誣，上書官府求調解者也，畧云：「增重之法，實佛教之常儀，僧徒之本事耳，然彼諸師不知所以，相與鼓惑，鬪構紛紜者，蓋亦有說焉。貧道閉戶專業，讚述戒律，無何謬爲人所知，遂有遠方負笈而就學焉。每患正法下衰，僧綱解紐，輒不自料，頗有意於扶持，故來者必博之以禪智，約之以法律，持盂丐食以充其口腹，疎布裁衣以蔽其形苦，率遵佛制。然將行古道，必反常情，往往同儕輩以矯異駭衆，而窺伺短失，乃乘是增戒之勢，以致鬥訟。自念與時寡合，一無勢援，獨力不能加衆厥，或枉遭刑戮，固無惜於一身，但恐遏絕律風，使無聞於後耳。恭惟權府運使負伊周之才，願垂明鑒，少賜哀矜。」其詞哀且切，亦見事體之嚴重矣。此訟事既緣於增戒，「增戒」者爲何？仕邦嘗函台灣聖嚴法師請教，承法師示知照公另一著作四分律行事鈔資持記卷上一上有云「增戒學者，出世正道，增上勝法」，謂即增勝上進之意。換言之，即書中所云照公誘導學徒嚴守佛制；以爲進修之道耳。不意忤時遭忌，掀起如許風波。資持記同卷又稱：「今世愚僧不知教相，破戒作惡，習俗成風。見持戒者事與我違，便責不善隨方，呵爲顯異，邪多正寡，孰可言之。法滅世衰，由來漸矣。」戒律之不通行至此，良可慨嘆！於是佛教史學之主流，亦漸爲宗派史所取代。

宗派自記傳授源流之書，李唐以來漸萌，至宋而大盛，尤以禪家燈錄爲然。冉雲華先生於德意志東方學會學報（Zeitschrift der Deutschen Morgenlandischen Gesells chaft）一一四卷二期發表"Buddhist Historiography in Sung China"一文，文中對宋代佛教之史學分爲宗派傳記（禪宗、天台宗、淨土宗），編年史、目錄、雜記等科作詳細之論述，故今僅就宋以後史傳與目錄之有關發展畧作說明。

冉雲華先生謂宋以後經錄皆甚簡畧，此緣於印刷術通行，讀者要求簡明易檢之目錄（原文頁三七六），其言是矣。然亦有關譯經事業衰落，無需組織嚴密之經錄以判眞僞也。冉先生又謂宋以後經錄中有專爲指導教徒閱藏而作提要之一派，今存宋釋惟白大藏經綱目指要八卷、王古大藏聖教法寶標目十卷，皆此類也。明釋智旭閱藏知津四十四卷即仿此。大藏經第一〇〇册法寶總目錄三，有明陳實撰大藏一覽十卷，名題似上三書之同科，實則屬類書體，陳援菴先生中國佛教史籍概論卷六有專條論之，蓋當入事彙部而誤置於此者也。

史傳方面，元明以降諸家燈錄仍盛，今不論之。而其時佛教史學界頗有意恢復不問門戶式之高僧傳之撰寫，作風又分二派，一派爲繼承律學沙門之遺志著書，此派有明代釋明河之補續高僧傳與釋如惺之明高僧傳。明河有意補道宣書，故體製一仍續高僧傳之舊，分十科；共二十三卷，記唐、五代、宋、遼、金、元，明之高僧，其中習禪篇佔十一卷，蓋唐宋以降禪宗獨盛也。如惺之書僅八卷，分譯經、義解、習禪三科，記南宋、元、明高僧，規模不隸明河之書。陳援菴先生釋氏疑年錄徵引一書曰新續高僧傳，云係「近出」，依名題當屬此類。因未見其書，不知其組織體製與道宣僧傳有無淵源也。

另一派爲作者依個人觀感，自梁代以迄當時之各種僧傳或燈錄中選取若干沙門之傳記，憑已意另行分類，合成一書，此派有元釋曇噩之科分六學僧傳與淸居士徐昌治之高僧摘要。曇噩之書共三十卷，所謂科分六學者，噩公自序稱「蓋佛法非僧業弗行，必佛法以之行，僧業以之明，其六學十二科而已矣。且波羅蜜多之言度也，度則學之至，學則度之漸」云云。是六學者指六波羅蜜也。其書將自漢之摩騰、法蘭至宋之點點師合一千二百七十一人之傳記，依六學分十二科詮之，其編次爲：（一）慧學；譯經、傳宗科，（二）施學；遺身、利物科，（三）戒學；弘法、護教科，（四）忍辱學；攝念、持志科，（五）精進學；義解、感通科，（六）定學；證悟、神化科。徐昌治之書共四卷，將自漢迄淸之目爲「高僧」者共一百七十三人，分四科詮之，卷首有釋僧鑑之序文謂：「列之爲四：曰道，曰法，曰品，曰化。以便後學，學者從而宗之」云。

此派作風在僧史上甚屬新奇，而就史學發展言，其作意非出自創。蓋自朱熹於宋乾道八年（公元一一七二）改資治通鑑之體例成通鑑綱目一書，尊蜀漢爲三國時之正統，其後影响於紀傳體之撰修者，有宋慶元中（約一一九七）之蕭常與景定元年（公元一二六〇）後之郝經撰兩種「續後漢書」，均採陳志及裴注原有史料改修三國史，以發揮其書法（如吳志陸績傳入漢臣之類），金毓黻先生中國史學史七章「唐宋以來之私修諸史」嘗論及之。曇噩著書適在其後，就其特殊作風言，能謂非受此種表現書法之思想所影响乎，徐昌治則承噩公餘緒也。然就六學僧傳分類觀之，猶見循高僧傳十科遺規之迹，摘要則斷於己意成書者也。

總而言之，律學沙門不特爲佛教史傳與目錄建立延綿不絕之傳統，亦爲中國史學與目錄學增一重要之支流，雖律學在華中衰，而當其盛時能有此煇煌之學術成就以遺吾人，律家亦足自豪矣。

宋神宗實錄前後改修之分析(下)

黃漢超

目次

（甲）爲王安石諱

（乙）爲呂惠卿等諱

（丙）爲新法諱

二：朱史刪墨史

（甲）謂因元祐史官誣妄而刪

（乙）謂事小而刪

（丙）謂無施行、無行遣而刪

（丁）謂無照據而刪

（戊）因其他而刪

結語

本論文下篇大要，曾在一九六四年八月三十日至九月五日，於香港大學舉行之國際亞洲史學會議（International Conference On Asian History）發表。

下篇：宋神宗實錄鉤沈

實錄爲國史所取資，其爲第一手史料，人皆知之矣。或謂神錄旣佚，不若太宗實錄之猶存一二，尚可採摭；則論神錄者，豈非捫象之談乎？是又不然，殘存之太宗實錄，以成書具在，探索較易；若夫神錄，書旣散佚，則研求較難，此毋待言。近日學者，論宋實錄之重要有之矣，用續通鑑長編所引之國史實錄以討論有關宋史之問題者亦有之矣（註一），然於神錄之寓有新舊黨爭之史料而足資研究者，似尚無人爲文論之，此鉤沈之所以作也。

長編於神錄之別擇、剪裁、考訂甚詳，而其言具見於注文中，此猶司馬溫公通鑑之考異。長編引用神錄之名，亦有可說者；蓋神錄書經三修，長編得其原本，故能臚列異同，而一一標其名稱、以示有據。其於元祐史官所修之本，則曰墨史，或曰元祐新本，墨本，初本，元祐本，元祐實錄，元祐墨本，舊史，舊錄，舊本諸名。（註二）於紹聖史官所修本、則曰朱史，或曰朱本，紹聖本，朱書，或單標朱字（註三）。其於紹興史官所修本，則曰新本，或曰新錄，紹興本，新史（註四）。其元祐、紹聖兩本合稱，則曰朱墨史，或曰朱墨本、或單稱朱墨（註五）。此所謂朱墨本，與晁志陳錄及各載籍所謂之朱墨本或朱墨史者截然不同（註六）。其於元祐本與紹興本合稱則曰新舊錄（註七），苟不留意，則極易與哲宗新舊錄之名相混。其於元祐、紹聖、紹興三本合言，則統稱之爲實錄（註八）。又有所謂新本考異者，則指范冲之神宗實錄考異也（註九）。名目旣定，則進可以論三本中所具之有關北宋之政治問題，及朱史，新史等對於前史之史實採摭及刪削之態度矣。

一、朱史爲新法諱

朱史既成於紹聖間力主紹述諸人之手，故其撰修也、於王安石之新政及推行新政之人，稍善則誇張之；過失則深諱之，或護辯之，而不顧所言與情實是否相符也。此殆即陳瓘以來所譏之私意乎？今於長編注語中，摭其說而條列之，復稍加疏釋而論證之。

（甲）爲王安石諱

安石新政，其利弊得失，學者論之多矣，各人立論雖或有異，然曲爲之諱者，則莫朱史若矣！今取其極顯見者以言之。長編卷二百十、云：

熙寧三年（西一〇七〇），四月已卯：太子中允權監察御史裏行程顥、權發遣京西路提點刑獄。顥先上疏言：臣聞天下之理，本諸簡易而行之以順道，則事無不成，……未聞輔弼大臣，人各有心，睽戾不一，致國政異出，名分不正，中外人情交謂不同而能有爲者也……。

原注云：

朱本削去顥疏，云……「時政記不載。顥被責，非緣此疏，前史官妄載。」改書云：「以數言常平新法，乞責降，故有是命。」按顥此疏豈非言新法，紹聖史官猥為王安石諱，遂欲蓋抹正論，輒加刪修，令仍從元祐新本。

朱本云時政記不載數言，當為簽貼之語；前史官云者，指元祐史官范祖禹等也。琬琰集刪存卷三，程宗丞顥傳云：

……時王安石益信用，顥每進見，必陳君道……，未嘗及功利。安石寖行其說，顥意多不合，事出必論列。數月之間，章數十上，尤極論者，輔臣不同心，小臣預大計；公論不行，青苗取息……等數十事。安石與顥雖不合，而嘗謂顥忠信……。

顥傳蓋實錄原文，按顥非專攻新法者，元祐實錄載顥疏乃顥據直而言，故長編稱之為正論。實錄顥傳載安石謂顥忠信者，蓋安石亦有感於顥之方正也。故長編注引呂本中雜說云：「……伯淳（顥字）作諫官，論新法，上令至中書議。伯淳見介甫，與之剖析道理，氣色甚和，且曰：天下自有順人心底道理，參政何必須如此做？介甫連聲謝伯淳曰．此則極感賢誠意。」蓋顥初亦有意於新政者也。其後終與安石分手，則因安石偏執，不惜與舉朝老成破裂之故（註十）。則朱史刪顥此疏，雖欲為安石諱，而委言時政記不載；然稽之事實，非惟無補於荊公，且足為荊公累也。

長編卷二百十三、云：

熙寧三年（西一〇七〇），七月辛卯，詔：新判太原府歐陽修罷宣徽南院使，復為觀文殿大學士知蔡州、先是、修病辭宣徽使至五六，因論青苗法，又移書責王安石，安石不荅而奏其請。

原注云：

修辭太原，移書責王安石，安石不荅而奏其請，此修晚節不汚，所以得爲君子也。紹聖史官乃諱其事，簽貼云：「取會並無出處，輒刪去。」今復存之。

歐公因擅止散青苗錢，故見詆於王安石（註十一）；修移書責安石、而朱史詭曰取會並無出處，與上條削程顥疏而謂時政記不載同科也。長編謂修晚不汚，所以得爲君子者，語本元祐實錄修傳（註十二）。

長編卷二百十四云：

熙寧三年（西一〇七〇），八月辛未，……先是、四月，夏人遣兵二萬侵綏德城，築八堡，近者四里……，（郭）逵遣其將燕達等攻其二大堡，一日克之，餘堡人皆逃去。（原注云：敵築八堡，當考八月戊午朔所書。）時賊又築堡於慶州荔原堡北曰納幹，在境外二十餘里；及聞延州堡敗，亦止不築。……蕃部巡檢李宗諒，地近敵堡，害其佃作，乃帥衆千餘人與賊戰於納幹。李復圭使鈐轄李信等助之，信按兵堡中不出，宗諒戰不利，還趨堡，信開門執劍拒之曰：「經略命，敢入堡者斬。」宗諒還戰，皆沒。復圭責信等觀望，信等懼。丁未，引兵三千、往十二盤擊賊……，朝廷聞之，命復圭酬賽。復圭使其將梁從吉等別破金湯、白豹……等塞。賜復圭詔獎諭。七月壬寅，復圭又使其將李克忠襲金湯，賊伏兵衝之，斷爲二……。是月壬申，賊遂舉國入寇。

據長編卷二百十三、七月壬辰，呂公弼罷爲吏部侍郎條，及本條注語，知此段乃引自司馬光日記。長編本條自注，詳列元祐本及紹聖本李復圭傳以示其異同，並謂：「王安石專主復圭，故紹聖史官輒改元祐本。」今取其所引實錄原文表列之，以便對勘。

元祐本李復圭附傳

夏人十萬，築壘於其境，不犯漢地。復圭徼幸邊功，遣鈐轄李信等三千人，自荔原堡夜出襲擊，不利歸，罪斬信等，人以爲寃。別破金湯，白豹，蘭浪，萌門，和市。秉常舉國入寇，屯榆林，去城四十里，九日而返。知雜御史謝景溫劾復圭擅與致寇，責授保靜軍節度副使。

紹聖本李復圭附傳

夏人以兵十萬，距境上築壘，而復圭遣鈐轄李信等三千人、自荔原堡約時襲擊，信等逗留違師期，取敗。朝廷即慶州置獄劾信，斬之。復遣偏將梁從吉等，別破金湯，白豹，蘭浪，萌門，和市等寨，手詔褒賞。未幾，秉常舉國入寇，圍大順城，屯騎抵榆林，去州四十里，陝右大警，積九日，賊乃解圍遁去。知雜御史謝景溫劾復圭擅興致寇，責授保靜軍節度副使。

續長編以兩本記復圭事弗詳，故參取司馬光日記，而其謂紹聖史官輒改元祐本者，觀二本之詳畧，知朱本文雖多增而意稍改易，去元祐本「不犯漢地，復圭徼幸邊功……不利歸、罪信等，人以爲寃。」一節，長編蓋以朱本爲安石諱故也。安石專主復圭，而紹聖史官諱言之，又見長編卷二百四十一，云：

熙寧五年（西一〇七二），十二月己丑：御史盛陶言：兵部員外郎判流內銓李復圭、昨守慶州，驕衆輕敵以敗國事。……上（神宗）語陶曰：「卿知李信、劉甫所受劍否？即復圭當受？」陶曰：「陛下誅復圭，今日思之不能無悔：復圭在朝，又將謀帥臣，恐陛下後日之悔，有甚於今日。」上曰：「朕向者不知，今已盡知之，自有處置。」

長編原注云：

元祐史官既於五年十二月已丑書盛陶疏，又於六年（西一〇七三）四月乙未書之，其疏則同，但文稍詳耳。朱史削已丑所書，並書於乙未日，且刪去上語，上語安可刪去也？蓋王安石主李復圭，故史官私爲王安石諱耳！

長編之言如此，今稽之宋史卷十五，神宗紀二，云：

（熙寧）三年（西一〇七〇），八月已卯，夏人犯大順城，知慶州李復圭以方略授環慶路鈐轄李信，慶州東路都巡檢劉甫、監押种詠出戰，兵少取敗，復圭誣信等違其節制，斬信及劉甫、种詠死於獄。

得此始可證元祐本神錄謂李信等之死，人以爲寃非誣；又知盛陶疏謂復圭驕衆輕敵、以敗國事爲實言。復檢宋史卷二百九十一，李若谷附子復圭傳，有云：

熙寧初，（復圭）進直龍圖閣知慶州。夏人築壘於其境，不犯漢地，復圭貪邊功，遣大將李信帥兵三千，授以陳圖，使自荔原堡出。敗還，復圭斬信自解。……御史謝景溫劾復圭擅興，致士卒死傷，……謫保靜軍節度副使，歲餘知光化軍。張商英言：夏人謀犯塞之日久矣……非復圭出事。乃召判吏部流內銓、知曹、蔡、滄州，還爲鹽鐵副使，以集賢殿修撰知南荊州卒。……復圭輕率躁急無威重，……獨爲王安石所知，故既廢即起。

得此證佐，知長編言安石主復圭，紹聖本神錄改元祐本以爲王安石諱之言爲弗虛也。

長編卷二百三十五，云：

熙寧五年（西一〇七二），七月戊子，詔：雄州歸信容城縣弓級、自今無故不得鄉巡，免致騷擾人戶；遇探報有北界巡馬過拒馬河，即委縣官相度人數，部押弓手、以理約攔，從經畧使孫永請也。……先是，王安石謂鄉巡弓手實無所濟，但有騷擾，若都罷、邊界自靜。……會孫永奏至，與安石議畧同，安石力主之，上今盡罷鄉巡弓手。……朝廷既罷鄉巡，而北界巡馬亦不爲止，盜賊滋多，州縣不能禁。

長編原注云：

「巡馬亦不爲止，而盜賊滋多，州縣不能禁」。此墨本舊語，蓋因密院時政記也。朱本遂削去，今附存之，庶不失事實。會要邊防所載，亦與墨本舊語同，朱本輒削去，蓋爲安石諱爾！

今檢宋會要輯稿，兵二八，備兵二，熙寧五年、七月十一日載此詔。是年七月戊寅朔，十一日爲戊子，與長編所載詔文日月均合。會要又云：「始北人自春以來，月遣巡馬過拒馬河，非故事也。邊臣謂北人因鄉巡弓手，故增巡馬，若罷鄉巡，則彼界巡馬勢自當止，朝廷從之，巡馬亦不爲止，而盜賊滋多，州縣不能禁。」此當爲元豐增修五朝會要之文（註十三），其本密院時政記蓋無疑也。而墨本神錄，所載與會要同，蓋凡修實錄，當以參取時政記，起居注等爲主；故長編謂墨本因密院時政記也。其並引會要者，取證朱本之改墨本乃爲安石諱也。長編戊子條引安石與神宗論罷鄉巡語，乃本諸目錄（據其原注可推），則長編謂朱本爲安石諱，非穿鑿附會也。

長編卷二百三十五、云：

熙寧五年（西一〇七二），七月末，前處州縉雲縣尉，編修三司勑幷諸司庫務歲計及條例刪定官郭逢原…
…又上疏曰……夫宰相代天理物，無所不統，未聞特設事局，補除官吏而宰相不預者也，今之樞府是已。
臣愚以爲當廢去樞府，併歸中書；除補武臣，悉出宰相，軍旅之事，各責其帥，合文武於一道，歸將相於
一職，復兵農於一民，此堯舜之舉也。今王安石居宰輔之重，朝廷有所建置於天下，特牽於樞府而不預，
則臣恐陛下任安石者盡不專矣。」疏奏，上甚不悅，他日謂安石曰：「逢原必輕俊。」安石曰：陛下何以
知之？」上曰：「見其上書欲併樞密院，廢募兵。」安石曰：「人材難得，如逢原、亦且曉事，可試用
也。」

長編原注云：

朱本削去（郭）逢原書，蓋爲王安石諱，今復存之。

逢原疏蓋謂神宗用安石不專，故爲安石所賞而爲神宗所不悅也。時安石求去位，故逢原上此疏爲安石爭相權，
然既不爲神宗所悅，朱史遂刪去，以爲王安石諱爾。

長編卷二百三十七、云：

熙寧五年（西一〇七二），八月癸卯：貶太子中允同知諫院權同判吏部流內銓唐坰爲潮州別駕、坰初以王
安石薦得召見、驟用爲諫官，數論事不聽，遂因百官起居，越班叩陛請對，上諭止之。坰堅請，上殿讀
疏，論王安石用人變法非是；上怒其詭激，故貶坰，疏留中，其畧云：「安石用曾布爲腹心，……張商英
爲鷹犬，……逆意者久不召還，附同者、雖不肖爲賢。……又保甲事、曾布蔽塞人情，欺誣人主，以爲情

願。又置市易司，都人有致餓死者……。

長編注云：

朱本云：「坰數論事非理，不見聽，或給以執政懷怒，欲罷其職者；坰素性急，乃越次請對。」朱本蓋爲王安石諱也。新本削去，今附注此。

朱本謂坰論事非理者，爲新法迴護耳。宋史卷三百二十七，王安石傳附唐坰傳云：

坰除太子中允數月，將用爲諫官，安石疑其輕脫、將背已，立名不除職，以本官同知諫院，非故事也。坰果怒安石易己，凡奏二十疏論時事，皆留中不出，乃因百官起居日扣陛請對。……

據此，則安石之疑坰而抑之，與朱本謂或給執政懷怒、欲罷其職者稍異，此長編所以目朱本爲安石諱之故歟！新本以朱本之言詭而刪除之，長編復取入注文者，以見朱本之偏私也。

夫長編之所以一一檢出朱本爲王安石諱之事，非菲薄安石也，乃欲明朱史之改墨史以肆其好惡！故長編每於此等處、輒援引證據，以示非空言也。其有疑者，則反覆推求朱史所以爲安石諱之故，而後著明之、如卷二百三十五、云：

熙寧五年（西一〇七二），七月戊子，遣御史蔡確劾秦鳳路經略司緣邊按撫司互訴事於秦州。

原注云：

朱史云：「以前勘官杜純丁父憂，故再遣確。」按王安石欲變純所劾，故再遣確，純雖不丁父憂，固亦當罷去，朱史似爲安石諱也，今不取。

此長編之反覆推求事實而後言之（註十四），據宋史卷三百三十、杜純傳云：

秦帥郭逵與其屬王韶成訟，純受詔推鞫，得韶罪，安石主韶，變其獄，免純官。……

可證也。此下論呂惠卿諸人，其意亦猶是耳。

（乙）爲呂惠卿等諱

長編卷二百五十二、云：

熙寧七年（西一〇七四），四月己丑：詔曰：「朕嘉先王之法，澤於當時而傳於後世，可謂盛矣；故夙興夜寐，八年於茲，度時之宜，造爲法令、布之四方，……已行之效，固亦可見，而其間當職之吏，有不能奉承，乃私出己見，妄爲更益，……使吾元元之民，未盡蒙澤；……士大夫……無或狃於故常，以戾吾法，敢有弗率，必罰而不赦。」先是，呂惠卿慮中外因安石罷相，言新法不便、以書遍遺諸路監司郡守，使陳利害，至是又白，上降此詔申明之。

原注云：

朱本削去呂惠卿慮中外以下三十餘字，卻先書「上以朝廷所降法令、官吏推行，多失其意，乃下詔申明之。」簽貼云「係黃庭堅手筆，並無底本照據；并記居注、時政記元不知此，故削去。」時政記、起居注亦何能說事意，朱史私爲惠卿諱耳。

安石罷相，在此詔前三日丙戌。安石之去也，薦韓絳代己，仍以惠卿佐之，于安石所爲，遵守不變，時號絳爲傳法沙門，惠卿爲護法善神（注十五）。朱本之爲惠卿諱也，乃不惜刪墨史原文，並易其意；且諉言其出於黃庭堅手，無底本照據，又謂不見於起居注，時政記而遽削去，以示其去取有據，其爲惠卿諱之意至顯也。

又長編卷二百五十三、云：

熙寧七年（西一〇七四）、五月己亥，上批：市易務遣人往諸路販易，可問何年月日指揮許令如此？執政進呈不行。

原注云：

此段朱史簽貼云：「一時取問、無行遣前去。」令復存之。……卒無行遣、應是呂惠卿爲呂嘉問蔽匿其事耳（註十六）。

朱史不言無行遣之由，故長編特表出之。

長編卷二百五十七、云：

熙寧七年（西一〇七四），十月丙子：皇城使端州刺史帶御器械同管勾都外水監承、提舉河北興修水利程昉、領達州團令使……。林伸，……張言舉各追一官……。初、昉開葫蘆河、引水入新開故道，淩民田不可勝計，詔河北東路轉運司遣官相視，轉運司遣伸及言舉；伸、言舉奏：新河身比舊河高一丈以來，致水逆行淩民田。詔昉具折，昉反言引水通快，官私船栰畧無阻滯。……故昉遷官而黜伸、言舉。

原注云：

元祐史官載（林）伸等言致水逆行程、程反言云云，紹聖史官乃削去「致」字「反」字，此可見其意也。

熙寧新法，特重農田水利之開發；宋史所以爲昉諱者，殆昉爲王安石所任也。宋史卷四百六十八、程昉傳云：

　始王安石欲興水利，驟用昉，昉挾安石勢而慢韓琦，後安石覺其虛誕，亦踈之。

昉後雖爲安石所惡，然至紹聖間重修神錄，史官愛其同類，故改易舊文，此長編謂「可見其意」是也。

長編卷三百十二、云：

　元豐四年（西一〇八一），四月癸酉，上批：「已遣王中正往鄜延、環慶路，體量經制邊事，可密詔兩路經畧司：中正所須錢物，于拊養庫不計多少，晝時應副。」中正既行，稱面受詔，所過募兵，願從已者將之，而主兵之官不敢違。至西京，文彥博以無詔拒之，中正亦不募而去。

原注云：

　朱本削中正募兵事，蓋爲中正諱也。今依新本復存之。

中正募兵，問罪西夏，以會師失期，糧道不繼，士卒多死亡，元祐元年（西一〇八六）爲御史中丞劉摯所劾（註十六），紹聖史官一反元祐之論，故爲中正諱耳，長編卷三百三十、云：

　元豐五年（西一〇八二），十月乙丑，詔：鄜延路計議官試給事中徐禧……贈金紫光祿大夫吏部尚書。……
　……禧爲人狂踈而有膽氣，尤喜言兵，以爲西北唾掌可取……，呂惠卿以此力引之於上，故不次驟用。先是、惠卿在延州，首以邊事迎合朝廷，已而去官。……禧素以兵事自任，故上遣往經晝之，……卒敗，自是以後，上始知邊臣不可信，亦厭兵事，無意西伐矣。

原注云：

自呂惠卿力引徐禧以下，朱本並削去，其意可見也。徐禧死於永樂陷城之役，以伐西夏而喪其生者也（註十七）。墨史謂禧以喜言兵而見知於呂惠卿，而又謂惠卿以邊事迎合朝廷，則朱史之刪去此段，當是爲惠卿諱，亦爲邊臣不可信諱也。

（丙）爲新法諱

朱史之爲施行新法諸人諱、已如上述；亦有爲所施行之新法諱而改墨史者，如長編卷二百五十五，云：

熙寧七年（西一〇七四），八月丙寅，上批：提舉市易司奏：「市易二年、收息錢九十六萬餘緡，準朝旨已支九十五萬緡。」可契月日指揮，支往何處。

原注云：

迄無行遣，朱史削去，以爲支撥息錢不合書，新本亦削去，今復存之，此亦可見市易司爲欺也。

熙寧五年（一〇七二）三月行市易法，長編於是月戊申云：「贊善大夫戶部判官呂嘉問，提舉在京市易務，仍賜內藏庫錢一百萬緡爲市易本錢，其餘各用交鈔及折博物，今三司應副。」至熙寧七年（一〇七四），是行市易已二年，所收息錢僅付支用，朱史以爲支撥息錢不合書而刪之，新本亦削去，而長編獨存之者，以見市易司之爲欺也（可與上論熙寧七年、五月己亥、神宗批條論市易務參看）。亦可覘朱史爲新法諱也。

長編三百一、云：

元豐二年（西一〇七九），十二月戊申：廣南西路提舉常平等事劉誼言：「廣西一路，戶口纔二十餘萬，蓋不過江淮一大郡，而民出役錢十九萬緡，……而役錢之出，槩用稅錢，稅錢既少，又敷之田米，……既稅以錢，又算以米，是一身已輸二稅，……而又敷以役錢，甚可憫也。……」詔下本路提舉官齊諶相度。諶謂監司提舉司吏及通引官客司月給錢第減二千，歲可減役錢一千二百餘緡，從之。

原注云：

朱本簽貼誼章云：「無施行，例不書；前史官載此欲以誣役法、非便，今刪去。」新本已如墨本具載，今從之。

朱本不謂誼疏不實，而謂元祐史官載此以誣役法，如此刪之，已扞格不通，且云「非便」，若曰不爲新法諱，其誰信之？無怪乎長編之依新本而復存墨史之文也。

二、朱史刪墨史

欲研究神錄三本之關係，即朱史於墨史，新史於朱史之史事取捨及史官之意見，捨長編末由矣。所謂朱墨相攻，苟無長編於自注中臚列其異同，則後世學者，於紹聖以來，論神宗實錄之是非，其疑莫能明也。今就朱史刪墨史之根由，類列條舉於下，至其爲新法諱而刪者，若上文已論及，則不重出。

（甲）謂因元祐史官誣妄而刪

當紹聖元年（西一〇九四），蔡卞章惇等，力詆元祐史官之誣罔而興重修神錄之議：又請貶黜史官，以快私憤。其譏短元祐史官，著於實錄，平情論之，朱史所言，多有私意存乎其間也。

長編卷二百四十七、云：

熙寧六年（西一〇七三），九月甲寅：……（侯）叔獻等引河水淤田，決清水於畿縣澶州間，壞民田廬塚墓，歲被其患。他州縣淤田類如此，而朝廷不知也。

原注云：

此墨史所書。朱史簽貼云：「取問到前史官並無照據，即無田塚墓歲被其患之事，顯是前史官誣罔，合行刪去。」按朱史所刪去，新史已復存之。

此長編之據新本，復取墨史舊文也。長編復引林希野史，謂「原武等縣，民因淤田，浸壞廬舍墳墓；又妨秋種……」以證墨史之言有據而朱史所譏爲妄。

長編卷二百五十六，云：

賜右班殿値同管勾修內司楊琰度牒三十，永不磨勘。琰本杭州木工，有巧思，宋用臣所領營造，琰必預其事，故得出入禁中。……其後琰用營造勞，遷官未嘗止也。

原注云：

朱史籤貼簽：「楊琰何嘗出入禁中，此言誣罔，已未、朝旨下逐官取會，並無照據，合刪。」又刪「琰後用營造遷官未嘗止，」卻增「上於用人，雖微者必盡其所長，賜予籤悉各當其分，不容僥倖如此。」新史悉依舊本，今從之。

宋用臣，元祐元年（西一〇八六）劉摯嘗劾之，與王中正、李憲、石得一合稱四凶。據宋史卷四百六十七，宋用臣傳，謂「神宗建東西府，築京城，建尚書省，起太學，立原廟，導洛通汴，凡大工役，悉董其事。性敏給，善傳詔令，故多訪以外事，同列悉藉以進。朝士之乏廉節者，往往諂附之，權勢震赫一時。……」楊琰籍用臣勢以出入禁中，用營造以遷官，當不遠於事實，故朱史雖云無照據，而新史則悉依墨史而長編又從之也。

長編卷二百六十、云：

熙寧八年（西一〇七五），二月乙酉：河北察訪使曾孝寬言：「慶曆八年，嘗詔河北州軍坊郭第三等，鄉村第二等，每戶養被甲馬一匹，以備非時官買，乞檢會施行。」戶馬法始於此。

原注云：

墨史記戶馬法始於此。朱本簽貼云：「先帝倣三代寓兵於農意、立保馬法，未完遭變，前史官以爲戶馬法始於此，實爲妄誕，刪去。」朱史但務諂諛，不知史法，新史已復存之，今從新史。

戶馬法卽保馬法，熙寧五年（西一〇七二）五月行之(註十八)，墨史謂戶馬法始於慶曆八年（西一〇四八），以有詔文爲證；而朱史一反其說，謂神宗倣三代寓兵於農意而立保馬戶，而譏元祐史官妄誕，蓋以頌神宗所行新法乃本於三代，此長編之所以謂朱史但務諂諛，不知史法歟？其從新史也故宜矣(註十九)。

長編卷二百六十一、云：

熙寧八年（西一〇七五），三月丙申：中書言：沂州鞫李逢等反逆……，而本路提點刑獄王庭筠等，先奏逢無大逆，謀告人妄希賞，顯不當。詔幷劾庭筠……。庭筠自縊而死。

原注云：

朱史簽貼云：「取會別無自縊死因，依前史官載此，意謂詔獄逼人致死，誣誕可知，刪去。」新史復存之，今從新本。

此與上條謟諛不知史法同。蓋以頌神宗爲名，其實則貶抑元祐史官也。

長編卷二百八十九、云：

元豐元年（西一〇七八），五月辛丑：知宗正丞趙彥若言：「……伏見本朝宗室、舊有召試出身之令，熙寧初，始命宗子出補外官，……此誠天下至公盛德之事。……今宗正寺侍祠之外、專掌玉牒屬籍而不豫薦士……，宜具爲條流，俾諸教官，依國子監外官學例、爲課試法……，俾其競勸賢戚……」事雖不行，時論是之。

原注云：

朱本簽貼云：「趙彥若所言無取，亦無人稱之，乃是前史官黨人，故載於此；又稱時論是之，顯出私意，刪去。」新本已復存之，今從新本。

朱史以趙彥若爲元祐史官黨人而刪其言，此因人而廢言也。

長編卷三百十三、云：

元豐四年（西一〇八一），六月壬戌：知慶州天牽閣待俞制充卒。充知上有用兵意，屢請封伐西夏……。

原注云：

熙寧中，充以推行新法淤田征利，銳於進取，自小官不數年擢至侍從，一歲或六七遷。既死，西師遂大舉，實自充發之。此墨本充傳云爾。朱本簽貼云：「充爲先朝擢用，非獨以推行新法，而西兵之舉，亦不盡因充，前史官妄造此語，今削去。」案充擢登侍從，蓋因王中正、王珪之力；西師啟端，种諤居多，充蓋與有力焉，非首謀也。

朱史爭俞充進官擢用，非由推行新法，然檢宋史卷三百三十三、本傳，確由推行淤田而遷官，故長編於此不論，而獨論其與王中正，王珪之關係。據充傳，知彭汝礪曾論其媚事中正；又卷三百十二，王珪傳，有云：「……（蔡）確曰：陛下久欲收靈武，公能任責，則相位可保也。……帝（神宗）嘗欲召司馬光，珪薦俞充帥慶。……永樂之敗，死者十餘萬人，實珪啟之……。」此則俞充與王珪之關係也。又卷三百三十五、种諤傳、有云：「……自熙寧首開綏州，後再舉西征，皆其（种諤）兆謀，卒致永樂之禍，議者謂諤不死，邊事不已。」此與長編之言合。據上引諸傳文，知長編引朱墨二史而又自爲之說者，蓋以二史之文，各有疏漏之處，故著己意以待讀者之自辨也。

長編三百十九、云：

元豐四年（西一〇一一），十一月甲申：种諤初被詔、當以兵會靈州，而諤枉道不進，既發夏州，即饋餉令絕……。諤欲歸罪漕臣，誅（李）稷以自解，……稷請身督漕運、乃免。民夫苦摺運，多散走，稷不能禁，使士卒斬其足筋……，數日乃死，至數千人。

原云注：

此據种諤及李稷傳幷諤墓誌。朱本簽貼云：「稷所斬九十六人，前史官以爲數千人，多張人數以害先朝政事。」刪改：「民苦摺運，多散走，稷不能禁，遣屬吏斬三百餘人，躬自監斬九十餘人。」新本復用墨本，今從之。

據宋史卷三百三十五种諤傳，又卷三百三十四李稷傳，其言同於長編。种諤墓誌范育撰（註二十），育、宋史卷三百三有傳。可知宋史諤稷二傳，皆本墨史之舊。長編以朱史所削，新本神錄重採之，故錄之也。朱史謂前史官記稷傷民夫過多，以害先朝政事，是又朱史藉虛譽神宗善政而意在貶抑元祐史官之一例證也。

長編卷三百二十六，云：

元豐五年（西一〇八二），五月辛丑：詔：陝西路都總管司涇原進築城寨……尙須措置，諸路團結兵馬，已令制置可未得勾抽，先差發將兵……。初，陝西轉運司以役兵不足用，下諸州私雇運夫，永興軍奏準，詔諭民不復調夫出寨，今漕檄雇夫，非科差不可，從之則違詔，不從恐誤師期，詔如前詔，而使者亦還奏其不可進築，遂議罷兵故也。

原注云：

朱本簽貼云：「時呂大防爲使院提舉，而大防嘗知永興軍，故前史官妄載此語，並無照據，合刪。」新本從之。按大防行狀有此，今復具載。

大防於紹聖間因嘗提舉史院以修神錄而被貶，其知永興軍在元豐二年（註二十一），朱史謂元祐史官妄載此語，並無照據，長編則取大防行狀勘之，以行狀有此，故復存墨史舊文。大防行狀，王康朝作，紹聖四年、四月已亥條注援用之。

長編卷三百四十一、云：

元豐六年（西一〇八三），十二月壬辰：上批：追官免勒衝替人孫諤、元犯情為可矜……，可除落衝替。諤初為國子監直講，坐受參知政事元絳屬從孫伯虎，為小學教諭追兩官。諤上書自訴，言：太樂之弊，臣不與焉……，臣與元絳本不相識，……蓋以為詔獄成於鍛鍊也。

原注云：

朱本簽貼云：「前史官鍛鍊之言，出於誣毀，今刪去。」新本已復存之。

朱本謂元祐史官誣毀詔獄而刪其言，斯又朱史虛頌神宗而意在貶抑元祐史官之一例證也。

長編卷三百四十三、云：

元豐七年（西一〇八四），二月癸未：樞密院言：「聞澶、魏作過保甲，多為人倡率……；官司已許首身……。」是時，狄諮、劉定、縱保甲橫暴州縣，不得拘問，澶、魏保甲，白晝劫掠，驚動一路，而朝廷不聞其實。自此，河北盜賊公行，多保甲也。

原注云：

朱本簽貼云：「自是時至多保甲也、無本底，前史官之妄，合刪。」今從新本復存之。

此朱史之肆意攻訐元祐史官之言也。澶州保甲之橫行，長編記之甚詳（註二十二），朱史謂無本底者，恐為鍛錄之言，豈其欲爲新法諱歟！

長編卷三百五十、云：

元豐七年（西一〇八四），十一月辛酉：木工楊琪爲三班借職，以修大相國寺西浮圖延春閣畢功。琪、琰之弟也。

原注云：

朱本簽貼云：「補一借職，法不當書，前史官書此，意在謗訕，遂削去。」今從新本。

楊琰附宋用臣，上文已詳之，朱史既爲琰辯，又爲其弟諍焉！謂墨史意在謗訕者，蓋爲琪之附宋用臣而辯者耶？

（乙）謂事小而刪

朱史之刪墨史，除上述因前史官誣妄而刪外，更有所謂因事小而刪者；刪誣妄、朱史例有攻駁，刪小事則無攻駁之語。然新史有從其所刪墨史而刪之者，亦有復存其所刪者，長編則斟酌而取之，今請舉數例以明之。

朱史刪墨史而新史從之者，如長編卷二百四七五、云：

熙寧六年（西一〇七三），六月丁丑：中書禮房進相度事目……，上雖摘其誤，不即以爲罪。

原注云：

朱本削去，云：「事小不足書。」新本從朱本，今仍存之恐必有謂。

此新史之從朱本也。長編則「恐其必有謂」而存之。

朱史删墨史而新史復存之者，如長編卷二百九十六、云：

元豐二年（西一〇七九），二月甲寅：成都府路提舉言：漢州自熙寧七年（西一〇七四）災傷、戶絕之家……，乞人給錢二千收瘞，鬻絕戶田宅以償官、從之。

原注云：

朱史簽貼云：「此事至小，兼賣本人戶絕田產收葬，自有編敕正條，合删去。」新史復存之。

又卷三百十五、云：

元豐四年（西一〇八一），八月己巳：都大提舉汴河隄岸宋用臣言：「本司沿汴及京城所房廊地，並召人僦，納官課；紙、紅花、麻布、酵行、皆隸李所爲堆垛場……，欲乞……馮景拘攔，所貴課額各辦。」詔：八月以前已賃隄岸司及京城所房堆垛物在地者，更不起遣，餘無得妄拘攔，騷擾行市。

原注云：

朱本簽貼云：「事小、删去。」新本已復存之。可見當時雖小事，神宗必親剖析也。

此皆朱本删去墨本而新史復存之之例也。長編採之、或有其微意焉，如謂神宗能親剖事理也。更有進者，長編譽神宗之言頗多，如卷二百五十六、熙寧七年（西一〇七四），九有壬子：「……上（神宗）曰：……大凡前世法度有可行者、宜謹守之，今不問利害如何，一一變更，豈近理耶？」原注云：「……神宗聖慮，即此可見。」又卷三百十七，元豐四年（西一〇八一）、十月己未，詔令李憲未得進兵。長編注云：「……可見神宗量敵進退，未始輕用兵，凡深入甚敗，皆臣下之過也。」此皆長編就墨史之文，以申神宗之賢也，與朱史之藉頌神宗之聖而貶抑元祐史官者大異其趣矣。

（丙）謂無施行、無行遣而刪

長編卷三百一、元豐二年（西一〇七九），十二月戊申、廣南西路提舉常平等事劉誼言減雇錢條、原注云：「朱史簽貼誼章云：『無施行，例不書。』……」此蓋朱史墨刪史之例也。新史於此多從之，故長編每有「今復存之」之語，即表示新史有同於朱史之刪墨史而長編復存之也。試舉數例以明之：

長編卷二百四十七、云：

熙寧六年（西一〇七三），九月壬戌：蔡確言：「……孫坦自河東轉運使除支副使，物論不以爲允……，乞置之散地以協衆望，不報。

原注云：

據朱史簽貼云：「無施行，刪去。」今依舊存之，但云不報。

又卷二百五十四、云：

熙寧七年（西一〇七四），七月癸丑：知諫院鄧潤甫言：「……乞每歲散青苗一料，取二分息。」詔：送提舉編修司農條例司。

原注云：

宋神宗實錄前後改修之分析（下）

一八一

朱本刪去，簽貼云：「無施行。」今復存之。

又卷二百七十一、云：

熙寧八年（西一〇七五），十二月辛卯：權御史中丞鄧綰言：「……乞按呂惠卿報政之日欺謾事迹、議法而流竄之。」

原注云：

朱本削去，簽貼云：「進呈訖。」今復存之。

又卷二百八十五、云：

熙寧十年（西一〇七七），十月庚寅：……詔（彭）汝礪具所言（俞）充事得於何人。汝礪言……。詔兩浙轉運提點刑獄司同體量以聞。

原注云：

朱本簽貼云：「後來俞充、宋均國、分析到，別無行遣，刪去。」今復存之。

又卷三百十五、云：

元豐四年（西一〇八）八月己未：秦鳳路經畧使曾考寬……乞留合存將兵。上批……令具析以聞。

原注云：

朱本簽貼云：「密院進呈不行，削去。」

又卷三百五十、云：

元豐七年（西一〇八四），十二月辛未：夔州路轉運判官宋構言：「本路壚井未嘗榷，課利不均，及乞榷買達州茶，許商人出引行梓州路。」詔：轉運司及榷茶司詳度。

原注云：

朱史簽貼云：「元祐元年（西一〇八六），逐司相度到、別無利息，進呈訖不行，合刪去。」今復存之。

上引朱史所刪諸條，長編皆不及新史之名，只曰：「今復存之」，此足以證新史蓋從朱史之刪墨史舊文也。

其新史之不從朱史之刪墨史者，則長編特注明之，如卷三百三十五、云：

元豐六年（西一〇八三），五月乙丑：同提舉成都府等路茶場郭茂恂言……乞併茶場，買馬爲一司，庶幾茶司同任買馬之責。

原注云：

朱本簽貼此云：「取到戶部文字，不見茂恂此奏，緣見今茶場、買馬、各爲一司，即是元不曾施行，合刪去。」新本復存之。

此見新史亦有未遵朱本以「無施行、例不書」而刪墨史舊文之例也。

（丁）謂無照據而刪

新史於朱史謂無照據而刪之文，，多復存之，蓋恐其中或隱有私意而刪故也。長編卷二百七十八、云：

熙寧九年（西一〇七六），十月丙：……右諫議大夫知成都府馮京爲給事中知樞密院事。先是，呂惠卿悉出安石前後私書手筆奏之……，由是上以安石爲欺，故復用京。……

原注云：

朱史簽貼云：「繳書事已下朝旨取會，並無照據，刪去。」今本實錄仍復存之。

今本實錄指紹興所修本神錄也。呂惠卿繳書事，長編注辨之甚詳，以朱史欲爲王安石諱、强謂無照據而刪去墨史舊文，故新史復存之也。

又卷三百二、云：

元豐三年（西一〇八〇），二月乙巳：權御史中丞李定言：朝廷更置大理寺……專治諸司獄訟……，卿丞皆典獄之官……，比聞公事，多委丞訊鞫，而卿則畧引問而已……。竊恐前後斷獄，不能無濫，欲望改易官吏，修立成法，遴選其人而付與之。不聽。

原注云：

朱本簽貼云：「前史官以言者有斷獄不能無濫之語，故載於此以明上聽之失。緣無施行，亦無寃濫文字照據，刪去。」新本已復存之。案：定所言，蓋指蘇頌、呂公著獄也，獄官復皆被責罰，朱史刪去，殆私意耳。

朱史謂前史官載此以明上聽之失，斯又朱史欲以神宗之聖聽爲名，藉以貶抑元祐史官之一例證也。上引朱史簽貼二條，皆强謂無照據而刪墨史舊文，而新史復取而存之。

亦有新史從朱史所刪，而長編復存之者、如卷三百二十六、云：

元豐五年（西一〇八二），五月己丑：……詔：「河東都轉運使陳安石、前奏請施行和糴……之類，已成倫序，今召除尙書戶部侍郎……。」安石在河東，盡用薛向鹽法，生捕嚴密，鹽課增羨。又奏：更河東和糴法，官不支錢，五歲一弛以予民。安石使事時，公家有入而無出，及安石去，遂不弛和糴也。

原注云：

朱本削去安石盡用薛向鹽法以下數十字，以爲：「前史官載此，意謂兩取於民，然無照據。」新本亦從朱本，今復存之。

此新史從朱史謂照據而刪墨史之文也，長編則復存之，以待修史者之採摭也。

（戊）因其他而刪

朱史之刪墨史，除上述諸事外，更有隨事而定其刪削之因者，如長編卷二百六十、云：

熙寧八年（西一〇七五），二月壬申：同商量河東地界呂大忠言：「臣與劉忱、再會北人………，爲今之計，莫若因而困之……。」又言：「北人窺伺邊疆，爲日已久……，竊料敵情有可動者一，有不可動者五……。」

原注云：

朱史簽貼云：「呂大忠所言，時政記等處皆不見，只是劉忱供到，難憑虛實，又事理無可取，刪去。」今依新本復存之。

此朱史謂墨史所載大忠事於事理無可取，故刪去，新本則復存之也。

又卷三百十三、云：

元豐四年（西一〇八一），六月丁丑，上批：近河北諸路牒報北界帳前指揮、七月中、會五京留守……於中京議事，未知其實，可令雄州及河北緣邊安撫司……速覘以聞。既而皆言無之。

原注云：

朱本簽貼云：「後來探得無此事，刪去。」今修入。

此朱史以探得無此事而刪去，長編不言新史者，蓋新史亦從朱史而刪之、以長編曰「今修入」可推也。

又卷三百十四、云：

元豐四年（西一〇八一），七月甲辰：詔：斬四方館使忠州團練使韓存寶於瀘州……。先是、存寶經制瀘州、蠻賊無功，而永式照管軍馬，實同其事……，朝廷懲安南無功，時方大舉伐夏、故誅存寶以令諸將。

原注云：

朱本簽貼云：「朝廷懲安南無功等語無出處……，去。」今復存之。

此朱史以語無出處而刪墨史也。長編此條不言新史，當是新史從朱史，故曰今復存之。

又卷三百四十一、云：

元豐六年（西一〇八三），十二月辛未：升朝官加勳依宗室法，並自武騎尉始。舊法升朝官加勳，內殿崇班內常侍賜勳並自騎都尉始也。

原注云：

朱本簽貼云：「此條未經刪定，合削去。」今復存。

此朱史以「未經刪定」而削墨史之文而新史從之也。凡上引諸條，因無黨爭意味存在，故新史多從朱史以刪元祐本舊文也。苟有可議者，則新史必有辨焉。如長編卷二百七十五、云：

熙寧九年（西一〇七六），五月癸酉：……上又論范仲淹……，（王）安石曰：仲淹天資明爽，但多暇日，故出人不遠；其好廣名譽，結遊士以爲黨助，甚壞風氣……。

原注云：

新本云：「此一段無所照據，假神宗論答之語，實寓安石之私，以范仲淹好名，敗壞風俗，豈不惑後世？並刪去。」今復存之，後世亦安可惑也！

此新史謂朱史之語無所照據而刪之者，以其間寓有新舊黨爭意味存在也。長編從新史者，殆記其事以俟後世讀者之別擇，故曰「後世亦安可惑」！

附註

（一）論宋實錄之材料存在者，如 E. A. Kracke, Jr., Civil Service in Early Sung China, 960-1067 (Cambridge, 1953), Liu, James T. C., Reform in Sung China: Wang An-shih and his New Policies. (Cambridge 1959). Chapter II. PP. 11-12.

又：用長編注引宋國史、實錄以討論問題者，如張蔭麟：宋太宗繼統考實。見張蔭麟文集頁一一〇一一一六；周藤吉之：宋朝國史の食貨志と「宋史」食貨志との關係。東洋學報、第四十三卷、第三號、頁一—四十八。

（二）本文所舉元祐本神宗實錄諸名，先後見長編（世界書局、一九六二）卷二百六、頁二十上；二百十、頁十上；又頁十一下；二百十一、頁九上；二百十四、頁十下；又頁二十下；又頁二十四上；二百六十一、頁五上；二百八十九、頁四下；三百四十八、頁十七上。

（三）本文所舉紹聖本神宗實錄諸名，先後見長編卷二百六，頁二十上；二百十、頁五上；二百十四、頁十下；二百六十一、頁五上；三百四十六、頁十二下，又頁十三上；二百九十六、頁十六下。

（四）本文所舉紹興本神宗實錄諸名，先後見長編卷二百十、頁七下；二百十一、頁二十三下；二百二十四、頁二十一上；二百六十一、頁五上。

（五）長編朱墨二史合稱，本文所舉，先後見於卷二百二十一、頁二十三下；二百二十二、頁十下，又三百三十九、頁五下，又三百四十七、頁六上；二百三十三、頁九下，又二百五十一、頁二十一下，又三百三十九、頁七下。

（六）宋人載籍，記朱墨本、朱墨史之名頗多，考其所指，與長編之謂朱本墨本合而言朱墨本、朱墨史者異。長編卷三二九、頁七，元豐五年、八月庚申條原註識之極明顯。陸游老學庵筆記（叢書集成初編本）、卷十、頁九三、云：「太宗時，史官張洎等撰太祖史，凡太宗聖諭及史官採摭之事，分爲朱墨書以別之，此國史有朱墨本之始也。元祐、紹聖皆嘗修神宗實錄，紹聖所修既成，焚元祐舊本，有敢私藏者，皆立重法。久之、內侍梁師成家乃有朱墨本，以墨書元祐所脩，朱書紹聖所脩，稍稍傳於士大夫家。紹興初，趙相鼎提舉再撰，又或以雌黃書之，目爲黃本，然世罕傳。」又昭德先生郡齋讀書志、（萬有文庫本）卷二上，頁一二三，神宗實錄條有云：「……紹聖中……，命蔡卞改修，其後奏：『書以舊錄爲本用墨書，添入者用朱書，其刪去者用黃抹。』已而、將舊錄焚毀，宣和中或得其本於禁中，遂傳於民間，號朱墨史云。」又直齋書錄解題（叢書集成初編本）卷四、頁一二四－一二五，神宗實錄朱墨本、神宗實錄考異條，說同陸、晁；文獻通考、（浙江書局刋本）卷一百九十四、經籍考二十一，頁十五－十六，神宗朱墨史，神宗實錄考異條引晁陳之說。而周密齊東野語（涵芬樓排印本）卷八、頁二下，朱墨史條云：「紹聖中，蔡卞重修神宗實錄，用朱黃刪改，每一卷成，輒納之禁中，蓋將盡泯其迹，而使新錄獨行，所謂朱墨本者，世不可得而復見矣。……」其語亦本諸陳錄。又參王明清、玉照新志（叢書集成初編本），卷一，頁一－二。則諸家之所謂朱墨本者，乃紹聖史官就元祐墨本而加刪修者也，是與長編之所謂朱墨本異也明矣！抑又有進者，建炎以來繫年要錄（國學基本叢書本）、卷七十六，（頁一二五七）紹興四年，五月癸酉，有云：「……綦宗禮等又言：神宗皇帝實錄，自有舊來朱墨本，係元祐年所修，已是成書，其朱本係紹聖年因蔡卞起請修，將舊書所載、多所增損……然亦別行檢會，引用照據，以證墨本未盡去處……。」其謂朱墨本係元祐年所修，蓋指紹聖中所修改之墨本也。

又有目紹興本爲朱墨史者，李心傳、建炎以來朝野雜記（適園叢書本）卷四、（甲集 頁五、神宗哲宗新實錄條云云：「……(范)元長所修神錄，舊文以墨書，刪去者以黃書，新修者以朱書，世號朱墨史。」又繫年要錄卷九十三（頁一五四七）、紹興五年、九月乙酉、有云：「尚書左僕射監修國史趙鼎上重修神宗實錄五十卷，舊文以墨，新修以朱，刪出以黃。」是則又與長編注所謂之朱墨史異矣。其有論墨本、朱墨本而意在爲王荊公辨誣者、則有蔡上翔、王荊公年譜考畧（燕京大學國學研究所重訂印本、一九三〇）卷二十五、頁一—六、實錄考。要之，論朱墨本、墨本、朱本之關係，其最明白者，厥爲黃以周，續資治通鑑長編拾補卷十八、頁二上、建中靖國元年，八月壬子，拾補引十朝綱要云：「十月乙巳，以左正言范致虛言，詔前降修實錄參取元祐及陳瓘乞刪除王安石目錄等指揮勿行；仍詔實錄院以朱墨本進。」原案：「朱墨本者，紹聖初別修去取之事也。在元祐所修、則於墨本上以雌黃塗之，謂之墨本；入紹聖所修，則以朱修之，謂之朱本。」此所謂之墨本、朱本者，即長編注所言者是也。又參閱梁啟超、王荊公傳（飲冰室合集、專集第七冊，頁六—七）。劉子健先生、歐陽修的治學與從政（新亞研究所出版、一九六三）頁十六、注四十七。

（七）新錄指紹興本，舊錄指元祐本，合而稱之曰新舊錄，見長編卷二百四十三、頁十三上；又二百四十四、頁十一下。

（八）以三本並舉而統稱之曰實錄、其文最明顯者、見長編卷二百二十四、頁二十一上。

（九）新本考異之名，見長編卷二百五十二、頁二十一下。

（十）錢穆、國史大綱（一九四七），下冊、頁四一四。

(十一)歐陽修擅止散青苗錢而爲王安石所詆事，見長編紀事本末（廣雅書局本）卷六十九、頁六—七。又參閱歐陽修的治學與從政、頁二五二—二五四。

(十二)見歐陽永叔集（萬有文庫本）第十八冊、頁三十三，神宗。參閱長編卷二百五十一、頁二十三—二十四，又頁二十八—二十九。卷二百五十二、頁一—二，又頁十一—十二，卷二百五十三、頁十一。

(十六)劉摯劾王中正，見長編卷三百七十五，頁十五。

(十七)徐禧死事，見長編卷三百二十九、頁十九—二十。又東都事畧（淮南書局刊本）卷八十六、頁四。

(十八)參閱柯敦伯、王安石（萬有文庫本）頁一百九十四。

(十九)長編卷三百一、頁五、云：「元豐二年（西一〇七九），十一月癸巳：初，王安石議減正兵，以保甲民兵代之。……安石曾不深究而輕議變易，苟欲以三代之法行之於今，蓋不思本末不相稱而利害異也，世議不以爲然，後卒改焉。」原注云：「此據墨本編入。朱本簽貼云：『……前史官乃以三代兵農之法爲非，以誣先朝善政，合刪去。』新本仍復存之，幷載朱本簽貼，觀者當辨之。」此可証朱史於墨史論及新政不是處，必致攻駁也。

(二十)范育撰种諤墓誌，長編卷三百十五、頁二，三百十九、頁十六先後引用之。

(廿一)見琬琰集刪存（燕京大學引得編纂處編印）卷三、頁三十一、呂汲公大防傳。

(廿二)澶州保甲橫行事，見長編卷三百四十三、頁一—二。實錄（墨本）本傳，傳文云：「……修結髮立朝，讜直不回，身任衆怨，至於白首，而謗訕不已，卒以不汚。年六十，以論政不合、固求去位，可謂有君子之勇。」朱本修傳（同上書，同册，頁三十九）則刪去此數語。

（廿三）參閱湯中、宋會要考畧、東方雜誌二十八卷六期，頁七十七—八十三；後收入宋會要研究（商務版）。

（廿四）長編載王安石論杜純事，見卷二百三十四、頁十六—十七。

（廿五）語見長編卷二百五十二、頁二十下。

（廿六）呂惠卿爲其弟嘉問蔽匿者，蓋嘉問爲提舉市易務故也。又同卷頁九、注引樞密院及各路提舉奏疏言保甲之橫行。

結語

宋會要輯稿、職官十八、云：「乾道五年（西一一六九），十二月二十三日，秘書少監兼國史院編修官李燾言：神宗實錄三次重修，朱墨相攻，是非易見，雖事跡尚多脫遺，比後來實錄，已是不同……。」（註一）又李燾論太祖、太宗實錄之重修與神錄重修之異云：「竊見太平興國三年（西九七八）、初修太祖實錄，命李昉、扈蒙……同修，而沈倫監修，五年（西九八〇）成書。及咸平元年（西九九八），眞宗謂倫所修、事多漏畧，乃詔錢若水、王禹稱……重加刊備，呂端及李沆監修，二年（九九〇）書成。視前錄稍詳、而眞宗猶謂未備。大中祥符九年（西一〇一六），復詔趙安仁、晁迥……同脩，王旦監修，明年書成。蓋自興國至祥符，前後凡三修。太宗實錄初修於至道二年（西九九六），再修於大中祥符九年（西一〇一六）。祖宗實錄，皆不但哲一修，此故事也。神宗實錄初修於元祐，再修於紹聖，又修於元符，至紹興初、凡四修。哲宗實錄初修於元祐（案：應作元符，此當爲鈔手之誤）再修於紹聖（案：應作紹興，蓋鈔手因涉上文元祐紹聖而誤。）惟神宗哲宗兩朝，所以四修再修，則與太祖、太宗異；蓋不獨於事實有所漏畧而已，又輒以私意變亂是非，紹興初、不得不爲辯白也。誣謗雖則辯白，而漏畧固在，然猶愈乎近所修徽宗實錄……。」（註二）李氏修長編，固以歷朝實錄爲漁獵之淵藪，故於太祖以來實錄之改修，原原本本、殫見博聞，並洞悉其利害。故長編於神宗一朝事跡，每於朱史謂事小而刪墨史處，復存之者，蓋亦以免漏畧耳！至謂紹聖間重修神錄，不獨於事實有所漏畧，又輒以私意變亂是非，則朱史爲新法諱者、其過尤重於事實之漏畧也。故墨史之失小，而朱史之失大，今觀乎朱史之攻墨史處，多有私意存焉，其不攻駁者，則當依據墨史舊文無疑；朱史於事實雖亦有增訂，然其功不補其過也。幸長編著其異同，否則朱墨相攻一場公案，無從定讞也。

自紹聖間重修神錄、乃以修史爲手段而去其政敵，元祐史官、因是以貶；其事遂爲修史者所戒懼，或以是而致史有不實者焉。會要、職官十八、云：

乾道三年（西一一六七），五月十一日：起居舍人兼權中書舍人兼同修國史實錄院撰洪邁言：「得旨編修欽宗實錄……，竊見前敷文閣待制致仕孫覿，在靖康中，實爲臺諫侍從，親識當時之人，親見當時之事，其年雖老，筆力不衰，乞詔覿以其所聞見，撰爲蔡京、王黼、童貫、蔡攸、梁師成……等列傳，乃一朝議論事跡，凡國史實錄所當書者，皆今條列、上送本院……。」

又：

八月十二日，左朝奉郎致仕孫覿奏：被旨令撰蔡京……等列傳，伏見神宗實錄，藏之金匱久矣，紹聖以來，兩經刊削，今有二書；臣今被旨所當書者，皆誤社稷大惡，更無記注日曆爲根據、而出於一夫之手，他日怨家仇人，襲紹聖之跡，指爲誹謗，吠聲之衆，羣起而攻之，臣腰領不足以薦鈇鉞，奉詔暢然以樂爲懼……。」（註三）

覿去紹聖初重修神錄之時非久，又親見靖康以來之事，則紹興間三修神錄，亦習知其事矣。尋玩其奏文，則元祐史官被貶之事，深中其心矣。朱子語類卷一百、云：

今之修史者，只是依本子寫，不敢增減一字。蓋自紹聖初，章淳爲相，蔡卞修國史，將欲以史事中傷諸公，前史官范純夫，黃魯直已去職、各令於開封府界內居住，就近報國史院取會文字；諸所不樂者，逐一條問，黃范又須疏其所以然，至無可問，方令去，後來史官、因此懲創，故不敢有所增損也（註四）。

得此足以證洪邁之所以乞旨詔孫覿修蔡王諸傳，而覿則先述故事以杜後患之委曲原因也。紹聖再修神錄，執政喜其能制政敵，故大興史獄，排除異黨，至事過境遷，而其流弊所及，不徒在政爭，乃賊乎學術，此則誠非紹聖諸人始料所及也。

附註

（一）見宋會要輯稿（一九五七年縮印本）、頁二七八三、職官十八、國史院。

（二）仝上書、頁二七八九，職官十八，實錄院，乾道五年（西一一六九），十二月二十三日，蓋李燾爲修四朝史而請先重修徽宗實錄也。其與前引國史院熹之言畧同者，蓋前者乃請許其專意討論徽宗一朝事迹，纂述長編，謂長編既具，則可助成正史，故皆及徽錄焉。

又趙士煒、實錄考（輔仁學誌五卷第一，二合期。）於太祖實錄漏去大中祥符九年三修之事，以其所據書、只晁陳諸錄及通考、玉海、宋史等耳。

（三）參閱宋會要輯稿、頁二七八八、官職十八、實錄院。

（四）見朱子語類（正中書局、一九六二）卷一百、頁四九九一。

「補　註」

拙文上篇（新亞學報七卷一期、頁三八八）引王應麟、玉海（華文書局影印本），卷四十八，頁十五，元祐神宗實錄條、有：「（建中）靖國元年、六月壬戌詔……」，按靖國元年六月庚寅朔，是月無壬戌。宋大詔令集（一九六二排印本，）頁五五八、載其全詔、作戊戌是也。玉海誤。

華梵經疏體例同異析疑

饒宗頤

（一）

中印文化關涉史上有一極饒興趣之問題，即爲經疏體例之類似。章太炎曾取浮屠書之修多羅（Sūtra）以釋「經」之字義，梁任公復論儒家義疏在文體上曾受佛典之影響。近年潤孫教授演其先師柯鳳蓀先生「義疏之學，昉自釋氏」之遺說，撰「論儒釋兩家之講經與義疏」一文，博洽賅貫，爲近年學術界極重要之文字。畧謂：「其中關鍵所繫，厥爲儒家講經，亦采用釋氏儀式，僧徒之義疏，或爲講經之紀錄，或爲預撰之講義。儒生既采彼教之儀式，因亦仿之有紀錄有講義，乃製而爲疏，講經其因，義疏則其果也。」所述南北朝以來儒家襲取佛氏講經之儀軌，舉證碻切，自是不刊之論。惟向來對彼邦經疏之體例，仍未深究，佛家經疏，沿襲自婆羅門，故論梵土經疏之始，非追溯至吠陀分（Vedānga），無以明其原委也。婆羅門經與佛教經書性質，又畧有不同。釋氏書原多不稱經，佛徒漢譯，附以「經」名者不一而足，乃借漢名以尊重其書。婆羅門之經（修多羅），大都爲極簡質之語句，非有注疏，義不能明，故經與疏往往合刋。又其注疏之體裁，每因對話方式，假爲一問一答，究元決疑，覃極閫奧，亦與漢土經疏不盡相同。凡此種種，析疑辨異，有待來學。本文之作，特發其端倪而已。自慙于梵學，所知至陋，慮多訛謬，引而伸之，所望于博雅君子。

（二）

天竺之書，有無疏體，學者向多未能質言。湯錫余曾考陳眞諦之譯業，稱「至若義疏，則或爲外國原有」。未作肯定之語。牟先生援其說，因謂「唯識論既有天竺疏本，即足證彼土之有疏體」。案此說是也。印度現存最早疏體之書，應推帕檀闍利（Patanjali）之摩訶婆沙」（Mahā-bhāshya），漢譯義爲「大疏」，帕氏蓋公元前二世紀後半之文典家。此書之作，所以詳解波儞尼（Pānini）之「蘇呾囉」（即Sūtra）及伽迭耶那（Kātyāyana）之注，此三人者，印人至今合稱爲三牟尼（Tri-Muni）也。蘇呾囉即修多羅，其名見于義淨南海寄歸內傳卷四，畧云：

蘇呾囉是一切聲明之根本經也。譯爲畧詮意明，畧詮要義，有一千頌，是古博學鴻儒波儞尼所造也。

波儞尼即印度文法學之祖。大唐西域記卷二云：

烏鐸迦漢荼城西北行二十餘里，至娑羅覩邏（Shalatura）邑，是製聲明論波儞尼仙本生處也。……有波儞尼，生知博物，……研精覃思，採摭羣言，作爲字書，備有千頌，頌有三十二言矣。……

波氏所作，論文法聲音之理，文字簡覈，爲印度最古之文典，約由四千Sūtra合成，故其書又單稱爲Sūtra，義淨譯作「蘇呾囉」。謂之根本經者，蓋梵土童而習之，研治雅言（Sanskrit）必植基于此也。伽氏爲之注，其年代約在公元前三世紀，其書梵言曰Vārttika，義爲評注。若帕氏之大疏，即推衍Sūtra，與Vārttika而作，三者之間，其關係如下：

此其體例，畧如中國經典之經、傳注，及義疏。

Panini : Sūtra —— 經

Kātyayana : Vartika —— 注

Patanjali : Mahābhāshya —— 疏

大疏一書刊本甚多，今以一九一七年孟買刊行之 Vyākarana Mahābhāshya 一書編排之式樣而論，即先列 Sūtra，次爲 Vritti，又次爲 Bhāshya，以大小字別之，注語首尾有＝＊＝之號，疏之上必加（भाष्यम्）一字以爲識別，與我國經書之注疏合刻本，于經則加〔疏〕字于前，格式相同，此印度經、注、疏之區分，注以解經，疏則爲注之注，形式上與我華相類似之顯例也。

大疏成于公元前二世紀後半，知梵土之有疏體，遠在西漢。「大疏」書名之前，益以 Vyākarana 者，義爲分析、區別，示其爲六吠陀分之一，漢譯佛典，則稱之爲「毗耶羯羅那論。」或稱「記論」，則以其爲 Shāstra 也。

漢末佛教東傳，大疏是否經人傳譯，無從確知，其時通吠陀與婆羅門書者頗不乏人。如魏時曇柯迦羅，大唐內典錄稱其善四圍陀（卷二）。吳時支謙，開元釋教錄謂其（年）十三學婆羅門書，兼通六國語言（卷二）。其所譯諸經，目錄尚存，未見有大疏者。隋書經籍志著錄僅有婆羅門書一卷，據隋志篇叙云「西域胡書能以十四字，貫一切音；文省而義廣，謂之婆羅門書。」如是此婆羅書可能是聲明之著述，或與波儞尼有關，尚無的證。婆羅門書典在漢土傳譯殊少，至北周，乃有譯婆羅門天文者。（達摩流支爲宇文護譯，見費長房錄。）蓋婆羅門主靜修，不欲傳教，而佛徒教義又相乖牾，故不願多與流通；可見帕氏大疏，當佛教流行之時，胡僧未必曾爲繙譯，是其書對漢土經生恐無何影響可言。

（三）

所謂「Sūttra」者在婆羅門經典中實爲一種特殊文體，乃用極少之字，綴成短句，每一單位即爲一Sūtra。今就波儞尼經舉一二例言之：

第一、「Vrddhir Ādaich」

此行爲一Sūtra，其義爲Ā, Ai, Ou (are called) Vrddhih。

（因Aich含有a, ai ou諸元音故）

第二：「Aden gunah」

此二亦爲一Sūtra，其義是a, e, o (are called) gunah。（因eu含有e, o諸元音故）

同書最末之Sūtra，僅有二音。

第三九八三：「a a (ə)」

即成爲一Sutra義爲Open a now become closed a。

由上可見所謂Sūtra原只爲一短句，語意往往并不完足，故必有注與疏，其義始能明瞭。Sūtra以越簡短越有價值，故印度有爲之語曰：

Ardha-mātrā-lāghavena Putra-janma-utsavam Manyante Vaiyā Karanāh

意謂「文法家認爲能縮減半音（Ardha-mātrā）其樂將如弄璋之喜。」印度習慣重男輕女，此句中之Putra即指男孩，Vaiyākaranāh 謂文法家也。是其造語以簡爲貴，故 Sutra 或簡至不成語。此類原爲婆羅門之教典，以極簡短之句，纂成要訣（Aphoristic rule），講述繁雜之禮儀制度，意深語約，用以助聯想便記誦，成爲一特殊之文體。

茲再舉婆羅門經（Brahma-sūtra）開端兩 Sūtra 如下：

1. Athāto Brahma-jijrāsā. ‖ ＊ ‖

(Then therefore the inquiry into the Brahman)

2. Janmādyasya yatah ‖ ＊ ‖

(From whom [proceed] the origin of this Universe.)

此一句即爲一修多羅，循其原文如不加註說，直不可解。由上舉等例，可了然于修多羅爲何物矣。法苑義林章第二卷云：

以教貫義，以教攝生，名之爲理，猶綖貫花，如經持緯。西域呼汲索縫衣綖席經聖教等，皆名「素呾覽。衆生由教攝，不散流惡趣，義理由教貫，不散失隱沒，是故聖教名曰契經。

翻譯名義集卷四十「修多羅」條：

此云契經，有通有別。通則修多羅聖教之都名，……別者，雜集論云：謂長行綴葺，略說我所應說義。

考僧肇長阿含經序云「契經，四阿含藏也」。漢譯修多羅爲「契經」，則以其爲聖教之都名，蓋從通訓立義與婆羅門經之原旨畧異。

章太炎文學總畧釋「經」字云：

案經者，編絲綴屬之稱。……亦猶浮屠書稱修多羅。修多羅直譯爲線，譯義爲經，蓋彼以貝葉成書，故用線聯貫也。此以竹簡成書，亦編絲綴屬……是故繩聯貫謂之經，簿書記事謂之專，比竹成冊謂之侖，各從其質以爲之名也。

案修多羅梵文 सूत्र，語根爲 √SIV，義爲 to sew，縫綴之意，故修多羅有貫穿之義（見隋笈多譯攝大乘論世親釋。）說文「經」字訓織縱絲，與 Siv 之爲縫綴義相近。但漢語之經，所重在縱絲，與緯之爲橫絲相對，與梵語之 Sūtra 同中實有其異。章氏謂修多羅之爲經，取義于用線聯貫成書，不知修多羅本指綴字爲短句，推之用所種文體寫成之著作，亦曰修多羅。其所取聯綴之義，實指綴字綴音爲經，而非綴葉成書，章氏之說，頗昧其本義；故修多羅者，非從書之質料立名，乃因撰書之文體爲號。婆羅門經書體裁，與漢土之經，在性質上截然二物，無庸牽附爲說也。

（四）

佛教以佛所說爲經，菩薩所說爲論。隋書經籍志云：「以佛所說經爲三部，又有菩薩及諸深解奧義，贊明佛理者，名之爲論」。文心雕龍論說篇云：聖哲彝訓曰經，述經叙理曰論」，此以「經」「論」并稱，說者謂其曾受釋藏之影響，因劉彥和本爲佛教徒也。佛典之結集，據失名譯「撰集三藏及雜藏傳」與安世高譯「迦葉結經」（大正藏第四十九冊史傳部），「佛涅槃後，迦葉阿難等，於摩竭國僧伽尸城北，造集三藏正經及雜藏經，常所云四箧者，合雜言也。」三藏梵言 Tri-Pitaka，義即三箧（baskets）合雜言則爲四箧，卽四阿含也。三藏卽經（Sūtra，俗文作Sūtta）律（Vinaya）法 Dhamma 按此爲俗文，雅言應作達磨卽 Dharma）「迦葉結經」云：

于是大迦葉，從阿難聞是言已，便慇懃受轉法輪經，告阿若拘鄰五比丘，汝等所受如是不？答曰若斯如是。比類結集正經藏，結集律藏，結集諸法藏。

然上引失名所譯稱三藏正經及雜藏經，則以「經」名統攝三藏。故僧肇長阿含經序以四阿含爲契經。阿含，梵言 Āgama，華言「法歸」。肇云：「法歸者，蓋是萬善之淵府，總持之林苑」，卽統指佛所言之聖教也。修多羅漢譯曰契經，蓋取乎此，又有借漢土五經之義以尊重其書。翻譯名義集卷三十九云：

修多羅或云修單蘭，或修妒路，西域記名素怛覽；舊曰修多羅，訛也。……妙玄明有五譯，一翻經，二翻論，三翻法本，四翻線，五翻善語教。……以比方周孔之教，名爲五經。故以經字翻修多羅。然其家典雖單題經，諸論所指，皆曰契經。所謂契理契機，名契經也。摭華云：契理則合于二諦，契機則符彼三根；經者訓常訓法。……

此足明修多羅之演變，及漢譯以「經」字翻譯之由。所謂「契經」，又包括經及論也。

東漢以來，佛籍傳入，其時儒家思想既定于一尊，而諸經爲三極彝訓，羣言之祖，賢哲所宗。經之意義，由「天經」「九經」（中庸）等擴大而指至道常訓。故曰「經者，取其常也。」（孔叢子執節篇）「經，徑也；如徑路無所不通，可常用也。」（釋名釋典藝）「經也者，恆久之至道，不刊之鴻教也。」（文心雕龍宗經篇）其義與梵經之 Rta（規律、眞理）相似。經之地位既高，道教之書亦效之，而自稱曰經，東漢宮崇所上之書曰「太平經」，魏王圖所撰曰「道機經」，（抱朴子內篇引）遐覽篇所錄初期道書，稱經者不一而足。（參吉岡義豐「道教經典史論」）故佛徒迻譯釋典，每附益「經」字。舉例言之，如本生經，原但稱「本生」，梵言 Jātaka，幷不稱 Sūtra，漢釋乃附蓋「經」字，稱曰本生經。」（參干瀉龍祥「本生經類の思想史的研究」）馬鳴之佛所行讚，梵文曰 Buddhacarita，本應譯爲「佛傳」亦不稱 Sūtra；而漢譯爲竺法蘭及寶雲所譯者稱爲「佛本行經」，北涼曇無讖譯則稱「佛所行讚」。（參木村泰賢等「梵文佛傳文學の研究」）又佛陀傳記之 Latita-Vistara，漢譯稱「普曜經」，幷益「經」字。試觀出三藏記大唐內典錄諸書所著錄，自四十二章經以下累百數十種，無不稱「經」者，疑佛徒之譯經者託漢土「經」名以自重，東漢以來佛教與道教之書，羣起稱「經」，正如出一轍。

以文體論，釋氏之所謂「經」，多講論敍述之文，與婆羅門修多羅之爲短句奧義，文體迥異，佛爲衆生說法，不厭繁縟重遝，務爲叮嚀反覆，其體裁與原有之 Sūtra 實大有逕庭，不過襲用其名，以尊重其書耳。

（五）

「疏」字本作「疋」，說文訓足之「疋」字下云：「一曰疋，記也」。而「記」字下云「疋」也。（此段玉裁所改）疋與記兩字互訓。大徐本原作「記，疏也。」漢書賈誼傳「難偏以疏舉」，顏注「言不可盡條記也。故疏有分條記錄之意。

梵語大疏爲摩訶婆娑，摩訶，大也；婆沙語根√bhāsh，義爲講說。加語尾 Ya 屬受格。

Bhāshya者，義爲 explanatory work 或 explanation Commentary（特別用于Technical sūtras）

大疏注本印度賢人對于疏字之解釋云：

Sutrārthah Varnyate Yatra

Vākyaih Sūtra - anusāribhih

Svapādāni ca Varnyante

Bhāsyam Bhāsyavidah Viduh

右舉之語，人所習知，意謂：

「疏」者（Bhasyan）依據經文，以闡其義，兼說明自己之語，如是即謂之「疏」。

其謂造疏者兼說明自己之語，（Svapādāni），似不近情理，頗引起學者之疑惑，Prof V. G. Paranjpe 曾據正理經（Nyāya Sūtra）指出其中不少原爲注（Vritti）語，而混入于疏中者，殆因傳鈔時經注與疏每每不分，故有此混誤；論者遂目疏者自疏其語，誠失之眉睫；此梵土經疏校讐學上一趣事。由注文與疏文之混淆，足見 Vritti 與 Bhāshya 二者釐然有別，與漢土後期經書傳注與義疏分開，情形相同。

惟婆羅門經典，或僅有疏，如彌曼薩經即只有疏而已，婆羅門經書簡質難明，非加注疏不可，故經與疏必合爲一，疏則附經以行。若漢土則注疏初皆別本單行，單疏本至宋世猶盛行之，如紹興刋毛詩正義，（現有日本影印本）即其顯例。印度經疏不可分開，則因其「經」之性質，與吾華迥異故也。

尚有足述者，漢土經疏文體，其中有雜以問答者，如公羊義疏中多自設問答，文複語繁，惟此例他疏不見。四庫提要以爲乃唐末之文體。湯錫予則謂一問一答爲佛教都講之制，故逐條以演其義。牟先生以爲「疏即講經之紀錄；而整理紀錄，于講後撰寫自不能不記。」故譏四庫館臣徒見後世之文體，而昧于講經問答之制。然今觀大疏，注中多條列問答，且自問自答，一如公羊疏。而帕氏之疏，亦依其問答，逐一加以補充。文體亦自設問答，可見此種臚列問答之文體，乃以眞正之對話方式出之，天竺注疏，自昔已然。蓋因辨證，以求正解，故設爲問答，此爲一種 Catechism 。又奧義書中發爲問答，亦數數見，蓋已形成一種文體，畧如漢土對問客難之製。（文心雕龍列爲雜文之一體）佛家講經，事出後起，疏中問答，庸有出于辯難之紀錄，然其出于作者之騁詞設論，恐亦不少。觀于大疏疏中之問答，乃依據注中之問答，加以闡明，則其非爲講經問答之紀錄可知。梵書不特疏有問答，注亦有問答，則漢土所罕見，此又兩者懸殊之處矣。

（六）

漢土釋氏最早之經疏，據牟先生所考，爲竺法崇之法華義疏，乃是解經之作。牟先生舉出儒家最早之經疏，則爲劉宋大明四年皇太子講之孝經義疏一卷，亦是對某一經義之發揮。此種之疏，當是較詳之注。竊疑此類之義疏，可能同于魏時之「義說」。何晏論語集解序云：

近故司空陳羣、太常王肅、博士周生烈，皆爲義說。

姚振宗三國藝文志據以著錄，有陳羣「論語義說」一書。然文選五十三運命論李善注引陳羣論語注，「不得有非間之言也」句。則作論語注，是「義說」亦是注也。

說文言部：「說，說釋也；（一引作說辭也）從言兌聲，一曰談說」。段注「說釋者，開解之意。」廣雅釋詁：「說，論也」。易小畜釋文引說文作「說，解也」。是說即解說。漢時說經之紀錄亦稱曰「記」，漢書儒林傳「后蒼說禮數萬言，號曰后氏曲臺記」。此「說」與「記」二者之關係。「記」與「疏」兩字本爲互訓，後漢書孔奮傳「子嘉作左氏說」。李賢注云：

說猶今之疏也。

是「說」與「疏」同義，則陳羣之「論語義說」猶言「論語義疏」矣。果爾，則「義疏」與「義說」，原無大異。梵語「疏」之本義爲「講說」，與「義疏」亦復相似。

至于經義之問答論難，三國時此類著述之體尤爲盛行，而名目繁多，畧舉之如下（參看姚氏三國藝文志）

答問　如王肅尚書答問

釋問　如王粲問，田陵韓益（鄭玄弟子）答之尚書釋問

義答　如劉毅尚書義答

義駁　如王肅毛詩義駁

釋駁　如王肅論語釋駁

問難　如王肅毛詩問難
答雜問　如吳韋昭朱育等
然否論　如譙周之五經然否論

就經學史言，王肅以賈馬之學，非難鄭玄，故王鄭二派互相攻訐。且是時玄風大啟，故質疑問難特盛，條記問答之語，即成一書，然與疏體無關也。

後漢儒家講經，玄都講之職，晉時佛家講經，亦設有都講。說者咸謂此制始于東漢。今考漢書翟方進傳云：

是時宿儒有清河胡常，與方進同經。常爲先進，名譽出方進下，心害其能，論議不右方進。方進知之，候伺常大都授時，遣門下諸生至常所，問大義疑難，因記其說，爲是者久之。

顏師古注：

都授，謂總集諸生大講授也。

都授即都講，是其事可溯源至西漢，此爲極重要之記載，人多忽之。方進所習者爲春秋，與胡常相同，胡常總集諸生大講授，當如今之講習班，講習會，會中有質疑問難，聽講者又曾記其說。此可爲牟君「疏即講解經典分疏其義，筆錄以爲書」一說，提出更早之論據。其事昉自西漢，要與佛氏無涉。循是以言，講經與義疏在漢土自身之發展，其原甚早。若乎參入釋氏之上座講唱開題等儀式，因其講稿，撰爲義疏，則其事甚晚，蓋產生于佛學大行以後。牟先生謂「南北朝時儒家采用釋氏講經儀式之都講，與見于後漢書中之都講，殆未可同日而語」，其說良是。後漢之都講，即原于西漢之都授也。

（七）

經疏之興起，若漢之記（傳亦謂之記，如漢志劉向之五行傳記。）說、（有出于弟子展轉相授者，如漢志魯說、韓說，王先謙云「此弟子所傳也。」有出于自撰者，如上舉孔嘉之左氏說，李注：說猶今之疏也。）魏之義說，似皆其濫觴，但取羽翼經義，引申前言，初與釋氏無關。玄學既盛，俗喜臧否，人競唇舌，辨難之風鬱然興起，論題既廣，諍論益密，以其方法用于經學，影響所及，乃有二途，一爲上述答問釋駁之書，一爲義例專論之作。（義例如王弼之易畧例；論如王弼之易大衍論，嵇康之周易言不盡意論，鍾會之周易盡神論，易無互體論，阮籍之通易論，多爲短篇，或同題共作。）此則撢究理趣，與漢氏之辨今古論異同，以家法章句爲重者殊科矣。

兩漢諸儒聚徒講授，多爲私學，即官家召集諸儒，論列同異，亦非如後世講經之儀式。佛教東來，旨在弘法，故注重俗講，務爲莊嚴之儀軌，以隆重其事，儒生都講之對象爲生徒，釋氏都講之對象爲衆生，儒生都講之目的爲解經，釋氏都講之目的爲弘法，其精神根本不同。然其上座說唱，形式莊嚴，儒生遂倣效之，南北朝以來，儒士講經儀式偶與雷同，然只襲其迹而已。至于經疏之作，庸或爲一時宣講之底稿，疑出于少數；至于寫定成書，必幾經刪汰，或殫畢生精力而爲之，非苟且咄嗟可辦，故講授爲一事，著述又爲一事，若謂疏皆爲講經之紀錄，疏皆爲講前所預撰，則此類之疏，將如今日之大學講義，無何價値之可言。頗疑疏中之稱講疏者，殆卽爲講論而作，至于義疏（如沈重所著）述義（如劉炫所著）之類，恐不可相持並論，唐人之正義，則奉勅刪定，折衷羣言，期歸于至當，重在著述，非爲講授，事至明顯，似此則宜稍加辨析者矣。

若乎南北朝以來，儒家義疏著作，鋒起雲涌，其事與釋氏經疏之發達，要不無間接關係。三教接觸之機會既繁，磨礲浸漬，互相熏染。釋氏疏義之巨著，若梁光宅寺法雲法師之法華經疏，解釋甚細，文句紛繁，章段稠叠。後出之疏，彌見周詳；儒生觀摩佛籍，撰爲經疏，自不能再如前之簡練，乃日趨于深蕪，遂成義疏之學，此則深蒙釋氏之影響，亘不可誣者矣。

關于華梵經疏兩者間異同之故，試綜括之，表列如下：

<table>
<tr><th rowspan="2"></th><th colspan="2">經</th><th colspan="2">疏</th></tr>
<tr><th>梵</th><th>華</th><th>梵</th><th>華</th></tr>
<tr><td>異點</td><td>婆羅門　指短句而言。聯綴以成篇。
佛家　聖教之總稱，漢譯稱「契經」，亦指四阿含。</td><td>經訓「常道」，指書本而言。</td><td>經與疏合刊</td><td>經與疏可分開，疏原有單刊本。</td></tr>
<tr><td>同點</td><td colspan="2">「經」字之本義皆爲「織」</td><td colspan="2">「疏」之本義爲「說解」，注以注經，疏以注注，華梵皆同。
疏中有問答</td></tr>
</table>

林譯小說研究（上）

曾錦漳

目次

（二）風趣的筆調
（三）譯文中國化
（四）譯者的序跋和評語
四、林紓的譯述方法
（一）意譯的增飾
（二）意譯的刪削與撮譯
（三）名詞的翻譯
（四）夾註的運用
五、林譯小說的影響及其評價
（一）林譯小說的流行及其影響
（二）林譯小說的評價

前言

鴉片戰爭以後，比較有遠見的政治家，盡力講求所謂洋務，企圖挽救危亡。在推行洋務運動的風氣底下，編譯事業亦隨時代的需要，開始爲人重視。這一期西學的輸入仍以傳教士爲先導，不過並非舊日的耶穌會士，而是新興的基督教徒。他們的活動範圍甚廣，清末數理學家李善蘭所譯諸書，都是和他們合作的。但這是個人的翻譯事業，其成就有限，直至京師同文館和江南製造局成立，翻譯事業才有意提倡地發展起來。

同文館的誕生，是由於英法聯軍之役以後，中外官方常有接觸，急需培植翻譯人材，以爲外交之助。這是該館設立的主要目的，翻譯圖書不過是其副產品罷了。故所譯書數量不多，觀其內容，大抵偏重新知識的介紹。這時期的翻譯工作，當然未能令人滿意，但我國近代翻譯風氣，卻自此興起。

與同文館差不多同時，還有江南製造局的編譯事業。該局翻譯圖書的目的，是在介紹製器的方法；所譯圖書，自然以兵學及工藝爲主，理化算學則次之。

綜觀這時期的翻譯界，無論是同文館、江南製造局、抑或西方傳教士所譯（宗教以外）的書，十九都是自然科學與軍事工藝之類。自甲午戰爭，李鴻章苦心經營的北洋艦隊毀於一旦，其餘陸海軍亦幾乎全部覆滅，國人漸漸覺悟單單模仿西法不足以救國，必需在政治上有一番更新。於是出現以光緒戊戌爲極峯的維新變法運動。這時期的翻譯界，也隨着時代的需要，要求介紹西洋政教之書，以便對西方政治、社會、教育有所了解，亦作爲本國當事人的參考。而此時譯書的風氣，已由軍事工藝、自然科學轉向政治經濟之學了。其後在介紹西洋學術這方面成績最著的，是嚴復的翻譯。

在差不多同時，西洋文學尤其是小說也漸漸介紹到中國來了。人們通過翻譯小說去了解西方人的思想感情、風俗習慣。本來，在儒家文學觀的影響底下，小說是向來不受到知識份子的重視的，但它卻成爲一股暗流在民間流行着，經歷明淸兩代，已漸漸發展成熟。此時再經梁啟超等的鼓吹，有意使小說成爲政治宣傳和社會教育的工具，努力提高小說的地位，促進小說的繁榮。影响所及，自庚子拳變以後，西洋小說的翻譯便蔚成風氣。這種風氣的形成，除了上述兩種因素——小說本身的發展成熟及梁啟超等的大力鼓吹——之外，還有一種因素，便是林譯茶花女遺事等小說的成功，引起人們的仿效。

晚淸的譯家，最爲知識份子所推重的，是嚴復林紓等以古文筆法譯書的人。嚴復建立了這一派的翻譯理論，給當時譯者以很大的影响，但他沒有翻譯過小說。其以古文筆法譯西洋小說的，林紓爲第一人。晚淸的小說，翻譯多於創作。除林紓外，在當時還有用白話翻譯的如伍光建等一班人，及同樣以古文譯述的如周氏弟兄，他們對文學的理解是很超卓的，但他們的譯作都不能像林譯小說般適合於當時多數讀者的要求。可是時移勢易，林紓逝世之後，他的翻譯再沒有人理會，他在中國文壇上的地位也動搖了。然而，不管他的翻譯是如何的不滿人意，作爲譯介西洋小說的先驅者來說，他的功績是不可堙沒的。

林紓逝世已四十年了，還沒有人對林譯小說作過系統的研究。本文僅就所得有限的資料，試行對林譯小說作一初步研究，並企圖從林譯小說方面看晚淸翻譯事業的另一個趨勢及其所掀起的影响。題目則沿用「林譯小說」的名稱，廣義地概括林紓的所有譯著。事實上，林紓的重要譯品，也祇是小說罷了。

一　林紓的翻譯事業

中國翻譯西洋小說，是在甲午（一八九四）中日戰爭以後才開始的（註一）。奇怪的是，從甲午戰爭到新文化運動，這期間介紹西洋小說的代表人物，竟然是一位完全不懂任何一種外國語言文字的古文家林紓（註二）。因爲林紓不懂西文，所以他的翻譯都是和通西文的人合作的。在二十多年的翻譯生涯中，他一共迻譯了一百七十餘種外國的作品，其中絕大部分是小說，一時有「林譯小說」（註三）之稱。

林紓不必是中國翻譯西洋小說的第一人（註四），他卻是有意譯介西洋小說的第一人；直到目前爲止，譯介西洋文學作品，在數量上仍然沒有比得上林紓的。他的處女譯作巴黎茶花女遺事，不必是中國最早的一部翻譯小說，卻可以說是最早的一部成功的翻譯小說。自巴黎茶花女遺事以次，數達百多種的林譯小說，在中國近代史上所產生過的影響，可與嚴復在科學哲學方面的譯著媲美；自晚淸以至「五四」前後的知識分子，差不多都讀過林譯小說，問題只在多少的差別罷了。當時林譯小說流行之廣，影響之大，在中國文學史上佔據一席位是理所當然的。

（一）　譯書事業的開始

林紓的翻譯事業，是從巴黎茶花女遺事（又名茶花女遺事，簡稱茶花女）的譯述開始。

朱羲胄在所撰貞文先生年譜卷一光緒二十三年丁酉（一八九七）下云：「始從事繙譯西土文學書。」自注云：「按繙譯最初者爲茶花女遺事……。魏瀚丁酉年十一月序閩中新樂府，謂先生以白香山諷諭詩課少子，謝懷時事，乃編爲新樂府三十二首。高夢旦書後自注謂先生與王子仁合譯巴黎茶花女遺事，亦在是時。」（註五）據此，茶花女遺事的譯述，是在光緒二十三年（一八九七）。但朱氏又在所撰春覺齋箸述記書錄下著錄本書附按語云：「高夢旦語余，是書爲清光緒二十五年王壽昌口譯、先生筆述也。」（註六）據此，則茶花女遺事譯於光緒二十五年（一八九九）了。二說有兩年之差，而皆出諸高夢旦。

朱氏又云：「此書流傳之本有三：一爲清光緒辛丑秋，玉情瑤怨館校刻本；……一爲上海廣智書局鉛印本，……吾嘗於宣統初年見之，今獵訪之，乃不可復睹；一即民國十二年十二月，先生交由商務館印行本也。」（註七）他以爲茶花女遺事最初印行的本子是光緒二十七年（一九〇一）的玉情瑤怨館（註八）校刻本，因此在箸述年表中把茶花女遺事列於光緒二十七年項下。但據阿英所編晚清小說目，茶花女遺事最早的刊本有三：一爲光緒己亥（一八九九）素隱書屋刊本，一爲光緒辛丑（一九〇一）玉情瑤怨館刊本，一爲光緒癸卯（一九〇三）文明書局刊本（註九）。這樣看來，朱氏所未見的素隱書屋刊本纔是最早的。那麼，林紓翻譯茶花女遺事，最遲不晚過光緒二十五年（一八九九）。

下面再從其他資料參證一下。

林紓在迦茵小傳題辭（調寄買陂塘）的序中有「廻念身客馬江，與王子仁譯茶花女遺事」（註一〇）云云，可見林紓譯茶花女遺事時，身在馬江。據貞文先生年譜（以下簡稱年譜）載，林紓自光緒八年即居蒼霞洲上，至二十三年春正月，夫人劉孺人病重（二月初四日卒），始移新居（註一一）。林紓自撰蒼霞精舍後軒記云：「蒼霞洲在江南橋右偏，江水之所經也。……余家洲之北。」（註一二）按馬江在福建省閩侯縣東南鼓山之下，又稱馬尾港。而所謂新居，仍在閩城，距馬江甚近。他遷居後，他的同鄉孫葆瑨和力鈞就在他的舊居建蒼霞精舍，聚生徒授以西學，聘請他為漢文總教習，講授毛詩史記古文，隔五天到一次。直至第二年春天，他才北上京師。四月，又南下浙江，卜居杭州聖湖，一直到二十七年。這期間只有二十五年春，曾經歸閩，為的是移家至杭（註一三）。照這樣看來，他和王壽昌合譯茶花女遺事的時候，應該是在光緒二十四年春離開閩縣和馬江北上京師之前。換句話說，茶花女遺事的迻譯，當在光緒二十三年（一八九七）了；因為此書譯於劉孺人逝世之後（見下節），所以時間不會在二十三年之前。

（二）譯述小說的動機

錢基博在現代中國文學史中說：「初紓與長樂高氏兄弟鳳岐而謙敦昆弟驩。……而謙摯友王壽昌精法蘭西文；亦與紓驩好。紓喪其婦，牢愁寡懽！壽昌因語之曰：「吾請與子譯一書，子可以破岑寂；吾亦得以介紹一名著於中國，不勝於甕額對坐耶！紓與同譯法國大仲馬（案應為小仲馬）茶花女遺事行世，國人詫所未見，不脛走萬本！既而鳳謙主幹商務印書館編譯事，則約紓專譯歐美小說。」」（註一四）由此可見，翻譯茶花女遺事時，懷著「介紹一名著於中國」的目的者，是王壽昌而不是林紓。林紓之翻譯茶花女遺事，不過是在「牢愁寡懽」的悼亡期間用以「破岑寂」罷了；因此，他的翻譯事業的開始，可以說是偶然的，並沒有什麼夐高的目標。不意茶花女遺事一出，竟然大獲成功，由此引發他繼續譯述的興趣。假使茶花女遺事失敗了，相信他也不會再有所譯述罷，至少不會大量的譯述下去。其次，因爲他的好友高鳳謙「主幹商務印書館編譯事」（註一五），眼見他譯茶花女遺事的成功，遂約他專譯歐美小說：「林譯小說」於是陸續刊行。

茶花女遺事的譯述可以說是偶然的，但自黑奴籲天錄以次各書的譯述就並不偶然。黑奴籲天錄在光緒二十七年（一九〇一）譯成出版，書敍美國黑奴受逼的慘狀，是一本政治小說。而林紓翻譯此書之意，是爲美禁華工而發（註一六）。他在序中說：「其中累述黑奴慘狀，非巧於敍悲，亦就其原書所箸錄者，觸黃種之將亡，因而愈生其悲懷耳。方今囂訟者，已謬固不可喻譬，而傾心彼族者，又誤信西人寬待其藩屬，躍躍然欲趨而附之，則吾書之足以儆醒之者，寧云少哉？」（註一七）這是他譯本書的用意。戊戌前後的林紓，由於當前時局與風氣的影響，相當關心國事，思想傾於維新。據「年譜」卷一載，光緒二十一年（一八九五）春，他北上游京師，就曾「與陳衍、高鳳岐、卓孝復等，叩闕上書，抗爭日本占我遼陽臺灣澎湖諸島事」。二十三年，「箸閩中新樂府五十首，都三十二篇，皆由憤念國仇，憂閔敗俗之情，發而爲諷刺之言，亢激之音。」二十四年閏三月，又「與高鳳岐及宗室壽富，詣御史臺，上書論德人逼即墨事，請清帝因人心之憤，下詔罪己；並陳籌餉練兵外交內治四策」。可見他是未嘗忘懷邦家之難的熱血之士。他的贈李拔可舍人序說：「世變將兆，有識必先憂之者，非其惜死之心特篤於衆也，既無遺噍，而吾亦將不獨完其身與家，顧又無權以與之抗，則發爲悲號以警覺世士。」（註一八）「發爲悲號以警覺世士」，這是無權無勢的愛國文人所能報國的唯一辦法，他作詩、爲文、以至譯述，差不多都抱着這個宗旨。例如他譯英孝子火山報仇錄，「蓋願世士圖雪國恥」（譯者序）；譯愛國二童子傳，「冀以誠告海內至寶至貴親如骨肉尊如聖賢之青年學生讀之，以振動愛國之志氣」（譯者序）；譯劍底鴛鴦，「冀天下尙武」（譯者序）；譯鬼山狼俠傳，在激動國人的敵愾心，勸「人人以國恥爭，不以私憤爭」（譯者序）。在古鬼遺金記序中，他就說過：「時時以譯述醒我同胞」的話；在霧中人序中說得更淸楚：「余老矣，無智無勇，而又無學，不能肆力復我國仇，日苞其愛國之淚，告之學生，又不已，則肆其日力以譯小說。」在不如歸序中，他也曾感慨地說：「紓年已老，報國無日，故日爲叫旦之雞，冀吾同胞警醒，恆於小說序中，攄其胸臆。」這是他從事譯述的主要動機之一。

其次，林紓還欲藉小說改良社會及宣揚他的思想見解，除了自撰小說傳奇之外，他還想借助翻譯小說達到這個目的。他譯電影樓臺，因爲「其中名言，均以戒惰爲主，……有益於社會也」（譯者序）；譯賊史，希望中國也有迭更斯之流，「舉社會中積弊，著爲小說，用告當事」（譯者序）；譯利俾瑟戰血餘腥記，以爲「是書果能徧使吾華之人讀之，則軍行實狀已洞然胸中，進退作止，均有程限，快鎗急彈之中，應抵應避，咸蓄成算，或不至於觸敵即餒，見危輒奔，則是書用代兵書讀之，亦奚不可者。」（譯者序）又譯愛國二童子傳，以提倡實業；譯蛇女士傳及彗星奪壻錄，發抒他對婦女解放的意見；在前者序中說：「惟云女學當昌，即女權亦可講，惟不當爲威斯馬考（按即蛇女士名）之狂放；則畏廬譯本，正可用爲鑒戒，且爲女界之助。」在後者序中說：「果家庭教育，息息無詭於正，正可借資是書，用爲鑒戒，又何病其汙穢不足以寓目？」這些都是他對國家社會的獻議與批評。

然而，他雖然每每在所譯小說的序中說明他譯述該書的用意，指出該書對讀者有何作用，實際上，並不是每序一書都眞有其作用的。譬如他譯怪董，自謂：「全書係虛無飄渺之談，………留爲酒後茶餘消遣可也。」（譯者跋）這是他的自白。他所譯的偵探、言情、探險等小說，其中毫無藝術價值、亦無勸懲作用的很多；其序中所謂可爲鑒戒云云，不過是牽強附會、借題發揮之言，以與當前國情相適應。他在深谷美人序中說他翻譯外國小說，「其中皆名人救世之言，余稍爲渲染，求合於中國之可行者」；於此可見消息。雖然如此，借翻譯小說以服務於大衆，這到底是他從事譯述的主要動機。

林紓所譯的作品，幾乎全是小說，這是有其故的。首先，中國小說經明清兩代的發展，到了清末，已漸漸成爲文學創作的主要形式，受到了社會的重視；加以梁啟超等也早認識到小說有不可思議的感染力，因而肆力提倡翻譯外國小說以開導民智、撰寫小說以作爲社會教育及政治宣傳的工具；由此便造成晚清小說的繁榮現象。林紓處在這個環境底下，自然受到影响。他在英孝子火山報仇錄序中便說：「小說一道，尚足感人。」這說明他已認識到小說的感染力。其次，林紓因爲不懂西文，他的翻譯要靠別人口述，直譯是不可能的，要翻譯戲劇這種以對白爲主的文學形式的作品，十分困難；同時，依靠別人口述，不容易把捉詩歌的意境、韻律和風格，故此間接譯述者翻譯詩歌也是困難重重的。這樣一來，林紓只好翻譯小說了。

（三） 譯書的數量

民國十三年十月九日，林紓在北京逝世。十一月十一日，鄭振鐸寫了一篇文章，題目叫做林琴南先生（註一九），把他的翻譯作品結算一下。結算的結果是：「成書的共有一百五十六種；其中有一百三十二種是已經出版的，有十種則散見於第六卷至第十一卷的小說月報而未有單刻本，尚有十四種則為原稿，還存於商務印書館未付印。」根據林紓弟子朱羲胄的春覺齋箸述記的著錄，林紓所譯書已刊行的有一百五十九種，稿存商務館未刊的十七種，待訪之書六種，共一百八十二種，比較鄭振鐸的統計多出二十六種。但是林紓譯本有分「初編」、「續編」印行的（如魯濱孫飄流記、塊肉餘生述之類），鄭氏只算一種，朱氏卻算作兩種。若統作一種計算，則朱氏箸述記中所著錄的書目，屬於翻譯的不過一百七十種。

那存於商務印書館未刊行的十七種譯本（照鄭氏的算法是十六種），是民國十五年胡寄塵調查出來的，登在小說世界第十三卷第五期（註二〇）。

至於朱氏所謂「待訪蒐」的譯本六種，其中妖髠繯首記一種，查得刊載於商務印書館民國十二年二卷八期至三卷九期的小說世界（註二一），題英國巴文原著，毛文鍾口譯，共四十一章。林紓在迦茵小傳序中說：「甲辰歲譯哈葛得所著埃司蘭情俠傳及金塔剖屍記二書。」（註二二）則光緒三十年還譯有埃司蘭情俠傳一書。阿英在晚清戲曲小說目「翻譯之部」著錄本書，署「林紓魏易合譯」，共二冊，「光譯甲辰（一九〇四）木刻」本；又在晚清文學叢鈔的小說戲曲研究卷，收錄得此書的濤園居士的序文（光緒三十年，一九〇四）及林紓的自序。在林紓自序之末，署「光緒癸卯嘉平之月，閩縣林紓序」。可能此書是光緒二十九年（一九〇三）冬所譯，三十年印行；但印行者不詳。又蒲梢的漢譯東西洋文學作品編目（註二三）著錄雙鴛侶 The Vicar of Wakefield 一種，乃高爾斯密士 O. Goldsmith 原著，署林紓譯，商務館印行，譯印年時及口述人都不可詳。林紓又說：「（辛亥）八月以前，譯得保種英雄傳，為某報取去。」（註二四）這書是他和魏瀚合譯的（註二五）。

所謂某報，未詳其名。其餘民種學及歐西通史二種，不屬於小說類。前者書名見玉雪留痕序（註二六）；後者是林紓在京師大學堂講授西史時的講義，是和蔡璐合譯的（註二七）。

此外，蒲梢的「編目」在「法蘭西」部分著錄有商務館出版的兩種法國小說，一是雨果 V. Hugo 的孤星淚 Les Misèrables，一是潑萊福斯脫 Prevost d' Exiles 的漫郎攝實戈 Manon Lescaut，都是文言譯本，未署譯者姓名。東海覺我的丁未年小說界發行書目調查表（註二八），同樣著錄了這兩種小說。根據這個「調查表」，漫郎攝實戈在丁未年（一九〇七）五月刊行，譯者署林紓；孤星淚在同年六月刊行，卻未著錄譯者姓名。但是，柳存仁先生以爲孤星淚是林紓所譯（註二九）。

中國現代出版史料甲編在重載蒲梢的「編目」之後，還附有戚煥塤的「補充書目」（註三〇）。該「補充書目」在「英國之部」補上莎士比亞的亨利第五紀一種，說是林紓所譯，一九一六年由商務館出版。這和雷差得紀 Richard II、亨利第四紀 Henry IV 等其他幾種林譯莎翁作品一樣，是用古文把原來的詩劇形式譯成散文小說體（註三一）。小說世界第五卷第一期（民國十三年一月四日出版）刊有託爾斯泰的三種死法，也是署「林琴南譯」，但只刊一期，僅得三章，約四千字。

除此之外，還有散見於各期刊的短篇小說多種：計小說世界第九卷（註三二）刊有信記公司、杏核、世界大學、囘生丸、檢察長、美人局、破術、僞幣、象牙荷花、金壙股票、綁票、訪員、一豕五千等十三篇，每篇一千至二千字，均署「英國亨利原著」及「林琴南遺稿」字樣，惟未署口述者姓名。該刊第十二卷第十三期（民國十四年十二月廿五日出版）刊載短篇小說加木林一種，約四千餘字，也是署「林琴南遺稿」，卻未署原著者及口述者姓名。又商務館民國六年小說月報第八卷一號刊載的探海燈，二號刊載的格雷西達、四號的悔過、五號的路西恩、六號的公主遇難、死口能歌、七號的魂靈附體、十號的决鬥得妻，都是林紓和陳家麟合譯的，原著者姓名待考。又三號刊載的林妖，則署英國曹西西爾原著，也是陳家麟口授的（註三三）。

以上大抵是林紓從事翻譯事業的總成績。自然，這裏不一定是全數，遺漏散佚是難免的。但這裏已經有一百七十多種，數量已經不少了。自有西洋文學的翻譯以來，相信在數量上沒有人作出過這樣的成績。

附：林紓譯品表

本表著錄僅限於長篇譯著及短篇小說集，此外零篇斷簡、散見於各報刊的，都未收錄在內。又本表資料多根據朱羲胄氏春覺齋箸述記中的箸述年表及書錄下小說類；發現錯漏，即加以改正或補充。不過朱氏箸述年表的排列，依各書譯著年份的先後；譯著年份不可考的，方才以印行的年份加以著錄。本表則全部依照印行年份排列，其有譯述年份與印行年份不在同一年的，或印行年份未詳而不得不從譯述年份著錄的（祇佔極少數），在備註項下說明。

印行年份	書名（譯名及原名）	原著者	口授者	印行者	備註
一八九九（光緒二十五年己亥）	茶花女遺事一卷 La Dame aux Camélias	法國小仲馬 Alexandre Dumas fils	王壽昌	以素隱書屋刊本爲最早商務印書館鉛印本爲最流行	此書大抵譯於一八九七年（光緒二十三年）
一九〇一	黑奴籲天錄四卷 Uncle Tom's Cabin	美國斯土活女士 Harriet Beecher Stowe	魏易	武林魏氏木刻本	
一九〇三	利俾瑟戰血餘腥記二卷 Histoire d'un conscrit de 1813	法國阿猛查登 Erckmann-Chatrian原著英國達爾康譯以英文	曾宗鞏	文明書局	阿猛查登爲 Emile Erckmann 與 Alexandre Chatrian 二人合作之共同筆名二書皆從英文本重譯爲中文是年脫稿但印行年份未詳
	滑鐵盧戰血餘腥記二卷 Waterloo	法國阿猛查登原著英國達以康譯英	曾宗鞏	文明書局	
一九〇四	英國詩人吟邊燕語一卷 Tales from Shakespeare	英國蘭姆兄妹 Charles & Mary Lamb	魏易	商務印書館以下簡稱商務館	譯本誤題「英國莎士比著」見晚清戲曲小說目
	埃司蘭情俠傳一卷	英國哈葛德 Sir Henry Rider Haggard	魏易	未詳	
一九〇五	迦茵小傳二卷 Joan Haste	英國哈葛德	魏易	商務館	原著者姓名重見不另附原文
	埃及金塔剖屍記三卷 Cleopatra	英國哈葛德	曾宗鞏	商務館	
	鬼山狼俠傳二卷 Cetywayo and his White Neighbours	英國哈葛德	曾宗鞏	商務館	

	美洲童子萬里尋親記一卷	美國增米自記英國亞丁編輯	曾宗鞏	商務館	是書一九〇四年譯成
	英孝子火山報仇錄二卷 Maiwa's Revenge	英國哈葛德	魏易	商務館	
	斐洲烟水愁城錄二卷 Allan Quatermain	英國哈葛德	曾宗鞏	商務館	
	撒克遜刼後英雄畧二卷 Ivanhoe	英國司各德 Sir Walter Scott	魏易	商務館	
	玉雪留痕一卷 Mr. Meeson's Will	英國哈葛德	魏易	商務館	
一九〇六	洪罕女郎傳二卷 Colonel Quaritch V. C.	英國哈葛德	魏易	商務館	是書一九〇五年譯成
	蠻荒誌異二卷 The Witch's Head	英國哈葛德	曾宗鞏	商務館	是書一九〇五年譯成
	海外軒渠錄一卷 Gulliver's Travels	英國斯威佛特 Jonathan Swift	曾宗鞏	商務館	
	橡湖仙影三卷 Nada the Lily	英國哈葛德	魏易	商務館	
	紅礁畫槳錄二卷 Beatvice	英國哈葛德	魏易	商務館	
	伊索寓言一卷 Fables	希臘伊索 Aesop	嚴培南 嚴璩	商務館	是書一九〇二年譯成
一九〇七	附掌錄一卷 The Sketch Book	美國華盛頓歐文 Washington Irving	魏易	商務館	是書為節譯本
	十字軍英雄記二卷 The Talisman	英國司各德	魏易	商務館	

	霧中人三卷 The People of the Mist	英國哈葛德	曾宗鞏	商務館	是書一九〇六年譯成
	神樞鬼藏錄二卷 The Hole in the Wall	英國阿瑟毛利森 Arthur Morrison	魏易	商務館	同上
	金風鐵雨錄三卷 Micah Clarke	英國柯南達利 Conon Doyle	曾宗鞏	商務館	同上
	旅行述異二卷 Tales of a Traveller	美國華盛頓歐文	魏易	商務館	同上
	大食故宮餘載一卷 Alhambra	美國華盛頓歐文	魏易	商務館	
	歇洛克奇案開場前篇一卷後篇一卷 A Study in Scarlet	英國柯南達利	魏易	商務館	
	滑稽外史六卷 Nicholas Nickleby	英國卻而司迭更斯 Charles Dickens	魏易	商務館	
	花因一卷	英國幾拉德	魏易	商務館	
	愛國二童子傳二卷 Le Tour de la France par Deux Enfants	法國沛那	李世中	商務館	
	雙孝子噀血酬恩記二卷	英國大隈克力司蒂穆雷	魏易	商務館	
	劍底鴛鴦二卷 The Betrothed	英國司各德	魏易	商務館	
	孝女耐兒傳三卷 The Old Curiosity Shop	英國卻而司迭更斯	魏易	商務館	
一九〇八	塊肉餘生述前篇二卷後篇二卷 David Copperfield	英國卻而司迭更斯	魏易	商務館	
	賊史二卷 Oliver Twist	英國卻而司迭更斯	魏易	商務館	

	髯刺客傳一卷 The Refugees	英國柯南達利	魏易	商務館	
	恨綺愁羅記二卷	英國柯南達利	魏易	商務館	
	新天方夜談二卷 The New Arabian Nights	英國史蒂文生 Robert Louis Stevenson	曾宗鞏	商務館	
	電影樓臺一卷 The Doings of Raffles Haw	英國柯南達利	魏易	商務館	
	西利亞郡主別傳二卷	英國馬友孟德	魏易	商務館	
	英國大俠紅蘩露傳二卷 Le Mouron-rouge	法國男爵夫人阿克西 Baronne Orczy	魏易	商務館	
	鍾乳髑髏二卷 King Solomon's Mines	英國哈葛德	曾宗鞏	商務館	
	天囚懺悔錄一卷	英國約翰沃克森罕	魏易	商務館	
	蛇女士傳一卷	英國柯南達利	魏易	商務館	
	不如歸二卷	日本德富健次郎原著 塩谷榮繙爲英文	魏易	商務館	是書從英文本重譯爲中文
一九〇九(宣統元年)	彗星奪壻錄一卷	英國卻洛得倭康與諾埃克爾司	魏易	商務館	是書一九〇八年譯成
	冰雪因緣六卷 Dombey and Son	英國卻而司迭更斯	魏易	商務館	同上
	玉樓花劫 前篇二卷 後篇二卷 Le Chevalier de Maison-rouge	法國大仲馬 Alexandre Dumas père	李世中	商務館	同上
	璣司刺虎記二卷 Jess	英國哈葛德	陳家麟	商務館	同上
	黑太子南征錄二卷 Sir Nigle	英國柯南達利	魏易	商務館	

	藕孔避兵錄一卷	英國蜚立伯倭本翰	魏　易	商務館	
	西奴林娜小傳一卷 A Man of Mark	英國安東尼賀廹 Anthony Hope	魏　易	商務館	
	脂粉議員一卷	英國司丢阿忒	魏　易	商務館	
	蘆花餘孽一卷 The Last Hope	英國色東麥里曼 Henry Seton Merriman	魏　易	商務館	
一九一〇	三千年艷屍記二卷 Montezuma's Daughter	英國哈葛德	曾宗鞏	商務館	
一九一二（民國元年）	古鬼遺金記一卷	英國哈葛德	陳家麟	廣益書局鉛印本（或自庸言報複印）	是年九月譯竟付庸言報見離恨天譯餘賸語
一九一三	離恨天一卷 Paul et Virginie	法國森彼得 Bernardin de Saint-Pierre	王慶驥	商務館	
一九一四	魯濱孫飄流記二卷續編二卷 Robinson Crusoe & The Further Adventures of Robinson Crusoe	英國達孚 Daniel Defoe	曾宗鞏	商務館	
	貝克偵探談 初編一卷 續編一卷	英國馬克丹諾保德慶	陳家麟	商務館	
	深谷美人一卷	英國倭爾吞	陳　器	北京宣元閣鉛印本	是書一九一三年譯成
	情鐵二卷	未　詳	未　詳	中華書局	
	殘蟬曳聲錄一卷	英國測次希洛	陳家麟	商務館	是書一九一二年譯成
	黑樓情孽二卷	英國馬尺芒忒	陳家麟	商務館	

	荒唐言一卷 Faerie Queene	英國伊門斯賓塞爾 Edmund Spenser	曾宗鞏	商務館	原本爲詩歌此或譯自麥里郝斯所演詩之本事
一九一五	羅剎雌風一卷	英國希洛	力樹萲	商務館	
	義黑一卷	法國德羅尼	廖琇崐	商務館	
	蟹蓮郡主傳二卷 La Comtesse de Charny	法國大仲馬	王慶通	商務館	
	哀吹錄一卷	法國巴魯薩 Honoré de Balzac	陳家麟	商務館	是書合短篇小說四篇而成
	羅剎因果錄一卷	俄國託爾斯泰 Leo Tolstoy	陳家麟	商務館	是書合短篇小說八篇而成
	雙雄較劍錄二卷 Heart of the World	英國哈葛德	陳家麟	商務館	
	薄倖郎二卷	英國瑣司倭司女士	陳家麟	商務館	
	石麟移月記一卷	未詳	陳家麟	文明書局	
	魚海淚波一卷 疑即 Pêcheur d'Islande (1886)	法國辟厄略抵疑即 Julien Viaud (1850-1923) 之筆名 Pierre Loti 之中文譯音	王慶通	商務館	Pecheur d'Islande 即黎烈文所譯之冰島漁夫
	溷中花二卷	法國爽梭阿過伯	王慶通	商務館	
	魚雁抉微前編一卷 Lettres Persanes 或曰波斯尺牘	法國孟德斯鳩 Montesquieu	王慶驥	商務館東方雜誌第十二卷九號至第十四卷七號	書凡百餘首其未畢者三十餘首

一九一六	雷差得紀一卷 Richard II	英國莎士比亞 William Shakespeare	陳家麟	商務館小說月報第七卷一號	原本爲戲劇譯成小說體
	亨利第四紀一卷 Henry IV	英國莎士比亞	陳家麟	商務館小說月報第七卷二至四號	同上
	亨利第六遺事一卷 Henry VI	英國莎士比亞	陳家麟	商務館	同上
	秋鐙譚屑一卷 Thirty More Famous Stories Retold	美國包魯烏因 J. Baldwin	陳家麟	商務館	皆短篇故事
	凱徹遺事一卷 Julius Caesar	英國莎士比亞	陳家麟	商務館小說月報第七卷五至七號	原本爲戲劇譯成小說體
	鷹梯小豪傑一卷 The Eagle and the Dove	英國楊支 Charlotte Mary Yonge	陳家麟	商務館	
	情窩二卷	英國威利孫	力樹萱	商務館	離恨天譯餘賸語謂壬子九月譯得是編投之平報
	香鉤情眼二卷 Antonine	法國小仲馬	王慶通	商務館	
	奇女格露枝小傳一卷	英國克拉克疑卽 Mrs. Craik	陳家麟	商務館	
	血華鴛鴦枕一卷	法國小仲馬	王慶通	商務館小說月報第七卷八至十二號	
	雲破月來緣二卷	英國鶻剛偉	胡朝梁	商務館	是書一九一五年譯成
	橄欖仙二卷	英國巴蘇謹	陳家麟	商務館	
	詩人解頤語二卷	英國倩伯司 Chamberce	陳家麟	商務館	包括短章故事二百餘則
	紅篋記一卷	英國希登希路	陳家麟	商務館小說月報第七卷一至十二號	包括短篇小說十五篇

一九一七	拿破崙本記一卷 Napoleon	英國洛加德 John Gibson Lockhart	魏易	商務館
	天女離魂記三卷	英國哈葛德	陳家麟	商務館
	社會聲影錄一卷 Russian Proprietor and Other Stories	俄國託爾斯泰	陳家麟	商務館
	烟火馬三卷 Swallow	英國哈葛德	陳家麟	商務館
	柔鄉述險一卷	英國利華奴	陳家麟	商務館小說月報第八卷一至六號
	女師飲劍記一卷 Love Made Manifest	英國布司白 Boothby	陳家麟	商務館
	牝賊情絲記二卷	英國陳施利	陳家麟	商務館
	人鬼關頭一卷 The Death of Ivan Ilyitch	俄國託爾斯泰	陳家麟	商務館小說月報第八卷七至十號
	白夫人感舊錄一卷	法國海斯班	王慶通	商務館小說月報第八卷十一至十二號
一九一八	鸚鵡緣二卷續編二卷三編二卷	法國小仲馬	王慶通	商務館
	孝友鏡二卷	比國恩海貢斯翁士疑卽 Hendrik Conscience (1812-1883)	王慶通	商務館
	金臺春夢錄二卷	法國丹米安俄國華伊爾	王慶通	商務館
	癡郎幻影三卷	英國賴其鏜女士	陳器	商務館
	桃大王因果錄二卷	英國參恩女士	陳家麟	商務館

	現身說法三卷 Childhood, Boyhood and Youth	俄國託爾斯泰	陳家麟	商務館	
一九一九	恨縷情絲二卷 "The Kreutzer Sonata" and "Family Happiness"	俄國託爾斯泰	陳家麟	商務館	
	西樓鬼語二卷	英國約翰魁迭斯	陳家麟	商務館	
	鬼窟藏嬌二卷	英國武英尼	陳家麟	商務館	
	十萬圓一卷	未詳	未詳	上海偵探小說社鉛印	
	玫瑰花二卷續編二卷 The Rosary	英國巴克雷 Florence L. Barclay	陳家麟	商務館	是書一九一八年譯成
	鐵匣頭顱二卷續編二卷 Eric Bright Eyes	英國哈葛德	陳家麟	商務館	
	蓮心藕縷緣二卷	英國卞扣登	陳家麟	商務館	
	情天異彩一卷	法國周魯倭	陳家麟	商務館	
	還珠艷史二卷	美國堪伯路	陳家麟	商務館	
	豪士述獵一卷	英國哈葛德	陳家麟	商務館小說月報第十卷十一十二號	
一九二〇	路史二卷	法國亞波倭德	陳家麟	商務館	
	金梭神女再生緣二卷 The World's Desire	英國哈葛德	陳家麟	中華書局	
	膜外風光一卷	法國克里孟索 George Eugene Benjamin Clemenceau	葉于沅	上海陸徵祥家藏精刻本	書凡十五幕西劇之屬也是年所譯印行年份未詳

	歐戰春閨夢　初編二卷　續編二卷	英國高桑斯	陳家麟	商務館	
	球房紀事一卷	俄國託爾斯泰	陳家麟	商務館小說月報第十一卷三號	
	妄言妄聽二卷	英國美森	陳家麟	商務館	
	焦頭爛額二卷	美國尼可拉司	陳家麟	商務館	
	戎馬書生一卷	英國楊支	陳家麟	商務館	
	樂師雅路白忒遺事一卷	俄國託爾斯泰	陳家麟	商務館小說月報第十一卷四號	
	泰西古劇三卷	英國達威生 H. C. Davidson	陳家麟	商務館	輯錄泰西古劇三十一則
	伊羅埋心記一卷	法國小仲馬	王慶通	商務館小說月報第十一卷一二號	
	高加索之囚一卷	俄國託爾斯泰	陳家麟	商務館小說月報第十一卷五六號	
	鶚巢記　上編二卷　續編二卷 The Swiss Family Robinson	瑞士國魯斗威斯 Johann Rudolf Wyss	陳家麟	商務館	
	想夫憐一卷	美國克雷女士	毛文鍾	商務館小說月報第十一卷九至十二號	
一九二一	俄宮秘史二卷	俄國伯爵夫人丹考夫草稿　法國魁特轉譯德文	陳家麟	商務館	是書自魁特之英文譯本重譯為中文
	厲鬼犯蹕記二卷	英國安司倭司疑即 William Harrison Ainsworth (1805-1882)	毛文鍾	商務館	

	怪董二卷	英國伯魯夫因支	陳家麟	商務館	
	炸鬼記三卷 Doctor Therne	英國哈葛德	陳家麟	商務館	
	洞冥記一卷	英國斐魯丁 Henry Fielding	陳家麟	商務館	此書另有續編譯而未刊
	僵桃記一卷	美國克雷夫人	毛文鍾	商務館	
	鬼悟二卷	英國威而司 H. G. Wells	毛文鍾	商務館	
	馬妬一卷	英國高爾忒	毛文鍾	商務館	
	雙雄義死錄一卷 Quater-vingt Treize	法國預勾 Victor Hugo	毛文鍾	商務館	
	滄波淹諜記一卷	英國卞文	毛文鍾	商務館	
	沙利沙女王小紀二卷	英國伯明罕	毛文鍾	商務館	
	梅孽一卷 Ghosts	挪威伊卜森 Henrik Ibsen	毛文鍾	商務館	原爲劇本譯成小說
	埃及異聞錄一卷	英國路易	毛文鍾	商務館	
	情海疑波二卷	英國道因	林　凱	商務館	
一九二三	以德報怨一卷	美國沙甫衞甫夫人	毛文鍾	商務館	
	魔俠傳二卷 Don Quixote	西班牙國西萬提司 Miguel Cervantes	陳家麟	商務館	
	矐目英雄二卷	英國泊恩	毛文鍾	商務館	
	情翳一卷	美國魯蘭司	毛文鍾	商務館	

	興登堡成敗鑑一卷 Memoirs of General Von Hindenburg	法國蒲哈德	林騶	商務館	
一九二三	妖髡繯首記一卷	英國巴文	毛文鍾	商務館小說世界二卷八期至三卷九期	
一九二四	情天補恨錄二卷	英國克林登女士	毛文鍾	商務館（始載小說世界一卷一期至二卷三期）	小說世界一卷一期於一九二三年一月五日出版二卷三期於同年四月二十日出版
未刊及待訪之書	孝女履霜記一卷	美國克雷夫人	毛文鍾	藏存商務館本刊	據胡寄塵之調查
	五丁開山記二卷	法國文魯倭	陳家麟	同上	同上
	血雨風毛錄一卷	美國湯沐林森	毛文鍾	同上	同上
	黃金鑄美錄一卷	美國克雷夫人	毛文鍾	同上	同上
	〇〇未定譯名一卷	英國哈葛德	陳家麟	同上	同上
	洞冥續記一卷	英國斐魯丁	陳家麟	同上	同上
	情橋恨水錄一卷	英國斐爾格女士	毛文鍾	同上	同上
	神窩一卷	美國惠爾東夫人	毛文鍾	同上	同上

奴星敍傳一卷 二編一卷	法國洛沙子	陳家麟	同上	同上
金縷衣一卷	美國克雷夫人	毛文鍾	同上	同上
軍前瑣話一卷	法國馬路亞	毛文鍾	同上	同上
情幻記一卷	俄國託爾斯泰	陳家麟	同上	同上
學生風月鑑一卷	法國大仲馬	陳家麟	同上	同上
眇郎喋血錄一卷	英國阿克粹	陳家麟	同上	同上
夏馬城炸鬼一卷	英國哈葛德	陳家麟	同上	同上
鳳藻皇后小紀二卷	美國克雷夫人	毛文鍾	同上	同上
雙鴛侶一卷 The Vicar of Wakefield	英國高爾斯密士 Oliver Goldsmith	未詳	商務館	據漢譯東西洋文學作品編目
亨利第五紀一卷 Henry V	英國莎士比亞	未詳	商務館	據戚煥塤補充書目
保種英雄傳若干卷	未詳	魏瀚	未詳刊否	離恨天譯餘賸語謂辛亥八月前所譯
民種學若干卷	未詳	未詳	未詳刊否	書名見玉雪留痕序
歐西通史若干卷	未詳	蔡璐	未詳刊否	在京師大學堂授西史時之講義

上表著錄林紓已發表的譯著共一百五十種（以一題目爲單位，其分二編或三編者，皆視爲一種），另稿存商務館及待訪之書二十一種。此外，孤星淚及漫郎攝實戈二書，因未證實是否林紓所譯，故暫不著錄在表內；託爾斯泰的三種死法，不知已否譯完，也未便著錄。至於表內各書的原名及原作者名，其有生僻難以查考或因材料限制而待考的，暫照朱氏箸述記著錄。末了，附林譯小說統計表（按國統計，未刊及待訪之書未入）：

英國	法國	美國	俄國	瑞士	希臘	挪威	日本	比利時	西班牙	未詳何國何人著者
九五	二四	一三	八	一	一	一	一	一	一	四

註一：據阿英（錢杏邨）在所著晚清小說史（商務館印本，下同）中說，乾隆時候已譯印西洋小說，但那時期的所謂「翻譯」，大抵是根據聖經故事和西洋小說的內容，重新做起，算爲自撰之作。（見頁二七四）其實這樣的工作，只可說是「取材」，不可名爲「翻譯」。最初的一種長篇翻譯小說，是瀛寰瑣記（申報館版）裏的昕夕閒談，共五十五回，譯者署名蠡勺居士。瀛寰瑣記創刊於同治十一年（一八七二）九月，每月一冊，共行二十八期。（見阿英著晚清文藝報刊述畧，中華書局本，頁七）然則昕夕閒談的翻譯，是在甲午之前二十餘年。但在阿英的晚清戲曲小說目（上海文藝聯合出版社本，下同）及晚清文藝報刊述畧二書中，於甲午之前，除昕夕閒談外，沒有著錄其他的翻譯小說。所以中國正式翻譯西洋小說，應從甲午以後算起。

註二：林紓，福建閩縣人。原名羣玉，字琴南，號畏廬，後又自號冷紅生、六橋補柳翁、蠡叟、踐卓翁。生於清咸豐二年（一八五二），卒於民國十三年（一九二四），享年七十三歲。死後門人給他私諡貞文。林紓以古文家自負，與桐城耆宿吳汝綸馬其昶等往來，有文集詩集以及文論等著作行世，而且自撰小說傳奇。但這些著作不能奠定他在中國文學史上的地位；他之所以重要是在他的翻譯工作。

註三：蕭一山在所著清代通史中說：「計（林紓）所譯小說……共一百五十九種，都一千數百萬言……洋洋大觀，世稱『林譯小說』。」（商務館印本，下同，頁二三六）林紓在所撰小說劫外曇花的自序中，有「海內欲得吾譯稿者，時以書來，言林譯何久不出」一語（案該書民國二年所撰），大抵「林譯小說」一辭，在林紓生時已經出現。又在商務印書館出版的小說世界第十一卷第十三期（民國十四年九月廿五日印行）的封內，刋有標明「林譯小說」的廣告，內容畧謂：「選譯歐美名著，有教育、社會、俠義、偵探、滑稽、言情等，都百餘種；爲便整購起見，另裝二集，……」可見「林譯小說」一辭，早已流行。

註四：趙聰在五四文壇點滴中說：「譯介外國文學的工作，並不始自林琴南，在他以前另有兩位大師：一是周桂笙，一是徐念慈，不過一向不大爲人所知。」（友聯出版社本，頁三三）他的說法是根據楊世驥的文苑談往。楊氏列舉周桂笙（字樹奎，一字辛盦，又作新庵）的譯著如毒蛇圈、八寶匣、失舟得舟、左右敵、海底沈珠、含冤花等，都在一九〇六年以後方始面世，而所引徐念慈（字彥士，別號覺我，亦署東海覺我）的譯著如海外天、黑行星、美人妝、新舞台等，亦在一九〇三年以後（俱見阿英編著晚清戲曲小說目，翻譯之部）；都比林譯巴黎茶花女遺事稍遲。在巴黎茶花女遺事之前出現的翻譯小說，只有昕夕閒談，其詳參見（註一）。

註　五：林琴南學行譜記四種（民國五十年臺灣世界書局本，內分「貞文先生年譜」、「春覺齋箸述記」、「貞文先生學行記」、「林氏弟子表」四種，初版於民國三十八年在上海排印，原題「林畏盧先生學行譜記四種」）之一，貞文先生年譜，卷一，頁二〇—二一。

註六—七：林琴南學行譜記四種之二，春覺齋箸述記，卷三，頁四〇。

註　八：朱羲胄據林紓序歇洛克奇案開場有「當日汪穰卿舍人爲余刊茶花女遺事」數語，推斷校刻本之玉情瑤怨館爲汪穰卿（名康年，浙江錢塘人）之別號（見同上引書）。

註　九：見晚清戲曲小說目，頁一三四。

註一〇：見晚清文學叢鈔（中華書局本，下同），小說戲曲研究卷，頁五九七。

註一一：見貞文先生年譜，卷一。

註一二：畏盧文集（商務館印本，下同），頁五九。

註一三：見貞文先生年譜，卷一，頁一九—二六。

註十四：現代中國文學史（世界書局本，下同），頁一三九。案高鳳岐字歗桐，號媿室，福建長樂人，官至廣西梧州府知府，故又稱高梧州（見貞文先生年譜，卷一，頁一一）；高而謙字子益，鳳岐仲弟；高鳳謙字夢旦，鳳岐季弟（同上，頁三八）。

註一五：高鳳謙（夢旦）和張元濟（菊生）是光緒年間擘劃草創商務印書館的主要人物。事見柳存仁著人物譚

（大公書局本，下同），頁一八。

註一六：見春覺齋箸述記，卷三，頁二四。案：美國禁止華工，發端於一八七九年加省通過改正新憲法案。該憲法規定：（一）各公司不許用中國人；（二）中國人不許有選舉權，不許受雇於公家職業；（三）議院須定條例以罰招致華工之公司；（四）中國人在美國者當設種種例規限制之，苟不遵例，即逐出境。自此憲法成立，美國華人飽受虐待。光緒六年（一八八〇），美國政府與中國公使商議，令中國政府以自願限禁之名義，訂下北京條約，限制華工入境。此約於明年互換，八年實行，十年再改正增加，這是設禁的開始。設禁之始，原訂以十年爲期，光緒二十年（一八九四），美政府要求續限。此後續訂禁例，日出不窮，法如牛毛，在美華民無所適從。——見飲冰室專集（中華書局本，下同，第五冊）之二十二，頁一五〇—一五二，新大陸遊記節錄——附錄一：記華工禁約。

註一七：黑奴籲天錄（武林魏氏原刊本，下同），林紓序。

註一八：畏廬文集，頁一二。

註一九：該文後來編入中國文學研究（作家出版社本，下同），見下卷，頁一二一四—一二二九。

註二〇：小說世界第十三卷第五期於民國十五年一月三十日出版；胡氏本文題目是「林琴南未刊譯本之調查」。

註二一：小說世界是每週印行一冊的文學期刊，第三卷第八期於民國十二年六月八日出版，第三卷第九期於同年八月卅一日出版。

註二二：見晚清文學叢鈔，小說戲曲研究卷，頁二一〇。

註二三：見張靜廬輯注中國現代出版史料甲編（中華書局本，下同），頁二七一—三一八。案：該「編目」是徐調孚在一九二九年四月間，用蒲梢的筆名，應上海眞美善書店的約，就曾虛白原編加以修訂編成的。

註二四：引自離恨天譯餘賸語，見晚清文學叢鈔，小說戲曲研究卷，頁二七一。

註二五：見林琴南學行譜記四種之二，春覺齋箸述記，卷三，頁六四。

註二六：玉雪留痕序有「余繙民種學一書，上古野蠻，鯨涅亦不分男女」等語；見晚清文學叢鈔，小說戲曲研究卷，頁二二〇。

註二七：同（註二五）。

註二八：見中國近代出版史料二編（上海羣益出版社本，下同），頁二六五—二七五。案：東海覺我是徐念慈的筆名；該文最初刊載於一九〇八年小說林第九期。

註二九：柳存仁先生在人物譚中說到蕭伯納喜歡讀雨果的 Les Misérables 時附記云：「查此書我國迄無譯本，最完全的還只算林琴南譯的最不完全的孤星淚。」（頁一四一）

註三〇：見中國現代出版史料甲編，頁三一九—三二〇。

註三一：小說世界第十二卷第十期（民國十四年十二月四日出版）刋有亨利第五紀的最末一節，約四千字，譯者署「林琴南遺稿」字樣，但遍翻對上數期以至對上數卷，不再見刋有此稿的前文。

註三二：小說世界第九卷，共十三期，每週出一期，第一期於民國十四年一月二日出版，第十三期於三月二十七日出版。

註三三：見春覺齋箸述記，卷三，頁五八。

二　林譯的原本

翻譯的作用是傳遞（註一）。以文學作品的翻譯來說，一本外國的著作是否值得譯介給本國的讀者，要看它的內容，它的題材，和它的寫作技巧是否有值得欣賞　參考的地方。我們不必要求它是一部完美的世界文學名著，祇要它有可取之處，就有加以譯介的價值。

林紓不懂西文，他的譯述要靠別人口授，對於原本的選擇，自然是要看它的合作人的愛好。所選取原本的優劣高下，和這些合作人的文學素養大有關係。本章即依據上述的標準，對林譯原本的價值，加以概括的評述，並且對林紓的合作者，作一簡括的介紹。

（一）　原本的選擇

林紓翻譯了許多作品，但是其中有不少在文壇上毫無地位，徒然虛耗了他寶貴的精力和時間。這是十分可惜的。

在林紓的全部譯品中，屬於英國的著作最多，佔了一半以上，屬於法國的二十多種，美國的十餘種，俄國的不足十種，其他瑞士、希臘、挪威（註二）、日本、比利時、西班牙諸國，各得一種。

他所介紹的英國作家中，比較著名的有斯賓塞爾 Edmund Spenser、莎士比亞 William Shakespeare、達孚 Daniel Defoe、斯威佛特 Jonathan Swift、斐魯丁 Henry Fielding、卻而司・蘭姆 Charles Lamb、司各德 Sir Walter Scott、迭更斯 Charles Dickens、史蒂文生 R. L. Stevenson、威而斯 H. G. Wells 等。其次如哈葛德 H. R. Haggard、柯南達利 Conon Doyle、楊支 Charlotte M. Yonge、賀廹 Anthony Hope、克拉克 Mrs. Craik、毛利森 Arthur Morrison 和麥里曼 Henry Seton Merriman 等，可算是二流作家。

斯賓塞爾和莎士比亞都是十六世紀英國的名詩人，尤其莎士比亞是馳名世界的大文豪。斯賓塞爾則是英國文學之父喬叟 Chaucer 的繼起人，有「詩人的詩人」（（Poet of Poets）（註三）之稱。他是英國最偉大的詩人之一，他的作品卻很少讀者。林紓所譯的荒唐言 The Faerie Queene ，正是他的代表作，在英國文學史上是有數的巨構之一。可惜原著是長篇寓言詩，而林氏譯爲散文小說體，祇剩下語怪涉神的故事內容，失去原詩的精神面貌。春覺齋箸述記云：「或曰此非原詩，蓋麥里郝斯所演詩之本事。」（註四）林譯是否根據麥著，待考。莎士比亞的作品，林紓譯了凱徹遺事 Julius Caesar、雷差得紀 Richard II、亨利第四紀 Henry IV、亨利第六紀 Henry VI 等數種；同樣，原來的詩劇形式給改成散文小說形式。因此，林紓雖然介紹了這兩位英國的大文豪，他的翻譯卻給原著改頭換面，失去原來的風貌了。至於吟邊燕語，雖題「英國莎士比著」（註五），實在是蘭姆兄妹 Chavles & Mary Lamb 所作的莎氏樂府本事 Tales from Shakespeare。這書雖然不是莎翁原著，卻也是有相當價值的一本作品。

魯濱孫飄流記 Robinson Crusoe 是達孚最暢銷的一本著作。它比它的作者更知名，人人都曉得魯濱孫，可是知道達孚是誰的很少。書的主題是寫主人公魯濱孫在荒島上，運用他的智慧獨力與大自然奮鬥。這故事當然是作者搆想出來的，但是通過對週圍環境的細緻的刻劃，卻能使讀者深信不疑。所以邱除 Richard Church 說：「這是寫實主義開出的第一朵奇葩。」（註六）達孚的作品很多，祗此一本便足以使他不朽。

斯威佛特的海外軒渠錄 Gulliver's Travels，是英國十八世紀四大小說（註七）之一。它是最傑出的一本諷刺小說，從來無人懷疑它在世界文壇的地位。二百多年以來，它已經有幾十種語言的譯本，伏爾泰 Voltaire、拜倫 Byron、高爾基 Gorky、魯迅等文豪都對它十分推崇（註八）。全書分爲四部分，通過葛利佛 Gulliver在利立浦特 Lilliput、布羅卜丁奈格 Brobdingnag、勒皮他 Laputa、慧駰國 Houyhuhnm-land or the Country of the Houyhuhnms 的奇遇，一方面反映了十八世紀初期英國統治階層的腐敗，一方面嘲諷了人們的一般弱點。林紓譯的是前兩部，即葛利佛在小人國（利立浦特）和大人國（布羅卜丁奈格）的遭遇。

斐魯丁可說是英國十八世紀戲劇衰落、小說新興的過渡時期底代表人物。三十四歲（一七四〇）以前他是劇作家，其後始從事小說（註九）。他和李察遜 Samuel Richardson 幷稱爲英國小說創始期的雙璧。「兩人都是社會改革者，志在喚起『一個墮落的時代』從虛僞與罪惡中覺醒；不過他們所用的方法不同。李察遜用事例來教人以聖潔的美，斐魯丁則用嘲笑與事實來暴露罪惡的醜。」（註一〇）斐魯丁影响了英國小說百多年，是一個值得介紹的作家。林紓所譯的洞冥記，就是他的作品之一。

司各德是十九世紀初期的英國小說家。他始創歷史小說，立即流行於歐洲（註一一）。他在國外的影响極大，不單是文學，且及於音樂與繪畫。法國的囂俄、巴魯薩、梅星美 Prosper Merrimée、仲馬等作家，都直接間接受過他的影响（註一二）。他善用方言；人物的刻劃栩栩如生，主要是靠方言的對話（註一三）。他的歷史小說，林紓介紹了撒克遜刼後英雄畧 Ivanhoe、劍底鴛鴦 The Betrothed 和十字軍英雄記 The Talisman，尤其刼後英雄畧，是他的小說中最流行的一種，在中國也最受歡迎。

迭更司是維多利亞時代英國文壇的一顆巨星。他不是一位完美的藝術家，卻是一個善於說故事的人。他運用天才的想像力創造一個「迭更司的世界」，塑造許多典型的人物；這些人物的遭遇緊扣讀者的心弦，使他們笑，使他們哭，使他們期待。在他那溫和的諷刺與滑稽的筆調底下，倫敦底貧民窟和小市民底命運，都躍然紙上。他對後世的影响是無可估計的，最大的影响是在俄國，尤其是對於戈果理 Gogol、陀司妥也夫斯基 Dostoevski和託爾斯泰（註一四）。他是林紓最賞識的作家，給翻譯過來的作品有賊史Oliver Twist（或譯苦海孤雛）、滑稽外史 Nicholas Nickleby、孝女耐兒傳 The Old Curiosity Shop（今譯古玩店）、冰雪因緣 Domby and Son 和塊肉餘生述 David Copperfield。賊史是初期的著作，書中人物，善惡的對比十分鮮明。冰雪因緣是轉變期後的第一本作品，有比較完整的結構。塊肉餘生述則是技巧最成熟的一本小說，作者自認爲最得意之作。

史蒂文生是十九世紀後期的英國小說家，代表了回復浪漫主義的傾向。他的作品底特色是動作多、趣味濃，而且具有高度的藝術性。他是一個多才多藝的作家，不止小說，舉凡散文、隨筆、戲劇、詩歌、短篇小說，以至自傳式的記事，都成爲他的藝術的表現形式。他所走的路向，有康拉德 Joseph Conrad 與他并肩馳驅，並且得到哈葛德、麥里曼、賀廹等二流作家的追隨。這方面林紓介紹得最多的是哈葛德的作品，竟達二十多種，反而史蒂文生的著作，他祇譯介了一種不大重要的新天方夜談 The New Arabian Nights。

最後值得介紹一下的是威而斯。他的小說受近代科學的影響很大，因此最能代表他的是他的科學幻想小說。他的作品很多，林紓祇譯了鬼悟一種。

從以上的分析，可見英國方面林紓所介紹的一流作家不少，但所介紹的作品卻不一定是他們的代表作；其次如斯賓塞爾和莎士比亞的名著，他卻改變了原來的文學形式，這都是十分可惜的。

林紓所介紹的美國作家，比較重要的有先驅者歐文 Washington Irving 以及南北戰爭時期的施土活夫人 Harriet Beecher Stowe。

歐文是第一位享有國際聲譽的美國作家。他的散文筆調流暢，風格高雅。林紓翻譯的是拊掌錄The Sketch Book、旅行述異 Tales of a Traveller 和大食故宮餘載 The Alhambra。拊掌錄是一本文集，裏面有短篇小說、人物素描、隨筆和遊記，有讀書心得和生活體驗，有新近的觀察，也有童年的回憶。這種雜亂的形式，後來仿效者雖不乏人，在當時卻表現得清新特殊。其中李廹大夢Rip Van Winkle和睡洞The Legcnd of Sleepy Hollow 是男女老幼都歡迎的兩個短篇。旅行述異是和喬叟的坎特伯雷故事集 Canterbury Tales 及薄伽西珂 Boccaccio 的十日談 Decameron 同一類型的小說（註一五）。

斯土活夫人的黑奴籲天錄 Uncle Tom's Cabin 是反對奴隸制度，爲了激起大家的情緒而寫的。由於作者熱心於他的題材，在寫作上很費了一番精力，它是遠勝過其他同類的作品的。因此這書出版的第一年，就銷售了三十萬本（註一六）。

法國作家，林紓首先介紹了仲馬父子。他最早翻譯的茶花女遺事 La Dame aux Camélias，是小仲馬 Alexandre Dumas fils 的成名作和代表作。其後他又翻譯了大仲馬 Alexandre Dumas père 的玉樓花刼 La chevalier de Maison-rouge、蟹蓮郡主傳 La Comtesse de Charny，以及小仲馬的香鉤情眼 Antonine、鸚鵡緣、伊羅埋心記和血華鴛鴦枕。大仲馬原以戲劇享盛名，後來才寫小說，從十七世紀的法國歷史中找題材。他的小說中人物十分簡單，情節太多巧合，但是因爲他具有說故事的天才，卻獲得廣大的讀者羣衆。相反地，他的兒子小仲馬最先是寫小說的，不久就轉到戲劇，而且採用寫實的手法，以社會問題的討論爲主題。他的小說比較受人注意的，祇有茶花女罷了。他親自把它改寫成劇本，在舞台上大獲成功。

較仲馬父子更值得介紹的是囂俄 Victor Hugo 和巴魯薩 Honoré de Balzac。

囂俄與大仲馬同時，是法國浪漫運動的健將。他在詩歌、戲劇、小說方面，都獲得很大的成就，尤其是詩歌方面，聲望最高。至於小說，主要的作品有巴黎聖母院 Notre Dame de Paris、悲慘世界 Les Misérables和九十三 Quatre-vingt-treize。這幾部小說，在法國小說史上佔有很重要的地位。它們充滿着熱烈的情緒，通過故事情節和人物言行，表現了作者對社會的見解。林紓翻譯的雙雄義死錄，即九十三。商務館出版的孤星淚，就是悲慘世界，是否林紓所譯，待考。

巴魯薩是法國寫實主義的大師。他計劃寫一套偉大的「人間喜劇 Comédie Humaine，要將當時的社會生活及人物的各種類型，一一表現出來，構成一部完整的社會生活史。因此他的小說題材包羅極廣。雖然他這計劃沒有全部完成，卻也完成了一半，其中有長篇、中篇及短篇小說集。憑着這部未完成的「人間喜劇」，巴魯薩成爲法國最偉大而且最令人滿意的小說家之一。但是他的作品，林紓只譯了一部短篇小說集哀吹錄。

此外，較次要的法國作家，林紓還介紹了孟德斯鳩 Montesquieu 和森彼得 Bernardin de Saint-pierre。（註一七）

孟德斯鳩以法意 L'Esprit des Lois 一書享名於世；使他在文壇上露頭角的是林紓所譯的魚雁抉微 Lettres Persanes（又名波斯尺牘）。這是假託波斯人的通訊，來譏諷當時的社會風俗。這書一出版，立即轟動歐洲，因爲此時伏爾泰和百科全書派 Encyclopedists 也正在進行改革舊社會制度的運動，孟德斯鳩此書與他們目標相同，所以引人注意（註一八）。

森彼得是盧騷 J. J. Rousseau 好友。林紓所譯他的小說離恨天 Paul et Virginie 是一個純潔的愛情故事。這本帶有憂傷情調的小說，曾經風動大革命前後的法國文壇（註一九）。

俄國方面，林紓介紹了託爾斯泰 Leo Tolstoy（Lev Nikolaevich）的現身說法 Childhood, Boyhood and Youth、人鬼關頭 The Death of Ivan Ilyich、高加索之囚、社會聲影錄 Russian Proprietor and Other Stories、恨縷情絲等小說。託爾斯泰不但是俄國最偉大的作家，而且是歐洲最重要的文豪之一；他在國際文壇上的地位，可與莎士比亞幷肩。可惜他最重要的作品如戰爭與和平 War and Peace、安娜·卡列妮娜 Anna Karenina、復活 Resurrection 等，林紓卻沒有翻譯。現身說法是以他早年生活的囘憶爲底本；他的文學才華，於此中已見消息。

英、美、法、俄之外，林紓還介紹了日本德富健次郎（德富蘆花）的不如歸，西班牙西萬提斯 Miguel de Cervantes Saavedra的魔俠傳Don Quixote（即唐・吉訶德）、瑞士威斯I. R. Wyss的顛巢記The Swiss Family Robinson（即瑞士家庭魯濱孫）、挪威伊卜森 Ibsen 的梅孽 Ghosts 和希臘的伊索寓言 Aesop's Fables。

西萬提斯的唐・吉訶德，是歐洲文壇的輝煌巨構。它有很強的故事性。畧帶誇張的行事，用寫實的手法表現出來。熟練地運用方言的文字，風格十分自然。而作者運用喜劇藝術的技巧，是無可比擬的：他塑造了一個似虛非虛的人物典型，似輕鬆又嚴重地嘲諷了人生，使讀者一方面對書中主人產生了既同情又憐憫的感情，一方面在不知不覺中接受了寶貴的人生一課。林譯的魔俠傳雖然只是原書的節譯，也總算給國人介紹了一本世界名著。

伊卜森是挪威最有名的戲劇作家，同時也是歐洲劇壇最重要的人物之一。他的現實主義的劇作，爲斯干的那維亞半島的文學大放光采，影响遍及全世界。他的劇作，林紓祇譯了梅孽一種，而且把戲劇譯成小說的形式了。

伊索寓言的價值，主要在它的影响。它故事裏面的主人公，是會說話會思想的動物，一方面保留各種動物的本性，一方面象徵各種類型的人物；通過動物的語言行動，寄寓着深刻的教訓和永恒的哲理，給人類社會痛下鍼砭。它的故事，常給後世文人引用；它的形式，也成爲後世一部分文人模仿的對象（註二〇）。

德富健次郎和威斯的名氣，雖然及不上西萬提斯等人，但前者的不如歸亦算是明治時代著名的小說之一，而後者的顛巢記，藉魯濱孫飄流記的餘光，比不如歸流行得更爲久遠。

以上是林譯中比較有價值的作家和作品（註二一），除此之外，在林紓的譯品表中，恐怕再找不到重要的著作了。他所譯這些作家的作品，不及他全部譯作的三分之一。而且，有些雖然是一流作家的作品，卻不是他們的最佳著作，例如所譯託爾斯泰和巴魯薩的作品便是；有些雖然是一流作家的佳作，像莎士比亞和易卜生的劇本，翻譯時卻都改變了原著的文學形式。此外，林紓所譯哈葛德、訶南道爾和其他無名作家的無價值作品，委實太多了。這種缺陷的產生，是由於他不懂西文的緣故。他自己說：「予不審西文，其勉強厠身於譯界者，恃二三君子爲余口述其詞，余耳受而手追之，聲已筆止。」（註二二）他因爲不懂西文，譯述的全部過程，從原本的選擇到逐字逐句的了解，都要靠口述者的講授；所以原本選擇的不當，原作形式體裁的改變，甚至誤譯脫譯的過失，都不能完全責備於他。

孽海花的作者曾孟樸，在民國十七年寫給胡適的信中說，他曾經和林紓會面，談到翻譯問題時，貢献了兩個意見，一是用白話，一是「預定譯品的標準」。這兩個意見，林紓都不肯接受。叫他用違所長，放棄古文，改用白話，這是無論如何做不到的。至於原本的選擇，他自己雖然不懂西文，無從選擇預定，卻大可以和熟悉西洋文學的人商量，定下一個計劃，「擇各時代、各國、各派的重要名作，必須迻譯的次第譯出」。但是他不以爲然，他認爲「人家都是拿着名作來和他合譯的，何必先定目錄，受到拘束。」這未嘗不是他理解含糊及成見深固，甚至有些「化腐朽爲神奇的自尊心」在作祟。（註二三）

雖然如此，林紓的貢献已經很可觀了。儘管把他的譯品中沒有文學價值的除去，剩下來有價值的作品也還有四、五十種。但是，誠如曾孟樸所說：「如果把沒價值的除去，一家屢譯的減去，塡補了各大家代表的作

品，就算他意譯過甚，近於不忠，也要比現在的成績圓滿得多呢。」（註二四）

（二） 題材的分析

在數量上，林紓的翻譯成績是相當可觀的了。然則，這一大堆作品，它們的題材是什麼？

無論東西哪一個社會，總有男女互相愛悅的事蹟。所以唐人開始著意爲小說，就已經產生不少言情的佳篇；新文學運動以來，小說方面也是以描寫男女戀愛關係的作品佔最大的比數（註二五）。外國文壇何嘗不是一樣？因此，林紓所譯的西方說部，亦以言情一類爲最多。其中最爲當時社會所傳誦的，是他的處女譯作巴黎茶花女遺事。這是描寫一個高尚妓女的愛情故事：名妓馬克爲了情郎的前途，爲了他妹妹的幸福，不惜悄悄地離開，結果奄奄地死去，做了輕視妓女底社會風俗的犧牲。這題材和霍小玉傳有點相像，所不同的是霍小玉犧牲在情郎的負心，而亞猛的離開馬克，則是馬克自己故意的安排。

從英文重譯過來的日本小說不如歸，描寫日女嫁夫後，因爲得不到婆婆的歡心，做了歸家娘，鬱鬱而死。這題材又使我們想起了古詩焦仲卿妻的故事，而情節和茶花女同樣哀感動人。

以上二書都是悲劇的結局，哈葛德的洪罕女郎傳 Colonel Quaritch V. C. 和雙雄較劍錄 Heart of the World 則相反。前者敍洪罕和窮家少年相戀，因獲得意外金錢而終成眷屬。這和中國舊小說戲曲中的才子佳人故事有點類似，不過「才子」是及時獲得「功名」而已。後者敍英人彼得伯露之未婚妻被誘刼，彼得仗劍追還的故事。英雄美人格局的小說，不外如是。

迦茵小傳Joan Haste和紅礁畫槳錄Beatrice也是哈葛德的著作，二書的女主角都是深於情而能為她的「男子」犧牲的。在迦茵小傳中，未嫁的女兒竟有私孕，這題材在五十年前的中國社會，曾經引起頭腦守舊者的非議，埋怨林紓把此書全譯爲不當（註二六）。紅礁畫槳錄敍少女鍾情於有婦之夫，但是她「深於情而格於禮，愛而弗亂」（註二七）。最後爲了保全男子的名節，毅然殉情。同樣，迦茵也是深情高義的女子，既然格於情勢，不能與情郎結婚，便忍痛另嫁，好讓他專心另娶。這些情節，卻又頗得中國讀者的讚許。

至於恨縷情絲，原是由託爾斯泰的兩篇小說合成，上卷是波子西佛殺妻 The Kreutzer Sonata，下卷是馬莎自述生平 Family Happiness，題材是夫婦關係與家庭生活。

此外言情小說中值得一談的是法國小說離恨天和魚海淚波。前者是作者森彼得假借人問悲痛之事，發抒胸中的無數哲理；後者是描寫漁家女不知情郎經已覆舟，仍在祈禱望他無恙歸來的傷心故事。

其次是從當前社會抉取題材的社會小說，其中最值得注意的是迭更司的著作。他用詼諧嘲諷的筆觸，刻劃十九世紀英國下層社會的人物和他們的生活，引起人們的注意而達到改良社會的目的。遺腹孤嬰大衛的顚連的際遇（塊肉餘生述），徒然爲國家長養賊材的「卑田院」的腐敗（賊史），反映英國鐵路建設後的改變的東貝家事（冰雪因緣），孝女耐兒死在那荒涼的屋裏的景象（孝女耐兒傳），鄉村蒙學堂的狀況（滑稽外史），都透過迭更司和林紓的筆墨，一一浮現在中國讀者的眼前。

蛇女士傳和彗星奪壻錄，透過蛇女士的放誕不羈和彗星報的標彩奪壻，刻劃了初獲解放的婦女底醜態。相反，脂粉議員則描寫才女相夫，代撰議會講稿。這些作品都是以婦女生活爲題材。其他如天囚懺悔錄描寫殺人者的精神重壓及後來的行善贖罪，魚雁抉微假託波斯人的通信來譏評法國的社會風俗，現身說法則是託爾斯泰自述早年的懶散事蹟，用以垂戒社會。

翻譯數量比較多的，還有美洲童子萬里尋親記、英孝子火山報仇錄 Maiva's Revenge、雙孝子噀血酬恩記、鷹梯小豪傑、孝友鏡等倫理小說，神樞鬼藏錄、歇洛克奇案開場 A Study in Scarlet、貝克偵探談、藕孔避兵錄等偵探小說，埃及金塔剖屍記 Cleopatra、鬼山狼俠傳 Cetywayo and his White Neighbours、蠻荒誌異 The Witch's Head、三千年艷屍記 Montezuma's Daughter、鐵匣頭顱 Eric Bright Eyes 等神怪小說。這些倫理小說，都是以孝道爲中心，頗能迎合中國舊社會的心理。這些西洋的偵探小說，和中國舊有的公案小說脈絡相類，不過層層推斷，更覺細微。這些神怪小說，以哈葛德的著作爲多，都是談鬼說怪的無稽之談，類似中國的志怪小說，不過篇幅較長罷了。

至於探險小說，則爲中國所缺。林譯探險小說中，最流行的是魯濱孫飄流記，書敍魯濱孫好浪遊，遇險流落荒島，獨力經營地過着脫離社會的生活。文學的影响之外，這本書還給讀者很大的樂趣。模仿它的題材而寫成的書，林紓譯有鸛巢記。其他斐洲煙水愁城錄 Allan Quatermain、霧中人 The People of the Mist、鍾乳髑髏 King Solomon's Mines 等幾種是哈葛德的著作，寫的是白人在非洲的探險故事。

以拿破崙和他的戰爭爲題材的，有拿破崙本紀 Napoleon 和髯刺客傳 The Refugees，可說是拿破崙的外傳，類似漢武外紀、宣和遺事的體裁（註二八）。利俾瑟戰血餘腥記 Histoire d'un conscrit de 1813 和滑鐵廬戰血餘腥記 Waterloo，處理拿破崙兵敗的兩場戰役，行伍間事，描繪得十分周詳。拿破崙野心勃勃，終於敗亡，百年之後，德皇威廉第二又步他的覆轍，挑動第一次世界大戰。興登堡成敗鑑 Memoirs of General von Hindenburg 是法國人所著，敍述德將興登堡的血腥戰績，而加以譏彈，一抒數十年的積忿。歐戰春閨夢則是以歐戰爲背景的一本小說。以軍事爲題材的小說，還有柯南達利的金風鐵雨錄 Micah Clarke 與黑太子南征錄 Sir Nigle，但是取材於較早的時代，一寫英王雅各朝的叛亂，一寫英國未開化時的爭鬥。

司各德和大仲馬都是喜歡從歷史中發掘題材的作家。林紓所譯司各德的幾種著作，都取材於十字軍東征的時代。十字軍英雄記寫英王李卻與土耳其之戰，是一本軍事小說，不過在鐵馬干戈的變幻之中，加揷英雄兒女的纏綿事蹟。劍底鴛鴦祇是以十字軍爲背景，故事發生的現場卻移到後方，故事的中心是戀愛而不是軍事。撒克遜刼後英雄畧則是描寫英王李卻東征，皇位被竊，王由巴勒士丁潛囘，密謀復國的歷史小說；英雄美人的事蹟，比武塲上的爭鬥，描寫得入木三分。至於大仲馬的玉樓花刼，則取材於魯意十六之變，后妃公主，皆瑯璫繫獄，因皇后有人營救，事敗，全家盡喪刀斧之下。柯南達利的恨綺愁羅記，也是取材於魯意一朝，是一本以宮怨爲題材的小說。

早在一八九八年，梁啟超就提出過譯印政治小說的意見（註二九）。林紓也曾譯過幾種政治小說，最早而最爲國人所傳誦的是黑奴籲天錄。這是一本反對虐待黑奴的美國小說。作者斯土活夫人撰寫本書時，是美國呼籲解放黑奴的南北戰爭時代；林紓譯本書時，正當美國虐待華工的時候，讀其書而悵觸其事，在當時頗曾掀起過一番波淚。

同時以黑人爲書中主角的有義黑，寫歷盡艱苦照顧幼主的黑奴的忠義，譯者比之程嬰（註三〇）。另一本俠義小說英國大俠紅蘩蕗傳（註三一），則描寫法王魯意十六被殺，國中大亂之時，英國大俠紅蘩蕗救助難民出險的故事。

此外，還有激勵國人從事實業的愛國二童子傳La Tour de la France Par Deux Enfants，記錄外國人在北京見聞的金臺春夢錄，提出性病遺傳的社會問題劇梅孽，以鳥獸爲主角的伊索寓言，在林譯說部中顯出題材上的特色。

應該提出的還有兩本在世界文壇上享有盛譽的諷刺小說。西萬提斯的魔俠傳是敍述騎士沒落時代底騎士迷浪遊救世的種種遭遇，作者假借他的可笑行徑，給予世人溫和而同情的諷刺。斯威佛特的海外軒渠錄則假託虛無縹緲的大人國、小人國等的人情風俗，譏諷英國的弊政。

從以上的分析，可見林譯小說的題材是很廣闊的，已經超過舊小說的範圍。所以林譯說部中，除上節所述比較具有藝術價值的四、五十種作品之外，其餘的還有一小部分雖然藝術價值不大，在題材上卻還有可取的地方——當然，兼有藝術價值及新鮮題材的也有。我們可以說，林紓對於中國小說題材上的擴大，是有一定的功勞的。

(三) 林譯小說的口授者

朱羲胄春覺齋箸述記稱茶花女遺事爲「光緒二十五年王壽昌口譯先生（林紓）筆述」（註三二）。因爲林紓不懂西文，所以翻譯茶花女遺事要由懂得法文的王壽昌「口譯」，他聽了用筆記述下來。此後各書的翻譯，都是用這種「口譯筆述」的方法。此種方法並非新創，早期的佛經翻譯（註三三），及明清間耶穌會士的部分譯著（註三四），都曾採用過這個方法。

湯用彤說：「古時譯經，僅由口授，譯人類用胡言，筆受者譯爲漢言，筆之於紙。故筆受者須通胡語。」（註三五）最初翻譯佛經，是由口授者由原文轉爲胡語，再由筆受者轉爲漢文。而林譯小說則是由口授者將原文轉爲漢語，再由林紓筆錄下來。情形雖然有點不同，其爲二人合作的成果則一。這種翻譯，必須雙方合作，才能成功一件完整的工作；口授者或筆受者，缺一不可。因此，所謂林紓的翻譯事業，實在是林紓和他的合作人的共同事業，沒有這些人的合作，林譯小說根本無由產生。

據春覺齋箸述記所載，林紓從事翻譯的合作人一共十九位，分別敘列如下。

王壽昌是茶花女遺事的口述人，也是林紓從事翻譯工作的誘導人。錢基博說：「初紓與長樂高氏兄弟鳳岐而謙敦昆弟驩。……而謙摯友王壽昌精法蘭西文；亦與紓驩好。紓喪其婦，牢愁寡懽！壽昌因語之曰：吾請與子譯一書，子可以破岑寂；吾亦得以介紹一名著於中國，不勝於蹙額對坐耶！遂與同譯法國大仲馬（案應爲小仲馬）茶花女遺事行世。」（註三六）可見茶花女遺事的翻譯，是出於王壽昌的提議。王壽昌，字子仁，又名曉，字曉齋，福建閩侯人，畢業於馬尾船政學堂，留學法國，在巴黎大學習法律。歸國後，歷任天津洋務局翻譯，湖北交涉使，漢陽兵工廠總辦。他工詩能文，著有曉齋遺稿。（註三七）

魏易，字沖叔，或作聰叔，一字春叔，浙江仁和人。林紓譯吟邊燕語，在序中說：「長沙張尙書既領譯事於京師，余與魏君適厠譯席。魏君口述，余則叙致爲文章。計二年以來，余二人所分譯者，得三四種。」（註三八）此序之作，林紓自署光緒三十年五月，序云「計二年以來」，則林紓和魏易之任職京師譯書局，當在光緒二十九年。計魏易和林紓合譯得塊肉餘生述、黑奴籲天錄等英美小說多種。

曾宗鞏，字又固，一作幼固，福建長樂人。林紓譯魯濱孫飄流記的序中說：「幼固自少學水師業，習海事，故海行甚悉。」（註三九）光緒二十九年（一九〇三）張百熙爲管學大臣時，嚴復爲京師譯書局總辦，曾宗鞏和魏易、林紓同任翻譯之職，曾魏二人的職名爲「口述」（註四〇）。他和魏易是林紓友輩中較好的合作人，曾爲林紓口述魯濱孫飄流記、海外軒渠錄，及其他英國小說多種。

毛文鍾，字觀慶，江蘇吳縣人（註四一）。與林紓合譯鬼悟、情翳等英美小說多種。

嚴培南，字君潛；嚴璩，字伯玉；都是嚴復之子，福建侯官人。二人與林紓合譯伊索寓言。（註四二）嚴璩曾隨父任職於京師譯書局（註四三）。

廖琇崐，福建閩侯人。林譯法國小說義黑是他口述的。

胡朝梁，字梓方，號詩廬，江西鉛山人。初治西學，晚而好詩。（註四四）與林紓同譯雲破月未緣。

魏瀚，字季渚，福建閩侯人，與林紓合譯保種英雄傳（註四五）。

這幾位都是林紓的友好或世侄輩。以下八人，都是林紓學生，其籍貫及畧歷具見林氏弟子表（林琴南學行譜記四種之四）。

陳家麟，字黻卿，直隸靜海人。口述洞冥記、魔俠傳等書，與林紓合作譯書最多。林譯託爾斯泰和莎士比亞的著作，多由他口授。

王慶驥，字石蓀，後改名景岐，福建閩侯人。林紓在魚雁抉微序中說：「及門生王慶驥居法京八年，語言文字精深而純熟。」（註四六）又在離恨天譯餘賸語中說：「因憶二十年前，與石蓀季父王子仁譯茶花女遺事，傷心極矣。而此書復多傷心之語，而又皆出諸王氏，然則法國文學之名家，均有待於王氏父子而傳耶！」（註四七）言下之意，稱許王慶驥不讓乃叔壽昌。王慶驥「兼數國語言，而於法國之文學爲特精」（註四八）。他和林紓合作，祇譯得魚雁抉微及離恨天二書，其中魚雁抉微尚未譯完，祇有原書的一半。

王慶通，字秀中，福建閩侯人；也是王壽昌的侄兒，精法國文學，與林紓合譯蟹蓮郡主傳、鸚鵡緣等書。

李世中，福建閩侯人。通法文，曾與林紓合譯玉樓花劫及愛國二童子傳。

陳器，字獻琛，一字獻丁，福建閩侯人。通英文，與林紓合譯深谷美人及癡郎幻影。

力樹萲，字次東，福建永福人。通英文，與林紓合譯情窩及羅剎雌風。

林騶，字秀璋，福建閩侯人。口授興登堡成敗鑑。

林凱，字奏丹，福建閩侯人。與林紓合譯情海餘波。

此外與林紓合作過的還有兩人，不過也們口授的並非小說。一是葉于沅，字可立，福建閩侯人，口授法國劇本膜外風光（註四九）；一是蔡璐，亦林紓弟子之一，字端如，浙江桐鄉人，治英國文學，與林紓合譯歐西通史（註五〇）。

以上十九人，大抵是林紓的友好或學生，有幾位還是從外國歸來的留學生。但他們都不是專攻西洋文學的，所以對於歐美文學流派及其演變，都不大了了。他們所介紹給林紓翻譯的，都是本人平時閱讀所接觸到的作家與作品。這些作家和作品，都是在當時比較流行的。其中固然有永遠不墮的文壇巨星，如託爾斯泰、迭更司之輩；但僅僅流行一時，不久就雲散煙消，不復爲人記憶的作家與作品，卻佔了一大半。試翻開林紓的譯品表一看，差不多有一半作品的作者，是和林紓同時或稍早一點的；他們在文壇上的地位還未穩固。因此，由於合作人大都缺乏文學鑑賞的眼光，致使林紓用在翻譯上的心血，不得不虛耗了三分之二。假使他們都具有文學鑑賞的眼光，或者對歐美文學比較熟悉，能把一家屢譯的減去，代以各家各派的著作，把毫無價值的作品，代以各大家的名作；那麼，林譯小說卽使意譯過甚，成績也比現在好得多。

在上述諸人中，和林紓合作最多的是陳家麟，介紹歐美作品五十多種，西萬提斯的魔俠傳，巴魯薩的哀吹錄，斐魯丁的洞冥記，託爾斯泰的小說及莎士比亞的劇本，都是由他口授的。但他們所譯莎士比亞的著作，不過步蘭姆兄妹的後塵，等於爲莎劇作本事罷了。託爾斯泰和巴魯薩是舊俄和法國的名家，而觀陳氏口授諸作多英美作品，故林譯中屬於他們二人的著作，可能是從英文重譯過來的。

魏易口授者雖不及陳家麟多，卻是比較有價值的作品。他介紹了歐美作品三十多種，雖然仍雜有哈葛德及其他無名作家的著作，但有一半是比較有價值的，例如英國迭更司及司各德、美國歐文和斯土活夫人的著作，都是具有文學價值而且翻譯得比較好的。他可以說是林紓最佳的合作人。

其次曾宗鞏、王慶通與毛文鍾，每人口授十餘種。曾氏以介紹英國小說爲主，其中比較著名的是達孚的魯濱孫飄流記及斯威佛特的海外軒渠錄，其他以哈葛德的作品居多。王氏差不多集中介紹法國仲馬父子的著作，還算有相當價值。毛氏介紹英美無名作家的作品爲多，比較有名之作如囂俄的雙雄義死錄及伊卜森的梅孽，卻都不是英美作品，可能是從英文本重譯過來的。

除此之外，其餘諸人都祇介紹了一二種著作，文學價值都不很高。祇有王壽昌口授的茶花女遺事，不但是小仲馬最出色的作品，而且譯筆很好，誤譯的地方較少，譯文又深得原作的精神風貌，可見他文學素養頗高，工作也很認眞，可惜譯了茶花女遺事後，就再沒有和林紓合作了。

附註

註一：梁啟超說：「翻譯有二：一、以今翻古；二、以內翻外。以今翻古者，在言文一致時代，最感其必要，蓋語言易世而必變，既變，則古書非翻不能讀也。求諸先籍，則有史記之譯尙書。……然自漢以後，言文分離，屬文者皆模仿古言，譯古之業遂絕。」（見飮冰室專集（第十四冊）之五十九，頁一一二，翻譯文學與佛典）「五四」以後，白話取代了文言，成爲表達思想感情和記事的主要工具，經子等古書的白話譯本逐漸出現，中斷了二千年的「譯古之業」於是重見於世。

註二：林譯梅孽 Ghosts 一卷，是十九世紀挪威戲劇家易卜生（Henrik Ibsen 林譯伊卜森）原著的社會問題劇，今譯羣鬼。林譯本誤題「德國伊卜森原著」。

註三：Alexander M. Witherspoon, general editor, The College Survey of English Literature（New York, 1951）, p. 228.

註四：見春覺齋箸述記，卷三，頁三五。

註五：吟邊燕語，商務印書館「說部叢書」本，光緒甲辰年初版，民國三年再版。

註六：譯自 Richard Church, The Growth of the English Novel（London, 1951），p. 56.

註七：斯威佛特的 Gulliver's Travels 和斐魯丁的 Tom Jones、李察遜的 Clarrisa、史特因 Laurence Sterne 的 Tristram Shandy 并稱爲英國十八世紀的四大小說。見 Calvin S. Brown, general editor, The Reader's Companion to World Literature（New York, 1956），p. 449.

註八：見格列佛遊記（Gulliver's Travels）（人民文學出版社本，下同），譯者張健序。

註九：Brown, op. cit., p. 166.

註一〇：譯自 Robert Morss Lovett & Helen Sard Hughes, The History of the Novel in England（New York, 1932），p. 63.

註一一：Brown, op. cit., p. 408.

註一二：Church, op. cit., p. 135.

註一三：Walter Allen, The English Novel（Harmondsworth, 1960），p. 123.

註一四：Church, op. cit., p. 152.

註一五：十日談和坎特伯雷故事集是中古歐洲的文學名著，牠們的故事型式屬於所謂 frame-tale 的一種，即在故事中包涵有其他的故事在內。屬於這類型的著作，還有古羅馬奧維德的 Metamorphoses，中古阿剌伯的天方夜談 The Arabian Nights，和近代美國朗法羅 Heney Wadsworth Longfellow 的 Tales of a Wayside Inn等。——參看The Reader's Companion to World Literature, p. 169.

註一六：Robert E. Spiller, The Cycle of American Literature（New York, 1957）, p. 105.

註一七：林紓譯品中有魚海淚波一種，爲法國辟厄略坻原著。黎烈文所譯羅逖Pierre Loti的冰島漁夫Pêcheur d'Islande，似與魚海淚波同一來源，待考。案：Pierre Loti是Julien Viaud（1850-1923）的筆名。他以優雅的文筆，寫異域的情調，曾經流行一時。Pêcheur d'Islande 是他的最佳之作；那悽冷的氣氛，陰鬱的情調，帶一種壓廹的力量。

註一八：Geoffrey Brereton, A Short History of French Literature（Harmondsworth, 1956）, p. 90.

註一九：L. Cazamian, A History of French Literature（London, 1955）, p. 381.

註二〇：法國十七世紀名詩人La Fontaine的寓言集Fables是伊索以後最著名的寓言集，是和伊索寓言一脈相承的。此外，伊索寓言中的若干名篇，演變爲中古的"Beast epic"；如最早的一篇Ecbasis captivi（"the prisoner's escape"，是用拉丁文寫的有韻詩），主要是取材於伊索寓言中「狐狸和病獅」的故事。又今日「酸葡萄」（sour grapes）的典故，也是出自伊索寓言中「狐狸與葡萄」的故事的。（參看The Reader's Companion to World Literature, pp. 46, 159.）

註二一：據漢譯東西洋文學作品編目，謂雙鴛侶亦爲林紓所譯，則此中著作及人選，可以添上雙鴛侶 The Vicar of Wakefield及其作者高爾司密斯Oliver Goldsmith。高爾司密斯是英國十八世紀的名詩人兼小說家及劇作家，雙鴛侶是他底小說的代表作。

註二二：孝女耐兒傳（商務館說部叢書本），林紓序。

註二三：以上引自胡適文存第三集（遠東圖書公司本，下同），論翻譯（與曾孟樸先生書）附錄的曾先生答書，頁七一六。

註二四：同上。

註二五：見中國新文學大系（香港文學研究社本，下同），小說一集導言，茅盾撰。

註二六：迦茵小傳另有蟠溪子譯本，僅譯下半冊，於敍寫迦茵懷孕之上半未譯。寅半生讀迦茵小傳兩譯本書後認爲蟠溪子將有娠一節爲迦茵隱去是傳其品，林紓照譯不誤是傳其淫賤。（見晚清文學叢鈔，小說戲曲研究卷，頁二八五—二八七。）

註二七：引自紅礁畫槳錄序，見晚清文學叢鈔，小說戲曲研究卷，頁二二六—二二七。

註二八：見春覺齋箸述記，卷三，頁二〇—二一。

註二九：梁啟超撰譯印政治小說序，於光緒二十四年（一八九八）原載清議報第一冊。啟超此文與國聞報附印說部緣起（一八九七）是晚清時期最早的兩篇闡述小說理論的文章。

註三〇：見春覺齋箸述記，卷三，頁二三。

註三一：英國大俠紅蘩蕗傳，春覺齋箸述記僅署「法國男爵夫人阿克西原著」（卷三，頁二二），未錄原名。查此書卽 Baronne Orczy 的"Le Mouron-Rouge"（1905），以法國大革命爲背景。

註三二：見春覺齋箸述記，卷三，頁四〇。

註三三：梁啟超論佛典的翻譯說：「以譯法論，前此多一人傳語，一人筆受；後則主譯之人，必梵漢兩通，而口譯、筆受、證義、勘文，一字一句，皆經四五人之手乃著爲定本。」（飲冰室專集之六十，頁四，佛典之翻譯）又說：「世高譯業在南，其筆受者爲臨淮人嚴佛調；支讖譯業在北，其筆受者爲洛陽人孟福張連等。」（飲冰室專集之五十九，頁一六，翻譯文學與佛典）世高（安淸）、支讖（支婁迦讖）是早期的譯家，嚴、孟、張等是他們的助譯者。

註三四：明淸間耶穌會士的譯著，或由西士親自執筆著述，或西士口授，華人筆述，或由西士起稿，華人潤色。例如傅汎際李之藻合譯寰有詮和名理探，便是由傅氏「譯義」，李氏「達辭」（見徐宗澤編著明淸間耶穌會士譯著提要，中華書局本，頁一〇－一一），而著名的幾何原本，即由利瑪竇口授，徐光啟筆譯（同上，頁二五七）。

註三五：漢魏西晉南北朝佛教史（中華書局本，下同），頁六六。

註三六：現代中國文學史，頁一三九。

註三七：見春覺齋箸述記，卷三，頁四㈠。

註三八：吟邊燕語（商務館說部叢書本，下同），林紓序。

註三九：魯濱孫飄流記（商務館萬有文庫本，下同），林紓序。

註四〇：見中國近代出版史料二編，頁一三，（註二）引京師大學堂（癸卯）同學錄。

註四一：見寧遠著小說新話（上海書局本），頁一六四。

註四二：見春覺齋箸述記，卷三，頁五八。
註四三：見王蘧常著嚴幾道年譜（商務館印本），頁八。
註四四：見春覺齋箸述記，卷三，頁四六。
註四五：同上，頁六四。
註四六：見晚清文學叢鈔，小說戲曲研究卷，頁六四三。
註四七：同上，頁二七一。
註四八：畏廬續集（商務館印本，下同），頁二七，贈王生序。
註四九：見春覺齋箸述記，卷三，頁五九。
註五〇：見林琴南學行譜記四種之四，林氏弟子表，頁七。

三　林譯小說的文體與風格

自從歐化東漸，新理新事日多，古文的應用，漸感不足，知識份子於是尋求文體的解放。例如梁啟超爲了宣傳新思想，爲文「務求平易暢達，時雜以俚語韻語及外國語法，縱筆所至不檢束」（註一）；黃遵憲則以新理新事入詩，提出「我手寫吾口」（註二）的口號，主張：「其取材也，自羣經三史，逮於周秦諸子之書，許鄭諸家之注，凡事名物名切於今者，皆採取而假借之。其述事也，舉今日之官書會典方言俗諺，以及古人未有之物，未闢之境，耳目所歷，皆筆而書之。」（註三）以與梁啓超的主張相呼應。但當時也有運用古文，從事翻譯的，例如嚴復用古文來翻譯西方的學術名著，林紓用古文介紹歐美近代文學，都獲得相當的成功。本章僅就文體與風格方面，對林譯小說作一試探性的研究。

（一）翻譯的文體

嚴復和林紓的譯文，都是學桐城古文。不過嚴復「有時參用佛經譯文的句法」，而翻譯專門術語，往往極力求古雅，所以外貌頗有古氣（註四）；林紓則「遣詞綴句，胎息史漢」（註五），而更浸潤唐人小說之風」（註六）。嚴復認爲「精理微言，用漢以前字法句法，則爲達易，用近世利俗文字，則求達難」（註七）。這句話是否妥當，暫且不論。可是如果他一定要用「漢以前字法句法」，則諸子文章正適合他的取法，因爲他所譯介的西洋思想學術的名著，和諸子的文章一樣，都以「記言」爲主。但是林紓所譯的多是小說，以「記事」爲主，如果要取法於古，那就更適宜於以史記漢書爲對象了。史漢之外，還有左傳。這幾部書本來就是他最愛好的讀物，他說：「余生平所嗜書曰左氏傳、史記、漢書、韓愈氏之文。」（註八）所以他譯書的序文，常拿這幾部書的作法來比附（註九）。但這幾部書到底是史書，不是小說，林譯既爲小說，文筆自然有中國舊小說的影响。可是他並非得力於水滸紅樓，而是得力於唐人傳奇。他說：「余四十以前，頗喜讀書，凡唐宋小說家，無不搜括。」（註一〇）他以古文譯書，筆法自以唐宋傳奇一類的文言小說較近。這也不過說明他的譯文「胎息史漢、「浸潤唐人小說之風」罷了；他的譯筆，主要還是靠他的桐城古文。

胡適說：「古文經過桐城派的廓清，變成通順明白的文體。」又說：「古文到了桐城一派，敍事記言多不許用典。」(註一一) 明白通順而不用典的桐城古文，正是林紓譯述西洋小說的好工具。林紓掌握了這件工具，譯文簡潔流利，得到讀者的喜愛，再加圈點斷句，能讀的人便較多。後來用古文譯小說的人，也往往學桐城古文，或直接模仿林紓的譯筆。

錢基博說：「紓之文工爲敍事抒情，雜以詼詭，婉媚動人。」(註一二) 林紓的文章善敍事，我們已在上面找到了根源；他的譯文的風趣，我們在下面再談；現在單說抒情一面。

濤園居士爲林譯埃司蘭情俠傳作序，說他「文長於敍悲，巧曲哀哽，人所莫言，言而莫盡者，徵君(案指林紓)則皆言，而皆盡之矣。」(註一三) 他的好友高夢旦也說他的「敍悲之作，音吐悽哽，令人不忍卒讀，蓋以血性爲文章，不關學問也。」(註一四) 不錯，「以血性爲文章」正是他「文長於敍悲」的因素。凡爲文必須出以眞情才能感人，林紓正是一個多情的人，在他自撰的冷紅生傳中，其深於情可證(註一五)。茶花女遺事是敍悲諸作的代表，他自己說：「所譯巴黎茶花女遺事，尤淒婉有情致。嘗自讀而笑曰：吾能狀物態至此，寧謂木强之人，果與情爲仇也耶！」(註一六) 自滿之情，溢於言表。他自謂：「余既譯茶花女遺事，擲筆哭者三數。」(註一七) 可見他譯書時所寄託的深情。現在節錄茶花女遺事中描寫茶花女馬克格尼爾瀕死的一節，以見林紓譯筆的一斑：

馬克彌留中尙畧覺雙淚漬頰上。頰已瘦損，附骨色如死灰。君苟見之，並不識爲向日意中人也。馬克既不能書，屬余書之，而目光恆注余筆端，時時微笑。想其心肝，並在君左右。時見門闢，輒張目視，以

爲君入；審其非是，睫又旋合。汗發如沸瀋，觸之冰涼如水，兩顴已深紫如蘊血。（註一八）

並附原文（註一九），以爲對照：

Marguerite a encore la conscience de ce qui se passe autour d'elle, et elle souffre du corps, de l'esprit et du coeur. De grosses larmes coulent sur ses joues, si amaigries et pâles que vous ne reconnaîtriez plus le visage de celle que vous aimez tant, si vous pouviez la voir. Elle m'a fait prommettre de vous écrire quand elle ne pourrait plus, et j'écris devant elle. Elle porte les yeux de mon côté, mais elle ne me voit pas, son regard est déjà voilé par la mort prochaine; cependant elle sourit, et toute sa pensée, toute son âme sont à vous, j'en suis sûre.

Chaque fois que l'on ouvre la porte, ses yeux s'éclairent, et elle croit toujours que vous allez entrer; puis, quand elle voit que ce n'est pas vous, son visage reprend son expression douloureuse, se mouille d'une sueur froide, et les pommettres deviennent pourpres. (P. 239)

且附錄夏康農的譯文，以作比較：

瑪格麗特（案即林譯馬克）意識還明白她旁邊發生的事情，她的肉體上、精神上以及感情上都感痛苦。大滴的淚珠流瀉在瘦削憔悴得不堪的面頰上，你昔日那般愛惜的面龐，現在你都會認識不出來了，假使你能夠見到的話。她已經不能寫字的時候，要我答應她寫信給你，此刻我就是在她面前寫的。她的眼睛朝我這邊望着，不過他沒有看見我，她的視覺已經被挨近的死掩蓋住了；但是她還在微笑，而且她的全部思想，全副靈魂都是你的，我相信。

每逢一次有人開門，她的眼睛就閃起光來，她老是相信是你來了；後來看見並不是你的時候，她的臉上恢復了痛苦的表情，潤漬着一陣冷汗，兩片顴頰漲作紫紅。（註二〇）

夏康農是從法文直譯的；林紓的譯文也是根據法文原本，雖非一字一句按照原文直譯，卻是相當認眞，原作中馬克臨死時的悲劇場面，在林譯文中表現出來毫無遜色。再引黑奴籲天錄中夜娃臨終的一節看看：

夜娃兩目忽開，意若微笑，思舉其項，而項已强。聖格來曰：「夜娃，爾識我乎？」夜娃答曰：「吾親愛之爸爸。」思欲舉兩手以攬聖格來，手一舉輒墜。聖格來見夜娃氣出如奔豚，意欲與死力掙者。聖格來呼曰：「天主，此狀如何可堪！」因力掐湯姆之指，努力不放，亦不審掐此何作，顧湯姆曰：「此時足致吾死！」湯姆昂頭欲呼天帝，而不能出聲。聖格來曰：「誰能縮此景而短之，或吾肺葉不至奮擊俱碎。」湯姆見夜娃，呼曰：「天乎，吾小主人逝矣！」夜娃喘息漸微，兩目倒翻即闔，遂舍世界中苦惱去矣。聖格來猶呼夜娃，夜娃弗聞。聖格來曰：「夜娃，爾此時何見？」見夜娃如笑悅之狀，氣息斷續，言曰：「愛。」又言曰：「喜樂。」又言曰：「平安。」言已，微嘆，自是遂無聲響。（卷三，頁二七）

這一段的原文（註二一）是：

The large blue eyes unclosed—a smile passed over her face; she tried to raise her head, and to speak.

"Do you know me, Eva?"

"Dear papa," said the child with a last effort, throwing her arms about his neck. In a moment they dropped again; and, as St. Clare raised his head, he saw a spasm of mortal agony pass over the face—she struggled for breath, and threw up her little hands.

"O God, this is dreadful!" he said, turning away in agony, and wringing Tom's hand, scarce conscious what he was doing. "O Tom, my boy, it is killing me!"

Tom had his master's hands between his own; and with tears streaming down his dark cheeks, looked up for help where he had always been used to look.

"Pray that this may be cut short!" said St. Clare; "this wrings my heart!"

"Oh, bless the Lord! it's over—it's over, dear mas'r!" said Tom; "look at her."

The child lay panting on her pillows, as one exhausted—the large clear eyes rolled up and fixed. Ah, what said those eyes, that spoke so much of heaven? Earth was passed, and earthly pain; but so solemn, so mysterious, was the triumphant brightness of that face, that it checked even the sobs of sorrow. They pressed around her in breathless stillness.

"Eva!" said St. Clare, gently.

She did not hear.

"O Eva, tell us what you see! What is it?" said her father.

A bright, a glorious smile passed over her face, and she said, brokenly—"Oh! love—joy—peace!" gave one sigh, and passed from death unto life! (PP. 296—297)

能讀原書的對於這段譯文會覺得未盡愜意，但原作的精神風貌卻保留下來了。

上面引林紓的兩段譯文，一是描寫年青貌美的妓女馬克的彌留，一是描寫七、八齡聖潔慈愛的穉女夜娃的死。馬克爲世人所唾棄，彌留時候冷冷清清，只有忠心的女伴陪侍左右；夜娃善待黑奴，死時親人忠僕圍繞室之內外。二者情景不同，而死別的悽慘氣氛則一。這兩個場面林紓都能夠用他的古文成功地表達出來。

敍事抒情這類的文字，林紓確能處理得好，但是偵探小說，卻不大適合他的文筆，與他同時的人已經有所批評。例如小說叢話指出貝克偵探談二編「事實譯筆均無可取」(註二二)；觚菴漫筆批評神樞鬼藏錄說：「卽統閱全文，亦殊未足鼓舞讀者興趣，祇覺黯淡無華耳。余謂先生之文詞，與此種小說爲最不相宜者。」(註二三)大抵林紓的筆墨最宜於翻譯歐文的作品。試看李迫大夢 Rip Van Winkle 中一段：

一日秋高，李迫行獵頗遠，至加齒幾而山之高處，四覓松鼠。槍發，迴響四動，其聲續續然。旣罷，遂臥於纖草之上。時天已垂暮，俯視沃壤雲連，青綠彌望，遠見黑逞河漸漸東逝，雲光照水，風帆徐徐而沒。(註二四)

這段的原文(註二五)是：

In a long ramble of the kind on a fine autumnal day, Rip had unconsciously scrambled to one of the highest parts of the Kaatskill mountains. He was after his favorite sport of squirrel shooting, and the still solitudes had echoed and re-echoed with the reports of his gun. Panting and fatigued, he threw himself, late in the afternoon, on a green knoll, covered with mountain herbage, that crowned the brow of a precipice. From an opening between the trees he could overlook all the lower country for many a mile of rich woodland. He saw at a distance the lordly Hudson, far, far below him, moving on its silent but majestic course, with the reflection of a purple cloud or the sail of a lagging bark here and there sleeping on its glassy bosom, and at last losing itself in the blue highlands. (P. 47)

讀者假如先讀譯文，再讀原文，或先讀原文，再讀譯文，都會覺得林紓的譯文頗能傳達原作的風味。現在再看睡洞 The Legend of Sleepy Hollow 中鄉村教師赴美人招宴，沿路所見風光的一段：

時爲蕭晨，秋色爽目；泬寥蒼蒼，四面黃綠，曲繪豐稔之狀。林葉既赭，時亦成丹，夜來霜氣濃也。野鶩作羣，橫亙天際而飛；松鼠盤枝，嘖嘖作聲。金橘之根，鵪鶉呼偶，時時趨出樹外。（註二六）

原文是：

It was, as I have said, a fine autumnal day; the sky was clear and serene, and nature wore that rich and golden livery which we always associate with the idea of abundance. The forests had put on their sober brown and yellow, while some trees of the tenderer kind had been nipped by the frosts into brilliant dyes of oranges, purple, and scarlet. Streaming files of wild ducks began to make their appearance high in the air; the bark of the squirrel might be heard from the groves of beech and hickory nuts, and the pensive whistle of the quail at intervals from the neighboring stubble-field. (P. 417)

一個完全依靠別人口授的譯者，竟能表達原意到這樣恰當程度，實在令人驚異。

從上面列舉的幾段譯例，可見林紓譯筆的簡練整潔，不但能夠保留原作的精神風貌，而且具有吸引讀者的魅力，構成林譯小說的一種特有風格。

（二） 風趣的筆調

林紓春覺齋論文會談到風趣，他說：「凡文之有風趣者，不專主滑稽言也。以滑稽爲風趣，則東方曼倩之答客難，揚子雲之解嘲，班孟堅之答賓戲諸作，可以永奉爲文章圭臬矣。須知滑稽者，特設論之一體。風趣者，見文字之天眞；於極莊重之中，有時風趣間出。」同時舉例說：「如史記竇皇后傳敍與廣國兄弟相見時，哀痛迫切，忽着『侍御左右皆伏地泣，助皇后悲哀。』悲哀寧能助耶？然舍卻助字，又似無字可以替換。苟令竇皇后見之，思及『助』字之妙，亦且破涕爲笑。求風趣者，能從此處着眼，方得眞相。」（註二七）這是林紓所說的風趣。我們要說的風趣，並不限於林紓所舉關於古文義法而言。凡文字的意趣耐人尋味，或者妙趣橫生，讀之令人發噱的，都包括在內。下面舉幾段文字爲例。

在撒克遜刼後英雄畧第七章裏，描寫比武場上撒克遜貴族凱特立克等高據樓座，國王約翰爲腦門豆人，他想折辱撒克遜人，故意要他們讓座給猶太人以撒。以撒剛要登樓，雙方正在劍拔弩張的時候。

汪霸（按爲凱特立克之弄臣）忽進，當樓級立，出炙肉於懷，抵猶太人之面；以猶太人屛豬弗食……以撒見豬肉當其吻，大驚而跌；衆復笑，王亦大笑，汪霸一手執木劍，一手執肉饗王曰：「吾勝猶太人矣！王宜賚我。」王亦笑曰：「勇將何名？」汪霸曰：「我世襲鈍人，名曰汪霸。」……汪霸曰：「天下巧人遇鈍根者，則命盡，猶之猶太人之遇豬肉也。」約翰亦曰：「汝言乃如吾矣。」因曰：「以撒，汝以一把錢假我。」以撒聞索錢，狀甚躊躇，探手囊中取錢，故微張其指，令漏錢於囊中，而手中所握，狀固一把錢也；王不待其畢，力攫其囊，擲兩金錢與汪霸，自納囊於懷中，躍馬而去。衆見猶太人徬徨無主，復大笑，似慶王獲榮顯之事者。（註二八）

這場面緊張的氣氛，給一個弄臣的滑稽動作和詼諧的語言緩和下來了；而後半段寫猶太人的吝嗇，亦足引人發笑。司各德把這場面寫活了，而林紓亦能用詼諧風趣的文筆傳譯出來。

又在魔俠傳中，我們的瘋騎士當瑰克蘇替（Don Quixste 今譯唐・吉訶德）中了騎士小說的毒，穿上盔甲，手持茅槊，催着瘦馬，到處闖禍。在書的第四章，敘述他被馬顚跌，給騾夫用槊柄痛笞一頓之後，他尙覺得意，認爲「俠客遇險，乃屬恒事，矧過不在己而在馬。」（註二九）一方面因遇險而更覺得自已像古代的騎士，一方面把顚跌受笞歸咎於馬，並非自家不濟。於是他更加堅持己見，仍然跨着瘦馬，天涯「行俠」去了。讀者看了這段文字，覺得這個瘋子可憐亦復可笑。這種風趣的筆墨，也是在無意中得之。

在林紓所介紹的歐美作家中，最富於風趣的是歐文和迭更斯的作品。拊掌錄的李迫大夢中有一節，對懼內的人加以輕鬆的嘲謔：

密帳溫幃中之教養，較諸牧師之演說，變化氣質，爲倍十也。由此觀之，家有悍妻，轉爲男子之福；是

果名爲福也，則李廹之福已殊異於常人矣。（頁二）

原文是：

A curtain lecture is worth all the sermons in the world for teaching the virtues of patience and long-suffering. A termagant wife may, therefore, in some respects, be considered a tolerable blessing; and if so, Rip Van Winkle was thrice blessed. (Sketch Book, p. 42)

其後更借助一隻名叫狼 Wolf 的狗來烘托李廹太太的兇悍：

是狗一出野次，亦狺狺能敵羣獰，顧勇士及獰狗雖有恣睢之力，一經主婦長日呶呶，亦將氣索而力盡。故此狗一入門，勇狀立變，垂尾循牆，斜睨其主婦，行步乃如病狗焉。主婦偶一舉帚，即哀鳴出戶而奔。（頁四）

原文是：

True it is, in all points of spirit befitting an honourable dog, he was as courageous an animal as ever scoured the woods—but what courage can withstand the ever-during and all-besetting terrors of a woman's tongue? The moment Wolf entered the house his crest fell, his tail drooped to the ground or curled between his legs, he sneaked about with a gallows air, casting many a sidelong glance at Dame Van Winkle, and at the least flourish of a broomstick or ladle, he would fly to the door with yelping precipitation. (Sketch Book, p. 45)

和原文對照之下，我們發見林紓雖然祇是意譯，卻也和原文的描寫一樣神氣活現。

上面列舉的兩段風趣的譯文，相信林紓在譯述的時候，定會捋鬚微笑罷。下面再看賊史中的幾段譯文：

椀之不滌，以羣兒飢，恆以舌舐椀，椀潔乃如濯。既已，則執椀於手，引目視灶，幾欲並吞其釜。人人既不得食，則自吮其指。見案上有剩漿，亦立舐之令盡。（卷上，頁九）

原文（註三〇）是：

The bowls never wanted washing. The boys polished them with their spoons till they shone again; and when they had performed this operation, they would sit staring at the copper, with such eager eyes, as if they could have devoured the very bricks of which it was composed; employing themselves, meanwhile, in sucking their fingers most assiduously, with the view of catching up any stray splashes of gruel that might have been cast thereon. (Oliver Twist, p. 12)

這是描寫孤兒院中經過管理人的中飽，羣兒食用不足，飢餓如狂的情狀；同情之中帶有風趣。

倭利物既受囚，而院中司事之人，尙予以體操接友禱告之樂趣。所謂體操者，寒天嚴冷中，本特而擒而卽之井闌，取井水澆其身，復患其寒，則以行杖笞令血脈流盪無沮。至所謂接友者，每隔一日，必執倭利物入於食室，對衆笞之，此卽所謂接友也。若祈禱之事，則每飯之時，本特而以足蹴倭利物入於衆中，令聽禱詞，用乞哀於上帝。（卷上，頁一一；原文過長，不錄，見原著頁一四—一五）

這是描寫孤兒院中倭利物所受之虐待，在抨擊與申訴的筆墨中仍帶風趣。

我欲以吾生前之愛，寄與倭利物，欲令吾友知吾夜中坐哭，傷彼夜行無侶也。且吾尤欲早逝。果使死在晚年，則吾小妹先亡，或忘懷於我，且老來面孔，或不之識，同居天堂，轉無意味。不如及此之年，同彼嬉戲，尙爲極樂。（卷上，頁八九）

原文是：

"I should like," said the child, "to leave my dear love to dear Oliver Twist; and to let him know how often I have sat by myself and cried to think of his wandering about in the dark nights with no body to help him. And I should like to tell him," said the child,......"that I was glad to die when I was very young; for, perhaps, if I had lived to be a man, and had grown old, my little sister who is in Heaven, might forget me, or be unlike me; and it would be so much happier if we were both children there together." (Oliver Twist, p. 122)

這是倭利物逃出孤兒院之後，他的好友迭克在院中鬱鬱將死時所說的話。作者借小孩的口作此傷心人語，走筆寫來卻又風趣盎然，使人讀了啼笑不得。

這幾段迭更斯的文字，林紓都能用風趣的筆墨使它們再現於讀者的眼前。

末了，再引一節歐文的文字。睡洞寫鄉村教師有一個十八歲學唱歌的女學生，是村中大戶的孤生女：

其肥如竹雞，雙頰之紅鮮，如其父圃中之桃實，貌既豐腴，產尤饒沃，因之名聲鏘然人耳。（拊掌錄，頁一九）

(She was a blooming lass of fresh eighteen,) plump as a partridge, ripe and melting and rosy-cheeked as one of her father's peachers, and universally famed, not merely for her beauty, but her vast expectations. (p. 407)

鄉村教師見了她的容顏已經心醉，再見她父親的財產，便不禁垂涎三尺……

先生觸目見其豐饒，涎出諸吻。見猪奔竄，則先生目中已現一炙髁；聞稻香，則心中亦蓄一布丁；見鴿子，則思切而包爲蒸餅之餡；見乳鴨與鵝浮流水中，先生饞吻則思盪之以沸油。又觀田中大小二麥及珍珠之米，園中已熟之果，紅實垂垂，尤極動人。先生觀狀，益延盼於女郎，以爲得女郎者，則萬物俱匯中有矣。……（拊掌錄，頁二一一）

The pedagogue's mouth watered as he looked upon this sumptuous promise of luxurious winter fare. In his devouring mind's eye he pictured to himself every roasting pig running about with a pudding in his belly and an apple in his mouth; the pigeons were snugly put to bed in a comforable pie and tucked in with a coverlet of crust; the geese were swimming in their own gravy; and the ducks pairing cosily in dishes, like snug married couples, with a decent competency of onion sauce…………

As the enraptured Ichabod fancied all this, and as he rolled his great green eyes over the fat meadow-lands, the rich fields of wheat, of rye, of buckwheat, and Indian corn, and the orchards burdened with ruddy fruit, which surrounded the warm tenement of Van Tassel, his heart yearned after the damsel who was to inherit these domains,........(pp. 408-409)

林紓這段譯文，雖然對原文的句法和語意未盡忠實，而且中間刪去一小段，但原作中滑稽的風味，卻完整地保留下來。胡適說：「林譯的小說往往有他自己的風味；他對於原書的詼諧風趣，往往有一種深刻的領會，故他對於這種地方，往往更用氣力，更見精采。」（註三一）這話是不錯的。

（三）譯文中國化

阿英檢討魯迅和周作人翻譯域外小說集失敗的原因，說：「周氏弟兄的翻譯，雖用的是古文，但依舊保留了原來的章節格式，這對於當時的中國讀者，是不習慣的。既沒有林紓意譯一氣到底的文章，又有些詰屈聱牙，其得不到歡迎，是必然的。」（註三二）和周氏弟兄的翻譯作風相反，林紓的譯文是一氣到底的，並不按照原文分段，有時連章節也不分，像茶花女遺事便是。其次，林紓祇是意譯，並不遷就原文的語法，而中土所無的歐西名物，也可避則避，因此譯文平易而不詰屈聱牙。這是林譯小說的特色之一，這裏我們不妨把它稱爲「譯文中國化」。

嚴復翻譯天演論之後，把他的經驗和心得寫出來。他說：「西文句中名物字，多隨舉隨釋，如中文之旁支，後乃遙接前文，足意成句。故西文句法，少者二三字，多者數十百言。假令仿此爲譯，則恐必不可通。而刪削取徑，又恐意義有漏。此在譯者將全文神理，融會於心，則下筆抒詞，自善互備。至原文詞理本深，難於共喻，則當前後引襯，以顯其意。」所以他翻譯天演論時，「譯文取明深義，故詞句之間，時有所俱到附益，不斤斤於字比句次，而意義則不倍本文。」（註三三）這種翻譯，他稱爲「達恉」，也就是後來所謂「意譯」。林紓的翻譯，大抵也是如此，不過因爲他不懂西文，而且翻譯時沒有嚴復那樣認眞，所以有時達不到「意義不倍本文」的標準。

上節已經引過好幾段林紓的譯文，可以窺見他的文體的一斑。他的譯文，是沒有所謂歐化語法的，也很少遷就原意的生硬文句。至於歐美的物品名目，專有名稱，甚至風俗習慣，許多讀者會感到陌生和討厭，他譯述時遇上了，在可能範圍內便輕輕避過。例如茶花女中描寫馬克的衣飾，原文如下：

Son cachemire, dont la pointe touchait à terre, laissait échapper de chaque côté les larges volants d'une robe de soie, et l'épais manchon, qui cachait ses mains et qu'elle appuyait contre sa poitrine, était entouré de plis si habilement ménagés, que l'oeil n'avait rien à redire, si exigeant qu'il fût, au contour des lignes. (p. 27)

夏康農的譯文是：

她的克什米爾披肩的下端一直拖長到地，兩邊飄露出綢衫的寬濶的衣襟，厚茸茸的皮袖頭裏藏着她的兩手，緊貼在她胸前，旁邊圍着摺紋的曲線是那樣地勻稱，任你再愛挑剔的眼睛，看去也沒有話說。（茶花女，頁八）

所謂「克什米爾披肩」（cachemire），所謂「厚茸茸的皮袖頭」(l'épais manchon)，都是讀者所不熟悉的；林紓把這段文字簡化如下：

（馬克）御長裙，僊僊然描畫不能肖；雖欲故狀其醜，亦莫知爲辭。（茶花女遺事，頁四）

又同書描寫亞猛初訪馬克時，馬克在彈鋼琴（註三四）。「彈鋼琴」是當時讀者所不熟悉的玩意，林紓譯作「馬克撫琴」（頁二五）。讀者看到「撫琴」兩字，很容易聯想到平日習見的「琴」。倡女撫琴是十分自然的事。原來「彈鋼琴」這回事，也就改爲中國化的「撫琴」了。

拊掌錄的記惠斯敏司德大寺 Westminster Abbey，原書寫作者看到一塊碑石還殘留着該寺早期三位主持的名字，他們是 Vitalis、Gislebertus Crispinus 和 Laurentius（頁二〇〇），中國讀者不會也不必知道他們是誰，林譯索性把它們刪去了。同樣，茶花女原書第三章的末尾，提到雨果 Hugo 的作品 Marion Delorme、繆塞 Musset 的作品 Bernerette 和仲馬 Dumas 的作品 Fernande；當林紓翻譯茶花女遺事的時候，讀者對這些作家和作品還是一無所知的，所以他沒有譯出。在這裏作者還寫了一大堆的基督教道理，也是當時的讀者不會感到興趣的，林紓遂毫不遲疑地一幷刪去（註三五）。他這樣做是因爲這些人名、書名和教義，都是當時中國讀者所不熟悉或不感興趣的，刪去了更能維持讀者對故事發展的興趣。

上面列舉的例子，如果不對照原文，是看不出譯文已經過譯者的經營而變成中國化的。但有時林紓譯的文，我們一讀就看出中國化的痕迹。例如吟邊燕語孿誤 The Comedy of Errors 寫小安的 Antipholus 被追逐，逃入尼庵。「尼庵」原文作 Convent（註三六），指基督教的「修道院」，林紓借用佛教的名詞「尼庵」來翻譯，並加一條夾註，說：「外國不名尼庵，今借用之。」（註三七）吟邊燕語的另一篇獄配 Measure for Measure，有這樣的一段對話：

"O give me pardon," said Isabel, "that I, your vassal, have employed and troubled your unknown sovereignty." (p. 224)

這是一個平民階級的女子對喬裝僧侶、助她伸冤的公爵說的話（註三八）；林紓譯作：

雅薩巴曰：「蓬門弱息，竟昧潛龍，未講君民之禮，幸君主赦之。」（頁六二）

原意沒有改易，語氣卻完全中國化了。

有時爲了符合古文的筆法，林紓翻譯的對話和原文稍有出入，例如茶花女中小仲馬自述去探望亞猛時二人的對話，原文是：

Vous avez la fièvre, lui dis-je.

—Ce ne sera rien, la fatigue d'un voyage rapide, voilà tout.

—Vous venez de chez la soeur de Marguerite?

—Oui, qui vous l'a dit?

—Je le sais, et vous avez obtenu ce que vous vouliez?

—Oui encore; mais qui vous a informé du voyage et du but que j'avais en le faisant?

—Le jardinier du cimetière. (p. 56)

夏康農按照原文的語氣和格式直譯如下：

「你在發燒呀，」我向他說。

「沒有什麼事，無非是匆忙旅行後的一點疲勞吧了。」
「你是從瑪格麗特的姊姊家裏來的？」
「是的呀，誰告訴你的？」
「我知道的，你要求的事已經得到了麼？」
「也對呀；但是誰向你報告了我的旅行同旅行的目的？」
「墳塲裏的園丁。」（茶花女，頁三五）

林紓的譯文是：

余驚問：「先生病乎？」曰：「小病爾。」余問：「先生適自馬克姊家來乎」亞猛蹶起曰：「君何由知之。」余更問：「馬克姊聽君發穴乎？」亞猛更驚，窮詰自來，余始以園丁言告之。（頁一四）

原文因爲分行，一問一答，十分清楚，所以除第一句外，不必逐句標明說話的人是誰。林譯一氣到底，不分行，故此仿古文的寫法，用「問」、「曰」等字來區別；並且爲了行文的變化，末數句對答，把直接語詞（direct speech）譯成間接敍述（indirect speech）。又如塊肉餘生述原書臨末寫主人公大衛在花燭夜和新婚太太的對話，原文（註三九）是：

"Dearest husband!" said Agnes. "Now that I may call you by that name, I have one thing more to tell you."

"Let me hear it, love."

"It grows out of the night when Dora died. She send you for me."

"She did."

"She told me that she left me something. Can you think what it was?"

I believed I could. I drew the wife who had so long loved me, closer to my side.

"She told me that she made a last request to me, and left me a last charge."

"And it was—"

"That only I would occupy this vacant place." (pp. 864—865)

董秋斯直譯如下：

「最親愛的丈夫！」艾妮斯說道，「現時我可以用那個名字稱呼你了，我還有一件事要告訴你。」

「告訴我吧，愛人。」

「這是在朵拉（案即大衛前妻）死的那一夜發生的，她派你找我。」

「是的。」

「她告訴我說，她留給我一種東西，你能猜出那是什麼東西嗎？」

我相信我能。我把已經愛我那末長久的妻摟得更緊一點。

「她告訴我說，她向我作最後一種請求，也留給我最後一種職務。」

「那便是……」

「必須由我來佔據那個空位置。」（註四〇）

林紓的譯文是：

是晚安尼司遂稱余爲夫，謂不更呼稚弟矣。曰：「吾今尚有一事。」余曰：「何也？」安尼司曰：「此事在都拉臨死之時，彼不令爾呼我耶？」余曰：「然。」安尼司曰：「都拉遺物賜我，爾謂何物也？」余固知之，但堅抱安尼司，安尼司曰：「都拉自言，彼去留此空座，請我居之。」（註四一）

這段譯文，除了逐句補出說話的人之外，第一句把直接的對話譯作間接的敍述，末三句對話合作一句，這無非是遷就古文行文的方便。

林譯小說把直接對話改爲間接敍述的很多，反過來把間接敍述改爲直接對話的較少，但也有時發見，例如魯濱孫飄流記開端寫魯濱孫的父親知道兒子有遠行之志，把他召來加以開導和規勸的一節，原文全用間接敍述，林紓卻用直接對話的方式譯出，因此文中的人稱也要相應地加以改易。譬如他父親講的第一句話，原書（註四二）是這樣寫的：

He ask'd me what reasons more than a meer wandring inclination I had for leaving my father's house and my native country, where I might be well introduced, and had a prospect of raising my fortune by application and industry, with a life of ease and pleasure. (p. 17)

林譯該書相當於這一段的譯文是：

（乃懇懇詔余曰：）吾兒，汝宗旨安在？胡爲霍霍如是？設汝果好遊，則必遠離爾父及爾釣遊之地。不知此地固僻，然汝若弗行，則亦足使汝增長其學問，更助汝以先疇所積，則汝之功用亦將無窮；幸能聽我者，汝一生衣食不愁缺矣。（註四三）

原文以"he ask'd me"引起全句，是魯濱孫把父親的話複述出來的語氣；林譯「曰」字以下，都是他父親的話，全是直接講出來的話語；所以原文的第一人稱字"I"及"my"，在譯文中都改作第二人稱的「爾」或「汝」。

以上所述林紓譯述中的種種經營，無論是章節的處理或名物對話的翻譯，都是努力要使讀者讀來不感到詰屈聱牙，甚至並不感到是在讀譯文。因此我們可以說，林紓無意創造一種新的翻譯文體；而且因爲他是從別人的口述間接翻譯，說到創造也不是他的能力所及的。

（四）譯者的序跋和評語

最後附帶談談林譯小說的序跋。

林紓翻譯的書多有序，但很少有跋。他的序多借題發揮之言，往往把當時國家大事和社會風俗拿來牽合附會，譬如璣司刺虎記的序說：「余譯是書，初不關男女艷情，仇家報復。但謂教育不普，內治不精，兵力不足，糧械不積，萬萬勿開釁於外人也。」（註四四）（參看第一章第二節「譯書的動機」）有時在序中畧述故事的梗概或其背景，如蠻蓮郡主傳及黑奴籲天錄。有時解釋他的書名的取意，如殘蟬曳聲錄序說：「殘蟬曳聲者，取唐人蟬曳殘聲過別枝之意，諷柳素夫人之再嫁沙烏拉也。」（註四五）此外，他還在序中寫出他對全書的組織及寫作手法的領會。他序塊肉餘生述說：「此書伏脈至細，一語必寓微旨，一事必種遠因。手寫是間，而全局應有之人，逐處湧現，隨地關合，雖偶爾一見，觀者幾復忘懷，而閒閒著筆間，已近拾即是，讀之令人斗然記憶，循編逐節以索，又一一有是人之行蹤，得是事之來源。」（註四六）對全書的關節伏脈，有透徹的了解。又序撒克遜劫後英雄畧說：「紓不通西文，然每聽述者敍傳中事，往往於伏線、接筍、變調、過脈處，大類吾古文家言。」（註四七）則又用古文筆法來比附了。

序文之外，林譯小說中有幾種在書末附有譯者的跋或評語，或品評人物，或評作家與作品。例如雙孝子噀血酬恩記有一段評語說：「伊梵者，虛無黨人也。其父以殺人伏法，伊梵與父同捕治獄中，切切授以仇富尊貧之宗旨。伊梵八歲，夙讀微克討休固書，深斥小拿破侖之不道。伊梵孺子，以爲天下之富人均小拿破侖也，恨根已錮；又見其父獄死，而獄事之成即出之富人。……惟其愛父，故仇富，且不知父死之爲罪，而但以爲富人殺之，日圖與公卿爲難。其道則甚昧，然其緣起則皆爲父，許之以孝，亦賢者原心之律也。」（註四八）既斥伊梵仇富動機之蒙昧，而又「許之以孝」；這是林紓對伊梵的品評。他跋三千年艷屍記說：「哈氏之書，多荒渺不可稽詰，此種尤幻。筆墨結構去迭更固遠，然迭氏傳社會，哈氏敍神怪，取徑不同，面目亦異，讀者視爲齊諧可也。」（註四九）將哈葛德和迭更司的才力和寫作的題材，加以比較。此外如離恨天譯餘賸語及滑稽外史的數則短評，則就原書的思想內容加以引伸發揮。

至於拊掌錄和伊索寓言，均屬短篇；前者每篇之後有「跋尾」，後者每篇之末附譯者「識語」，各就該篇的題材、寓意等加以發揮。拊掌錄聖節夜宴的跋尾說：「歐文華盛頓，古之傷心人也。在文明劇烈中，忽動古趣，雜摭此不經之事，爲文明人一易其眼光，此東坡所謂久饜膏粱，反思螺蛤者也。」（註五〇）對歐文之掇拾古風古禮作題材，表示了解。又睡洞的跋尾說：「訓蒙之苦趣，居士（案畏廬自稱）歷之二十年，今至老，仍爲教習，則蒙師之變相，而頭腦面目，仍蒙師耳。惟生平未得此肥如竹雞之女郎爲良友，則居士尚自愛，不爲非分之獲。而同學諸子多文明人，較諸克來思所遇者，乃大異。第日夕飽饜長安塵土，不及田家風物遠甚，此則不如克來思者也。」（註五一）由睡洞的蒙師想到自家的身世，文字亦含風趣。伊索寓言第一篇的識語說：「今有盛强之國，以吞滅爲性，一旦忽言弭兵，亦王獅之約豢耳。弱者國於其旁，果如兎之先見耶？」（註五二）把寓言的涵意加以引伸。其餘諸篇的「識語」，亦多類此。這些跋語和識語，頗似嚴譯名著中的案語。嚴復譯書，多有案語，尤其是天演論，差不多每篇都有案語，而且字數不少。錢基博說他「凡譯一書，與他書有異同者，輒旁徵博證列入後案，張皇幽眇以補漏義。」（註五三） 嚴復選擇原書十分精審，他所選擇的書都經過精心研究，凡與原書有關係的書，他都涉獵過；因此他作的案語才能旁徵博引，解說詳明，甚至有時加以糾正、補漏或批評。無疑地嚴復的案語是很有價值的，與其本文幷讀有相得益彰之妙。林紓的跋語和識語，雖然不如嚴譯案語的謹嚴，對於讀者來說，不無啓發的作用。

註一：清代學術概論（中華書局本），頁六二。

註二：人境廬詩草箋註（古典文學出版社本，下同），頁一五，雜感詩。

註三：人境廬詩草箋註，黃遵憲自序。

註四：胡適語，見中國新文學大系，建設理論集導言。

註五：引自覺我余之小說觀，見晚清文學叢鈔，小說戲曲研究卷，頁四六。

註六：章太炎與友人論文書，見現代中國文學史，頁八二引。

註七：天演論（商務館嚴譯名著叢刋本，下同），譯例言。

註八：畏廬續集，頁八，桐城吳先生點勘史記讀本序。

註九：例如斐洲煙水愁城錄序引史記大宛傳的聯絡法，塊肉餘生述序引史漢敍婦人瑣事的緜細可味，離恨天譯餘賸語引左傳楚文王伐隨的轉折，都是以古文義法來比擬西方小說的結構的。

註一〇：引自斐洲煙水愁城錄序，見晚清文學叢鈔，小說戲曲研究卷，頁二一五。

註一一：中國新文學大系，建設理論集導言。

註一二：現代中國文學史，頁一四三。

註一三：見晚清文學叢鈔，小說戲曲研究卷，頁二八二。

註一四：畏廬三集（商務館印本），高夢旦序。

註一五：林紓在冷紅生傳中，解釋其力拒鄰妓的原因說：「吾非反情爲仇也，顧吾狷狹善妒，一有所狎，至死不易志，人又未必能諒之，故寧早自脫也。」（見畏廬文集頁二五）狷狹善妒，是深情的一種表現；可見林紓的深情，大類茶花女書中的亞猛。

註一六：畏廬文集，頁二五，冷紅生傳。

註一七：引自露漱格蘭小傳序，見晚清文學叢鈔，小說戲曲研究卷，頁一九八。案：露漱洛蘭小傳譯者署名信陵騎客。

註一八：茶花女遺事（商務館印本，下同），頁一一四。案：林譯小說本用圈點斷句，本文引錄改用新式標點。

註一九：原文據 Calmann-Lévy 版本的 La Dame aux Camélias。

註二〇：錄自夏康農譯茶花女（一九六二年香港滙通書店重印本，下同），頁二二四。案：夏氏此書一九二九年譯成。

註二一：原文據倫敦 J. M. Dent 版本的 Uncle Tom's Cabin。

註二二：見晚清文學叢鈔，小說戲曲研究卷，頁四五三。案：小說叢話原載小說月報第二卷第三期（一九一一），作者署名侗生。

註二三：同上，頁四三二。案：觚菴漫筆原載小說林第一卷（一九〇七—一九〇八）。

註二四：拊掌錄（商務館說部叢書本，下同），頁五—六。案：林紓此段譯文，只有末句有多少不妥貼。按原書文意，「徐徐而沒」的是「河」而非「風帆」。

註二五：此段原文據波士頓 Ginn 版本的 Sketch Book。

註二六：拊掌錄，頁二六。案：原文 Stubble 一字意指稻桿，林紓把 from the neighboring stubble-field 譯作「時時趨出樹外」，不大正確。

註二七：見春覺齋論文（與論文偶記、初月樓古文緒論合印，人民文學出版社本），頁八二—八三。

註二八：撒克遜刼後英雄畧（商務館萬有文庫本，下同），頁四九—五〇。原文見Ivanhoe（據倫敦Collins的版本，下同），頁一一六—一一七。

註二九：魔俠傳（商務館萬有文庫本），頁一六。案：這段文字在 J. M. Cohen 的英譯本 Don Quixote（企鵝叢書本）頁五二。

註三〇：原文據倫敦 Oxford 版本的 Oliver Twist。

註三一：五十年來中國之文學（新民國書局本，下同），頁二九。

註三二：晚清小說史，頁二八四。

註三三：以上見天演論譯例言。

註三四：原文是：

Marguerite, assise devant son piano, laissait courir ses doigts sur les touches, ………

夏康農譯作：「瑪格麗特，坐在琴的前面的，任她的手指在鍵上滑溜……」（茶花女，頁六〇）

註三五：茶花女第三章臨末，直接拿出基督教道理向讀者宣講，連直譯的夏康農也忍不住刪去了三大段。

註三六：見 Tales from Shakespeare（Shanghai, 1930），p. 204。

註三七：吟邊燕語（商務館說部叢書本，下同），頁二一。

註三八：這段對話何一介（英漢對照莎氏樂府本事，香港啓明書局本）譯述如下：

「啊，請寬有我，」伊三白道：「我是你的奴僕，煩了你隱藏的威嚴了。」（頁三九五）

註三九：原本據倫敦Oxford版本的The Personal History of David Copperfield。

註四〇：大衛　科波菲爾（駱駝書店本，下同），頁七九六—七九七。

註四一：塊肉餘生述，見晚清文學叢鈔，域外文學譯文卷（中華書局本，下同），第三冊，頁一一〇〇。

註四二：這是據倫敦 Collins 版本的 Robinson Crusoe。

註四三：魯濱孫飄流記（商務館萬有文庫本，下同），頁二。案：此書爲曾宗鞏口授，與原著對照之下，覺得意譯過甚的地方很多；這段譯文也和原文的意義不大貼切。

註四四：璣司刺虎記（商務館說部叢書本），林紓序。

註四五：殘蟬曳聲錄（商務館小本小說本），林紓序。

註四六：晚清文學叢鈔，小說戲曲研究卷，頁二五四，塊肉餘生述前編序。

註四七：見同上引書，頁二一八。案：撒克遜劫後英雄畧的萬有文庫沈德鴻校註本刪去了林紓的序文。

註四八：同上引書、頁二四八，雙孝子噀血酬恩記評語。

註四九：同上引書，頁二六八，三千年艷屍記跋。

註五〇：拊掌錄，頁七〇，聖節夜宴跋尾。

註五一：同上，頁三三，睡洞跋。

註五二：晚清文學叢鈔，小說戲曲研究卷，頁二〇〇，伊索寓言單篇識語。

註五三：現代中國文學史，頁三五七。

王維在山水畫史中地位演變的分析

莊申

壹

在中國的山水畫史中，王維的地位很特別；因爲若干畫家從他們最初的活動開始，就一直是被人尊崇，鮮有改易的。像晉代的顧愷之，就擁有這樣千古不易的崇高的地位。可是從文字方面的記錄加以觀察，王維的地位卻經常的處於變異之中。也即是說，歷代評論家對於王維在山水畫史上的評價，前後頗不一致。欲明王維在中國山水畫史上地位的變異，可就唐、五代、南北兩宋諸代畫論家所予之評價逐一考察。

(一)唐代畫論中所見的王維的地位

王維在唐代畫論中所佔的地位，是我們必需知道的。因爲這一地位是將用以比較他在後代所佔的地位的基礎。但爲明瞭王維在唐代山水畫史上的地位，則不可不以朱景玄的「唐朝名畫錄」與張彥遠的「歷代名畫記」二書作爲代表。這兩書的著成時代雖距王維的生世，相去已有百年，但對於研究王維的歷史性的地位的變遷一事而論，仍是最早的材料。朱景玄的「唐朝名畫錄」，按照過去的藝術評論家在評論書法家的作品的傳統(註一)，把到憲宗元和五年（八一〇年）爲止的唐代畫家，分爲神、妙、能、逸四品。值得注意的是這四品的順序，不但是根據它們的優劣的性質而加排列，而且除了逸品以外，那神，妙，能三品又各被分爲上，中，下三級。

王維雖是唐代山水畫史上重要的畫家，但他至少曾經分別受到李思訓，盧鴻，和吳道子的影響（註二）。在朱景玄的「唐朝名畫錄」中，除了盧鴻未見著錄以外，吳道子與李思訓同居神品。前者是神上品，後者是神下品。而王維卻和許多別的畫家一同被別入妙品的上品。王維所被派定的妙上品，誠與李思訓被派定的神下品，在品級上比較接近。但很明顯的，王維的地位，據朱景玄的品級系統看來，是較李思訓爲稍遜的。至於吳道子，雄踞神上品，當然更遠在王維所居的品級之上了。朱景玄既然排列了四品九級的系統，可見在他的心目中，唐代的畫家絕不是地位相同，而是有其高下之分的。朱景玄是九世紀初年的繪畫評論家，他把王維列爲次於吳與李的畫家的這一處置，應該代表晚唐時代的畫論家，對於王維在山水畫史上所佔之地位的一個意見。

除了朱景玄以外，現在讓我們再來看看張彥遠對於王維的地位的意見如何。細檢張氏「歷代名畫記」，我們可以發現張彥遠對於王維的評價，可由兩個不同的方面來說明。第一，在此書卷一「論畫山水樹石」一節中，張彥遠嘗有論云：

「……吳道玄者，天付勁毫……由是山水之變，始於吳，成於二李。樹石之狀，妙於韋偃，窮於張通……又若王右丞之重深，楊僕射之奇贍。……」

所謂「始於吳，成於二李」的意思，不與歷史發展的事實相符。這一錯誤或者應該修正爲「始於李，成於吳」（註三）。然而不論吳，李的姓名如何排列，他們始終都是領導了盛唐時代的山水畫的先驅。在張彥遠的心目中，吳與李的地位都比王維爲高。王維的「重深」雖然也是獨特的風格之一種，但是這一種特色也不過和朱審的「濃秀」、王宰的「巧密」、或楊炎的「奇贍」一樣，只是一種個別的畫家（Individualist）對於當時畫風的，較小的和個別的風格發展。這一種貢獻當然不會超過李與吳的首創和繼成之功。

張彥遠對於王維的地位的評價的第二點，見於其書的最後二卷。亦即吳，王諸人的傳記之中。吳、王二傳同見於張書卷九。在吳道玄的傳記中，張氏記云：

「因寫蜀道山水，始創山水之體，自爲一家。」

在李思訓的傳記中，張氏記云：

「一家五人，幷善丹青，世咸重之。書畫稱一時之妙。」

這些評論顯然都是含有讚揚之意的美請。可是在另一方面，張彥遠於「歷代名畫記」卷十於王維的傳記中記云：

「工畫山水，體涉古今……原野簇成，遠樹過於朴拙。復務細巧，翻更失眞。」

張彥遠既只說他工畫山水，而不及他，可見王維既不能像吳道子一樣的自成一家，也不能像李思訓一樣的「稱一時之妙」。王維對於景物的處理，既然有的「過於朴拙」，有的「翻更失眞」，這更顯得在技巧的表現的性能上，王維還不是一個十分成熟的畫家。在吳、李、王三人的傳記中，張彥遠只供給我們上述的引語，而沒有決定優劣性的判斷。但據張彥遠在「論畫山水樹石」一節中，對於吳，李，王諸人的意見作爲參考，似乎在張彥遠的心目中，王維在唐代山水畫史上的地位較吳、李爲遜。雖然他幷沒把這一句話正式的寫出於這三人的任何一人的傳記之中。

張彥遠的「歷代名畫記」大致被相信爲寫成於唐宣宗大中元年（即西元八四七年）。朱景玄的「唐朝名畫錄」雖然早成四年（註四），但因二書的著成時代極近，大致是可以同時代的畫論家的評論來看待。張，朱二書既然均以王維在山水畫史上的地位遜於吳，李，這就說明了王維的原始地位的評價：在第九世紀的初年，無論是吳是李，其地位皆凌越於王維之上。

（二）五代人對於王維的評價

五代人對於王維的評價，有新舊兩派的差異。根據舊派的評價，王維在山水畫史上的地位，仍在「妙品」。這一派對於王維的地位看法與唐人的可說相同。但根據五代人的另外一種評價，王維的地位雖然未被明確的指出來，應在何品何級，但對這一畫家在山水畫的造詣上的評價，卻遠比唐人的，和五代時舊派的評價爲高。這種評價當然是一種新的看法。

所謂五代人的舊說，可以當時的歷史家劉昫（八九七——九四六）於後晉高祖天福二年（九三四年）所編著成的「唐書」裏的看法爲代表。「唐書」卷一九〇「王維傳」的傳文，曾對王維在藝術上的成就，作評如下：

「維尤長五言詩。書畫特臻其妙。筆蹤措思，參於造化。而創意經圖，即有所缺。」

劉昫對於王維的評論，作者認爲可以分成下列四個不同的方面細加分析：

第一，劉昫可能認爲王維對於筆墨的運用，和他自己有表現性的思維 (Represeentional Concept)的表出，都很成功。所以劉昫才用「筆蹤措思，參於造化」這樣的句子來稱讚王維。

第二，另一方面，在劉昫的眼裏，王維對於畫面景物位置的安排，以及關係的經營，可能還不十分成功。劉昫所提出的「創意經圖，即有所缺」等兩句，可以被瞭解爲評論家對於王維在構圖上的缺陷的描寫。這樣的評語，顯然不是美辭。如把張彥遠和朱景玄對王維山水畫的描述取以細讀，劉昫的評論似乎不是不公平的。

第三，劉昫雖然發現王維的「筆蹤措思」，皆有可取，但他仍因王維在構圖上的缺陷，而無法承認這一藝術家在繪畫方面的全美性。所以他衹能用傳統性的評語來稱讚王維的畫「臻於妙」。根據張彥遠的解釋，「失於神」的畫稱爲妙（註五）。劉昫對於「妙」的解釋，是否與張彥遠的一樣，現在無從考察。但是無論如何，劉昫使用「妙」字極有承襲朱景玄的評價的可能。而根據唐人的看法，「失於神」的「妙」品含有非全美的意思。劉昫只用「妙」字來稱讚或評定王維的繪畫，顯出他的觀點是傳統性的。

第四，在前引「唐書」的「王維傳」傳文中，劉昫明白的指出：「維尤長五言詩」。這句話所代表的涵義是在劉昫的心目中，王維在詩、書、畫這三種形式不同的藝術之中，以詩的成就最大。其實這一論調，基本上仍是唐人的看法。「全唐詩」卷五九四收有晚唐詩人儲嗣宗的「過王右丞書堂」詩二首。在這兩首詩中，儲對王維在詩學上的成就推崇備至。在第一首詩中，儲嗣宗曾以「章句世爲宗」來讚許王摩詰（註六）。在第二首詩裏，儲更以「千載五言詩」來强調王維在五言詩的寫作上的崇高地位（註七）。

按儲嗣宗於唐宣宗大中十三年（八五九）登進士榜（註八），其時與張彥遠於大中元年（八四七）寫成其「歷代名畫記」，相距不過十三年。曾於摩詰之畫有所論的張彥遠和曾於摩詰之詩有所評的儲嗣宗，大致可以視爲同時代的評論家。儲嗣宗的「過王右丞書堂」的著成時代雖不可考，但似乎可判爲大中時代的作品。另一方面，即使儲對張彥遠的「歷代名畫記」因爲流傳未廣而無可知，不過王維兼擅詩畫的史實，既然著稱前代，想來儲嗣宗不會懵然無知。但他既然祇稱王維的詩，可以流傳千古，而於這一藝術家的繪畫，絲毫不及，所以由儲嗣宗所倡出的王維「千載五言詩」的看法，頗可視爲在晚唐人心目中，王維在詩學上的造詣較其在畫學上的造詣爲勝的好例子。由儲對王維的詩的造詣之評價所反映出來的是，對於儲，王維在山水畫史上的地位，可能比朱景玄所予的第二流的畫家的評價還不如；根本就不值一提。

這樣說來，劉昫雖是中國有名的史學家，但他用「妙品」來評定王維在山水畫史上的地位，可能是受了晚唐畫評家朱景玄的影響，而他在「唐書」的「王維傳」中所提出的「維尤長五言詩」的看法，則又可能是受了晚唐詩評家（如儲嗣宗）的影響。劉昫自己幷沒有任何創見。我在這篇小文內把劉昫對於王維的評論名爲「傳統性」的，就是因爲在十世紀的中葉，劉昫還沒有擺脫發生於九世紀中葉的晚唐人的一些看法。

以上所述是五代時代對王維地位之評價的舊派的看法。至於新派的看法，似乎可以荆浩的「筆法記」作爲代表。荆浩的生卒，雖然迄猶難明，但大體說來，他是十世紀中葉以後的人物（註九）。也即應該是比劉昫稍晚的一個畫家兼評論家。在其「筆法記」中，荆浩對王維的批評是：

筆墨宛麗，氣韻高清，巧寫天成，亦動眞思。

如能對荆浩的「筆法記」的內容稍一分析，可看出上面的引文對王維的評價的確很高。因爲在同一「筆法記」中，荆浩又說過：

吳道之有筆無墨，項容有墨無筆。

荊浩既說王維的「筆墨宛麗」，又說吳道子「有筆無墨」，這足見在荊浩的眼中，王維對於筆與墨的處理，已經超出吳道子之上。在第九世紀，王維的地位是不能與吳道子和李思訓相比的。但到了第十世紀的中葉，荊浩已把王維的地位置諸吳道子之上。這一事實不但說明王維在山水畫上的地位發生變遷，而且這一變遷更是處在自下而上的上升式的變異之中。自此以後，王維的地位一直處在變異中；一直處在上升式的變異之中。

荊浩在其「筆法記」中又曾提出「氣」、「韻」、「思」、「景」、「筆」、「墨」等六要項，作爲批評畫家素質的標準。據上引「王維筆墨宛麗」一語觀之，王維已在此六項要素中，把握了第五與第六等兩項，同時超過了吳道子。荊浩又曾批評王維「氣韻高清」。看來似乎荊浩認爲王維對他所提出的六要素的前二項——氣與韻，也可以完全把握。荊浩又說王維的畫「亦動眞思」。這又證明荊浩認爲王維可以把握他所提出的六要素的第三項。荊浩既以他所訂立的氣、韻、思、景、筆、墨等六要素作爲評論的標準，而又或直接或間接的肯定王維能够把握他那「六要」裏的五項，難怪荊浩要認爲王維的地位於在吳道子的地位之上。

荊浩的「筆法記」說明了王維的地位的變遷的事實。但幷未給予任何理由解釋因何而有這一變異現象的產生。這一問題也未曾被任何美術史學家所留意過。現在似乎應該是可以爲這一變異的現象提出解釋的時候了。由中國山水畫的發展史看來，決定這一發展之產生的因素似可說是基於墨的使用的普及。對於這一點，作者願意再分爲下述兩方面加以考察。

第一，就墨的製造史而論，唐以前與唐以後是一個大分野。唐以前的製墨家寥寥可數。而到了唐代以後，製墨的名家輩出（註十）。佳墨的製成，當然不能不說是對於促成水墨畫之興趣的一個間接的推動力。

第二，水墨畫的興起，雖然可以吳道子在洛陽的活動（七一〇年）爲起點（註十一），但在第八世紀的初年，畫壇上的主要勢力，還是以李思訓爲代表的，那種敷彩艷麗的舊傳統。所以吳道子的水墨畫雖是一種受讚許的，代表革命勢力的新潮，但在當時可能幷沒有得到多少瞭解。

這一觀點可以連以水墨畫見稱於後代的王維的山水畫，在那時都不曾受到吳道子的水墨畫的影響而得見其大要。等到王維自己開始熱心於水墨繪畫的創作，已是吳道子創始水墨畫的三十年後。這樣的歷史發展說明兩件事：水墨畫的肇始雖在第八世紀的初年，但這一新潮流的完成，卻在經過了三十年的發展以後，才因獲得以前深爲舊傳統所影響的畫家的瞭解與欣賞，而得到眞正的成功。必須要先瞭解這一關鍵所在，然後才能明瞭爲何水墨畫的興起雖在盛唐，而其眞正的流行卻在盛唐以後的中唐。

到了晚唐，雖然李昇的著色畫重新稱艷一時（註十二），成爲古典主義的再興，但因這一保守勢力祇限於西川一隅，究竟顯得單薄與衰微，而不足與以水墨的使用爲主的新潮相匹敵。所以當荊浩在其「筆法記」中批評李思訓與吳道子時，都以筆與墨的使用爲準則，而來衡量他們在繪畫上的造詣。

這一準則的出現足以說明在十世紀的初年，當時的批評家已經建立起一個以水墨爲主的，新的批判的態度。對於以彩色的使用爲主的李思訓的設色畫，也要用「大虧墨彩」來作爲衡量的標準。從現代科學的，邏輯的立場看來，荊浩的態度是主觀的，不合理的。因爲墨在李思訓的畫裏，恐怕是極少使用的。那麽用「大虧墨彩」來衡量李思訓在水墨畫史上的地位，其批評的態度的不正確，正像說一個戲曲家不曾寫過一首好詩一樣的沒有道理。批評的準則如過不適合於被批評的對象，自然會歪曲了批評的眞相。

上面的解釋說明荆浩以墨色的不足來批評李思訓的畫，固然有失公允；但在另一方面，卻也可以反證水墨畫的發展，不但在荆浩身處的十世紀中葉，已經十分普遍，而且這一水墨的發展更可以想像的，必已因爲超過了色彩的使用，所以墨色的使用，才能够被畫評家定爲一個批評的標準。墨色的使用既被重視如此，這才可以解釋何以李思訓的畫，在十世紀中葉已不復在批評家的眼中，保持九世紀中葉的畫評家所予的，超凌水墨畫的優勢。這一新局勢的形成，似乎同時可以用來解釋另外的兩個方面：甲、在十世紀中葉，王維的水墨畫已被認爲具有超過李思訓的着色畫的價值。乙、王維在山水畫的發展史上，已佔有優於李與吳之地位的趨勢。如果不從這種山水畫的思想背景的演變史上着眼，王維在第九與第十世紀間地位的差異，是不易解釋的。

(三)北宋畫論中所見的王維的地位

前面已經說過，在第九世紀中葉的唐末，王維在山水畫史上的地位，是既遜於吳道子又遜於李思訓的。不過到了五代，王維的地位，已因超越了吳道子而畧見崇高。到了北宋，這一地位，大致沒有變化。這一看法可用郭若虛在其「圖畫見聞誌」一書中的意見來作支持。在郭書卷一「論三家山水」條，他曾作批評性的分析如下：

「畫山水惟營丘李成、長安關仝、華原范寬；智妙入神，才高出類。三家鼎峙，百代標程。前古雖有傳世可見者，如王維、李思訓、荆浩之倫，豈能方駕近代？」

郭若虛的意思很明顯。他是說關於山水畫，只有李成、關仝、范寬這三大家，才是「鼎峙百代」的大師。在這三家之前的山水畫家，像王維、李思訓、荆浩等人，都是不足與這近代三大家幷駕齊驅的。但有一點值得注意。即當郭若虛在叙及近代三大家之前的山水畫家的時候，王維第一，李思訓第二，荆浩第三。李思訓既較王維先卒五十年，所以如果王、李、荆三人的姓名是按照他們活動年代的時間順序而排列的，李應早於王。郭若虛既以王維的姓名置於李思訓之前，可見他對這三位唐代山水畫家姓名的叙述，不是以年代的先後爲序來排列的。換言之，王維與李思訓的姓名既同時出現，但前者早於後者，這似可當作郭若虛認爲王維比李思訓更重要的一個側證。因爲如果我們被徵詢歷史性的最有地位的畫家的時候，我們也會把心目中最重要的放在最前面的。

郭若虛的「圖畫見聞誌」卷一「論古今優劣」條又說：

或問：「近代至藝，與古人如何？」

答曰：「近代方古多不及，而過亦有之。若論佛道、人物、士女、牛馬，則近不及古。若論山水、林石、花竹、禽魚，則古不及近。」

「何以明之？」

「顧、陸、張、吳，中及二閻，皆純重雅正，性出天然。晉顧愷之、宋陸探微、梁張僧繇唐閻立本、閻立德，暨吳道子也 吳生之作，爲萬世法，號曰畫聖，不亦宜哉？（已上皆極佛道人物）……後之學者，終莫能到，故曰近不及古。至如李與關、范之蹟，徐暨二黃之縱，前不藉師資，後無復繼踵。假使二李，三王之輩復起、陳庶之倫再生，亦將何以措手於其間哉？故曰古不及近。（二李則李思訓將軍幷其子昭道中舍。三王則王維右丞暨王熊、王宰，悉工山水。邊鸞、陳庶工花鳥，竝唐人也。）

在這一段引文的末段，郭若虛雖把李思訓與其子李昭道之名，述於王維、王熊及王宰三人之前，但這幷不能用以爲例而駁我在前面所指出的，郭若虛認這王維比李思訓更有重要性的那一觀點。因爲郭是爲了叙述二李與三王的方便，而特別把王維放在李思訓的後面。因此，我前所提出在郭心目中，王高於李的看法，幷不因李名之先述於王而有所動搖。此外，在同一引文的中段，郭若虛將吳道子與顧愷之、陸探微、張僧繇等人物畫家同述。這是很值得注意的。根據郭若虛的自序，他的「圖畫見聞誌」是爲了接續唐代張彥遠的「歷代名畫記」而編著的，一部止於宋神宗熙寧七年（一〇七四）的斷代美術史。因此，他不會不知道在「歷代名畫記」中，張彥遠所記下的，吳道子「因寫蜀道山水，始創山水之體，自成一家」的記載。但郭若虛對於吳道子在山水畫方面的貢獻，似乎完全忽視。所以他把吳道子和顧、陸、張等人物畫家幷列，可說只承認吳道子對人物畫的貢獻。吳對山水畫的貢獻——水墨畫的創始之功，則被郭輕易的抹殺了。郭若虛以這樣的態度，來評定吳道子在繪畫史上的地位，是不公平的。因爲只承認吳道子在人物畫上的造詣，而忽視他對山水畫的貢獻，等於歪曲吳道子在繪畫史上面目的眞相。　郭若虛既以爲吳道子對於山水畫沒有貢獻，所以當他叙述唐代的山水畫家的姓名，才以王維、李思訓、和荆浩等三人爲代表。經過這樣的分析，我們可以瞭解，郭若虛之分化吳道子在藝術創作上的成就，直接說來是有失公允，間接的說則是坐大王維在山水畫上的重要性。很可能的，在編著「圖畫見聞誌」的時候，郭若虛大概忘記唐人朱景玄在其「唐朝名畫錄」中對王維的評語是：「其畫山水，松石，蹤似吳生（道子）」了。

這樣看來，欲知在北宋時代王維與吳道子在繪畫史上地位的區別，郭若虛的「圖畫見聞誌」幷不能供給我們一個清楚的答案。平心而論，吳與王的地位的差異固不可由郭書以求解答，事實上，我們似乎也沒有什麽辦法來區別存於這兩位畫家之間的地位的差別。因爲在郭的眼中，雖然吳畫過山水畫，但他只視爲人物畫家，相反的，王維雖然也產生過不少人物畫（註一三），但郭若虛卻把他當作山水畫家來看待。人物畫與山水畫的性質是迥然不同的。我們固然無法對兩種性質不同的繪畫題材加以比較，就是對於從事這兩種性質不同的繪畫題材的畫家，也不易加以比較其優劣或高下。值得欣慰的是我們雖不能找出王、吳在山水畫壇上地位的不同，但卻可在另一方面，發現宋人對於吳道子的瞭解，已與唐人對於吳道子的瞭解，完全是不同的兩回事。這一觀念的轉變，才是眞正評價吳、王或李之地位的關鍵。

在北宋，吳道子既被認爲是與唐代的山水畫無關的畫家，而王維又能不止一次的，在另一方面，被與李思訓的姓名相提幷述（註一四），這顯然說明在北宋畫評家的心目中，王維已是一個足以與李思訓相抗衡的畫家（註一五）。由這一事實所顯示出來的似乎是至少在北宋，王維已不再是一個屈於李思訓所踞的「神品上」之下的「妙品上」的第二流的畫家。北宋時代的畫論家，很可能的，是把王、李二人一同當作前代山水畫的大師來看待的。對於王維在唐代是較李思訓爲次要的這一地位，宋人幷沒注意。

如果這一推測無誤，我們雖不能說在宋代，李思訓已由他在唐人著作之中所給予的崇高地位，畧見降低，相反的，我們至少可以把這一假設的意義反過來，而看出到了北宋，王維在當時的畫論家的心目中，佔據了一個比唐代的畫論家所給予的，地位較高的新形勢。也即是說，在第九世紀中葉的王次於李的局面，到了十一世紀的末宋，已因王維的地位的改變，而演成王、李對立的新局面。這一對立的局勢的形成，雖不是像明末的畫論家如莫是龍、董其昌等人，爲了要强調山水畫的南北分宗而强行設立的（註一六），但卻不能不認爲這一局面的形成，已爲明末的山水畫的分宗論，隱伏了王、李二家在唐代已經各領水墨與設色畫之一支的先聲。

（四）南宋畫論中所見的王維的地位

在郭若虛的「圖畫見聞誌」寫成十七年後，即在宋徽宗宣和三年（一一二一），韓拙寫成其著名的「山水純全集」。在這一書的前序中，韓拙勇敢的提出：

唐右丞王維文章冠世，畫絕古今。

的口號。按李思訓卒於玄宗開元六年（七一八），王維卒於肅宗上元二年（七六一）。李之卒早於王者五十年。所以就歷史性的觀點而言，李對於王，可說是古人。韓拙既認爲王維的山水畫「絕古今」，很邏輯的，這一意見包括着王維在山水畫史上的地位超越李思訓的意味在內。這樣說，在十二世紀的初年，王維在山水畫史上已經佔據了「畫絕古今」的，最崇高的地位。這比起他在十一世紀的末年，只能與李思訓同享盛名的那一局面，又大大的向前邁進了一步。

把唐、五代、北宋、南宋諸代的畫論家對王維所具的地位的評論，一個一個的分析過去，我們可以發現王維的地位，正如作者在本文第一段泛論中所說的，是經常的處在變動之中。可驚異的是這一變動的本身的性質。它不屬於一種升降互見的變動，相反的，它是一直向上高昇不已，直達「畫絕古今」的最高點的直昇型的變動。

貳

知道王維的地位的變遷，在由唐末而至南宋初年的這三百年間的由下而上的直線上昇的形態，就藝術史學家研究的立場而言，還是不够的。因爲我們如果不能找出促成這一變遷的原因，從而解釋這一現象，對於王維在山水畫史上地位的變遷，所知僅爲結果，而非發生此一事實的原因。大致說，促成這一變遷的原因，雖有好幾方面，不過它們幷不是單純的某一方面的現象。在這些出自不同的方面，而又一同造成這一變遷的現象的因素之中，又有上下互相重叠和左右互相平行的若干現象。

促成王維地位之變遷的第一種要素，是文人畫的形成。文人畫的空氣，由唐而宋，逐漸濃厚。到了十二世紀的北宋，可說已發展到一個成熟的階段。所謂文人畫，就其基本的意義而言，與普通的一般畫派，似畧有別。因爲文人畫幷不是由某一位畫家創立一種風格，或一種特異的畫派，再由其他的畫家來隨和與光大（同時我們直到目前爲止，也還不能明確的指出文人畫的形成，是創始於何代何人）。同時也不是一種具有地域性的觀念的若干畫家的組合。如果我們一定要爲到北宋爲止，發展得比較深透的文人畫找出一點比較具體的觀念，以便確定這一畫派的意義與特徵，下述三點，可能是最重要的：

一、在技巧上，形成畫面物體時所憑藉的媒介物，大多是單色的（例如墨或朱墨）。不以色彩的運用與墨的組合爲主。

二、在表現的功能上，以詩情與畫意的滲揉互濟爲主，不以純粹的繪畫的本質爲重。

三、在表現的性質上，描寫意象以外的趣味，不以寫實性的觀察爲高。

如果不以王維在繪畫上的全貌爲觀察點，王維的繪畫的某一部分，與上舉的這三點，似乎都可暗相脗合。因爲王維早年雖然畫出過許多富於色彩性的作品，但在他的晚年，已以單純的水墨的使用爲主。前面已經提到第九世紀中葉的美術史學家張彥遠就曾看見過王維用「破墨」的技巧而完成的山水畫。

就第二點說，王維早年的詩與早年的畫，同富彩色性。而其晚年的詩則漸趨平淡，同時他晚年的畫，因爲大多使用水墨，亦棄絕其敷彩鮮麗的作風而日趨平淡。這一特點（註一七），固不爲宋人所察及，但北宋文人畫主要分子之一的蘇軾，卻早倡出「味摩詰之詩，詩中有畫，觀摩詰之畫，畫中有詩」的論調，而認爲王維在藝術上的表現，是以詩與畫的表現性的作用，交換互易的（註一八）。

就第三點言，唐代的王維雖是一個偶有寫意之作的畫家，但在北宋，他在寫實主義這一方面的特徵（註一九），似乎已被忽畧。相反的，王維在繪畫方面的寫意的性質，卻被大大的强調了。我們似乎可以說，唐代的王維對於繪畫的形式的表現有兩種，寫實是主要的，寫意是次要的。但在北宋，王維的寫意的卻被認爲是優於寫實的。也即是說在唐人心目中王維的主要貢獻，在宋代成爲次要。相反的，王維在唐代的次要的性質，在北宋倒反而被認爲是主要的了。如說北宋人把唐人對於王維的在繪畫方面的成就本末倒置，這話可算一點沒錯。

最足以說明宋人把這一主要與次要貢獻加以對換的新觀念，莫過於他們對於王維的「墨竹」與「雪中蕉」的欣賞。示其是後者，因爲雪與蕉本不是在同一季節裏所可以看見的東西，居然一同出現在王維的畫裏，這就大大的爲北宋的文人畫派揭櫫了描寫「意外」的新口號。因之宋代的文士既爲王維的雪與蕉的結合而有所辯論，同時似乎更因王維曾有過這樣的表現，而加强了他們自已的不以寫實爲主的宗旨與趨勢。

叁

根據上面的分析，可知唐代的王維，本身既沒有固定的主義和理想，同時也沒有被唐代的畫史評論家接受爲第一流的畫家。王維之能亨盛名於中國繪畫史，完全是由於後世的誤解。這種誤解的形成，大致說來，似乎不外下述兩點：第一，後代對於王維繪畫的眞相缺乏認識。或者說，王維在繪畫上的眞面目與後人的經驗脫節(Withdrawn from experience)。第二，後人對於權威批評的盲目崇信(Over trust of the Critic Authorities)。這兩點似乎都可以宋人米芾在其「畫史」一書中所記載的，十二世紀的宋人對於王維的畫蹟的認識來作證。按「畫史」在「唐畫」條下記云：

「世俗以蜀中畫騾綱圖、劍門關圖爲王維甚衆。又多以江南人所畫雪圖，命爲王維。但見筆淸秀者，即命之。如蘇之純家所收魏武讀碑圖，亦命之維。李冠卿家小卷，亦命之維。與讀碑圖一同，今在余家。長安李氏雪與孫載道字積中家雪圖，一同命之爲王維也。其他貴侯家，不可勝數。諒非如是之衆也。」

根據米芾的觀察而再仔細分析，有四種不同的畫風，都被誤認爲是王維的。很明顯的，在十二世紀的北宋時代，王維在繪畫方面的眞面目，已經不爲時人所知。玆按米芾「畫史」行文的原有順序，把曾與王維之名相混的四種不同的畫風，分別試作簡畧的考察如左：

一，是所謂蜀畫。在米芾的「畫史」中，蜀畫曾數度被誤認爲王維的畫蹟。這是很可注意的事。在王維的「王右丞集」卷十二有「曉行巴峽」詩，詩云：

「際曉投巴峽，餘春憶帝京，晴江一女浣，朝日衆鷄鳴，水國與中市，山橋樹杪行，登高萬井出，眺望二流明。人作殊方語，鶯爲舊國聲，賴諳山水趣，稍解別離情。」

據趙殿成的註，詩題中所說的巴峽，應指川東永安縣的三峽。再就詩的內容檢討，詩中有「餘春憶帝京」之句，耐人尋味。按王維在開元十四年由長安貶官山東濟州，開元二十二年（七三四）左右重返長安。在這一段時間之內，現可考知的是他在濟州罷官後，曾在嵩山小隱（王右丞集卷七有「歸嵩山作」詩），但在他離嵩山後與長安前，是否曾經去過川東，已不能考。此外，王維在開元二十五年（七三七）曾任監察御史而隨安西節度副使崔希逸出塞而遠至安西（王右丞集卷九有「使至塞上」詩，卷十五有「塞上曲」，「塞下曲」，「從軍行」等詩皆紀實之作），次年始由邊塞再返長安。此後他是否到過四川，亦無可考。但就其「曉際投巴峽」之句而論，王維可能到過四川。

四川的風景，曾爲玄宗所喜；他還命令李思訓和吳道子分別把他們到四川遊覽所見的印象，以壁畫的形式畫在大同殿的牆壁上(事見朱景玄「唐朝名畫錄」吳道子條)。王維既然先後接受李思訓與吳道子的畫風，他對李、吳圖繪嘉陵江的山水於大同殿的故事不能無所知。可能當王維遊旅川東時，因爲憶及上述的這件藝林佳話，因此不禁要把他所見及的蜀中風景，形之於筆。

如果這樣的推測難以首肯，我們似乎還可以找出其他方面的因素來作解釋。那即是蜀畫——一種因地域性的關係而形成的獨特的畫風，可能曾經影響過王維的繪畫藝術。王維既可能在李思訓的畫風盛行時，接受李的傳統，而在吳道子的水墨畫盛行時又摒棄了李的傳統而接受了吳道子的，可證明在藝術創造的態度上，王維的變動性很大。因此我們不妨假設王維曾在游覽四川時，直接的或間接的接受了蜀畫的畫風，從而產生過一種與蜀畫的面目相似的山水畫。並且使得十二世紀的宋人，把眞正的蜀畫誤認爲王維。像米芾在「畫史」中所說的：

「高公繪有唐蜀中畫雪山。世以爲王維也。」

雖可證明對於具有鑑別能力的鑑別家，王維的畫與所謂蜀畫，還是可以分辨的，但在一般人的眼中，蜀畫與王維的畫似乎少有分別。這一混淆的產生，可說是由於畫題的相同。米芾的「畫史」又記有另一條：

「張氏『辟支佛』所畫合掌像，林木類蜀人筆。」

根據這一條記載，米芾似早爲我們明顯的指出，王維的畫與蜀畫的混淆的另一原因，是由於畫風的類似。一般缺乏精密的鑑別能力的收藏家，可能就因爲這種畫題的相同與畫風的類似，而把許多四川籍的畫家的作品，誤認爲八世紀的王維的畫蹟了。

至於江南畫與王維畫蹟的混淆，似乎所牽涉的原因更多。玆分別簡論如下：

一、畫法：郭若虛「圖畫見聞誌」卷三曾記云：

董源，鍾陵人。善畫山水；水墨類王維，著色如李思訓。

所謂鍾陵，即今南京。所以董源正可當作一個江南派的代表來看待。他的水墨畫既然類似王維的，所以江南派的水墨畫被誤認爲王摩詰，似可說是由於畫風上的接近。

二、構圖：董源的畫多平遠之景。今爲日本小川睦之輔所藏的「寒林重汀圖」與現藏台灣故宮博物院的「龍宿郊民圖」，所畫皆爲江南平遠之景。然據五代人王讜「唐語林」卷五：

「王維畫品妙絕，工水墨平遠。」

可見摩詰亦善爲平遠之景。王與董的畫風既然接近，而又有構圖上的類型的相同，這更增加江南畫與王維的作品的混淆的可能率。

三、體裁：五代時的江南畫似多雪景。今存台灣故宮博物院的名蹟「江行初雪圖」卷，就是南唐畫院中的畫家趙幹的作品。傳世托名王維的雪圖，亦爲雪圖。而且「江行初雪」與「雪溪圖」所强調的主要部分，都是漁民的生活。所以像雪景圖這一類的畫蹟，很可能的，就是五代時被誤認爲王維的江南畫家的手筆。

綜合上述，因爲畫風、構圖、與體裁的相同，有不少眞正的江南畫被誤認爲王維。王維的畫名雖然大衆化了，但眞正的江南畫家的姓名卻被遺忘了。

被誤認爲王維之畫蹟的第三種，是所謂「筆淸秀者」這是一個很有趣味的畫風上的問題。根據唐代美術史學家的記載，王維的畫風有兩種；其第一種張彥遠稱爲「重深」（註二〇）。其另一種，張彥遠稱之爲「勁爽」（註二一）。究竟什麼樣子的畫曾被張彥遠分別稱爲「重深」和「勁爽」，因爲現在已經沒有實際的畫蹟作爲觀察的對象，這兩種不同的畫風，似乎已難作視覺上的區別。但是無論如何，「重深」和「勁爽」都絕不是「淸秀」。十二世紀的北宋收藏家把畫筆淸秀的山水畫認做王維，當然是忽畧了九世紀中葉的唐人對王維畫風之描述的記錄。北宋人把筆淸秀的作品認爲王維，明顯的說明他們缺乏分辨王維在繪畫藝術上的眞面目的能力。換言之，王維的眞正的畫風，已與一般人的鑑別的經驗脫節了。

至於最後一種與王維的畫蹟相混的宋畫——魏武讀碑圖，雖然是一個有歷史性的老畫題（註二二），但在著錄中，卻一向是與王維無關的。在宣和時代奉宋徽宗的御旨而編就的「宣和畫譜」卷十一，著錄了在徽宗的御藏中的李成的一百五十六件山水畫。其中有「讀碑窠石圖」一件。此圖現藏日本（註二三）。畫楊修立馬林前，研讀碑文之景。但是欵題王曉補人物（註二四）。在五代末年和北宋初年（十至十一世紀），許多山水畫家因爲不善描繪人物，畫裏的人物常由別的畫家代筆。例如關仝和劉彥齊的山水畫裏的人物，多由胡翼代成（註二五），何遇的山水畫裏的人物，也多假手他人（註二六）。如果現存的「讀碑窠石圖」裏的人物確係王曉之手筆，可見李成所負責的不過祇是圖中的林木與坡石。這樣看來，所謂「魏武讀碑圖」如果不是現存的「讀碑窠石圖」，至少也是與後者所畫之內容相同的畫蹟。從此我們可以求進一步的瞭解，「魏武讀碑圖」之被十二世紀的宋人認爲王維，似乎不會是由於王曉所畫的人物，而是由於李成所畫的林木與山石。我們不應忘記米芾在其「畫史」

中所說過的這幾句話：

「坦然明白易辨者，顧、陸、吳、周昉（之）人物，滕、邊、徐、唐、祝（之）花竹翎毛，荊、李、關、董、范、巨然、劉道士（之）山水也。……」

根據米芾的鑑別能力或經驗，在山水畫中，李成的畫風應與荊浩、關仝、董源等家的畫風都是「坦然明白易辨」的。所以米芾不會把李成的「讀碑圖」誤認為王維的畫。但對比較缺乏經驗或鑑別能力的收藏家，王與李的畫風可能都不是容易辨認的。所以十一世紀的李成的畫，才會被誤認為八世紀中葉的王維的畫。

北宋人既然大多不能辨認王維在繪畫方面的眞面目，同時一般人又普遍的把有地域性的蜀畫與江南畫，和李成的畫與筆致淸秀的畫誤認為王維，結果就很自然的擴大了王維在繪畫藝術方面的聲名。誤認王維的結果是使王維的聲名大衆化。大衆化以後的結果，使得這位在唐末居於第二流的畫家在北宋末年變為第一流的藝術家。

在另一方面，荊浩根據水墨的使用作為他的評論的準則，而來判定李思訓的地位遜於王維，則可視為荊浩對於唐代的繪畫發展缺乏眞實的認識的表現。荊浩把水墨的使用當做評論的標準，是不客觀的。他對山水畫發展史的認識，也恐怕是直覺的。這一直覺的批評標準的產生，正是他忽略了歷史性的背景與美學的要求的說明。王維之能在十世紀初年與李思訓同享美名於山水畫史，可說根本是由於荊浩對於唐代山水畫的發展史的誤解。北宋一般缺乏繪畫史的修養的收藏家對於王維的誤認，固然是由於他們的鑑別的能力與經驗脫節，同樣的，荊浩之以水墨的配合作為批判的標準而來否定李思訓的重要性，也是由於他的直覺的批評的標準的產生，與他的歷史常識脫節。

這樣看來，韓拙在南宋推崇王維「畫絕古今」，依然是由於他對唐代繪畫史的發展缺乏眞正的認識。因爲他一方面忘記了唐代張彥遠對王維的批評是「遠樹過於朴拙。復務細巧，反更失眞」，另一方面也忘記了「唐書」的編者在「王維傳」中對於王維的批評是「創圖經意，即有所缺」。張彥遠的記載說明王維在繪畫的技巧上的缺陷，劉昫的記載更說明王維在構圖方面的缺陷。既然在技巧上與構圖上，王維的畫品都不是十分完美的，他的畫又如何能被讚爲「絕古今」？看來韓拙對王維的批評，似乎不是由於他對王維的畫蹟親作觀察以後所得的結論。他不過是憑藉他所瞭解的王維的地位的變遷，再加一句不負責任的話，而把王維由與李思訓相對峙的局面推到「畫絕古今」的那一地位而已。韓拙的推動與所提出的不負責任的「畫絕古今」的論調，證明他對王維的評價，也和荊浩一樣，缺乏對繪畫發展史的眞正的瞭解。

這種誤解或者與經驗的脫節的形成，借用現代的文學批評的術語，是由於一種固定的反應（Storkirg Reaction）所造成。這種固定的反應，就是鑑賞家和批評家站在習慣的立場，而發出的一種未經考慮的，直接的反應。明末的畫史評論家如莫是龍、董其昌等，爲了建立起他們的南北分宗的理論，而把王維的畫和有士氣的、文人的、與高貴的情操相聯，同時名爲文人畫。莫、董等人更在他們的批評中，一面爲他們的讀者提出一種文人畫的性質高於其他職業性，或非文人畫家之作品的性質的立場，一面利用一般對於繪畫史的發展不很清楚的人的固定的反應。因此受了這些畫論家的理論所影響的人，因爲他們的「固定的反應」已爲董其昌等人的立場所左右，以致認爲王維的畫眞正是優於一切別的畫家的。這樣說，促使王維成爲偉大的文人畫派之始創人的間接原因，是由於受了批評家的立場所左右，而直接的原因則是由於受了固定的反應的影響。

如果我們願意繼續分析下去，也許還能澈底的追究造成上述的關鍵的原因。繪畫固然是構成藝術生命的主力之一，但是繪畫，甚至藝術的本身，都不是每一個人所必需的。即使它或它們是每一個人都需要的，他們對於繪畫或藝術的瞭解，也絕不會比批評家所瞭解的更多。所以對於繪畫史的常識不够的人，常以自己心目中已有的直覺的觀念，當作他的批評的準則，而忽視了或抹殺了爲他所批評的那一畫蹟在事實上應得的評價。這種直覺的觀念，雖然不能說是完全盲目，但經常是不正確的。因爲這種直覺的批評的產生，忽視了歷史性的背景，以及美學上的要求。所以這種直覺的評論的產生，可以算爲與經驗脫節的一個好例子。

屬於另一個類型的人，常以他人對繪畫的評論，作爲他自己的評論。權威性的批評家的理論，常常對於這一類型的人，發生深遠的影響。凡是爲批評家稱許的，他們也稱許，爲批評家所唾棄的，他們也覺厭惡。批評家對於繪畫的認識固然遠較一般人爲高，但是如果不經過仔細的考察，而輕易的接受批評家的觀點，那就是盲目的，或者至少是過分的崇拜權威了。

總之，造成王維在山水畫史上地位之變遷的原因很多，但這一變遷的史實卻爲我們看清楚在由唐而宋的這三百年間一種不公平的批評的形成，與一種因爲歷史之歪曲而得坐享的聲名的提高。這兩點在中國美術史上都是極重要的，同時一向被忽畧了的問題，也是我們最值得注意和反省的。

註 一：梁庾肩吾著「書品論」，錄自漢迄晉之書家一百二十八人。其論共分上、中、下三品。每品又各分上、中、下三級。初唐時人張懷瓘著書「書品論」，又以神、妙、能等三品評定古今書法優劣。朱景玄於「唐朝名畫錄」中以神、妙、能等四品與上、中、下等三級來評論唐代畫家藝術造詣的高下，看來是承襲了庾肩吾與張懷瓘評論書法的傳統性的準則，轉而使用於繪畫。祇有他書中的逸品，才是他自己獨創的新的論畫的標準。

註　二：申有別篇題曰「王維繪畫源流的分析」，載「清華學報」慶祝李濟先生七十壽誕紀念論文集上冊（一九六五，台北），於此曾有詳論，請參閱。

註　三：見註二所揭拙著頁二五五—二五六。

註　四：蘇泊教授(Alexander Soper)於一九五〇年刊布其「唐朝名畫錄」全書之英文譯本於美國中國美術協會會檔(Archives of the Chinese Art Society of America)第四期，并於卷首譯者序中指出朱著所及最晚年代爲程修已傳（見妙品中）內所提「太和中」三字（按太和爲唐文宗年號，其用凡九年；八二七—八三五），而其書曾列述各地佛寺壁畫而未言及唐武宗會昌之禍，故「唐朝名畫錄」之著成時代可據此而定於唐文宗開成五年（八四〇）左右。按蘇說近是。其英譯文刊布今逾十五年，未見駁論。特誌此以質高明。

註　五：見「歷代名畫記」卷二「論畫體工用搨寫」條。

註　六：玆錄全詩如下：

「澄潭昔臥龍，章句世爲宗，獨步聲名在，千巖水石空，野禽悲灌木，落日弔淸風，後學攀遺址，秋山聞草蟲。」

註　七：儲嗣宗「過王右丞書堂」第二首全詩如下：

「萬樹影參差，石牀藤半垂，螢光雖散草，鳥蹟尙臨池，風雅傳今日，雲山想昔時，感深蘇屬國，千載五言詩。」

註　八：按嗣宗爲儲光羲孫。光羲與王維爲詩友，同爲開元時代名士。申有「王維交遊考」（待刋），於光羲與王維交遊有較詳論述。嗣宗中選事則見「全唐詩」卷五九七儲詩前所繫小傳。

註　九：按荆浩生卒年月，向無記錄。然其「筆法記」中曾有「水暈墨章，興吾唐代」之語，則浩當是唐末時人。今定其人爲十世紀中葉之畫家，或不爲過。

註一〇：關於唐墨的製造，其重心原在北方。如上谷郡一地著名的製墨名家便有奚鼐、奚鼎、與奚超等祖孫三人，同郡又有祖敏、陳朗等兩家。唐末中原戰亂頻繁，北方居民大量南移。唐代製墨重心亦因製墨家之南移而自北南遷。其中尤以奚氏父子之定居安徽歙縣爲重要。因歙縣附近松樹汁脂特佳，最宜製墨，故奚超子廷珪、廷寬在皖所製墨，特享盛名。廷珪且得南唐朝賜以國姓而易奚爲李。美墨之成於水墨山水畫之勃興實休戚相關。

註一一：見拙著「王維繪畫源流的分析」頁二五五註一。

註一二：申按宋米芾「畫史」記云：「余昔購丁氏蜀人李昇山水一幀，細秀而潤，上危峯，下橋涉，中瀑布。松有三十餘株，小字題松身曰：『蜀人李昇。』以易劉涇古帖。劉刮去字，題曰李思訓，易與趙叔盎。」如果李昇的山水不與李思訓的畫風相近，宋人不致刮去李昇原來的題款，而改題李思訓。劉涇改李昇的名款爲李思訓的事實無疑的爲我們說明李昇的山水畫，可算是李思訓畫風的再興。

註一三：據「宣和畫譜」（按即宋徽宗時奉勅編成之御藏畫目）卷十，徽宗時代大內所藏王維畫蹟計一百二十六件。其中有關人物畫者已過泰半：

1.太上像二件　2.四皓圖一件
3.維摩詰圖二件　4.高僧圖九件
5.渡水僧圖三件　6.江皐會遇圖二件
7.黃梅出山圖一件　8.淨名居士像三件
9.渡水羅漢圖一件　10寫須菩提像一件
11寫孟浩然眞一件　12寫濟南伏生像一件
13十六羅漢圖四十八件

其孟浩然像有清初石刻拓片，迄尚可見。濟南伏生像則舊爲阿部房次郎所有，今爲日本大阪市立博物館之藏品。是今猶有傳出摩詰手筆之物行世。至於宋代所見王維人物畫，除宣和畫譜所著錄者外，又有下述數件：

1.先聖畫像（見嬾眞子）
2.辟支佛（下畫王維仙桃巾黃服合掌頂禮自寫眞）
3.堯民鼓腹圖（以上幷見米芾畫史）
4.菩薩一件

5. 普賢一件

6. 孔雀明王一件

7. 朱陳嫁娶圖一件

8. 拂林人物一件（以上幷見宋中興館閣續錄）

註一四：按此已於前揭「圖畫見聞誌」卷一「論三家山水」與「論古今優劣」等二條明見之。

註一五：按郭若虛「圖畫見聞誌」卷三記董源畫風如下：

「水墨類王維，著色如李思訓。」

唐代以水墨山水畫著稱而先於王維者，爲吳道子、王陁子，與王維同時者有張諲，晚於摩詰者，有張璪、劉商、畢宏、項容、僧道芬諸家。王維固非水墨畫之大師也。觀郭若虛以王維之水墨與李思訓之著色相對，是證十一世紀宋人之心目中，王、李對峙之局面，似已形成。

註一六：見舊著「論中國山水繪畫的南北分宗」一文，載拙著「中國畫史研究」一書，一九五九、台北、正中書局。

註一七：見註二所揭拙著「王維繪畫源流的分析」一文。

註一八：王維早年詩作承襲六朝與隋之傳統，多爲樂府，適如其早年繪畫之承襲李思訓著色山水（李畫本由隋畫家展子虔之鈎勒塡彩法發展而成，展畫則自梁代張僧繇「凸凹」畫法蛻變而出。要之，自張而展而李，乃由印度或中亞輸入異域畫風之延續與演變，非中華有之面目。此點申擬另爲一文以申論之），蓋無個人之本色可言。摩詰中年頗有應制詩，又有若干邊塞詩與少數田園詩。至其晚年方漸出其恬淡本色，多五言田園詩。東坡稱其有畫之詩，意者田園體之謂也。然田園一體固非摩詰詩作之全貌。又今傳世王維畫如濟南伏生像，人物畫也。此亦非坡公所稱有詩之畫。故王維之詩有畫與畫有詩，須各加限定，固不可但拈詩畫二字而泛論此二藝術間之相互關係。此點胸疑已久，苦無餘暇為之詳論耳。高明大方，幸垂教焉。

註十九：「宣和畫譜」卷十記王維有運糧圖、捕魚圖、度關圖等。維嘗為孟浩然寫眞，又曾作自寫眞。凡此種種，或與一般居民之日常生活有關，蓋為眞實人物局部或全部之寫生。此等圖繪，非以寫實主義稱之，殆不足以彰其藝術上表現性之功能（Representational Function of art）。

註二十：按唐人封演「聞見錄」曾云：「玄宗時，王維特妙山水；幽深之致，近古未有」。此所謂「幽深」，殆張彥遠所謂「重深」一詞之別稱耶？

註廿一：張彥遠「歷代名畫記」卷十王維傳嘗記云：「余曾見（王維）破墨山水，筆迹勁爽」。此維畫風之謂也。

註廿二：「宣和畫譜」卷五記隋代人物畫家鄭法士嘗畫讀碑圖四件。按法士嘗仕周為大都督，左員外侍郎。故古代畫家於曹操、楊修競智趣事之表出，設無更早之記載，至少可推至第六世紀，即以鄭法士為圖畫讀碑圖之第一人。

註廿三：按此圖民初為景樸孫所有，後歸日本著名收藏家阿部房次郎，現歸日本大阪市立博物館。（按阿部舊藏書畫，皆於其「爽籟館藏畫」一二集中影印之。此書現不可得，未審李王合作之圖，亦見於「爽籟館藏書」一書否？）影本凡二見：一見大村西崖所編「支那文人畫選」第二輯第四冊（一九二二東京丹青社）一見下店靜市「支那繪畫史研究」（一九四三、東京富山房）圖版五十九。

註廿四：按王曉之名初見「宣和畫譜」。此圖於清初曾經安儀周「墨緣彙觀」卷三著錄，猶稱「欵書王曉人物李成樹石」。檢宋末周密「雲烟過眼錄」卷上「看碑圖」條，王曉又作王崇。崇殆曉之誤耶？

註廿五：元夏文彥「圖繪寶鑑」卷二：

「關仝，長安人，畫山水師荊浩，晚年有出藍之美。……然仝於人物非所長，多求胡翼爲之。」

同書同卷又云：

「梁左千牛衛將軍劉彥齊，善畫竹，頗臻清致。……人物多假胡翼之手。」

註廿六：圖繪寶鑑卷二又云：

「何遇，河南長水人。善畫宮室……其間人物，則假手於人。」

附記：本文爲拙著「王維新研」之一章。篇內材料之搜集，在一九六四年秋季（時居美國新澤西州普林斯頓大學布特雷街之校寓）。一九六五年春，曾畧事排比。一九六五年秋，執教香港大學後，始爲寫定。一九六六年六月廿五日，嘗以本文之部分爲世界筆會香港分會作一演講。英文摘要則出友人羅覃先生（Thomas Lawton）之手筆。厚意可感，謹此致謝。一九六六年九月杪，北平莊申識於香港大學馮平山博物館。

論北宋末年之崇尙道教（上）

金中樞

目次

緒　言

宋世崇尚道教，始於大中祥符，而盛於徽宗。徽宗信用方士郭天信、林靈素等，史頗載之矣。實則其時爲徽宗所信者尚多。此事之背景，及其活動範圍，殊不限於宗教信仰，而爲政治上之私人權力擴張，黨派鬥爭，與方術士之錯綜勾結，對抗利用而已。況徽宗所重者，本爲迷信方術也。故就北宋末年崇尚道教之因素，與夫措施與及影響言，史書中固尚有未盡發之覆在，學者殊不能無所憾焉！

徽宗迷信方術，道士劉混康言：「京城東北隅，地協堪輿，倘形勢加以少高，當有多男之祥。」（詳本文八）於是大興土木，作萬歲山。更設花石綱，置應奉司。一時佞倖逢迎，傾國力經營之。卒肇方臘之亂，並影響漕運。度支告匱，國步阽危。未幾，而有靖康之禍，徽欽二帝悉爲金虜。然則北宋之亡，謂其淵源於信奉道教，誰曰不宜。舉此一端，足見其爲害之大矣。

斯文之作，不敢云補前史之闕，特發篋陳書，排比成篇，藉供讀史者之參考云爾。

上篇　崇尙道敎之因素

一　朝廷及朝士對於方術之迷信或利用（上）——劉、郭、二王時代

史稱：宋徽宗「初於釋老好尙，未有適莫。魯公喜佛，因導上以性理。……方士劉混康有節行，爲上所聽信，大詆佛氏。」（注一）按魯公即魯國公之簡稱，蔡京元長也。（注二）元長於大觀初，嘗被太學生陳朝老追疏其惡十四事，而「崇釋老」即其一則。（注三）是元長亦尙道家。方士劉混康有節行，長編本末亦載其事，並謂：「頗爲神宗所敬重，故上禮信之。」（同注一）然宋史蔣靜傳又云：「茅山道士劉混康以技進，賜號先生，其徒倚爲姦利，奪民葦埸，彊市廬舍，詞訟至府，吏觀望不敢治。」（卷三五六）宋史本諸宋舊史所修，故長編拾補云：「蔡絛國史補有節行語，不盡可信。」（注四）則道士劉混康所以爲徽宗聽信者，其主要當在方術。竊疑徽宗自初即迷信方術，或利用方術，而崇尙道敎；而蔡元長亦尙道，其迷信或利用方術之用意相同，乃各引方技以爲援，而遂其君臣之位。宋史卷四六二方技下郭天信傳云：

郭天信字佑之，開封人，以技隸太史局，徽宗爲端王，嘗退朝，天信密遮白白：「王當有天下」。既而即帝位，因得親暱。

同書張商英傳亦載其事云：

惠州有郭天信者，以方技隸太史，徽宗潛邸時，嘗言當履天位，自是稍睠寵之。（卷三五一）

郭氏既以方技隸太史局，則所謂「王當有天下」，「當履天位」，當據卜筮占驗星相等術，或天神之旨爲言。此徽宗迷信方術，或利用方術，而遂其君位之明證也。究其所以如此，亦當時情勢使然。史稱：

「哲宗元符三年，春，正月，己卯，哲宗崩，皇太后……垂簾謂宰臣章惇曰：『皇帝已棄天下』。惇等哭。皇太后曰：『皇帝無子，天下事須早定。』惇獨厲聲曰：『當立同母弟』。皇太后曰：『神宗諸子申王長而有目疾，次即端王當立。』惇曰：『以年則申王長當立，以禮律同母弟簡王當立。』皇太后曰：『俱是神宗子，豈容分別，當立端王。』」「皇太后又曰：『先帝嘗言端王有福壽，且仁孝，不同諸王。』於是惇爲之默然。乃召端王入，即皇帝位，皇太后權同處分軍國事。」（注五）

觀此，知皇太后與宰相章惇，形成極端對立。皇太后，即「神宗欽聖憲肅向皇后」。宋史卷二四三向皇后傳云：「帝倉卒晏駕，獨決策迎端王，章惇異議不能沮，徽宗立，請權同處分軍國事，……凡紹聖、元符以還，惇所斥逐賢大夫、士，稍稍收用之。」則太后從元祐舊黨，無疑。徽宗爲欽慈皇后陳氏於元豐五年生，（注六）逮紹聖三年以平江鎮江軍節度使封端王，（注七）年不過十四歲，在此種新舊黨爭情勢下，虞天下未信從，託之以方術或神旨，實人之常情耳。然而道教之興，正由於此。此觀「符水有驗」事，可以證明。

所謂「符水有驗」，據史稱：

「后既立，而劉婕妤寵幸，陰有奪位之意。……會福慶公主疾，后有姊（媼）頗知醫，嘗已后危疾，以故出入掖庭，公主藥弗效，迺取道家治病符水以入宮，媼以示后，后變色，問曰：『此何從來』？媼對以實。后曰：『六姊寧知中禁嚴密，與外舍異邪？』戒令存之，俟見上，言所以然。已而哲宗過視公主疾，后持以告哲宗，哲宗曰：『此人情之常耳』，后即取符爇於前，宮禁相傳，厭魅之端作矣。方公主病革，忽有紙錢在旁，后顧視頗惡之，意自婕妤所遣人持來，益有疑心。未幾，后養母聽宣夫人燕氏爲后禱祠，事聞，詔入內押班梁從政、管當御藥院蘇珪，即皇城司鞫之。獄成，命侍御史董敦逸錄問，遂詔廢后。詔獄初起，禁中捕逮幾三十人，箠楚甚峻，皆宦官宮妾柔弱之人。曁錄問，罪人過庭下者，氣息僅屬，或肢體已毀折，至有無舌者，無一人能聲對。敦逸秉筆，疑未下，郝隨從旁以言脅之，敦逸畏禍不能剛決，乃以奏牘上。」「詔廢后，出居瑤華宮，號華陽教主、玉淸妙靜先師，法名沖眞。初章惇誣宣仁后有廢立計，以后逮事宣仁。惇又陰附劉賢妃，欲請建爲后，遂與郝隨構成是獄。」（注八）故「天下寃之」。「其後敦逸奏言中宮之廢，事有所因，情有可察。詔下之日，天爲之陰翳，是天不欲廢之也；人爲之流涕，是人不欲廢之也。且言其常錄問獄事，恐得罪天下後世。」（同上）按宋史昭懷劉皇后傳亦云：「后，初爲御侍，明艷冠後庭，……有盛寵。……時孟后位中宮，后不循列妾禮，且陰造奇語以售謗，內寺郝隨、劉友端爲之用。孟后既廢，后竟代焉。右正言鄒浩上疏極諫，坐竄。」（卷二四三）章惇傳亦云：「惇又以皇后孟氏，元祐中宣仁所立，迎合郝隨勸哲宗起掖庭祕獄，託以左道，廢居瑤華宮。其後哲宗頗悔，乃歎曰：『章惇壞我名節』。惇又結劉友端相表裏，請建劉賢妃于中宮」。（卷四七一）是「符水有驗」，即係用符水以起掖庭秘獄，廢孟后而立劉賢妃也。返觀上述，章子厚既已爲新黨而與欽聖爭，今又因宣仁而廢孟后；宣仁者，子厚謂爲「元祐老姦」者也，（注九）是宣仁嬖舊黨過欽聖矣。則所謂用符水以起掖庭秘獄，廢孟后而立劉賢妃，其背景不難概見。然此謂孟后於乃姊媼取道家治病符水以入宮，問所從來，及公主病革，忽有紙錢在旁，而益疑婕妤遣人所爲。考之他說，實另有陰謀。長編本末卷一二七原注云：

道教之興，自左街道錄徐知常、供元符皇后符水有驗、被寵遇，遂薦范致虛作正言；致虛以爲紹述先帝法度，非相蔡京不可。

此外，宋史卷四七二蔡京本傳亦云：

太學博士范致虛，素與左街道錄徐知常善，知常以符水出入元符后殿，致虛深結之，道其平日趣向，謂非相京不足以有爲，已而宮妾宦官合爲一詞譽京，遂擢致虛右正言，起京知定州。

又陳桱通鑑續編卷十二云：

左街道錄徐知常，以符水出入元符皇后所，太學博士范致虛與之厚，因薦京才可相，知常入宮言之，由是宮妾宦官衆口一詞譽京，遂起京知定州。

準是以觀，知所謂用符水以起掖庭秘獄，廢孟后而立劉賢妃，實元長陰謀以遂其相位耳。此元長對於方術之利用之明證也。觀諸下說，益見其可信。東都事畧卷一四孟后本傳云：

哲宗崩，欽聖后臨御，復其位號，號元祐皇后。崇寧元年，馮澥上書以復后非是，臺臣合奏，共附和之。蔡京主其說，力請不已，徽宗從之。詔依紹聖詔旨，復居瑤華宮，加賜希微元通知和妙靜仙師。

（注一〇）

此明謂蔡元長主復廢孟后。時元長已繼章子厚而爲新黨領導人。（注一一）馮澥者，亦「議論主熙豐、紹聖，而排鄒浩」者也。（宋史卷三七一本傳）則當時道教之興，實因彼等爲「個人圖謀」與「新舊黨爭」，致迷信或利用方術，而崇尙道教而然。此觀下述一段記載，又可得一證明。揮麈後錄卷二云：

元符末，掖庭訛言崇出，有茅山道士劉混康者，以法籙符水爲人祈禱，且善捕逐鬼物，上聞，得出入禁中，頗有驗，崇恩尤敬事之，寵遇無比，至於即其鄉里建置道宮，甲于宇內。（叢書集成本頁二六七—八）

此明謂徽宗迷信方術，而崇尙道教。崇恩者，即劉氏冊爲元符皇后以後、尊爲太后時、所上之宮名也。（注一二）劉氏始而假符水爲左道，以驅孟后；繼而以其有驗，而敬事及於所爲之人，其一方迷信，一方利用，明矣。

同卷又云：

祐陵登極之初，皇嗣未廣，混康言：「京城東北隅，地叶堪輿，倘形勢加以少高，當有多男之祥，」始命爲數仞岡阜，已而後宮占熊不絕，上甚以爲喜，繇是崇信道教。（頁二六八）

九朝備要依傍此說，他書蓋依傍備要，所言同。（詳後）是道士言堪輿之學有驗，亦徽宗崇尙道教之一因素也。然此說影響尤深，而爲此後「作萬歲山」之張本。（見本文八）

其後方士王老志言逆知休咎有驗，尤爲徽宗所信從。鐵圍山叢談卷五畧云：

老王先生老志者，濮人也，事親以孝聞，爲吏能自守，後遇一丐人——自言我鍾離生也，因授之丹。老志服其丹，始大發狂，遂能逆知未來事。翰林學士强淵明，紹聖初爲教官，過濮，見老志，授之書，曰：「四皓明達」，且謂：「淵明必貴，而主是事時，吾亦與汝相見於帝闕矣。」及政和時，貴妃劉氏薨，追謚爲「明達皇后」，其制書果淵明視草，始悟「四皓」者，賜號也。時太僕卿正亶薦之，（吳本正作王）召老志館於魯公賜第。上遣使詢明達事，老志曰：「明達后乃上眞紫虛元君，且能傳道。元君語以白上，而上語亦遣白元君。事甚夥，然頗迂[illegible]。」一日，喬貴妃使祝老志曰：「元君昔日與吾善，今念之乎？」明旦，老志密封一書進，上開讀，乃前歲中秋二妃侍上燕好之語。喬貴妃得之，大慟。此亦異也，詔封洞微先生。（知不足齋本頁八）

宋史本傳損益此說，而謂：「老志遇異人於丐中，自言吾所謂鍾離先生也，予之丹，服之而狂，遂棄妻子，結草廬田間，時爲人言休咎。政和三年，大僕卿王亶以其名聞，召至京師，館于蔡京第。嘗緘書一封至帝所，徽宗啓讀，乃昔歲秋中與喬劉二妃燕好之語也。帝由是稍信之，封爲洞微先生。」（卷四六二）陳鑑本宋史，王鑑本陳鑑，所言均同；並云：「時帝方嚮道術，由是益信之。」（陳鑑見卷一二，王鑑見卷二三）證之會要選舉三四禮遺篇，令王亶以禮敦遣王氏赴闕情形，（注一三）尤見此說爲可信。而貴妃劉氏特追冊明達皇后制，亦見於宋大詔令集政和三年八月十九日條。其制有云：「明達懿文貴妃劉氏，……不怛化而達死生性命之理。」（卷二〇，皇后下）此莊子所謂「無怛化」，（內篇大宗師）即「將化而化，無爲怛之」（郭象曰）之說也。可見徽宗不惟崇尚道教，實亦崇尚道家。

至徽宗篤信道教，使道教由興而轉盛，其因實起於神之啓示，及天人之感應。長編本末卷一二七引蔡絛史補道家者流篇云：

政和初，上有疾，踰百日，稍康復。一夕，夢有人召上。……及至，乃一宮觀爾，即有道士二人爲儐相焉；遂至一壇上，諭上曰：「汝以宿命，當興吾教。」上再拜，受命而退。……及寤，作記，良悉。嘗遣使示魯公，魯公時猶責居於杭也。始大修宮觀於禁中。（頁一原注）

原注又云：

……後有王老志。徽廟嘗夢被召，如在藩邸時、見老君坐殿上，儀衛如王者，諭上曰：「汝以宿命，當興吾教。」上受命而出。夢覺，記其事。是年十一月冬祀，老志亦從上在太廟，小次中，老志曰：「陛下昔夢尚記之乎」？時臣在帝旁也。黎明，車輅出南薰門，天神降於宮中。……（方士，頁一三）

按宋史徽宗本紀政和元年秋七月壬申條：「以疾愈，赦天下。」（卷二〇）知所夢當在是夕。所夢情形，右列二條所記相近。則前條：「夢有人召上」，此「有人」當即後條所謂「老君」也。後漢書孔融傳載融謂李膺曰：「先君孔子，與君先人李老君，同德比義而相師友，」（列傳第六十）是老君即老子也。老子諭徽宗：「汝以宿命，當興吾教。」徽宗以魯公尚道，故遣使示之。然魯公時猶責居於杭。考宋史蔡京傳：「京，大觀四年，……貶太子少保，出居杭，政和二年，召還京師，復輔政。」（注一四）返觀上述，王老志係于政和三年召至京師。則後條所謂「是年」，當指政和三年也。且宋史本紀明云：「政和三年，……十一月。癸未，祀昊天上帝于圜丘；乙酉，以天神降，詔告在位作天眞降臨示現記，」（卷二一）與此說均合。至天神示現之情形，據史稱：「政和三年，十一月，癸未，郊，上搢大圭，執元圭，以道士百人執儀衛前導，蔡攸爲執綏官。」「玉輅自太廟出南薰門，至玉津園。」「顧見雲間樓臺殿閣，隱隱數重，……去地數十丈。」……「見有道流，童子，持幢幡節蓋，相繼而出雲間……衆約千餘人……衣服眉目，歷歷可識，」「移刻，或見

或隱，又頃，乃隱不見。」（注一五）

「當時是郊天而天神爲出，夏祭方澤而地祇爲應，皆老志先時奏而啓發之。」（鐵圍山叢談卷五，頁八）故「議者謂老志所爲也。」（長編本末卷一二七，方士，一三頁）而蔡攸則謂：「上體天道，……天意感昭神明降格示現如此。」（淸波雜志卷十一，頁一）遂請「宣付史館，播告天下。」（同上）太師蔡京等又奏：「乞率百僚，稱慶明庭。」（同上）於是降詔曰：

朕嗣承丕基，夙夜祗若，惟道是憲，惟上帝是承。涓選休辰，恭修祀事。備物盡志，咸秩無文。荷帝博臨，如在其上。旌旗、輦輅，冠服、儀仗，見於雲際，萬衆咸睹。惟天人之感通，有形聲之相接。靈承對越，敢不祗欽，可以其日爲天應節。用端命于上帝，以昭答於神休。咨爾萬邦，其體至意。（同上，頁一—二）

按淸波雜志著者跋此詔云：「煇自省事，即見丈人行談此事，頗畧。茲得其詳，因書以示欲知者。先人云：『所書亦有潤色，在當時已多有議之者。』豈亦出於神道設教乎？」（同上）然「道教之盛，則自此始。」（長編本末卷一二七，面士，頁一三）

其時不惟皇帝與宰輔迎合方士之說，士大夫亦然。鐵圍山叢談卷五云：

又士大夫多從而求書字，其辭始若不可曉，卒合者十八九，故其門如市。魯公謂：「慶賞刑威，（別本「謂」竝作以爲）乃上之柄，搢紳不應從方士驗禍福，且不經。」而老志亦謹畏，乃奏斷之。（頁九）

蔡元長此謂「慶賞刑威，乃上之柄，」係韓非以「賞罰爲君之二柄」之思想。韓非子二柄篇云：「明主之所導制其臣者，二柄而已矣。二柄者，刑德也。何謂刑德？殺戮之謂刑，慶賞之謂德。爲人臣者，畏誅罰而利慶賞。故人主自用其刑德，則羣臣畏其威而歸其利矣。」（卷二，）蓋當時士大夫不畏其威而歸其利，而從方士驗禍福，元長身爲宰輔，不能制止，恐其危己，乃以此語脅之，且謂其不經。實則朝廷據方士爲己有，不惟不經，抑亦自相矛盾，即俗所謂「只許州官放火，不許百姓點燈」耳。今老志亦謹畏，自奏斷之。然而繼起有人，愈演愈熾。故方士之術數，實爲當時崇尚道教之重要因素也。

當時稱老志爲老王先生，繼老王先生者，即小王先生仔昔也。蔡條云：

「（小）王先生仔昔者，豫章人也，始學儒，後自言遇許遜眞君授以大洞隱書豁落七元之法，能知（人）禍福。老志死後，仔昔來都下，上知之，召令踵老志事，寓於魯公（賜）第。時大旱，上焦心禱雨，每遣使持一幅素紙，求仔昔書，皆禱雨也：一日中夜又至，出紙求書，仔昔忽書一小符，仍扎其左曰：『焚湯沃而洗之』，中使大懼，不肯受，曰：『上有紙求禱雨，今得此大誤矣，詎敢進耶？』仔昔怒曰：『第持去』。上得果駭異，蓋上默祝爲寵妃赤目者，如其言，一沃而愈。」（注一六）「大抵……其神怪過老志，逆知如見。又自言書見星事，多不及載。詔封通妙先生。然魯公寖不樂，從容奏曰：『臣位軸（師）臣輔政，而家養方士、且甚迂怪，非宜。』上甚然之，乃徙之於上清寶籙宮。……其後，宮人有爲道士、亦居寶籙宮者，以奸事疑似發，因逐仔昔。仔昔性傲，又少戇，上常以客禮待仔昔，故其視巨閹若奴僕，又欲使羣道士皆師己。及林靈素出，衆乃使道士孫密覺發其語不遜，下開封獄殺之。陷仔昔者，中官馮浩爲力，仔昔未得罪時，先以書示其徒曰：『上蔡遇寃人』，仔昔死，甫四年，而馮浩以罪竄，適行至上蔡縣，上命殺之焉。靖康初，言事者至謂魯公嘗欲使仔昔錦袍鐵幘，以取燕山，蓋誣云。」（鐵圍山叢談卷五，頁九—一〇）

宋史王氏本傳（見卷四六二），依傍此說。第其以「豫章」作「洪州」，「使」作「小黃門」，「中使」作「黃門」，「書、皆禱雨也」作「書日」云云，知其參考他說，然大意相同。唯謂仔昔嘗「出遊嵩山」，及「林靈素有寵，忌之，陷以事，囚之東太一宮；」而於蔡元長隻字不書，與此說太異。要自徽宗崇尚道教以來，凡方士來京師，均寓於蔡元長賜第，過從甚密，並無不樂情形。至此，元長遽以師輔之尊，謂方士迂怪，養之非宜，上亦甚然其說，其間必有故。考獨醒雜志云：「大觀四年，五月，彗星出於奎婁之間，又自三月不雨，至五月，上頗焦勞，臺臣吳執中等，屢上章言蔡京罪惡，上寖薄京之所為，遂降太子少保致仕。」（注一七）今仔昔又言「白晝能見星故」，（注一八）且亦當大旱，上焦心禱雨之時，與往昔如出一轍，猜忌如元長者，記憶猶新，遂先發制人，使無覆轍之敗。而上甚然其說者，蓋仔昔寵趨衰也。況其時「事無巨細，皆託而行，」（注一九）道教之利用，於元長或居次要矣。史傳所以避而不書，蓋即存「錦袍鐵幘，以取燕山」之說耳。則蔡絛謂「蓋誣云」，理或然耶？又仔昔始因奸事發疑似而被逐，旋坐言語不遜，下獄死。而陷之者，非同道，即中官。而同道、中官，又為上層所利用。要其因素，當不外權利之爭。中官馮浩終于以罪竄誅，或為此一鬥爭之結果。然則當時崇尚道教，不徒為道士與皇上及朝士互相利用而已，抑亦為道士與中官互相利用使然。

又揮麈後錄卷八云：

政和初，黃冠用事，符瑞翔集，李譓以待制守河南，有民以為獻者，譓即以上進，祐陵大喜。（頁五

六七）

此一則曰「黃冠用事」，再則曰「祐陵大喜」，正說明朝廷對于方術之迷信或利用之後果與加强。朝廷所以一再如此，蓋緣道家者流，謂蟾蜍萬歲，背生芝草，出為世之嘉祥」也。於是「布告天下，百官稱賀于廷，上表云：」

九天睿澤，溥及含靈，萬歲蟾蜍，聿生神草，本實二物，名各一芝，或善辟兵，或能延壽，乃合為於一體，允特異於百祥。（均同上）

此又為當時崇尚道教又一因素也。

然而李譓所陳符瑞，「逮加考驗，悉出厚誣。」同書云：

命以金盆儲水，養之殿中，浸漬數日，漆絮敗潰，雁迹盡露；上怒，黜譓為單州團練副使。（同上卷頁）

考宋大詔令李譓散官安置制：「特責授唐州團練副使，安州安置。」（卷二一〇，頁七九五）此謂單州，誤。觀其謝表云：「芹獻以為美野人之愛，則深與乘而可欺子產之志焉！（輿乘疑作魚烹）（同上後錄，頁五六八）可見其時利用道教之風氣並深入下層矣。

此種情形，至林靈素時代而益顯。

注一：引自長編本末卷一二七，方士，廣雅書局本頁一二原注。原注又云：「此據蔡條史補增入，當攷混康是何許人。」按混康為晉陵人，詳本文四，賜道號。

注二：宋史卷四七二蔡京傳：「京，政和二年，召還京師，復輔政，徙封魯國。」封魯國在是年十一月辛巳，注三：詳見宋史卷四七二蔡京本傳。宋史卷二一本紀同條云：「蔡京進封魯國公」。本傳又云：「旣又更定官名，以僕射爲太少宰，自稱公相，總治三省。」長編本末卷一二五同年九月癸未條原注：「時魯公旣爲太師，乃號公相，蓋以三公而下兼相任者。」是其證。

注四：卷二一，崇寧二年正月己丑條注。

注五：此本東都事畧卷十徽宗紀及宋史卷十九徽宗本紀，其詳則見續通鑑長編卷五百二十，世界書局新定本頁三至十及其原注。

注六：詳見宋史卷十九徽宗本紀及卷二四三欽慈皇后傳。事畧卷一〇：「徽宗……母曰欽成皇后陳氏，以元豐五年十月十日生。」考宋大詔令集卷十六欽慈皇后哀冊作陳氏，欽成皇太后哀冊作朱氏，知事畧作「欽成」誤。

注七：此詞取宋史卷十九徽宗本紀。考宋大詔令集卷二九紹聖三年三月辛亥皇弟佶兩鎭封端王制：「……充平江、鎭江等軍節度……進封端王。」知事畧卷一〇徽宗紀：「拜平鎭江江軍節度使，封端王，」應作：「拜平江、鎭江軍節度使，封端王。」

注八：此本事畧卷一四及宋史卷二四三孟后本傳，其詳見通鑑長編紀事本末卷一一三立后、廢后，及長編拾補卷一三，世界書局新定本頁二〇一二九並其原注。

注九：宋史卷四七一章惇傳云：「……甚至詆宣仁后謂：元祐之初，老姦擅國。」同書卷三四三林希傳亦云：

「時方推明紹述，盡黜元祐羣臣，希皆密豫其議，自司馬光、呂公著、大防、劉摯、蘇軾等數十人之制，皆希爲之，詞極其醜詆，至以『老姦擅國』之語，陰斥宣仁，讀者無不憤歎，一日，希草制罷，擲筆於地，曰：『壞了名節矣』！」

注一〇：並見宋史卷二四三孟后傳及卷三五六錢遹、石豫、左膚等傳。

注一一：可參考拙著北宋科舉制度研究下，見新亞學報第六卷第二期。

注一二：見宋大詔令集卷一七「元符皇后進號太后賜名崇恩詔」，事畧卷一四、宋史卷二四三劉氏本傳亦言及之。

注一三：禮遺篇徽宗政和三年九月十三日詔：「濮州隱逸王志老，令王亶以禮敦遣赴闕，與依第二等奉使格支破；人從、券馬、人吏、親隨等，依第三等支賜。志老賜給從義郎遞馬驛券，仍許差擔擎兵士三十人，許乘轎，給盤纏錢五百貫與本家。先具起發月日申尚書省取旨，賜安泊處所，有合帶人多少從便。如要水路，即仰本州差撥人舡，並仰如法津遣。」（四八〇〇）此謂王志老，證之正文所引諸史傳，應作王老志。

注一四：宋史卷四七二。按京於大觀四年五月二十六日降太子少保制，見宋大詔令集卷二一二，中華書局北一版頁八〇五。則續宋編年通鑑作降授太子太保致治，誤。（拾補卷二九，頁一二注引）

注一五：此詞有截取續宋編年通鑑者，（見拾補卷三一，頁一四引）備要卷二八亦載之，其原文見淸波雜志卷十一，四部叢刊本頁一。

注一六：長編拾補卷三五，頁五注引，蓋據其史補之說。括弧內字，則據鐵圍山叢談卷五，頁九增注一七：卷二，宋史卷四七二蔡京本傳亦畧言及。

注一八：此辭取拾補引蔡條原說，(卷三五，頁五)以資參證。

注一九：此辭取宋史卷四七二蔡京本傳，其原文見長編本末卷一三一，蔡京事迹，政和六年四月庚寅御筆。

二　朝廷及朝士對於方術之迷信或利用(下)——林靈素時代

按林靈素之身世，衆說紛紜，莫衷一是，此本節首當詳考者也。蔡條史補云：

政和七年，有林靈素出。靈素、温州人也，少從浮屠學，以無行爲所在貶惡。不久，去爲道士。左街道錄徐知常引之，以附會諸閹。始曰：「神霄玉淸王，上帝之長子，主南方，號長生大帝君；既下降於世，乃以其弟主東方，（號）青華帝君，領神霄之治。天有九霄，而神霄爲最高，其治曰府，故青華帝君，亦曰判府天尊。而靈素乃其府仙卿，曰褚慧，亦下降，佐帝君之治。又同一時大臣要人，皆仙府卿吏，若魯公曰左元仙伯，鄭居中、劉正夫等，若童貫諸巨閹，率有名位。王黼時爲內相，乃曰文華吏。盛章、王革，時迭爲天府，乃曰仙嶽吏。伯氏時主進奉，乃曰園苑寶華吏。又謂上寵妃劉氏，曰九華玉眞安妃也。天子心獨喜其事，乃賜號通眞先生。（長編本末卷一二七，道學，頁二引）

又宋史卷四六二林靈素本傳云：

林靈素温州人，少從浮屠學，苦其師笞罵，去爲道士，善妖幻，往來淮泗閒，丐食僧寺，僧寺苦之。政和末，王老志、王仔昔既衰，徽宗訪方士於左道錄，徐知常以靈素對，既見，大言曰：「天有九霄，而神霄爲最高，其治曰府。神霄玉淸王者，上帝之長子，主南方，號長生大帝君，陛下是也；既下降於世，其弟號青華帝君者，主東方，攝領之。己乃府仙卿，曰褚慧，亦下降，佐帝君之治。又謂蔡京爲左元仙伯，王黼爲文華吏，盛章、王革爲園苑寶華吏，鄭居中、童貫及諸巨閹皆爲之名。貴妃劉氏方有寵，曰九華玉眞安妃。帝心獨喜其事，賜號通眞達靈先生。

又楊氏編年云：

林靈素溫州人，善妖術，輔以雷公法，常往來不逞，于宿亳淮泗乞食諸寺，羣僧薄之，至楚，與惡少相毆擊，訟至府廷，通判石沖聞之，意其輕便儇捷脫之，置於館，問吐納燒煉飛神之術，攜至京師，引謁蔡京，致見上。（長編本末卷一二七，方士，頁一六一—一七。）

又賓退錄卷一云：

林靈素初名靈噩，字歲昌，家世寒微，慕遠遊，至蜀，從趙昇道人數載。趙卒，得其書，秘藏之，由是善妖術，輔以五雷法，往來宿亳淮泗間，乞食諸寺。政和三年至京師，寓東太乙宮。徽宗夢赴東華帝君召，游神霄宮，覺而異之，敕道錄徐知常，訪神霄事迹。知常數不曉，告假。或告曰：「道堂有溫州林道士，累言神霄，亦作神霄詩題壁間，」知常得之大驚，以聞。（因）召見，上問有何術？對曰：「臣上知天宮，中識人間，下知地府。」上視靈噩風釆如舊識，賜名靈素，號金門羽客、通眞達靈元妙先生。（叢書集成本頁四）

又兩浙名賢錄云：

林靈素字通叟，永嘉人，初名靈噩，字歲昌。母懷姙二十四月，忽夜夢神人緋袍玉帶，手執大筆，指母腹曰：『暫借此居』，次日乃生。五歲不能言，一日，有道士踵門請見，附耳語移頃，忽失笑而語。自是日記萬言，吐辭成章。嘗獨登積穀山，得異書於飛霞洞。縱遊東京，嘗同蘇東坡遊瑞佛寺，覽寺記數萬言，默識無遺，東坡大稱之。入蜀，遇眞人趙昇，得神霄大法。政和三年至京，寓東太乙宮。徽宗夢跨白龍遊神霄宮；會靈噩騎青牛而入，覺而異之。命徐知常訪神霄事，知常無以應，或以靈噩進。上召問：『卿有何術』？對曰！『臣知天知人』。上見狀貌，如夢中所見，遂賜名靈素，號金門羽客、沖虛通眞達靈玄妙先生。〔注一〕

從右列各條逐一觀之，名賢錄爲明徐象梅撰，當亦取材於賓退錄。而賓退錄有同於編年者。史補言簡意賅，而爲當時人所撰。宋史本諸宋舊史所修，當取材於史補，並亦參考賓退錄。而明王世貞所著列宣全傳，「是根據各種有關舊籍輯錄的，但文字與舊籍所記頗有出入。」（後記）而其所撰靈素傳文，視右列諸書，出入尤多。（見卷七）然歸其大意，合諸書而論之，蓋有六點頗值考釋。（一）右引諸書，獨名賢錄謂林靈素爲永嘉人，列宣全傳與下引畢鑑本其說，餘均認其係溫州人。然溫州本永嘉郡，〔注二〕故二說皆然。（二）右引賓退錄之說，固本耿延禧所作靈素傳，且云：「靈素本末，世不知其全，故著之，不敢增易一字。」矧其謂靈素「乞食諸寺」之云，與此引名賢錄謂其「遊瑞佛寺」之意相近，似賓退錄爲得其實也。然耿傳，汴京勼異記亦節畧之，第其於此說，則撫宋史本傳，所謂「少從浮屠氏，苦其師笞罵，去爲道士。」（卷二，叢書集成本頁一五）矧其說與此引史補相符，而史補如上所云乃當時人所作，則靈素先從浮屠學，後爲道士，蓋可信也。（三）右引名賢錄謂：

「靈素縱遊東京，嘗同蘇東坡遊瑞佛寺，覽寺記數萬言，默識無遺，東坡大稱之。」而列仙全傳林靈素傳則云：「蘇東坡以曆日與讀，一覽能誦。東坡驚曰：『子聰明過我，富貴可立待。』靈素笑而答曰：『生封侯，死立廟，不離下鬼，非予志也。』」（卷七）二說出入既多，而宋史本傳又不載，抑觀全傳所云，特偏元祐舊黨，至謂「蔡京乃北都六洞魔王大頭鬼」。（四）右引名賢錄謂：「靈素入蜀，遇眞人趙昇，得神霄大法。」編年謂其「善妖術，輔以雷公法。」賓退錄所言，畧同編年。故宋史本傳云：「其說妄誕不可究質，實無所能解，惟稍識五雷法，召呼風霆間禱雨有小驗而已。」（卷四六二）而列仙全傳爲靈素作傳則云：「靈素 年三十，遊西洛，遇道士姓趙，授以神霄天壇玉書，書中有神仙變化法，並興雲致雨符呪，驅遣百鬼、役使萬靈等法，自後無施不靈。次年，岳陽酒肆復遇趙道士云：「吾漢天師弟子趙昇也，向授玉書，宜謹行之，行當爲神霄教主，兼雷霆大判官，以輔東華帝君也，」（卷七）其說更妄誕。（五）自名賢錄與賓退錄言，靈素實於政和三年入京師；審史補和宋史，蓋其於政和七年始受寵賜。而所賜之號，及所引薦之人，亦各有不同之說。考史補此文，長編本末繫于政和六年十月甲申條下(卷頁詳前)九朝備要亦繫于同年春二月，第未言及賜號。（見卷二八）續宋編年通鑑本其說，所言同。（拾補卷三五，頁四注引）畢鑑嘗參考史補之說，但附於六年四月乙丑條。（見卷九二）是咸認林靈素始受寵賜在政和六年也，與史補原文七年之說不同。抑宋史本傳此云「賜號通眞達靈先生」，與史補及以上徵引史補諸書所謂「賜號通眞先生」亦異。元陳桱通鑑續編云：「政和六年，春，正月，賜方士林靈素號通眞達靈先生。」（卷一二）按陳氏「世傳史學」，（四庫提要卷四七）其說或可信。明王宗沐著續通鑑，一仍其說，（見卷二三，）其可信性益增。然長編本末載政和七年二月甲子詔，仍謂「通眞先生林靈素」云，（卷二二七，頁三）宋史本紀同。（見卷二一）又本末重和元年夏五月丁亥條：「通眞達靈先生林靈素爲通眞達靈元妙先生」，（同上本末）宋史本紀亦同。（同上本紀）而賓退錄之說，即同此文。名賢錄所云，則多「沖虛」二字。則「通眞達靈先生」之賜號，當遲於政和七年二月以後，至重和元年五月以前。然則史補所云內容雖是，而其繫年，如在政和七年，當在二月之前，或如陳鑑所云耳。若然，則靈素之始得寵賜，亦當始於此時。至所引薦之人，楊氏編年謂由通判石沖之說，葢在政和三年靈素初至京師之時。史補及本史補諸書所謂「左街道錄徐知常引之」云云，當在其受寵賜之初耳。則列宣全傳云：「大觀二年，詔求天下有道之士，茅山宗師以靈素薦，」（卷七，林靈素傳）誤矣。（六）即靈素所謂「神霄」之說。就此點言，史補此說要爲諸史傳所本。然諸史傳亦有采摭他書，而爲史補此說所未言及者。如九朝備要云：「又有左元仙伯、書罰、仙吏褚慧等八百餘官」，續宋編年通鑑與陳鑑均從其說，而王鑑則刪爲「又有仙官八百餘名」，（註三）是其例。有爲諸史輾轉相傳，致生謬誤者，如王鑑固據陳鑑爲說，而又易「文華吏」作「文華使」，而爲近著中國道教史所延用，（見第十三章，中國文化史叢書本頁一七七）與史補此說不符，是其例。有爲諸史刪繁就簡，而張冠李戴者，如史補此謂「盛章、王革，時迭爲天府，乃曰『仙獄吏』，」而宋史竟易其爲「園苑寶華吏」，陳鑑同其說，王鑑刪之，殊不知」園苑寶華吏」，實另有其人，亦即史補此謂「伯氏時主進奉」者也。按是書著者係蔡絛，因稱蔡攸爲伯氏，故畢鑑作「蔡攸爲園苑寶華吏」。（卷九二）宋史蔡攸本傳云：「攸歷開府儀同三司、鎭海軍節度使、少保，進見無時，益用事，與王黼得預宮中秘戲，或侍曲宴，則短衫窄袴，塗抹青紅，雜倡優侏儒，多道市井淫媟謔浪語，以蠱帝心。」（卷四七二）則所謂「伯氏時主進奉」，賨其然矣。又宋史劉正夫傳云：「京寵，正夫又與鄭居中陰援京。」（卷三五一）鄭居中傳亦云：「京再得政，兩人之助爲多。」（同上）則京與正夫、居中之關係，不待言矣。宋史童貫傳又云：「貫與蔡京游，京進貫力也。……時人稱蔡京爲公相，因稱貫爲媼相。」（卷四六八）則京與貫之關係，亦不待言矣。又宋史后妃傳云：「時又有安妃劉氏者，本酒保家女，初事崇恩宮，宮罷，出居宦者何訢家，內侍楊戩譽其美，復召入，……政和四年，加貴妃，朝夕得侍上，擅愛顓席，嬪御爲之稀進，……林靈素以技進，目爲九華玉眞安妃，肖其像于神霄帝君之左。」（卷二四三）則安妃，宦寺、皇上三者之關係，更無待言矣。是靈素所託之仙官，皆君相及其左右也，並亦自託於其中。然其實際之歷程，應如下說，即：「天有九霄，而神霄爲最高，其治曰府，神霄玉淸王者，上帝之長子，主南方，號長生大帝君，徽宗是也。既下降於世，其弟號青華帝君者，主東方，攝領之。又有仙官八百餘名，今蔡京即左元仙伯，王黼卽文華吏，盛章、王革卽仙嶽吏，蔡攸即園苑寶華吏，鄭居中、劉正夫及童貫諸巨閹等，皆有名位，而林靈素即仙卿褚慧下降，佐帝君之治。貴妃劉氏方有寵，則曰九華玉眞安妃。」總上分析，就第一點論，既升溫州爲應道軍，（註四）又改永嘉縣紫芝峰法因院爲紫芝觀，（長編本末卷一二七，方士頁一六）是朝廷對于方士林靈素之信從或利用之明證。就第二點論，靈素既先從浮屠學，後爲道士，信仰不堅，明非一誠信敎徒，誠如史補謂：「左街道錄徐知常引之，以附會諸閹。」是蔡條知其意，而徽宗、蔡京不知，豈眞「當局者迷，傍觀者審」乎？不然，則彼等崇尙道敎，又非利用而何？就第三點論，其說如非子虛烏有，則靈素不徒欲爲舊黨，且封侯立廟之志顯矣。就第四、第五、第六三點而論，靈素被薦前，已畧施小技，及道其所自來；既見，則又如彼盜名晻世，挾左道，懷詐僞，以欺徽宗；而徽宗不之察，反心怡其說，賜以通眞先生，並陸續加以達靈、元妙之號。宋史本傳並云：「靈素益尊重，加號金門羽客、沖和殿侍宸，出入呵引，至與諸王爭道，都人稱曰道家兩府。」（注五）淸波雜志亦云：「宣和崇尚道教，黃冠出入禁闥，號金門羽客，氣燄赫然，林靈素爲之宗主。」（卷三，頁四）鐵圍山叢談更云：「政和以後，道家者流始盛，羽士因援江南故事，林靈素等多賜號金門羽客。道士居士者必錫以塗金銀牌，上有天篆，咸使佩之，以爲外飾，或被異寵，又得金牌焉。」（卷三，頁五）似此情形，又非朝廷對於方術之迷信或利用而何？

史補又云：

初劉、虞、二王先生，皆爲上所禮，然有神怪事，多出自方士也。及靈素至，乃以其事歸之於上，而曰己獨佐之，每自號「小吏佐治」，故上下莫有攻其非者。（同上）

此無他，蓋「凡爲神恠之事者，往往先後多不得其死，」（長編本末卷一二七，方士，頁一五原注）觀上述二王事甚明。「前車之鑑，後事之師。」「靈素爲幻不一，上每以聰明神仙呼之，」（賓退錄卷一，頁四）當知所以防患於未然耳。「然靈素實無術，徒敢大言，是時上興道教將十年，獨思未有一厭服羣下者，數以語近倖，於是神降事起矣。」（同上本末，頁二一三）長編本末卷一二七及其原注云：

政和七年，二月，甲子，詔通眞先生林靈素，於道籙宮宣諭青華帝君臨降事，左右街道錄傳希烈等皆作記上之，畧曰：「逮夜漏向丑，香風颯至，徐有赤光，大如彈丸，東流空中，上下往來，既離復合，已而電光四出，雷聲隱然，環珮之音，近在咫尺，一室間恍如白晝，仰瞻給像，俄失所在，特絹素空存而已。須臾，二天人、躡空乘雲、冉冉而下，其一絳服、玉冠，天顏和豫，蓋教主道君皇帝也；其一上下青衣，儼若青華帝君之狀。又前導者一人，貌與通元先生張虛白無少異焉！從者朱紫，不可悉計，迤邐由西而行。又曰：考之仙版，青年帝君，實高上神霄玉清王之弟也。仰惟教主道君皇帝，以神霄玉清之尊，降神出明，應帝王之興起，雖動而不失其所謂至靜，雖爲而實未嘗爲，故其通眞接靈，澹然獨與神明居者，若辛卯歲之夢兆，癸已歲之示見，創見希有，中外已悉，聞而知之。至於今日坐堂奧之上，而神飛玉京，來仙境之眞，而跡凝禁御，則或未之聞也。（頁三—四）

此說，如綜合陳畢二鑑之意，即所謂「靈素希指，造爲青華帝君、夜降宣和殿事，假帝告天書雲篆，」「務以惑世欺衆，其說妄誕不可究質」者也。（注六）惟此謂二天人，一爲教主道君皇帝，一爲青華帝君。又曰：「考之仙版，青華帝君，實高上神霄玉清王之弟也。」返觀上節據靈素所云：「神霄玉清王者，上帝之長子，主南方，號長生大帝君，徽宗是也。既下降於世，其弟號青華帝君者，主東方，攝領之。」與夫徽宗「自稱教主道君皇帝，靈素所建」之說，則徽宗今詔靈素宣諭青華帝君降臨，而並亦躬自神化於其中，顯欲配合政和元年辛卯歲之夢兆，及三年癸已歲之示見，以提高其統治神民之地位。此謂「仰惟教主道君皇帝，以神霄玉清之尊，降神出明，應帝王之興起，」即其意焉。而列仙全傳載徽宗與靈素吟應所謂「宣德五門來萬國，神霄一府捴諸天，」（卷七，林靈素傳）尤爲明證。此皆朝廷對於方術之利用之明證也。至謂「雖動而不失其所謂至靜，雖爲而實未嘗爲，故其通眞接靈，澹然獨與神明居者，」乃竊取老莊之說，（注七）與其措施完全不符。（見下述）觀此謂「於道籙宮宣諭青華帝君降臨事」，據宋史本紀云當時即嘗「會道士二千餘人」，（卷二一同條）可首見其意「隱而不明」，其言「妄而不實」，此孟子所謂「遁辭」，不足與論。又此謂「前導者一人，貌與通元先生張虛白無少異。」考汴京勼異記：「張虛白、字致祥，鄧州南陽人，隸道士籍於太一宮，……性靜重，通太乙六壬術，留心丹竈，遇異人授秘訣，自言前身乃武陵張白先生。其徒推武陵尸解年月，乃虛白誕生之時，若合符節。武陵平日好飲酒，……虛白亦善飲。徽宗知其人，每召見，必賜酒數觥，虛白雖醉益恭，上重之，俾管轄龍德太一宮，……官至太虛大夫。雖久被寵眷，而未嘗少自矜耀，受恩賚無虛日。」(卷二，頁一四—一五)列仙全傳謂其「出入禁中，終日論道，無一言及時政，曰：『朝廷事有宰相，非予所知也。』金人尤重之，呼爲神仙。一日曰：『某年月日，吾當化去。』至期果然。」(卷七，張氏本傳。)曲洧舊聞卷六云：「政和以後，黃冠寖盛，眷侍隆渥，出入禁液，無敢誰何，號金門羽客，恩數視兩府者凡數人，而張侍晨虛白在其流輩中獨不同，上每以張胡呼之而不名焉。性喜多學，而於術數靡不通悟，尤善以太一言休咎。」(學津本，頁五)則虛白雖不如靈素之狂妄與擴張，而其憑術數博得朝廷之地位，亦實至名歸矣。

「尋詔翰林學士承旨王黼、宣和殿學士蔡攸、盛章等，至宣和殿觀神霄降臨，黼作記上之。」此備要卷一二政和七年四月條之說也。按王黼等至宣和殿觀神霄，據十朝綱要在是月戊辰（拾補卷三六，頁四同條注引）「自後神恠之事不悉書」(同上備要)

除神恠之事外，朝廷對於方術之迷信或利用，猶史不絕書。蔡絛云：

劉棟者、棣州人，亦儒士，自云：「嘗遇仙人韓君者，與之丹，曰：『剝取丹服』，丹，輒復如故。」政和中，以其丹上之。上曰：「汝師賜服而奪之以慕長年，非朕所用意也。」還焉。靈素乃謂：「仙人韓君者，乃韓君丈人也。韓君丈人，乃上帝之首相，雖不隷於神霄，而實佐帝君之治。」上乃命棟以

官，爲「直龍圖閣」。又爲作「韓君丈人觀」于其鄉郡，而使棟領之，仍係籍於道流，封先生。……然

棟頗涉儒書，慕李泌之爲人。（本末卷一二七，頁一五原注。）

此謂劉氏師韓眞人，又慕李泌之爲人。李泌者，亦神仙家也。〔注八〕是劉氏名雖爲一頗涉儒書之儒士，而實係方術之士。劉氏通方術，是否唯利是圖，且待分析。而徽宗從靈素，命劉氏以官，封其號，乃對其方術之迷信或利用，可肯定焉。此不惟蔡氏個人如此爲說，當時措置實如此。政和六年二月癸未詔云：「訪聞棣州士人劉棟，蔬食葆神，虛心契道，人之隱奧，洞然照知，處方書符，每有應驗，可令敦遣赴尙書省審驗外，于上淸寶籙宮安下，仍給路費、驛券、遞馬，無令失所。」（會要選舉三四之五〇；本末卷一二七，方士，頁一四）是其證。而劉氏之上丹，蓋即於此時，或其稍後。然據另一說，則謂其於同年四月二十八日鑄鐘，（同上本末，頁一五原註）並於明年乘其應舉之便，上其所鑄鐘與徽宗。長編本末卷一二七七年二月壬戌條：「貢士劉棟奏，伏蒙聖恩以臣本州並提舉司保舉四行聞奏，特授將仕郎。臣昨忽遇九天益算韓眞人，授以景靈玉陽神應鐘法，仰祝聖壽，若臣苟官爵，即負師言。伏望特垂矜察，所有敕命，乞賜追寢。詔依所乞，賜紫衣道服。」（方士）準是以觀，姑不論其上丹或上鐘，要其爲徽宗求長生則一也。雖劉氏自負以行聞，迄追寢所授將仕郎官爵。然此謂命以直龍圖閣，使領所爲作韓君丈人觀，籍道流，封先生，多係事實。長編本末同卷重和元年三月戊申條：「召劉棟赴闕」。（方士，頁一五）閏九月己丑條：「通直郎管勾棣州韓君丈人觀劉棟爲守靜先生、視中大夫，棟不受。」（同上頁一六）棟不受守靜先生、視中大夫，顧已爲通直郎、管句棣州韓君丈人觀矣。通直郎（從六品）雖不能望中大夫（從四品），顧其高於將仕郎（從九品）多矣。〔註九〕抑猶不止此，宋會要崇儒六政和

八年十月二十一日條：「通直郎、管句埭(棣)州玉清韓君丈人觀、兼註解聖濟經所編修道史檢討官劉棟奏，伏蒙聖慈宣諭授臣守靜先生，如臣學術無取，恐負陛下清淨之化，所有告命，乞賜追號虛靖先生。」（賜先生號，頁三五）則劉氏雖非直龍圖閣，顧已爲編修道史檢討官矣。檢討猶校讐也。宋史職官志云：「宋朝庶官之外，別加職名，所以厲行義文學之士，高以備顧問，其次與論議、典校讐，得之爲榮，選擇尤精。」（卷一六二，藝文印書館景印殿本頁二二二）劉氏既得殊榮矣，舍守靜而受虛靖，蓋其自得之也。然蔡絛則謂其「晚爲利所奪，不能自還也。」（本本卷一二七原注）

宋史卷三二八王寀傳云：

寀字輔道，好學、工詞章、登第，至校書郎。……唯好延道流，設丹砂神仙事。得鄭州書生，託左道。自言天神可祈而下，下則聲容與人接。因習行其術，纔能十七八，須兩人共爲，乃驗。外間讙傳，浸淫徹禁庭，徽宗方崇道教，侍晨林靈素，自度技不如，願與之游，拒弗許。戶部尚書劉昺，寀外兄也，久以爭進絕還往。神降，寀家使因昺以達，寀言其故。神曰：「第往與之言——汝某年月日，在蔡京後堂談某事，有之否？」昺驚駭汗浹，不能對。蓋所言皆陰中傷人者。乃言之帝，即召。寀風儀既高，又善談論，應對合上指。帝大喜，約某日，即內殿，致天神。靈素求其共事，又弗許。或謂靈素：「但勿令鄭書生偕，寀當立敗。」即白帝曰：「寀父兄昔在西邊，密與夏人謀反國，遲、至尊候神，且圖不軌。」帝疑焉。及是日，寀與書生至東華門，靈素戒閽卒，獨聽寀入。帝齋待敬潔，越三夕，無所聞。乃下寀大理，獄成，棄市；昺，竄瓊州。

此除說明徽宗迷信方術以外，尤能說明朝士王輔道對于方術之利用，不徒以遂其私，且欲與方士爭短長，卒致事敗傷身，牽涉劉子蒙。子蒙所以與輔道復合，此謂亦因輔道假神言——「在蔡京後堂談某事」所導致。考子蒙本傳：「昺嘗爲京畫策排鄭居中，故京力援昺」宋史卷三五六）之說，知所談之事，當卽指此。此觀輔道、子蒙被誅竄，而事幾及蔡元長可知。揮麈後錄卷三曰：

王劉既誅竄，適鄭達夫與蔡元長交惡，鄭知蔡之嘗薦二人也，忽降旨應劉炳所薦，並令吏部具姓名以聞，當議降黜。宰執既對，左丞薛昂進曰：「劉炳臣嘗薦之矣，今炳所薦尙當坐，而臣薦炳何以逃罪？」京卽進曰：「劉炳、王寀臣俱曾薦之，今大臣造爲此謀，實欲傾臣。臣當時所薦者，材也，固不保其往。今在庭之臣，如鄭居中等皆臣所引，以至於此，今悉叛臣矣！臣亦不保其往。願陛下深察。」上笑而止。由是不直達夫，卽再降旨：「劉炳所薦並不問」。（頁三九一—二）

然元長所以有此權威，並公謂「大臣造爲此謀，實欲傾臣，」此大臣，當卽指鄭達夫也。而達夫無以爲言，上一笑而止，使事體如此平息。師臣之尊，固其一因。而靈素奉元長爲「左元仙伯」，（見上述）關係難分，葢居重要因素。觀盛章窮訊子蒙，而始終不及元長，亦可證。同書云：

王寀輔道，樞密韶之子，少豪邁，有父風，早中甲科，善談論，工詞翰，曾文肅、蔡元長薦入館爲郎，後以直秘閣知汝州，考滿守陝，年未三十，輕財喜士，賓客多歸之，坐不覺察盜鑄，免官。自負其材，受辱不羞。是時，羽流林靈素，以善役鬼神得幸。而輔道之客，冀其復用，乘時所好，昌言輔道有術，可致天神出，靈素上梶（捉）不得施。葢其客亦能請紫姑作詩詞而已，非林之比。輔道固所不解，然實不知客有此語也。輔道嘗對別客謂靈素太誕妄，安得為上言之？其言適與前客語偶合。工部尚書劉炳子蒙者，輔道母夫人之姪孫也，及其弟煥、子宣俱長，從班歆艷一時。時開封尹盛章新用事，忌炳兄弟進，思有以害其寵，未得也。初，炳視輔道雖中表，然炳性謹厚，每以輔道擇交不慎，踈之。會炳姑適王氏，於輔道為媛。一日，輔道語其媛曰：「某久欲謁子蒙兄弟，奉從容，然不得其門而入，奈何？」媛曰：「俟我至其家，可往候之。」輔道於是如其敎，候炳於賓舍，久之，始得通。炳逡巡猶不欲見，迫於其姑，勉强接之。既就坐，談論風生，亹亹不勌，炳大歎服。入告其姑曰：「久不與王叔言，其進乃爾，自恨不及也！」因遣持馬人歸止，宿其家，自是始相親洽。殆至興獄，未及歲也。前客語既達靈素，靈素忿怒，泣請於上；且增加以白之，曰：「臣以羇旅，荷陛下寵靈，而姦人造言，累及君父，乞放還山以避之。不然，願置對，與之理。」上令逮捕輔道與所言客姚坦之、王大年，以其事下開封。使者至，輔道自謂無它，亦不以介意。語家人曰：「辯數乃置，無以為念也。」至獄中，刻木皆出紙求書，且謂輔道曰：「昔蘇學士坐繫烏臺，時衞獄吏，實某等之父祖。蘇學士既出，後每恨不從其乞翰墨也！」輔道喜，作歌行以贈之，處之甚怡然。而盛章以炳之故，得以甘心矣。因上言，詞語有連及炳者，乞併治之。上曰：「炳，從臣也，有麗未宜草草。」炳既聞上語，不疑其他。一日，上幸寶籙，駐蹕齋宮，從官皆在焉。炳、越班面奏簾外，曰：「臣猥以無狀，待罪邇列，適有中傷者，非陛下保全，已虀粉矣！」再拜而退。炳既謝已，舉首始見章在側，注目瞪視，惶駭失措，深以為悔。翌日，章以急速請對，因言「寀與炳腹心，誹謗事驗明白，今對衆越次，上以欺罔陛下，下以營惑羣臣，禍將有不勝言者，幸陛下裁之。」上始怒。是日，有旨：「內侍省不得收接劉炳文字」。炳猶未知之，以謂事平矣，故不復閑防章。既歸，遣開封府司錄孟彥弼攜捕吏竇鑒等數人，即訊炳於家。炳因服出見，分賓主而坐，詞氣慷慨，無服辭。彥弼既見其不屈，欲歸，而竇鑒者語彥弼曰：「尚書几間，得寀一紙字，足以成案矣。遂亂抽架上書，適有炳著撰藁草，雖至底，見炳和輔道詩，尚未成首，云：「白首之年大道盛，掃除荊棘奉高眞。」詩意謂輔道，嘗有疾惡之意。時尚道，目上爲高眞爾。鑒得之，以爲奇貨，歸以授章。章命其子幷釋以進，云：「白水謂來年庚子寀舉事之時，炳指寀爲高眞，不知以何人爲荊棘，將寘陛下於何地，豈非所謂大逆不道乎？但以此坐輔道與客，皆極刑。炳以官高得弗誅，削籍竄海外。煥、責授團練副使，黃州安置。凡王劉親屬等，第斥謫之。幷擢爲秘書省正字。(頁三七五—三七九)

此謂盛章時爲開封尹，當係從三品官。(見通考卷六六，考五九八)而子蒙「積官金紫光祿大夫」(宋史卷三五六本傳)乃正二品，(同上通考)位在章上。故徽宗曰：「炳、從臣也，有罪未宜草草。」然而盛章仍敢如此制子蒙，即其能利用方術，得爲「仙獄吏」故耳。質言之，盛章以人事關係固無當於子蒙，然有神道團體爲其利用。以神道補人事之不足，實「盛章新用事」之背景耳。而子蒙終于得弗誅，此謂以其「官高」，考之史傳，又適以人事致之。宋史本傳云：「昺、宣和殿學士，知河南府，積官金紫光祿大夫，與王寀交通事敗，開封尹盛章議以死，刑部尚書范致虛爲請，乃長流瓊州。」范致虛傳亦云：「初致虛在講議司，延康殿學士劉昺，嘗乘蔡京怒，擠之。後王寀坐妖言繫獄，事連昺論死，致虛爭之，昺得減竄，士論賢之。」(宋史卷三六二)可見神道之不可恃，亦惟以人事補之。當時輔道所爲，尤本此旨。此謂「輔道之客，冀其復用，乘時所好，昌言輔道有術，可致天神出，靈素上抳不得施。」而輔道復因乃嫂引子蒙以爲援，正爲此也。此說雖與上述輔道假神言以通子蒙畧異，然其描述輔道之鑽進情形，益顯輔道利用方術之心迹。所以如此，亦當時情勢使然。蓋其時晻世也，君子道消，小人道長，道流既可用事，而「好延道流」如輔道者，又何樂而不爲？況輔道「輕財喜士，賓客多好之，其客亦能詩紫姑作詩詞，」可見其當時力量，實不在小。子蒙此謂「白首之年大道盛，掃除荆棘奉高眞，」章子幷釋爲「不知以何人爲荆棘」，如以「輔道嘗有疾惡」，而又「目上爲高眞」，則荆棘當指章及靈素諸道流。章與靈素去，子蒙與輔道當可取而代之。上引本傳謂靈素願與輔道遊，求與輔道共事，而輔道一再拒弗許，卽因此也。以若所爲，求若所欲，倘所爲崇道，余甚惑焉！

此不徒朝廷及朝士如此，卽方士與方士之間亦莫不然。宋史卷四六二林靈素傳云：

林靈素……本與道士王允誠共爲怪神，後忌其相軋，毒之死。

此種情形，蓋卽朝廷對於方術之迷信或利用過分所造成。觀耿延禧所作靈素傳，亦可推及之。其傳曰：

京師大旱，命靈素祈雨，未應，蔡京奏其妄。上密召靈素曰：「朕諸事一聽卿，且與祈三日大雨，以塞大臣之謗。」靈素請卽召建昌軍南豐道士王文卿，乃神霄甲子之神兼雨部，與之同告上帝。文卿既至，執簡敕水，果得雨三日。上喜，賜文卿亦充凝神殿侍宸，靈素眷（荷）益隆。忽京城傳呂洞賓訪靈素，遂捻土燒香，氣直至禁中。遣人探問，香氣自通眞宮來。上亟乘小車到宮，見壁間有詩云：「捻土焚香事有因，世間宜假不宜眞，太平無事張天覺，四海閑遊呂洞賓。」京城印行，遶街叫賣，太子亦買數本進，上大駭，推賞錢千緡，開封府捕之。有太學齋僕王靑告首：是福州士人黃待聘令靑賣。送大理寺勘招：待聘兄弟及外族爲僧行，不喜改道。故云：有旨斬馬行街。靈素知蔡京鄉人所爲，上表乞歸本貫，詔不允。通眞有一室，靈素入靜之所，常封鎖，雖駕來亦不入。京遣人廉得有黃羅大帳，金龍朱紅倚桌，金龍香爐。京具奏，請上親往，臣當從駕。上幸通眞宮，引京至，開鎖同入，無一物，粉壁明窗而已，京惶恐待罪。宣和元年，三月，京師大水臨城，上令中貴同靈素登城治水，敕之，水勢不退。回奏：「臣非不能治水，一者事乃天道，二者水自太子而得，但令太子拜之，可信也。」遂遣太子登城，賜御香，設四拜，水退四丈。是夜水退盡，京城之民，皆仰太子聖德。靈素遂上表乞骸，不允。秋，九月，全臺上言：「靈素妄改（改字疑恐是議字）遷都，妖惑聖聽，改除釋教，毀謗大臣。」靈素即時攜衣被行，出宮，十一月，與宮祠溫州居住。二年，靈素一日攜所上表，見太守閭邱額（丘顥），乞與繳進，及與州官親黨訣別而卒。生前自卜墳于城南山，戒其隨行弟子皇城使張如晦：「可掘穴深五尺，見龜蛇便下棺。」既掘不見龜蛇，而深不可視，葬焉。靖康初，遣使監溫州伐墓，不知所踪，但見亂石縱橫，强進多死，遂已。（頁四—六）

按臨川縣志：「王文卿臨川人，徽宗夢三天掌文史吏陶伯威降，乃肖像令內侍求之，得文卿，拜凝神殿侍宸。……又揚州大旱，詔文卿求雨，伏劍噀水，曰：『借我黃河水三尺』，數日，揚州奏得雨，皆黃泥，賜號沖虛通妙先生。」（古今圖書集成五〇九册之四七葉）又清波雜志卷三云：「一日盛暑亭午，上在水殿，熱甚，詔靈素作法祈雨，久之，奏云：『四瀆，上帝皆命封閉，惟黃河一路可通，但不能及外。』詔亟致之，俄，震雷大霆，霆皆濁流，俄頃即止。中使自外入，言內門外赫日自若，徽宗益神之。」（頁四）該二說與此云祈雨及由祈雨所得之賜號，畧有不同；然比較觀之，足證徽宗因求雨有驗，而益崇道教也。如自此云祈雨全文視之，又見朝廷對於方術之迷信或利用之過分，致朝廷方士之間，發生傾軋情形。祈雨以次，尤說明此種情形之日趨複雜與惡化。然釋氏陷害靈素，乃因靈素嘗陷害釋氏也。彼此相殘，固無足恠。所詫異者，即元長嘗尙道，並自認與靈素同爲仙官，佐帝君之治，曾幾何時，不相能如此，必有其因。據列仙全傳謂玉帝傳旨徽宗云：「宜任忠賢，去奸邪，保社稷。」又謂靈素設醮飛符召故皇后謂徽宗云：「願陛下防丙午之亂，任忠去奸，誅童蔡以謝天下，其禍可免。」（卷七林靈素傳）兩浙名賢錄云：「靈素每侍宴太清樓下，見元祐姦黨碑，靈素對之稽首。上恠問之。對曰：『碑上姓名，皆天上星宿，臣敢不稽首。』因爲詩云：『蘇黃不作文章客，章蔡翻爲社稷臣，三十年來無定論，不知姦黨是何人！』上以詩示蔡京，京惶愧乞出。」（同注一）及下引同書謂靈素請遷都以避國難，與夫列仙全傳謂靈素以符術使徽宗先見眞武聖像，繼請王母訓教云：「察姦臣，遷都長安，法太祖、太宗行事，不然，後悔無及矣。」（卷七林靈素傳）以及靈素臨行上疏所謂「蔡京鬼之首，任之以重權，童貫國之賊，付之以兵柄，慧星示變」云云。（同上）知元長與靈素互相傾軋，乃各以新舊黨爭爲背景，而靈素握有方術之權力，徽宗既迷信方術，當聽從靈素，而疑貳元長矣。可見彼等崇尙道教，實各有企圖。又此謂靈素放歸之時間，以及前因後果，尙須考詳。就其時間言，據長編本末曰：「宣和元年，十一月，壬申，放林靈素歸溫州；」（卷一二七，頁一六）其原注引楊氏編年，亦作十一月；東都事畧併入乙卯，（見卷一一）畢鑑本長編，（見卷九三）與此說均合。則陳鑑作宣和二年春正月，（見卷一二）王、薛二鑑並以其繫之甲子，（王鑑見卷二四，薛鑑見拾補卷四〇，頁一〇引）均誤。就其前因言，據楊氏編年云：「至是，京城大水，上遣靈素禳之，不驗。靈素又嘗衝太子節，不避，太子繫之，訴于上。上遂厭之，逐去。」(同上本末引)蔡條云：「都城大水冒城，將入，靈素與諸道士爲法事，巡行徜徉于城上，役夫數千爭舉梃欲擊殺之，靈素走而得免；上聞，始不樂。靈素又與宦官近倖，分黨爭敵，上惡之，牓于神霄之殿，其繪像所曰：『褚慧罪惡不悛，帝命削其遷秩，降爲下鬼焉。』因逐歸其鄉郡，特差江端本通判温州，而監察焉。』宋史本諸宋舊史，亦謂：「宣和初，都城暴水，遣靈素厭勝，方率其徒步虛城上，役夫爭舉梃將擊之，走而免；帝知衆所怨，始不樂。靈素在京師四年，恣橫愈不悛，道遇皇太子，弗斂避；太子入訴，帝怒以爲太虛大夫，斥還故里，命江端本通判温州，幾察之。」(卷四六二林靈素本傳)畢鑑本宋史，所言同。(見卷九三)陳鑑以治水事歸之是年五月，第未涉及靈素，餘則畧同宋史。(見卷一二)王鑑固本陳鑑，於靈素治水事則摭宋史以補之。(見卷一二)綜上諸說，宋史所謂靈素恣橫不悛，即條謂其與宦侍分黨爭敵也。故宋史之說，上可囊括楊蔡之言，下可通貫諸鑑之意，要與此說畧有不同。惟兩浙名賢錄云：「是年五月大水臨城，靈素奏請太子登城致拜，是夕水退，因上疏言：『國難將及，請遷都避之。』蔡京見疏大怒，嗾全臺劾靈素：『妖議遷都，愚惑聖聽，謂改釋教，謗毀大臣。』靈素即封還前後所賜，出國門外。上再宣復眞人號，不拜，遂與祠温州天慶觀，惟皇城使張如晦弁官，從之歸，(同注一)與此說頗相契合。其言五月大水，尤得其實也。〔注一〇〕則靈素放歸之原因，可歸納爲以下三種：(一)治水無驗，(二)遇皇太子弗斂避，(三)製造新舊黨爭及釋道之爭。然靈素治水無驗，而水卒平，此云仰太子聖德；考臨川縣志：「時將有事於明堂，兩不止，文卿爲禱而霽。」(古今圖書集成五〇九之四七葉)前云文卿求雨而得雨，則志言較爲可信。實則水之得以平也，乃戶部侍郞唐恪治之。〔注一一〕就其後果言，較之他說，亦多不同：(一)名賢錄謂靈素戒如晦曰：「可於扈興官山劚地下棺」，(同注一)清波雜志又謂「後葬永嘉黃土山」，(卷三，頁五)與此謂「生前自卜壙于城南山」不同。(二)名賢錄畧謂：「靈素戒如晦曰：『劚地五尺，見石龜蛇則葬我。詔劚地，果如其言。」(同注一)清波雜志畧同其說。(注一二)與此謂「見龜蛇便下棺，既掘不見龜蛇」不同。其大不同者，即名賢錄謂靈素戒如晦云：「……夜三鼓，授筆題曰：『四十五年勞生，浮名薄利崢嶸，要識神仙舊路，中秋月下三更。『時風清月白，但聞雷震，稽首而化。訃聞，降勅賜祭，詔守臣治葬，劚地……下棺而走。俄雲霧四合，雷電晝晦，爲亂石縱橫，失向所在矣。」(同注一)列宣全傳亦畧云：「靈素出國門而去，帝乃賜觀溫州，一日謂弟子張如晦曰：『塵世不可久戀，況大禍將及，吾將去矣，他日神霄再會，』言訖，端坐而化，下棺後，忽山崩石裂，不知所在。太子即位，遣人發靈素塚三日，不知去處，見亂石縱橫。」又謂趙鼎嘗作記曰：「先生旨趣淵深，非博學士夫，莫能曉識。僕未仕時，先生曾許僕當中興作相，若遇春頭木會之賊，可以致仕；不然，則相遇於潮陽古驛中。初不以爲然，後作相時，因奏事果遭秦檜之害。被罪海島，道經潮陽驛中，方抵驛庭，見一少年，繡衣朱鞋，徑入驛中，視之，即先生也，笑問曰：前言繆乎？始知先生是眞仙也。』(卷七，靈素本傳)與此云「靖康初，遣使監溫州伐墓，不知所蹤，但見亂石縱橫，强進多死，遂已。」若合符節。徵諸諸書所謂「尸解」之說，似謂靈素已尸解矣。(注一三)然而長編本末原注引蔡條之言則云：「靈素去，乃以廢釋氏事歸之釋氏，旋復因各使納錢爲批度牒，得再披剃幾百萬緡。久之，上復思靈素，使道流保明，欲再召入，釋氏大懼，而靈素不知何故忽死矣。端本乃以靈素遺表上之，曰：『靈素下血死矣』。」畢鑑考異引此注：「久之，上復思靈素」云云，而以「釋氏大懼」，作「伯氏大懼」。且辨曰：「伯氏，謂蔡攸也。詳條此語疑攸使端本殺之。」（卷九三，宣和元年十一月壬申條）長編拾補爲辨曰：「然今長編（本末）原注實作釋氏大懼，與畢氏所見之本作伯氏不同，且注語固謂靈素去，乃以廢釋氏事歸之釋氏，旋復因各使納錢爲批度牒，得再批剃，是則靈素召入，固釋氏患也，不必爲蔡攸之懼，畢氏所見，恐不足據耳。」（卷四〇，頁一〇—一一同條）二書所辨雖不同，要其疑靈素死於非命則一。宋史林靈素本傳亦云：「端本廉得其居處過制罪，詔徙置楚州，而（靈素）已死，遺奏至，猶以侍從禮葬焉。」（卷四六二）諸家續通鑑均依此說。（注一四）則靈素「尸解」云云，不可信也。況清波雜志嘗明言：「建炎初，……有內侍洗手劉太尉之姪，避地至長沙，於酒肆見一裘丈夫，負壁而坐，熟視，乃靈素也。劉叩先生何爲至此？靈素曰：『吾亡命爾，向不早爲此，身首異處矣。』倏失所在。靈素狡獪，幸震一時，及勢衰事變，復以譎詐遁去，異哉！」（卷三，頁四—五）則靈素當時死否，尚有問題。又前引賓退錄引此傳云：「靈素本末，世不知其全，故著之，不敢增易一字。」賓退錄又云今温州天慶宮有題銜云：「太中大夫、冲和殿侍宸、金門羽客、通眞達靈元妙先生、在京神霄玉淸萬壽宮管轄、提舉通眞宮林靈素。」（卷一，頁六）是書「蓋成于嘉定十七年甲申也，……於考證經史，辨析典故，則精核者十之六七，可爲夢溪筆談及容齋隨筆之續觀。」（提要卷一一八）則名賢錄謂：「靖康元年，欽宗嗛舊事，遣使伐其冢，忽黑風雷雨，百怪出草莽間，人不敢動，使者仰天祈謝，天始霽。欽宗聞之敬異，復遣使降香，加封通眞沖虛妙濟眞人，」（同注一）尤不可信。靈素身爲道士，其行爲如此。則竊所謂當時崇尚道教，乃朝廷及朝士對於方術之迷信或利用，豈不然哉？

注一：引自長編拾補卷四〇宣和元年十一月壬申放林靈素條注。

注二：宋史卷八八地理四：瑞安府本温温永嘉郡，太平興國三年降爲軍，政和七年升應道軍節度，……縣四：永嘉、平陽、瑞安、樂清。並見宋朝事實卷一八，國學基本叢書頁二九三。

注三：備要見卷二八政和六年二月條，續宋編年見長編拾補卷三五同條注引，陳鑑見卷一二同年正月條，王鑑見卷二四同陳鑑同條。

注四：仝右。並見宋會要方域五，頁七三八五。宋史卷二一本紀：「政和七年夏，四月，辛酉，升温州爲應道軍。」卷四六二林靈素傳：「靈素益尊重，升温州爲應道軍節度。」畢鑑合紀傳而言曰：「升温州爲應道軍節度，爲林靈素也。」（卷九二）

注五：卷四六二。又「侍宸」原作「侍晨」，及加號事，見本文四賜道號，及本文七注五之說明。

注六：陳鑑見卷一二，畢鑑見卷九二同條。

注七：老子曰：「我無爲而民自化，我好靜而民自正，」（五七章，聚珍本下篇，頁二三）爲此說之本。「澹然獨與神明居」，係取自莊子天下篇之語。（雜篇十一）

注八：詳見舊唐書卷一三〇、新書一三九、太平廣記神仙三八各本傳及鄴侯外傳。

注九：詳見宋史卷一六九職官志，歷代職官表歷代職官簡釋可參閱。（分見十一畫及四畫）

注一〇：宋史卷二二本紀：「宣和元年，五月，丙戌朔，有物如龍形，見京師民家。……是月大水犯都城，西北有赤氣亘天。其卷六一五行志亦云：「宣和元年，五月，大雨水，驟高十餘丈，犯都城。」（頁一三）考十朝綱要、九朝備要、續宋編年通鑑亦均係之五月，而編年言之最詳。（備要見卷二八，餘均見拾補卷三九，頁

〔三引文〕則東都事畧卷一一本紀、賓退錄卷一林靈素傳俱云三月京師大水，疑誤。

注一一：見九朝備要卷二八。欲知其詳，可參閱明李濂汴京遺蹟志載李綱論都城積水爲害諸疏。〔見卷七〕

注一二：清波雜志卷三：「先命見石龜方下棺，開穴深數丈，果得之。」〔頁五〕

注一三：詳見眞誥卷一六（叢書集成本頁二〇六）及該書第三篇（協昌期），太平廣記女仙三，說郛卷四三集仙傳。

注一四：陳鑑見卷一二，王鑑見卷二四。畢鑑見卷九三。

三　方士與朝士之互相結納及其謀反——即張懷素事件

其次，爲當時崇尚道教之因素者，厥爲方士與朝士之互相結納及其謀反。當徽宗信用方士劉、郭二王及林靈素等，其乘時活動而未克同邀眷顧者，當大有其人；如張懷素即其一例。懷素身處「純宗教之信仰墮落，方術之權力擴張〔注一〕」時代，而不能擴張其權力，唯有走入「謀反」之歧途。況當時新舊黨爭，餘波未息，而心懷異志者，遂相與結納。然亦有迷信或利用其方術，而與之結納者。茲特就事實之發展，一一考證如次。東都事畧卷一〇徽宗本紀云：

大觀元年，夏，五月，己丑，張懷素以吳儲、吳侔謀反，伏誅；庚寅，鄧洵武罷。

宋史卷二〇徽宗本紀又云：

大觀元年，夏，五月，己丑，朝散郎吳儲、承議郎吳侔，坐與妖人張懷素謀反，伏誅，貶呂惠卿爲祁州團練副使；庚寅，鄧洵武罷。

實則當時除伏誅者外，其被罷黜者，首即鄧子常，其次爲蔡卞元度。事畧删繁就簡，所書頗是。宋史舍元度不書，而獨謂貶呂吉甫，次書罷子常，則失春秋褒貶之義。又其時被黜降者，尚有王能甫等人。宋會要職官篇云：

大觀元年，四月，中大夫、中書侍郎鄧洵武罷，守本官，知隨州，以宋喬年父子與洵武議不合，會妖人張懷素獄興，其徒有與洵武聯姻者，蔡京以爲言，遂貽罷免。

五月，四日，樞密直學士、朝散大夫、提舉西京嵩山崇福宮王能甫落職；朝議大夫呂淵，降授承事郞王潙之，並特追毀出身以來文字，除名勒停，免直决，不刺面，淵配沙門島，潙之配朱崖軍；承議郞、顯謨閣待制、知密州王資深特責授衡州司馬，新州安置；延福宮使、唐州團練使、提舉西京嵩山崇福宮閣守懃，責授團練副使，永州安置；觀文殿學士、右銀青光祿大夫、知杭州呂惠卿，責授祁州團練副使，宣州安置；資政殿大學士、金紫光祿大夫、充醴泉使、兼侍讀蔡卞，降充資政殿學士，提舉亳州太清宮，並坐妖賊張懷素謀反事。

大經二年，五月，十一日，知亳州鄧洵武，提舉亳州明道宮；知壽州蔡卞，提舉亳州太清宮，知徐州吳居厚，提舉南京鴻慶宮；知河中府鄧洵仁，提舉杭州洞霄宮；知陳州王能甫，提舉亳州明道宮，以臣僚上言，係緣吳儲吳侔等連坐稍重之故也。〔注二〕

諸家續通鑑所謂「時妖人張懷素謀反，朝士多株連者，而洵武與其黨連昏，坐免，」〔注三〕此也。然則懷素究爲何許妖人？二吳身爲京朝官，何以與之謀反？所謀何反？如何破案？則均不得而知，此本節所當考詳者一。其次，除伏誅者外，坐罷黜者，先後共十人，此十人亦皆京朝官，且有位居侍從者，其又因何種關係與之結納，而蒙此處分？此本節所當考詳者二。

就第一點言，據宋王明清揮麈後錄卷八云：

張懷素本舒州僧也，元豐末，客畿邑之陳留，常插花滿頭，佯狂縣中，自稱戴花和尚，言人休咎頗驗，羣小從之如市。知縣事畢仲游，怒其惑衆，禽至庭下，索其度牒，江南李氏所給也，仲游不問抹之，從杖一百，斷治還俗，遞逐出境。自是長髮，從衣冠游，號落托野人；初以占風水爲生，又以淫巧之術走士大夫門，因遂猖獗。（頁五六四—五）

按本集：畢公叔嘗守羅山縣令，知長水縣事，（注四）此謂知陳留，乃其異也。又謂懷素度牒爲江南李氏所給，此李氏不知何所指，如謂南唐李氏，則誤矣。然謂懷素之怪誕，恆以術數鼓惑羣小及公卿間，與費周二氏所言，若合符節。宋周煇清波雜志卷一二云：

張懷素舒州人，自號落魄野人，……蔡元度……語陳瑩中：「懷素道術通神，雖蜚禽走獸，能呼遣之，至言孔子誅少正卯，彼嘗諫以爲太早，漢楚成皐相持，彼屢登高觀戰，不知其幾歲，殆非世間人也。」自古方士怪誕，固多有之，未有如此大言者。（頁三）

費袞梁谿漫志卷一〇云：

茅山落托道人張懷素，有妖術，……每約見吉甫，則于香合或茗具中，見一圓藥跳擲，久之，旋轉於桌上，漸成小人，已而跳躍于地，駸駸長大與人等，視之則懷素也，相與笑語而去，率以爲常。……獄具，懷素將就刑，謂刑者曰：「汝能碎我腦蓋，乃可殺我。」刑者以刃斫其腦，不入；以鐵椎擊之，又不碎，然竟不能神。（知不足齋本頁三—四）

周志謂其乃一「道術通神」之方士，此則謂其爲一具有妖術之道人，返觀上述，懷素「本舒州僧」，而還俗爲「落托野人」者，顯見其非一誠信教徒。史稱其爲「妖人」，乃史家之貶稱。實則係一利用宗教作媒介，而遂其私者也。至謂其言嘗諫孔子，觀漢楚成皐之戰，尤爲虛誕。若乃呼遣禽獸，緣藥現身，此道教「變化之術」，抱樸子遐覽篇、雜應篇及後漢書方術傳，（注五）均嘗言之。椎刃不能碎其腦，隋書經籍志卽有「登刃入火而焚勑之，使刃不能割，火不能熱」之說。（卷五三）下引備要、後錄謂其能相人望氣，則通常星相之術也，如茅山道抱朴子所師事之鮑太玄，卽能「逆占將來」。（晉書卷七二葛洪傳）要之，彼既落托茅山，而該處又爲「茅山道」之根據地，（注六）以若所爲，其不利用道教圖謀不軌，吾不信也。

至二吳何以與之結納，而並亦與之同謀，考之乃祖本傳，誠有內因。宋史卷三一二吳充傳云：

……太傳、樞密使充，雖與安石連姻，而必不善其所爲，數爲帝言政事不便，帝察其中立無與，欲相之，安石去，遂代爲同中書門下平章事，監修國史。充欲有變革，乞召還司馬光、呂公著、韓維、蘇頌，乃薦孫覺、李常、程顥等數十人。光亦以充可告語，與之書曰：「自新法之行，中外洶洶，民困於煩苛，迫於誅斂，愁怨流離，轉死溝壑，日夜引領冀朝廷覺悟，一變敝法。……」充不能用。王珪與充並相忌，充陰掣其肘。而充數惡蔡確，確治相州獄，捕安持及親戚官屬，考治，欲鉤致充語，帝獨明其亡他。及確預政，充與議變法於前，數爲所詘。安南師出無功，知諫院張璪又謂充與郭逵書，止其進兵，復置獄。充既數遭同列困毀，素病瘤，積憂畏，疾益侵，元豐三年三月輿歸第，罷爲觀文殿大學士，西太一宮使，踰月卒。……子安詩、安持，安詩在元祐時爲諫官，起居郎安持爲都水使者，遷工部侍郎，終天章閣待制。安詩子儲，安持子侔，官皆員外郎，坐與妖人張懷素通謀，誅死。(注七)

王介甫爲新黨，司馬君實爲舊黨，無待於言。神宗意二吳乃祖「中立無與」，然觀其所爲，實乃偏於舊黨也。儲父安詩，侔父安持，並於崇寧初，詔籍元祐舊黨。(注八)而乃祖、乃父又同受新黨分子困毀，且致乃祖積憂侵疾而卒。黨派家讎，蓋其內因也。

然其外因，又適與當時道教有關。九朝編年備要卷二七云：

(丁亥)大觀元年，夏，五月，張懷素伏誅——懷素自稱「落魄野人」，挾左道游公卿間。元祐中，見朝散郎吳儲，因道儲之福似姚興，當爲關中主。崇寧中，到京，又於承議(郎)吳侔處妄言星變。

揮麈後錄卷八亦云：

大觀中，有妖人張懷素，以左道游公卿家，其說以謂金陵有王氣，欲謀非常，分遣其徒游說士大夫之負名望者。」(頁五六三)

按懷素事發於大觀元年，此謂大觀中猶在活動，誤。然綜合二書語意衡之，蓋懷素於元祐時，已客金陵，首見知於吳儲，因謂其有福氣，當爲關中主。南方既有根基，遂由吳氏介紹入京師，與乃弟侔謀面，以建立北方基礎，使南北呼應。謂金陵有王氣，亦即指儲之當王。此謂挾左道遊公卿間，及士大夫之負名望者；然就張吳立場言，當假道祖之命行之也。是張吳謀反，本欲取趙家天下而代之也，其伏誅不亦宜乎？

至其所以事敗，致遭伏誅，亦因同道揭發。揮麈後錄卷八云：

有范寥信中，成都人，蜀公之族孫，始名祖石，能詩，避事出川，以從懷素。懷素令寥入廣，以訹黃太史魯直。時魯直在宜州危疑中，聞其說，亟掩耳而走。已而魯直死，寥益困，，遂詣闕陳其事，朝廷興大獄，坐死者十數人。寥以無學籍，授左藏庫副使，賜予甚厚。寥又言潤州進士湯東野德廣，實資助其垂橐，而趣其行。德廣自布衣授宣義郎、司農寺（主）簿，賜緋衣。寥每對客言，其告變實魯直縱臾之，使魯直在，奈何？（頁五六三—四）

又編年備要卷二七云：

……至是，有范廖（寥）者，知其謀，將入京上變，而貧不能，丹陽進士湯束（東）野資遣之。……獄具，懷素坐與儲、侔結連謀反，皆伏誅。尋賞廖（寥）功，以供備庫使。而授東野宣義郎，衞尉寺主簿。

又宋史翼卷七范寥傳云：

范寥字信中，家丹陽，本范鎮之族，年少客遊，落魄不羈，浮湛俗閒。翟汝文父思之為郡也，寥知其父子有風鑒，草衣丱角作方外士，謁庭下，願補書吏之闕，……因留門下。其後……抵宜州，謁黃庭堅，時庭堅已病，……未幾，庭堅卒，親友皆散去，獨寥在為辦棺斂，仍護其喪還。……還抵和州，知張懷素與知州吳儲及弟侔有逆謀，……遂告變。窘於無資，知湯東野好事，往見之，具以告，東野竭力資之。既懷素伏誅，徽宗嘉其功，……授供備庫副使，暨東野……授宣義郎、衞尉寺主簿。

右三說同謂：湯東野資遣范信中，至京師，揭發其事，頗相契合。然後錄又言：「懷素令寥入廣，以訹黃太史魯直」云云。按懷素謀反，固以遊說士大夫爲首要。而魯直時爲餘官，乃舊黨之中堅分子。（注九）此謂其「在宜州危疑中」，即因新黨陷害所致。（注一〇）此於懷素當爲一可乘之機，令信中轉屬其意，或有可能。然「魯直掩耳而走」。掩耳而走者，不屑其所爲也。既不屑其所爲，又何「縱臾」之有？況考之費說，尤不如此謂所云然。梁谿漫志卷一六畧云：

范寥字信中，蜀人，負才，豪縱不羈。因亡命，改姓名，曰「花但石」，遂還傍郡爲園丁。久之，技養不能忍，乃稱進士，謁一鉅公。鉅公不得已，遣之。遂椎髻野服，詣某州，持狀投太守翟公思，求爲書吏。翟公視其所書絕精妙，即留之。已而歸南徐，寘之郡庠。未幾，遂徑往廣西見山谷，相從久之，山谷下世，爲山谷辦後事。已而往依一尊宿，師素知其人。問曰：「汝來何爲」？曰：「欲出家耳」。「能斷功名之念乎」？曰：「能」。「能斷色欲之念乎」？曰「能」。如是問答者十餘反，遂名之曰「恪能」，居亡何，尊宿死，又往茅山投落托道人，即張懷素也。時懷素方與吳儲、侔謀不軌，儲、侔見范愕然，私謂懷素曰：「此怪人，胡不殺之？」范已密知之矣。一夕，儲、侔又與懷素謀，懷素出觀星象，曰：「未可」。范微聞之。明日，乃告之曰：「某有祕藏遁甲文字在金陵，此去無多地，欲往取之。」懷素許諾。范既脫，欲詣闕，而無裹糧。湯侍郎（東野）時爲諸生，范走謁之，値湯不在，其母與之萬錢。范得錢，徑走京師上變。獄具，懷素卒與儲、侔等坐死。洎第賞，范曰：「吾不能知，此湯東野教我也。」遂急逮湯，湯惶駭，不測其由；既至，白身爲宣德郎、御史臺主簿。范但得供

備庫副使，勾當在京延祥觀。（頁一—四范信中條）

此謂「范欲詣闕，走謁湯，不在，其母與之萬錢。」不徒與上說「湯氏資遣相合，且逆知湯氏母子，必預知其詣闕事。上引宋史翼亦明云：「信中具以告東野」。故信中此云：「吾不能知，此東野教我也。」衡其情，奪其理，既資遣之，當有其作用，矧湯已實蒙其惠，較之所謂魯直縱臾云云，爲可信也。抑觀信中浪迹歷程，「其人縱橫豪俠，蓋蘇秦、東方朔、郭解之流，（同上）固非一普通「人云亦云」者也。且此已明云：其先從山谷求學，然後出家。上引宋史翼雖未言其出家事，但亦云護魯直喪還，始知張吳謀反。則魯直既未預聞其事，又何從而縱臾之？即就此言范黃關係，較之上引後錄所云，徵諸宜州乙酉家乘及信中自序，漫志爲得其實也。或云：魯直於崇寧四年九月卒於宜州，（注一一）若信中於其卒後入茅山，且其間嘗往依一尊宿，則與懷素於崇寧、大觀客京不符。此又不然。蓋當時懷素利用道教謀反，嘗遍遊兩京（金陵與京師）之間。老學庵筆記云：「會稽天寧觀，老何道士，喜栽花釀酒以延客。……一日，有道人狀貌甚偉，款門求見，善談論，喜作大字，何欣然接之，留數日乃去。未幾，有妖人張懷素號落托者謀亂，乃前日道人也。何亦坐繫獄，以不知謀得釋，」（卷三，學津本頁二）即其一例。則魯直於張吳謀反，蓋未與聞。然魯直亦頗與道人有往來，觀宜州乙酉家乘，可肯定焉。

就第二點言，據上引會要，僅謂鄧子常，以與懷素之徒聯姻，首被罷免。此外黜降者，則謂「坐妖賊張懷素謀反事」，或謂「緣吾儲、吳侔等連坐稍重之故也」。緣吳等連坐稍重之故，子常亦被列入其中。今讀宋史子常本傳，一如會要所云，（見卷三二九）陳王兩通鑑，則依傍宋史本傳。（陳見卷十一，王見卷二二）考事畧本傳云：「洵武妻吳氏，侔之兄弟也。」（卷九八）畢鑑本其說，則謂：「洵武妻吳氏，侔之兄女也」。（卷九〇同條）其關係之深如此，吳佇謀反事，縱令不能詳，其與懷素道人往來，不能謂爲全不知，況當時懷素已然分遣其徒，遊說士大夫之負名望者乎？（見上引王錄）此其所以始坐罷免，繼坐黜降者也。

次坐「稍重之故」者，則爲蔡元度。觀上引元度寄語陳瑩中，首見其與懷素關係非凡，事畧卷一〇一元度本傳亦云：

言者論其尊禮妖人張懷素，降資政殿學士，提舉太清宮。

謂其尊禮懷素，宋史陳瑩中本傳亦摭言之。其言曰：

卞素敬道人張懷素，謂非世間人。瓘曰：「子不語怪力亂神，斯近怪矣！州牧既信重，民將從風而靡，不識之，未爲不幸也？」後二十年，而懷素誅。（卷三四五）

按上述懷素誅在大觀二年，則所言當在元祐中。其時元度爲越州守，而瑩中簽書越州判官，並通判明州。元度察其賢，每事加禮，（同上）瑩中遂直言不諱。然元度不之信。宋史卷四七二元度本傳云：

妖人張懷素，卞素與之遊，謂其道術通神，嘗識孔子、漢高祖，至稱爲大士，坐降職。

此明本上引周志。顧「大士」一詞，乃往後立道學——增置士名之尊稱。懷素既伏誅，何能再稱大士？顯爲後世撰傳者所妄加。要其既與懷素遊，又素禮敬之，縱非利用道教同謀，亦必崇尚道教，或迷信方術之權力也。故周氏慨歎曰：「士大夫何信之篤、惑之深耶？」（清波雜志卷一一，頁三）

又次，爲呂吉甫，即宋史認其於此案爲第一從犯人，而特加貶責者。此據長編本末卷一三〇云：

呂惠卿責授祁州團練副使，宣州安置，以其子淵獲罪，上表自劾，乃黨庇其子，不自責也。

此謂「以其子淵獲罪」，當即事畧本傳所謂「惠卿子淵，見懷素道妖言，不以告」也。(注一二) 然「淵配沙門島」。(注一三) 而畢鑑則謂：「懷素獄起，蔡京欲因以傅致呂惠卿之罪，下其子淵於獄，搒笞數千下，欲令招伏與懷素謀反；淵卒不服，得免。」而惠卿責授「云云」。(卷九〇同條) 夷考其實，不惟吉甫與懷素有關，即蔡元長亦與懷素有關。梁谿漫志卷一六云：

茅山落托道人張懷素，……呂吉甫、蔡元長皆與之往來。……范走京師上變，時蔡元長、趙正夫當國，其狀止稱右僕射，而不及司空左僕射，蓋范本欲告蔡也。是日，趙相偶謁告，蔡當筆據案問曰：「何故忘了司空耶」？范抗聲對曰：「草茅書生，不識朝廷儀。」蔡怒目嘻笑，曰：「汝不識朝廷儀」？即下吏捕儲、佇等。(頁三一四)

此說固不可盡信。至言吉甫、元長皆與懷素有往來，返觀上引漫志所謂「懷素每約見吉甫，則於香合或茗具中」之怪誕之說，及畢鑑所謂「懷素獄起，蔡京欲因以傅致呂惠卿之罪，」或有淵源。然吉甫所以坐責貶，而不及伏誅者，蓋以其與懷素關係，與元度同。又謂「范走京師上變，蓋范本欲告蔡也。」是元長與懷素關係，尤不尋常。編年備要卷二七大觀元年五月條原注亦云：

廖(寥)告懷素謀反，命中丞余深、開封尹林攄，及內侍官同鞫治。而蔡京與懷素游甚密。深、攄皆爲京地，深悉毀京簡札，仍奏乞盡焚往還書疏，以安反側，蓋以滅迹也。

此說亦見於宋史余深、林攄各本傳。林攄傳云：「張懷素妖事覺，攄與御史中丞余深及內侍雜治，得民士交關書疏數百，攄請悉焚蕩，以安反側，衆稱爲長者。而京與懷素游最密，攄實爲京地也。京深德之，用鞫獄明允，加秩二等。」（卷三五一）余深傳云：「治張懷素獄，事連蔡京，與開封尹林攄，曲爲掩覆，獄辭有及京者，輒焚之。京遂力引深與攄，驟至執政。」（卷三五二）陳桱通鑑則綜合二傳所云，並繫諸大觀二年秋九月，「以林攄爲中書侍郎，余深爲尚書左丞」條下。（卷一一）王宗沐通鑑本陳說，亦繫於同月辛亥條。（卷見一二）此與宋史徽宗本紀（卷二〇）及宰輔表（卷二一二）所載林余二氏加官既相合，又距上引會要同年五月重治本案爲期不遠，則案外有案，頗有可能。既如是也，其坐黜降者，於上述鄧子常、蔡元度、呂吉甫而外，可無論矣。所當注意者，即二傳所謂焚書，乃「民士交關書疏」，及「獄辭有及京者」；與備要所言「毀京簡札」，及「往還書疏」，迴不相侔。蓋據傳云，元長係被動。若依備要，則元長有主動之嫌。姑不論其爲主動，抑係被動，要其與懷素有深交，蓋爲事實。甚至陰有運用，亦未可知。觀諸下說，益覺其可疑。長編本末卷一二七云：

初草大觀元年四月一日詔，已差李璦齎御封香，往鳳翔府太平宮等處道場，因就宣召虞仙姑赴闕，係親供到蔡京事迹。（方士，頁一三原注）

此謂係親供到蔡京事迹，或即與懷素事件有關。蓋初草大觀元年四月一日詔，與懷素於五月己丑伏誅，相距祇一月，而一時朝士，牽引頗多。時新黨元長秉政，內同吉甫失調，在外舊黨，遂乘時攻訐。其意蓋欲減輕二吳罪責，進而圖奪政權，所謂「民士交關書疏」，大抵此類也。黨同伐異，此是彼非，一時難得眞相，所以召虞仙姑，一詢究竟。然而「天資謠舞以御人」如元長者，內得深、攄爲之滅迹掩覆，外則嫁禍於吉甫，以轉移視綫，大權在握，運用自如。而二吳固與懷素有謀，乃閃電宣示，判與伏誅，並罷黜其關係人，賞舉告者，使獄事趨於平息。清波雜志卷一二又云：

又有婦人虞，號仙姑，年八十餘，有少女色，能行大洞法。徽宗一日，詔虞詣蔡京，京飯之，虞見一大貓，拊其背語京曰：「識此否？乃章亨（惇）也。」（注一四）京即詆其怪而無理。翌日，京對。上曰：「已見于（虞）姑邪？」（注一五）「貓兒事極可駭。」（頁三）

此說史書亦收載之。所謂「貓兒事，極可駭，」蓋疑仙姑與舊黨有勾結也。長編本末卷一二七云：

又有虞仙姑者，年八十餘，狀貌如少艾，行大洞法。一日，徽廟誦大洞經，舉首見有仙官侍立者。京嘗具飯招仙姑，見大貓，指而問京曰：「識之否？此章惇也。」意以諷京，京大不樂。上嘗問仙姑——致太平之期。答曰：「當用賢人」。上曰：「賢人謂誰」？答曰：「范純粹也」。上以語京，京曰：「此元祐臣寮使之」，遂逐之。於是士大夫爭言，虞仙姑亦入元祐黨矣。（方士，頁十三，原注）

虞仙姑既爲舊黨：而今召其問京事迹，是不惟蔡氏個人見疑於徽宗，乃新黨同見疑矣。反之，問仙姑以太平，是徽宗有懷於舊黨，而益信道教也。新舊黨爭之利用道教，明顯如此。則上述張吳事變，謂其以黨爭爲背景，和「方術權力之迷信」，而爲「個人之私期求」，尤爲可信。再返之上述，揮麈後錄所謂「懷素以淫巧之術走士大夫門，因遂猖獗；」宋史陳瓘傳所謂「卞素敬通道人張懷素：瓘曰：『州牧既信重，民將從風而靡；』」清波雜志所歎曰：「士大夫何信之篤、惑之深耶！」與夫所謂宰輔蔡京陰爲利用：及學人黃魯直亦頗與其他道人有往來。證之近代史學家陳援庵先生云：「古之治方術者多矣，然或傳或不傳，其故不一端，而有無士類爲之推轂，亦其一因也。語曰：「射人先射馬，擒賊先擒王，」欲其教廣傳，而不先羅致智識分子，人幾何不疑爲愚民之術：不足登大雅之堂耶！」（南宋初河北新道教考卷一，第四）則竊所謂「方士與朝士之互相結納及其謀反，」

乃當時崇尚道教之又一因素，不亦然歟？

以上所說，雖謂包舉朝野雙方，然實際偏於上層；上層之提倡也，猶水之行下也；且相反而相成，故道教日益勃興。

注一：本錢師語，見國史大綱，第四編，第二十一章，頁二五五。

注二：第一條見職官篇卷七八，罷免上，頁四一九一；第二條見同篇卷六八，黜降五，頁三九一五；第二條見全篇頁三九一六。以上三條，有前後職官不符者，有後黜而前未嘗降及者，前者當因調職轉官，後者蓋緣檢舉稍遲，此其餘事，非本文所能詳及。

注三：元陳桱通鑑續編卷一一；明王宗沐續通鑑本其說，見卷二二；淸畢沅續通鑑亦摭及之，見卷九〇。

注四：分見西台集卷八上范堯夫龍圖書、重修信陽軍門記，及卷一七祭宋龍圖文、祭太師潞國公文。

注五：雜應遐覽兩篇分見內篇卷一五及卷一九、方術傳見列傳卷八二下費長房傳。

注六：近人傅勤家云：「茅山道更遠在天師道以前，今之茅山道士，尙奉三茅君，不與天師道同科也。」其詳見所著中國道教史第六章第六節。

注七：東都事畧卷六三吳氏本傳亦言及，第不及此詳贍。

注八：此金石萃編考訂頗詳，見卷一四五，可參閱。

注九：同注八，並可參閱事畧卷一一六及宋史卷四四四黃氏本傳。紹聖元年十一月甲午黃庭堅涪州別駕黔州安置制，亦謂其「專懷朋黨之私恩」云。（宋大詔令集卷二〇七）

注一〇：宋會要職官六八：「崇寧二年，三月，十二日，朝奉郎管勾洪州玉隆觀黃庭堅，特除名勒停，送宜州羈管，坐陳舉奏撰荆南府承天寺碑，言涉謗訕故也。」（頁六幷見長編本末卷一二一）又按名臣言行續錄云：「承天寺僧，爲先生乞塔記，文成書碑，碑尾但書作記者黃某，立石者馬某，陳舉前請曰：『某願託名不朽，可乎？』先生不答，舉由此憾之。舉知先生昔在河北與趙挺之有怨，挺之執政，遂以墨本上之，謂幸災謗國，除名勒停，羈管宜州。」（拾補卷二一，頁六引）趙挺之者，即新黨之中堅分子。（此拙著北宋科舉制度研究下嘗言之，見新亞學報第六卷，第二期，頁一六六－七）又，此引諸書均謂魯直羈管宜州，則事畧本傳謂「編管宜州」（卷一一六），誤。

注一一：宜州乙酉家乘范信中序：「崇寧甲申（三年）秋，余客建，聞山谷先生謫居嶺表，恨不識之，遂泝大江，歷瀘浦，舍舟於洞庭，取道荆湘，以趨八桂，至乙酉三月十四日，始達宜州。……至九月，先生忽以疾不起，子弟無一人在側，獨余爲經理其後事，及蓋棺於南樓之上，方悲慟不已。」又按長編本末卷一二四云：「崇寧四年，九月，已亥，御筆手詔：元祐姦黨，…稍從內徙，…黃庭堅宜州移永州。故宋史本傳云：「三年，徙永州，未聞命而卒。」

注一二：卷八三；宋史本傳依傍其說，見卷四七一。

注一三：同右，並見上引會要職官六八大觀元年五月四日條。

注一四：此據四部叢刊本作章亨，長編拾補原注則作章惇，見卷二七，頁三。

注一五：此據四部叢刊本，作于姑邪；長編拾補原注則作虞姑邪。

中篇(上)　崇尚道教之措施

四　建宮觀、賜道號、鑄九鼎

自道教日興，而崇奉之措施日起。顧其發展歷程，則以建宮觀、賜道號、鑄九鼎三事爲始。夫建宮觀及賜道號，固爲崇尚道教之通常措施。然此時建宮觀，往往以僧寺改充。賜道號以提高道士之地位，致其時僧人亦無一入宋史方技傳者。顯見此二種措施，並不尋常。而鑄九鼎，尤爲特出也。茲一一分論如次：

甲、建宮觀

前已言之，宋世崇尚道教，興自眞宗。然眞宗建宮觀以奉祠事，僅有在京玉淸昭應宮、景靈宮，會靈觀、祥源觀，及少數在外宮、觀。厥後雖嘗增置在外宮、觀、嶽、廟，第自置管勾或提擧官視之，不過十餘數。〔注一〕迨徽宗崇寧二年，詔許茅山道士劉混康修建道觀，賜名「天寧萬壽」；〔注二〕尋即於明年「添宮、觀十，政和三年，添宮、觀三十。」〔注三〕明年「七月乙未，詔天下悉立神霄、玉淸、萬壽宮。鎭江府以金華龍游寺改建如詔書。」（宇汪藻浮溪集卷二〇鎭江府金山神霄宮碑。）至七年二月，又詔「天下天靈萬壽觀，改作神霄玉淸萬壽宮，如小州、軍、監無道觀，以僧寺充，即不得將天慶觀改，」〔注四〕可見宮觀激劇加多。惟其以僧寺改充道觀，明厚此而薄彼也。物不得其平則鳴，謠言遂起。宋大詔令集卷二二三云：

政和七年，□月，十七日，詔：「比以天下道宮數少，又卑隘圮壞，不足以寅奉上眞。悉欲營建，……必至科擾，故以僧寺改充。……訪聞姦人造言，謂將毀坼寺院，沙汰僧徒，搖惑衆心，中外駭聽。夫道一而已，沖虛無名，眞空不二，本自不殊，隆此而廢彼，豈朕志哉！可佈告中外：敢有造言者，賞錢一千貫，以違御筆論。」（頁八六三）

此謂爲避免營建之科擾，故以僧寺改充道觀，與下述大興土木事不符，顯見以「邪詞」自辯也。不然，旣以僧寺改充，明廢彼以隆此；又謂：「隆此而廢彼，豈朕志哉！」是何言歟？矧觀同年七月二十二日詔，其尤顯然。詔曰：

諸路州、軍應改寺作神霄玉淸萬壽宮，大州、軍並先期告諭，限半月遷徙，，如接便搔擾，許人告，賞錢三百貫，犯人決配千里。（宋會要禮五，四六七）

限令分明如此，得謂不廢彼以隆此乎？匪特此也，且「從有常住，幷殿宇圓備，有莊產寺改充。」（仝上，二月二十三日條）如「西京以崇德院爲宮，據其產二萬一千畝，」（老學庵筆記卷九，頁四）是其例。「已而凡縣皆改一僧寺爲神霄下院。」（仝上）猶恐不如令，乃「御筆天下州、軍置神霄宮處，監司候了日，分詣檢察以聞。」（長編本末卷一二七，重霄宮，重和元年正月甲辰）究其所以如此，當有其積極之原因。然情勢逼人，亦難免遭致消極，甚至反測。雖然，而政府之力行政策，未嘗稍懈。宋會要禮五之四云：

政和八年，二月，二十日，詔曰：「朕嗣守大位，賴帝博臨，高眞屢降，祥應沓至，萬邦咸寧。深惟脩報之誠，無得而稱，詔天下作神霄玉淸、萬壽宮，奉上帝君、大君之祀。……而三數州玩弛弗虔，曾不肅給明宮齋廬，或粗設貌像，或僅容數士，弊陋不蠲，弗稱明堂；羽流陳訴，輒被刑戮，豈所望哉！其令諸路提刑、廉訪、巡按所至，躬詣新宮，瞻視考驗，究其避就，察其施設，具奏，將有攷焉。

此謂三數州玩弛弗虔，蓋即指下列諸州也。長編本末卷一二七云：

重和元年，三月，戊子，朝議大夫、知泗州葉默責授單州團練副使，郴州安置，坐改建神霄宮不如法故也。（神霄宮，頁一〇）

又宋史卷二一徽宗本紀云：

重和元年，春，三月，丁酉知建昌陳并等，改建神霄宮不虔，及科決道士，詔並勒停。

又宋史卷四四八劉汲傳云：

劉汲……知開封府鄢陵縣，奉行神霄宮不如令，以京畿輔運使趙霆奏，徙通判隆德府。

此即執行上述「犯人決配千里」之旨。然當時諸路府、州、軍、監，凡三百六十有五，（注五）三數州冥頑，其苛罰即如此，誠屬過嚴。

反之，如遵旨施行，則有賞。長編本末卷一二七云：

重和元年，七月，癸卯，中大夫、直徽猷閣、知河陽□厚，以改建神霄玉淸萬壽宮畢工，進職一等武功大夫。知西安州解潛轉遙刺史，以措置改建神霄玉淸萬壽宮推賞也。（頁一一）

其賞又如此。一賞一罰，必有其所以促致之因。考陳桱續通鑑云：「帝惑於林靈素之言，建宮觀徧天下。」（注六）而王偁事畧蔡攸傳則謂：「徽宗留意道學，攸因倡爲異聞，謂有珠星璧月，跨龍乘鳳，天書雲篆之符，爭與方士林靈素之徒，證神變事，於是神霄、玉清之祠偏天下矣。」（卷一〇一）姑不論其說出於林靈素或蔡攸，要皆妄誕不可究質。然而宮觀之修建，郤因此「妄誕不可究質」之傳云，而周流天下矣。

至於宮觀之形式，亦有可得而言者。宋會要禮五之四云：

徽宗政和八年，五月，二日，詔「諸州神霄玉清萬壽宮，並依在京宮觀體例。」（頁四六七）

此體例今不可考。第就上清寶籙宮，仍可窺其一二。史稱：「及聞林靈素之言，遂作上清寶籙宮，密連禁署。宮中山包平地，環以佳木清流，列諸館舍臺閣，多以美材爲楹棟，不施五采，有自然之勝，上下立亭宇，不可勝計。帝時登皇城，下視之。由是開景龍門，城上作複道，通寶籙宮，以便齋醮之路。」〔注七〕若就宋鄧牧洞霄圖志所叙杭州洞霄宮觀之，更可窺其大概。原志卷一宮觀門畧云：

洞霄宮在杭州餘杭縣南一十八里，由通眞門入，經九鎖山門，至宮之外門。自外門入，度元同橋，兩門對峙，爲雙牌門。再入爲三門。入門爲虛皇壇，壇後爲三清殿，即正殿。此殿因政和間方臘之變，由住持道士將獨存徽宗本命殿所改爲。殿上聖像，乃汴京孟成忠所塑，號爲絕技。殿東西廂爲兩廡，庫院在東廡，齋堂在西廡。昊天閣在東廡後。璇璣殿在庫院西。佑聖殿舊在正殿左，後建於三門東偏。祠山張帝祠在三門右。龍王仙官祠在西廡後。西廡後又有雲堂，延接十方雲水，爲高道雲會遊居之所。雲堂右爲旦過寮，乃雲遊僧暫憩之地。法堂在正堂後。方丈在法堂後。道院在西廡後，分十八齋，中鑿一池，諸齋環嚮：左廡七齋，曰山隱、曰山素、曰岫隱、曰嵩隱、曰怡雲、曰西隱、則上清院派，曰迴紫、則南陵院派；右廡四齋，曰清隱、曰谷隱、曰盤隱、則上清院派，曰清虛、則南陵院派；正面七齋，曰壺隱、曰橘隱、曰悠然、曰閉隱、曰學隱、則上淸院派，曰怡然、曰碧壺、則精思院派；皆道士所居也。故史稱：「洞霄之盛，爲歷代所崇奉，幾於與五嶽俱尊。」（仝上）州宮觀既如此，京內及諸府自無待言，況上淸寶籙宮已具見一二？其他遠小諸州、軍、監，或有遜色，想亦不能過劣。此觀上述其「雷厲風行」之情勢，可以逆料矣。

若就朝廷提舉以外而言，茅山一地，即有「宮觀十二」。其中以崇禧觀居於首位，所謂「其宮闕壯麗，列聖下居；廊廡深嚴，萬靈侍衞。」故由「崇禧總之」。此張商英撰宋哲宗紹聖三年立石江寧府茅山崇禧觀碑之說也。〔注八〕其後又另建一新宮，「在積金山，陶隱居道靖故基。劉先生混康庵居其上。先生以道遇哲宗，詔以所居爲元符觀。崇寧五年落成。徽宗御題額曰元符萬壽宮。」〔注九〕此宮是否即前述「天寧萬壽觀」，不得而知。觀都穆遊茅山記，又作「元符萬壽宮」。（道藏輯要，軫集，天下名山記，頁四四－七）崇禧觀及茅山景況，亦大抵具見記中，可參閱。又明俞策閣皁山志卷上宋寧宗慶元二年周必大崇眞宮記云：

……政和八年，始賜崇眞宮。前對凌雲峰，後依東南兩山，皆有壇。其東葛，其西張也。水出宮後。大抵葛仙遺跡爲多，故崇寧間封沖應眞人，誥命在焉。北有令威觀，甚久矣。入門即御書閣十一楹。閣後設傳籙壇。蓋法許受籙者，惟金陵之茅山，廣信之龍虎山，與此爲三。徽宗給元始萬神銅印，至今用之。次曰金闕寥陽殿，曰昊天殿，曰正一堂，曰靖應堂。其東曰祖師殿，曰藏經殿。最後玉像閣五間。其崇五丈四尺，雄傑冠於一宮。凡殿宇皆翼以修廊。道士數百人環居之。其外爭占形勝，治廳館，總爲屋一千五百間。江湖宮觀，未有盛於此者。（引自道藏源流考道藏刋記，頁二七二－三）

徽宗朝旣賜其宮名，又授其銅印，其宮觀縱不若寧宗慶元之盛，亦必可觀。而龍虎宗著於宋世，（見本文五，道敎宗派）與茅山、閣皁鼎足而三，宮觀之美，自不待言。此三山如是，他處何獨不然？此亦可以逆料矣。

乙、賜道號（封號、加處附）

與建宮觀之同時，又有賜道號。所謂賜道號，據事物紀原卷七云：

元魏世祖時，賜寇謙之天師之號。後漢張道陵，亦有天師之稱。蓋自列子言黃帝之稱牧馬童子曰天師始也。唐玄宗賜李含光曰玄靜先生，此賜號先生之始也。宋朝緣唐事，亦有賜號先生、處士者。眞宗陳摶賜號希夷先生，神宗時、張噩賜號沖靖處士是也。（道號）

此就賜先生與處士之肇始而言。如就嗣世言，則歷代通鑑輯覽嘗詳載其說。其卷七三云：

宋眞宗乙卯（大中祥符）八年，秋九月，賜信州道士張正隨號直靜先生。初，漢張魯子自漢中徙居信州龍虎山，（在今江西廣信府貴溪縣西南，漢張道陵修煉于此）世以鬼道惑衆，正隨其後也。至是，召赴闕，賜號。王欽若爲奏立授符籙院及上清觀，（今曰太上淸宮，在龍虎山上。）蠲其田組。自是凡嗣世者皆賜號。〔注一〇〕

「即後世張天師之始也」。（仝上）此與上述建宮觀，亦可謂崇尚道教之二大基本措施。用現代語言之，前者是物質的、具體的，此則是精神的、象徵的。以適當之名詞，象徵修道者之精神，是即所謂「道號」。此類道號，一名「師號」，宋朝事實多彙載之。其卷七云：

道士師號：眞觀、沖眞、沖清、沖隱、道清、道空、道安、道成、虛希、虛安、虛遠、虛妙、虛辨、虛一、虛濟、虛應、沖寂、元觀、元正、明一、明素、靈一、明微、洞元、淵宗、沖素、崇道、演道、靈寶、虛寂、保寧、洞淵。

女冠師號：眞寂、眞靜、眞懿、眞妙、守一、守白、守眞、安素、安教、安常、希妙、希密、希眞、虛範、凝範、棲雲、棲月、靈素、靈懿、沖秀、沖和、通妙、澄妙、淵智、淵妙、通微、希無、眞靜、宣靜、宗微、澄秀、宣眞、沖懿、凝眞、元素、沖眞、靈寂。

此上說明「賜道號」之由來，及「道號」之大概。要亦示別於徽宗之時。徽宗時之賜號，一如上述建宮觀，同自茅山劉氏始。長編本末卷一二七云：

徽宗崇寧二年，七月庚子，賜茅山道士洞元通妙大師劉混康，號葆貞觀妙先生；江東轉運判官席震爲之請也。(方士，頁一二)

自是循以爲常。此外，又因賜號成規，表揚賜號以後之事功者，則有封道號及加道號。

賜道號表（包括封號、加號，並附秩、賞等）

承受人			時間				號		賞秩	原因	備考
姓名	原地或位號	地址	年號	年	月	日	別	號名			
劉混康	洞元通妙大師	茅山	崇寧	二	七	庚子	賜號	葆貞觀妙先生		江東轉運判官席震爲之請也	長編本末卷一二七，方士，頁一二
	葆貞觀妙先生			五	七	甲寅	加號	葆貞觀妙沖和先生			仝右
	葆貞觀妙沖和先生		大觀	二	五	乙卯	特贈		「太中大夫」（官）		仝右，頁一三；續宋編年通鑑亦云：「劉混康賜『葆眞觀妙沖和先生』，後並贈『太中大夫』。」（長編拾補卷三二，頁三引）知長編拾補引此條，於「觀」下脫一「妙」字。（見卷二八，頁六）

吳應能	道士	處州龍泉奉靈宮	崇寧	中			仍號	洞元妙應先生	御書額賜之	雜用符水治病，輒愈；祈禳請禱，其應如響，上聞而嘉之。給驛召見，戲術甚奇，上優寵，命改「奉靈宮」爲「天寧萬壽之宮」。	古今圖書集成第五〇九冊之四六葉引處州府志
張繼先	漢天師三十代孫	信州龍虎山上清觀	崇寧	中			封	崇寧眞君		召至闕，問曰：「汝居龍虎，曾見龍虎否？」對曰：「虎則常見，龍顏今始覩之。」上悅。後治解池水溢鹽，課復故。	仝右，引續文獻通考〔注一一〕
			崇寧	四	六		特賜	虛靖先生		密奏赤馬紅羊之兆，請修德以禳之。	原因之說，本右引書。餘本會要，見崇儒六，頁二二八五。宋史本紀作五月壬子，並以「虛靖」作「虛靜」，（卷二〇），續通考作「靜虛」，蓋（倒植）。

魏漢津	沖顯處士、大樂府師授、大樂局製造官		崇寧	四	三		賜號	沖顯處士		鑄九鼎成	宋史卷四六二本傳
			崇寧	四	七	甲辰	爲	沖顯寶應先生			長編本末卷一二八
					九	乙巳	賜號		嘉成侯		陳桱通鑑續編卷一一
	沖顯寶應先生、大樂府師授、製造九鼎官		崇寧	四	九	乙未	加號	虛和沖顯寶應先生	秩比中散大夫(官)；賞賜宅一區，田六十頃，銀、絹各五百疋、兩。	以九鼎成，推恩故也。	仝右
虞仙姑		鳳翔府	大觀	元	二	丙戌	授	清眞沖妙先生			長編本末卷一二七。會要作「二十九日」，同；第以「清眞」作「靖眞」，是其異。（崇儒六，頁二二八五）

王文卿		臨川	政和	初			賜號	沖虛通妙先生	拜凝神殿侍宸（職）	徽宗夢三天掌文史吏陶伯威降，肖像令內侍求之，乃得文卿。	古今圖書集成第五〇九冊之四七葉引臨川縣志；列仙全傳卷七，頁七，本傳。
張嗣宗		信州龍虎山上清觀	政和	元	八	十二	賜號	沖靜先生			會要崇儒六，頁一二八五
李思聰	洞淵大師	處州祥符宮	政和	元	十	十	賜號	玄妙先生			仝右
徐知常	觀妙元明沖眞虛壹大師	（京畿）左街道錄	政和	三	三	甲戊	特授	沖虛先生			長編本末卷一二七，方士，頁一三。會要作二十三日（崇儒六，頁二二八六），同。則長編拾補以其附之正月甲戊，而謂：「案原本作二月，據四史朔閏考：二月癸未朔，無甲戊日，甲戊乃正月二十一日也，姑附此；」（卷三二，頁一）不知所據何本，實誤矣。又會要作「通虛先生」，此其異。

							贈		太中大夫官		拾補卷三二，頁三注引續宋編年通鑑
王老志		濮州	政和	三	三	三十	賜號	安泊處士			會要崇儒六，頁二二八三。長編本末作二月辛巳，（卷一二）二月癸未朔，（陳表）無辛巳日，三月壬子朔，辛巳正三十日，知其誤。拾補據本末，（卷三二，頁二）亦誤。
	（安泊）處士		政和	三	九	辛酉	封號	洞微先生		見本文一	本末卷一二七，方士，頁一三「案本月己卯朔，不當有辛酉，無可據改，姑仍之。」（拾補卷三二，頁八）
	洞微先生		政和	四	正	辛丑	加號	觀妙明眞洞微先生			仝右本末
笪靜之	法籙道士	茅山元符萬寧宮	政和	三	八	二八	特贈	沖隱先生			會要崇儒六，頁二二八六
徐守信			政和	三	四		賜號	虛靜先生	贈太中大夫（官）		拾補卷三二，頁三注引續宋編年通鑑

程若虛	元觀法師		政和	三	十	戊申	封	寶籙先生			長編本末卷一二七，方士，頁一四；拾補據此（卷三二，頁九），同。會要作程若清，且不言﹁封﹂而言﹁特投﹂見崇儒六，頁二二八六。
朱希常		青田海西梅溪	政和	間			賜號	凝妙大師	授右街鑒誥箚差、知濠州南華觀	學老子術，從洞元妙應居士吳應能入內祈禬，上嘉之。	圖書集成第五〇九冊之四七葉引處州府志
徐若渾			政和	間					授將仕郎（官）、祠廟差遣		仝右，引廣信府志
王仔昔	道人	嵩山	政和	五	十	癸卯	封	沖隱處士			長編本末卷一二七，方士，頁一四
	沖隱處士			六	三	乙卯	封	通妙先生			仝右，頁一四—一五
劉卞功	高尚眞人	濱州	政和	六			命授	高尚處士		生而穎慧，有高眞色相，……及長，淹貫三氏妙法，尤喜周易、莊、老。年十四……遇異人投以	圖書集成第五〇九冊之四七葉引濟南府志

		陳瓊玉	林靈素	
			通眞達靈先生	
		義烏		
	宣和	政和	重和	
	初	七	元	
			五	
			丁亥	
		賜號	爲	賜
		妙靖鍊師	通眞達靈元妙先生	
	復遣廉訪使躬省之，題其扁曰：「高尚觀」。	賜肩輿敎遣		視中大夫（官）
元秘術，遂徜徉不語，寒暑一敝衲而已。		……能詩詞。爲人言禍福悉驗遊一日，邀其兄。四明海中，兄乘舟，而已行水上，閱數日，衣不濡，曰：「我知來事，恐泄天機，姑以風花雪月爲咏，而寓意焉。」術聞。		
	仝右	古今圖書集成第五〇九冊之四六葉引金華府志	長編本末卷一二七，方士，頁一六	陳桱通鑑續編卷一二

	金門羽客通眞達靈元妙先生		重和	元	九	壬寅	特授		中大夫(官)		長編本末卷一二七，方士，頁一六。畢鑑同此，作壬寅，是月庚辰朔，壬寅係二十三日，宋史本紀作辛丑，早一日耳。
	中大夫、通眞達靈元妙先生		重和	元	十一	丙辰	爲		和沖殿侍晨(宸)(職)		本末卷一二七，方士，頁一六。
張虛白	通元先生		重和	元	五	丁亥	爲	通元沖妙先生			仝右
							賜		視中奉大夫(官)		拾補卷三七，頁九同條引十朝綱要。
	金門羽客通元沖妙先生		重和	元	九	壬寅	特受		「中奉大夫」(官)		長編本末卷一二七，方士，頁一六
									侍晨(宸)		曲消舊聞卷六，頁五
									太虛大夫		列仙全傳卷七，頁七，本傳
劉棟	通直郎管		重和	元	閏九	己未	封	守靜先生	視中大夫(官)		仝右本末

	張常清	羅晏		孫賣魚	劉知常
勾棣州韓君丈人觀	竹馬先生				丹華廣範
	林慮	閩州		楚州	
	宣和	宣和		宣和	宣和
	中	中		中	七
					二
					三
		（賜號）	加號	賜號	除
		靜慈妙應處士	太和沖夷先生	塵隱處士	金庭輔教
	欲拜爲「諫議大夫」，固辭；還山，授以金符。				
	學道於沖和處士，後入聖符山修煉，人稱爲「竹馬先生」，上以璽書召延便殿，賜坐，問方外事。	預言禍福，無不神驗。	張浚延至軍中，晏曰：「相公勿恐，明日虜退，」果然。	不知其名，嘗賣魚楚州市；暑中，遇一道士謂曰：「汝魚餒矣！能飲我，可使魚活。」遂飲以斗酒，因與談論而去，魚果活，自是言人禍福，輒應。	
	古今圖書集成第五〇九冊之四七葉引彰德府志	列宣全傳卷七，頁七，本傳	仝右	右同	會要崇儒六，頁二二二八六

劉厚	通妙處士		宣和	七	六	十九	特補	通妙眞應先生	視中奉大夫(官)		仝右
							特授	金庭輔教元明先生	視中大夫(官)		仝右，續詔
	崇眞處士							先生			

自右表觀之，其類右引宋朝事實所載「師號」者，不過十之二三。而「其書據江陽譜：蓋上起建隆，下迄宣和。」（四庫提要卷八一，頁一八）則其於此所輯末周，固顯而易見；要其不類於此表者，亦必有其人焉。是則當時之賜號、封號及加號，不止於斯矣。此其一。

又其所賜號、封號及加號，其詞多取自道家，如「葆眞」二字之本莊子田子方「緣而葆」眞之意，諸「沖」字之本老子「大盈若沖」之說，是其例。其他「道號」，亦多含道家之意境。則前述當時朝廷，不惟崇尚道教，實亦兼尚道家，誠是也。此其二。

又承受人之原號，於「先生」、「處士」而外，有稱「大師」者，有稱「法師」者，亦有稱「眞人」者。推其所自來，非由前代皇帝賜封，當即隨行弟子或同學爲尊稱耳。（注一二）此其三。

至於秩賞之重，類同從政人員，其於提高道士之地位，比之賜號、封號及加號，所謂「同工而異曲」者也。然史志則謂「黃冠道流，亦濫朝品。」（宋史卷一六一）此其四。

（丙）鑄九鼎

又次，爲「鑄九鼎」。長編本末卷一二八云：

崇寧三年，正月甲辰，用方士魏漢津之說，鑄九鼎。

九朝備要作同年春正月鑄九鼎。（見卷二七）宋史本紀並繫之甲辰。（見卷一九）諸家續通鑑，有依備要，有依本紀〔注一三〕第均與此說同。會要作二月，（見輿服六，一八三二）差近之，蓋甲辰晦日也。則玉海作崇寧二年二月，（見卷八八，道光二十三年長白覺羅崇恩刊頁一二二）誤。古今圖書集成本宋史禮志作政和四年〔注一四〕尤誤。蔡條國史後補同御製九鼎記，均作崇寧四年三月，則以九鼎告成之日計也。〔注一五〕又按鐵圍山叢談：「魏漢津黥卒也，不知何許人，自云遇李良仙人，以其八百歲、世號李八百者，得尸解法，已六世尸解，復投他尸，而再生漢津。」（卷五，頁七）宋史本傳撫其說，而謂「魏漢津本蜀黥卒也，自言師事唐仙人李良、號李八百者，授以鼎樂之法。」（卷四六二）其人既異，其說自玄。故一則曰得「以身爲度」之說。〔注一六〕再則曰得「陰陽奇耦」之術。〔注一七〕「當時以爲迂怪，蔡京獨神之。或言漢津本范鎮之役，稍窺見其制作，而京託之於李良云，於是請先鑄九鼎。」〔注一八〕九鼎者，「備百物之象」也。同卷云：

崇寧四年，三月，戊午，宰臣蔡京言九鼎告成，詔：「于中太一宮之內（南）爲九殿以奉安，各周以垣，上施睥睨，墁以方色之土，外築垣環之，名曰九成宮。中央曰帝鼐，其色黃，祭土王日，爲大祠，幣用黃，樂用宮架。北方曰寶鼎，其色黑，祭以冬至，幣用皁。東北曰牡鼎，其色青，祭以立春，幣用皁。東方曰蒼鼎，其色碧，祭以春分，幣用青。東南曰風鼎，其色綠，祭以立夏，幣用緋。南方曰彤鼎，其色紫，祭以夏至，幣用緋。西南曰阜鼎，其色黑，祭以立秋，幣用白。西方曰晶鼎，其色赤，祭以秋分，幣用白。西北曰魁鼎，其色白，祭以立冬，幣用阜。八鼎皆爲中祠。祭饗用素饌。其樂舞，常鼐奏嘉安之曲，迎神奏景安之曲，初獻身降奏正安之曲，亞獻奏文安之曲；文舞曰常臨嘉至之舞，武舞曰神娛錫羨之舞；八鼎皆奏明安之曲，迎神送神奏凝安之曲，初獻升降奏同安之曲，亞獻奏成安之曲。

帝鼐銘御製，八鼎銘實京爲之。〔注一九〕

「昔夏之方有德也，遠方圖物，貢金九牧，鑄鼎象物，百物而爲之備，使民之神姦。」（左傳宣三年王孫滿對楚子）「唐武后始復置于通天宮，不知何時而毀。」〔注二〇〕至「仁宗朝，已嘗議造九鼎矣。」（能改齋漫錄卷一二，造九鼎）然多出自儒者，而未嘗用方之言。故宋史律曆志云：「至崇寧中，徽宗任蔡京，信方士聲爲律、身爲度之說，始大盩乎古矣。」（卷六八，頁二）樂志亦云：「徽宗銳意制作，以文太平，於是蔡京主魏漢津之說，破先儒累黍之非，用夏禹以身爲度之文，以帝指爲律度，鑄帝鼐、景鐘、樂」云。（卷一二六，頁二）然「吹竹纍黍，自伶倫置律以來，未之有改。漢津庸妄，誤解夏禹以身爲度之文，輒用帝指寸節短長裁爲律管。夫人之身體短長不齊，將易一帝，即易一律乎？一時君若臣，無能辨其誕謬，方詡鑄鼎制樂突過古人，多見其不知量也。」（歷代通鑑輯覽卷八〇，錦章圖書局印本頁一九）究其所以如此，要亦原自術數家之「天文」、「歷譜」、「五行」諸說，「皆注意於所謂『天人之際』，以爲『天道』、『人事』，互相影響。」（馮著中國哲學史第一篇，第三章，二）故御製九鼎紀云：「朕荷天顧諟，相時揆事，以崇寧四年乙酉三月戊戌朔，二十有一日戊午，即國之南鑄之。中曰帝鼐，金二十二萬斤，上則日、月、星、辰、雲、物，中則宗廟、朝廷、臣民，下則山川、原隰、墳衍，承以神人，盤以蛟龍，飾以黃金，覆以重屋。萬物東作，於時爲春，故作蒼鼎，以奠齊魯。萬物南訛，於時爲夏，故作彤鼎，以奠荆楚。平秩西成，於時爲秋，故作晶鼎，以奠秦陜。平在朔易，於時爲冬，故作寶鼎，以奠燕趙。西北之區爲乾，物以資始，鼎曰魁鼎。西南之區爲坤，物以資生，鼎曰阜鼎。東北之區爲艮，艮爲終始，鼎曰牡鼎。東南之區爲巽，巽以申命，鼎曰風鼎。于以贊天地之化，協乾坤之用，道四時之和，遂品物之宜，消水旱之變，弭兵甲之患，一夷夏之心，定世祚之永，非上帝博臨，宗廟眷祐，何以臻此。」（會要與服六，一八三二——一八三三）此又自陰陽五行家推衍，而及於道家，乃至兵家之總會趨。實則一王之興，「在德不在鼎。……即禹鼎果傳於後，亦不過一尋常古器耳。秦皇使人沒水求之，已爲愚陋。徽宗乃自行鑄造，設立多名，益荒誕不經矣。」（同上通鑑輯覽，頁二二）　茲當注意者，即記謂戊戌朔與戊午兩日鑄之，殆謂戊戌朔至戊午日，共二十有一日也。然據當時置造官魏漢津狀云：「承內降鑄造鼎鼐，內帝座鼐，如天之正，畢之數外，有六圍，若易之六爻之象，中疊五重，以應九五之龍，惟上九虛之。其五重，謹案師旨，合用萬年松花石、并龍牙石、各一尺二寸爲一重。用松石一塊周圍。第二圍用龍牙石一塊，亦用寶器捧。第三、第四圍，各用松石一塊，亦高一尺二寸。第五圍用龍牙石一塊，如乾之六爻上爻之。所有含用龍牙石，併萬年松花石，聞自皇祐間西川取到，祗備造鼎。今見在城東南玉仙觀內，有此石五段，松石三，龍牙石二，並堪充今律鼎中五圍使用。伏望詳酌特賜指揮，下所屬取索前來應付」云云。（能改齋漫錄卷一二，造九鼎）顯非短時內所能竟事，況九鼎乎？觀「崇寧四年正月丙戌，詔於帝鼐宮立大角鼎星祠，以導迎景貺，」（注二二）亦可得一證明。蓋此二十有一日，係指最後整理階段。其鑄九鼎之全部歷程，當開始于崇寧三年正月末，而完成於四年三月戊午日也。至同年八月甲申，蓋「九成宮」

成，遂「以蔡京爲定鼎禮儀使」，(同上容齋三筆)「奉安九鼎于九成宮」。(注二二)明日，幸九成宮酌獻。(仝上)九月朔，御大慶殿受賀，始用新樂。(仝上)所謂「適時之宜，以身爲度，鑄鼎以起律，因律以制器」也。(宋大詔令集卷一四九，頁五五一)，然其典式，仍如大朝會儀。(宋史卷一〇四，頁二〇)此後則另定常式。宋史卷一〇四禮志云：

> 鄭居中言：亳州太淸宮道士王與之，進黃帝崇天祀鼎儀訣，皆本於天元玉冊、九宮太一，合於漢津所授上帝錫夏禹隱文，同修爲祭鼎儀範，修成鼎書十七卷，祭鼎儀鼎範六卷。先是詔曰：「九鼎以奠九州，以禦神姦，其用有法，後失其傳。閱王與之所上祀儀推鼎之意，施於有用，蓋非今人所能作。去古綿邈，文字雜揉，可擇其當理合經，修爲定制，班付有司。」至是書成，幷以每歲祀鼎常典，付有司行之。(注二三)

玉海卷八八云：「大觀元年，鄭居中上鼎書一卷，」(頁二二)蓋指此言。此後「祀鼎常典」，固本此書。而當時鑄九鼎，其於崇尚道教之措施，亦可於此書見其「重要性」與「獨特性」。

史書又云：

> 崇寧四年，七月，甲辰，製造大樂局鑄帝鼐、八鼎成，宣成郎、大司樂劉炳轉一官，賜五品服；沖顯處士、大樂府師授、大樂局製造官魏漢津爲沖顯寶應先生。
>
> 九月，乙巳，沖顯寶應先生、大樂府師授、製造九鼎官魏漢津，爲虛和沖顯寶應先生，秩比中散大夫，賜宅一區，田六十頃，銀絹各五百疋兩；大司樂兼同詳定大樂書劉炳轉三官；承務郎張阜轉承事郎；左藏庫使、副僉隨等二十二人各轉一官；大將王恂等六人授三班借職；皆以九鼎成，推恩故也。(會要輿服六，一八三三；長編本末卷一二八，頁九)

宋史劉昺傳云：「蔡京擢昺大司樂，付以樂正，遂引蜀人魏漢津鑄九鼎，作大晟樂。」按前述崇寧三年正月用漢津之說鑄九鼎，而其上鑄鼎作樂箚子亦適當其時，（見注一六）不兩年，其獎進推恩如此，且同受推恩者，竟達三十人，益見當時鑄九鼎，其於崇尚道教之措施，所佔之「重要性」與「獨特性」矣。

匪特此也，而魏漢津且受配祀於先聖先賢。通考卷九〇云：

大觀三年，詔以鑄鼎之地，作寶成宮，總屋七十區，中置殿曰神靈，以祀黃帝；東廡殿曰成功，祀夏后氏；西廡殿曰持盈，祀周成王及周公旦、召公奭；後置堂曰詔應，祀唐李良及隱士嘉成侯魏漢津。又詔每歲八月二十五日舉祀事，祀黃帝依感生帝，神州地祇爲大祠，幣用黃，樂用宮架，祝文依祀聖祖稱嗣皇帝臣名。其成功、持盈二殿，禮用中祀，幣各用白。詔應堂禮用小祀，並以素饌。（考八二四）

此說亦見於宋史禮志，但謂「寶成宮總屋七十一區」，「每歲於大樂告成崇政殿元進樂日—秋八月二十七日舉祀事。」（卷一〇四，頁二〇）姑無論此，請視史家對於此事之批評。馬貴與云：「按三代之九鼎，未聞有神司之而列之祀典也。崇寧時，用方士之說鑄鼎，而各以其方色祭之，則不知司鼎者何神歟？至於因采首山銅之說，而祀黃帝；因貢金九牧之說，而祀夏后；因定鼎郟鄏之說，而祀成王、周、召；然此三聖賢之所以當祀者，固不以鼎也。若魏漢津則當時獻言鑄鼎之方士耳，亦尸而祝之，俾侑食於聖賢，褻慢不經甚矣！」（仝上通考）此云甚當。

然而當道者不之察，一任方士妄爲。蔡絛云：

政和六年，方士王仔昔獻議，九鼎宜內之九重，不宜處於外也。一日出御筆曰：「遷移神像大器，可令急速安排」。既已施行，魯公曰：「何不祥耶」？乃奏改曰「定鼎」。〔注二四〕

於是以太師蔡京爲定鼎禮儀使，提舉官楊戩就充都大管勾，先定九鼎于幄殿，既建閣於天章閣西，以奉安之。〔注二五〕並詔改帝鼐爲隆鼐，正南彤鼎爲明鼎，西南阜鼎爲順鼎，正西晶鼎爲蘊鼎，西北魁鼎爲健鼎，正北寶鼎如舊，東北牡鼎爲龢鼎，正東蒼鼎爲育鼎，東南風鼎爲潔鼎，名閣爲「圓象徽調閣」；閣上神像：左周鼎星君，中帝席星君，右大角星君；閣下鼎鼐神像，各守逐鼎排列，亦用仔昔議也。〔注二六〕

其後，又鑄神霄九鼎。長編本末卷一二八云：

重和元年，二月，辛酉，御筆：「左右街道籙院，差威儀道士三百人，赴禮制局製造所，迎導神霄飛雲鼎，赴上清寶籙宮神霄殿奉安。」先是七年七月，詔禮制製造所，造太極飛雲洞劫之鼎，蒼壺祀天貯醇酒之鼎，山嶽五神之鼎，精明洞淵之鼎，天地陰陽之鼎，混沌之鼎，浮光洞天之鼎，靈光晃耀鍊神之鼎，蒼龜火蛇蟲魚金輪之鼎。自十月十日始鑄，至是奉安。〔注二七〕

按政和八年十一月朔改元重和，（宋史卷二一本紀）是重和元年，即政和八年也。亦即政和七年七月下詔，其年十月十日開始鑄鼎，至重和元年二月辛酉奉安。是月癸丑朔，辛酉九日也，會要作辛卯，（同注二一）誤。而拾補本此說，謂「先是七月七日詔」云云，（見卷三七，頁一一二）亦誤。拾補原注又云：「畢沅續通鑑以爲九月事，恐誤。」實則畢鑑蓋本陳鑑爲說，陳鑑云：「重和元年，九月，作神霄九鼎。」然今商務重校畢鑑，已知其誤，而謂此條應移二月戊辰前，並謂「至是始成」，即二月辛酉也。（卷九三）顧宋洪邁云：「今人但知有九鼎，而十八之數，惟朱忠靖公秀水閒居錄畧記之。」（同注二七）茲考宋史禮志，亦云：「政和八年，用方士言鑄神霄九鼎成，與魏漢津所鑄，凡十八鼎焉。」（卷一〇四，頁二一）返觀上述，方士王仔昔死，而林靈素繼其事，則志謂用方士之言，當即靈素也。

靈素不惟獻議鑄神霄九鼎，而前鑄九鼎所改新名復舊名，蓋亦從其獻議也。同書卷一二七云：

重和元年，十二月，己卯，詔：「九鼎新名，乃狂人妄有改革，皆無稽據，宜復舊名，圜象徽調閣仍舊。狂人，指王仔昔也。（並見會要輿服六，一八三四）

仔昔改九鼎之名，而以狂人視之。則靈素獻議鑄神霄九鼎，當更爲狂人矣。然則魏漢津首事，朝廷妄加配享，得謂爲非狂人歟？

要之，綜合上述，由建宮觀，而賜道號，而鑄九鼎，已然呈現「抑釋以揚道」，及「揚道以儕儒」之趨勢矣。

注一：長編卷二一一：「神宗熙寧三年，五月，癸卯，詔杭州洞霄宮、永康軍丈人觀、亳州明道宮、華州雲台觀、建州武夷觀、台州崇道觀、成都玉局觀、建州軍仙都觀、江州太平觀、洪州玉隆觀、五嶽廟、太原府興安王廟，自今並依崇福宮、舒州靈仙觀置管勾或提舉官。」宋會要作十四日，同。（職官五四，頁三五七九―三五八〇）通考卷六〇「在外宮觀嶽祠」刪省於此，所言亦畧同。（考五五一）

注二：分見長編本末卷一二七徽宗崇寧二年正月己丑及三月庚子兩條。（方士，頁一二）

注三：同注一通考，其名稱可考者，詳梁天錫同學所著宋代之祠祿制度三，（2）（大陸雜志第二十九卷，第二期）

注四：長編本末卷一二七，神霄宮，頁一〇。宋會要禮五係之同月十三日，云：「詔神霄玉清萬壽宮，如小州、軍、監無道觀，以僧寺改建；有道觀處，止更名。」（四六七）通鑑續編卷一一：「改『天下天寧萬壽觀』爲『神霄玉清萬壽宮』。」證之崇寧二年三月庚子詔：「劉混康所建殿宇，賜名天寧萬壽。」

（同注二）知十朝綱要作「崇寧萬壽觀」，（長編拾補卷三六，頁三注引）誤。

注五：詳見職官分紀卷四〇，頁一五～二八。

注六：見卷一二重和元年五月條下。所謂惑於林靈素之言，蓋即其「造靑華正書臨壇，及火龍神劍夜降內宮之事，託天神降臨，因造帝誥天書雲篆，務以惑世欺衆」之謂。（於補卷三七，頁九引）

注七：此詞取宋史紀事本末。其詳見九朝備要卷二八政和六年二月「上淸寶籙宮成」條。續宋編年通鑑依傍備要，所言同。（見長編拾補卷三五，頁四引）

注八：茅山志卷二五，引自道藏源流考，中華書局北（京）一版頁一四一。

注九：同右引茅山志卷一七。又原注劉先生混康云：「按諡曰靜一。今茅山道士自謂屬靜一派，蓋因淵源於北宋劉靜一故也。

注一〇：傅勤家先生中國道教史與繆鳳林先生中國通史要畧均作賜「虛靜先生」。（前者見第六章第四節及第十三章引文；後者見第八章，頁一三六）

注一一：按續通考無此說，不知所據何書，待考。

注一二：參考通藏源流考附錄二，先生眞人條；及陔餘叢考卷三六，眞人道士條。又唐六典、書尚禮部、侍部郎中員外郎：「道士修行有三號，其一曰法師。……」

注一三：前者如陳鑑、見卷一一。後者如畢鑑，見卷八八。

注一四：禮志見卷一〇四；古今圖書集成見博物彙編神異典，第五〇六冊之五二葉。

注一五：參閱長編本末卷一二八，九鼎。

注一六：宋會要樂二：「徽宗崇寧三年，正月，二十九日，中書門下省、尙書省送到魏漢津劄子：『臣聞黃帝以三寸之器，名爲咸池，其樂曰大卷，三三而九，乃爲黃鍾之律。……禹效黃帝之法，以聲爲律，以身爲度，用左手中指三節三寸，謂之君指，裁爲宮聲之管。又用第四指三節三寸，謂之臣指，裁爲商聲之管。又用第五指三節三寸，謂之物指，裁爲羽聲之管。節二指爲民爲角，大指爲事爲徵，民與事君臣治之，以物養之，故不用爲裁管之法。得三指合之爲九寸，即黃鍾之律定矣。黃鍾定，餘律從而生焉。……今欲請聖人(帝)三指爲法，(謂中指、第四指、第五指各三節)先鑄九鼎，次鑄帝座大鍾，次鑄四韻清聲鍾，次鑄二十四氣鍾，然後均絃裁爲一代之樂。』從之(頁三〇六—三〇七，並見同書樂五，三四一—三四二；及長編本末卷一三五)此「以身爲度」之說也。其詳可參閱同書樂三崇寧三年十月九日翰林學士承旨、知制誥、兼侍講張康國所撰景鍾銘序，(三一九，並見樂五，三四二)長編本末卷一三五大晟樂，程大昌演繁露卷六崇寧四年鑄景鍾、大晟樂書，宋朝事實卷十四樂律，及宋史卷一二八、一二九樂志。

注一七：蔡條國史補：漢津又謂有太聲，有少聲。太者清聲，陽也，天道也。少者濁聲，陰也，地道也。中聲其間，人道也。合三才之道，備陰陽奇耦，然後四時可得而調，萬物可得而理。(通考卷一三〇，考一一五九引)鐵圍山叢談：「漢津明樂律，曉陰陽數術，多奇中。」(卷五，頁七)

注一八：宋史卷四六二本傳。通鑑續編損益此說，見卷一一。

注一九：(一)此謂于中太一宮之內爲九殿。容齋三筆則謂於中太一宮之南爲殿，(卷一三，十八鼎)通考(見卷九〇，考八二四）宋史（見卷一〇四，頁一九）同其說。玉海又作於中太一宮南爲九殿，（卷八八）畢鑑同其說。（卷八九）證之御製九鼎記：「即國之南鑄之」，（見正文）及下述「內鼎」之說，當以後諸說爲是。（二）此謂東南曰風鼎，會要同。（見下引正文）三筆作罔鼎。玉海作罔鼎，（仝上）通考（仝上）宋史、（仝上）均同玉海。畢鑑作「東南曰罔（風）鼎，（卷八九）蓋以此說爲是。（三）此謂「北方曰寶鼎，其色黑；」「東北曰牡鼎，其色青。」惟通考均謂「其色白」。（仝上）

注二〇：客齋三筆卷一三，十八鼎。案武后萬歲通天二年夏四月鑄九鼎成，置於明堂之庭前。（舊唐書卷六本紀）

注二一：長編本末卷一二八。案宋史禮志七有周鼎星君、帝席星君、大角星君諸名，竊疑此大角即「壽星」，爾雅所云「壽星角亢」也。宋史天文志三：「周鼎三星在角宿上，大角一星在攝提間，帝席三星在大角北。」天文志之大角，即爾雅『角亢』之『亢』，似以屬『壽』星爲合」。（長編拾補卷二五，頁一）

注二二：宋會要輿服六，一八三三；並見長編本卷一二八；及宋史卷一〇四禮志，頁二〇。

注二三：頁二〇；古今圖書集成以其收入博物彙編神異典第二一四卷道教部，見第五〇六冊之五一葉。

注二四：宋會要輿服六，一八三三，原注；並見長編本末卷一二八原注。鐵圍山叢談亦云：「九鼎神器，不可藏於外，於是詔內鼎於大內。」（卷五，頁一〇）

注二五：客齋三筆卷一三：「政和六年，復用方士王仔昔議，建閣於天章閣西，徙鼎奉安。」（十八鼎）詳見會要輿服六，一八三三；長編本末卷一二八；及拾補卷三五引十朝綱要。（頁八）

注二六：此詞刪省于會要輿服六政和六年十一月甲午詔。（一八三三）容齋三筆卷一三：「政和六年，改帝鼐爲

隆爾，餘八鼎皆改焉。(十八鼎)則拾補據本末之說，脫「東南風鼎爲潔鼎」矣。（前者見卷三五，頁九；後者見卷一二八）

注二七：神霄宮，頁一〇。並見宋會要輿服六，一八三三—一八三四；及容齋三筆，十八鼎。

五　教義之宣揚

雖然，而其中心任務，當在教義之宣揚。關于此點，首在道經之刋行。道藏源流考云

徽宗崇寧中，詔搜訪道家遺書，就書藝局令道士校定。大藏又增至五千三百七十八卷。政和中，詔搜訪道書，設經局敕道士校定，送福州閩縣鏤板，總五百四十函，五千四百八十一卷。刋鏤工訖，即進經板于東京。是曰萬壽道藏。全藏刋板始此。〔注一〕

此謂全藏刋板始此，可見當時於道經之刋行，厥功甚偉。欲知其詳，請參閱原文及其徵引諸書。惟所徵引者，不及當時「搜訪道教仙經御筆手詔」原文，茲補錄於此，以說明其所以然，藉知當時搜求情況。詔云：

……道之不行久矣！朕方體而行之，神而明之，施于有政。雖其書具在，或失其傳，使太元空洞之書，玉簡瓊笈之文，殘闕逸遺，墜於幽隱，搜訪所不及，甚失尊道立教之意。宜令天下應道教仙經，不以多寡，許官吏道俗士庶繳申所屬，附急遞投進。仍委監司郡守廣行搜訪，敢有沮抑，不爲施行，以違制論。

……〔注二〕

如此搜求，宜乎其開「全藏刋板」之先河矣。顧此謂「施於有政，」今就所搜史料分析，可分兩方面：一方施之

於學校與選舉，另一方則施之於政治與社會。就其施之於學校與選舉言，據長編本末卷一二七云：

政和七年，八月，丙辰朔，宣和殿大學士蔡攸奏：莊、列、亢桑、文子皆著書以傳後世，有唐號爲經，並列藏室。國朝始加莊、列、南華、沖虛之說，以其書入國子學，而亢桑子、文子末聞頒行，乞取其書于秘書省精加讎定，列于國子之籍，與莊列並行。從之。(頁四)

亢桑、文子既與莊、列並行，則黃老爲道家之祖，不待言也。所待言者，即唐書藝文志嘗云：「天寶元年，詔莊子爲南華眞經，列子爲沖虛眞經，文子爲通玄眞經，亢桑子爲洞靈眞經。」(卷五九，頁六注)故此謂有唐號爲經，及宋始加莊列南華沖虛之說，左矣。但，景德四年嘗加列子「至德」之號。〔注三〕又亢桑子，「莊子作庚桑子，太史公、列子作亢倉子，其實一也。」〔注四〕惟後人言其卷數，畧有不同：郡齋讀書志、文獻通考皆同唐志作二卷；直齋書錄解題、宋史藝文志則均同劉鑑引封演之言，作三卷；宋濂諸子辨作五卷；而道藏目錄詳註同四庫提要又均作一卷。〔注五〕然提要據衍聖公孔昭煥家藏本，雖謂爲一卷，而篇數與崇文總目同，作九篇；是卷數有多寡，蓋分併之不同耳。至於文子，漢志、七畧作九篇，自隋志以下作十二卷，或十二篇。惟四庫提要作二卷，又云「今所行者仍十二篇之本」，〔注六〕自相矛盾，蓋刊誤之。此其餘事，姑不詳評。所當探討者，乃其所以頒行之因。白雲霽曰：「庚桑子……著書有九篇，全道篇第一，用道篇第二，政道篇第三，君道篇第四，臣道篇第五，賢道篇第六，順道篇第七，農道篇第八，兵道篇第九。」(道藏目錄詳註卷三，萬有文庫本頁一五)又曰：「文子……著書十有二篇……歸本太上之言，歷陳天人之道，時變之宜，卒萬古於一篇，誠經世之樞要也。」(仝上，頁五一)河東柳氏辨文子曰：「其旨意皆本老子，然考其書蓋駁書也。……今刊去謬惡亂雜者，取其似是者，又頗爲發其意，藏於家。」(柳河東集卷四)紀曉嵐爲亢倉子提要云：「其書雖雜剽老子、莊子、列子、文子、商君書、呂氏春秋、劉向說苑新序之詞，而聯絡貫通，亦殊亹亹有理致，非他僞書之比。」(卷一四六，頁一〇四)是亢桑、文子之頒行，列爲學校必讀之書，自有其可取之處。況二書同受封於唐乎？故詔從其議。

又玉海卷六三云：

政和八年，四月，二十四日，詔刋正內經。(頁二二)

內經所以刋正，蓋以其有錯落，或於諸經尤爲難知也。不然，徽宗何以據此而御製聖濟經？通考卷二二三云：

聖濟經十卷，鼂氏曰：「徽宗皇帝御製，因黃帝內經，採天人之賾，原性命之理，明營衞之清濁，究七八之之盛衰，辨逆順之盈虛，爲書十篇，凡四十二章。」(考一七九四)

此書據宋史本紀記載，頒於重和元年五月壬辰。(卷二一)其藝文六云：「宋徽宗聖濟經十卷」。下引郡齋讀書志亦作十卷。直齋書錄解題：「聖濟經十卷，政和御製，辟廱學生昭武吳禔注。」(卷一三醫書類，頁二)四庫提要亦云：「徽宗御製聖濟經十卷，四十二章。」(卷一〇三，聖濟總錄纂要)玉海並詳其篇名，其卷六三引書目云：「聖濟經十卷，政和中，御製倂序，體眞、原化、慈幼、達道、正紀、食頤、守機、衞生、藥理、審劑凡十篇，陰陽適平、精神內守而次，凡四十二章。」(頁二五)是篇與卷同。則一本云：「政和八年，五月，壬辰，頒御製聖濟經，以廣黃帝之傳，其篇五十，其章四十有二。」(仝上原注)此五十之「五」字，必爲衍文。即此以觀，知聖濟經之所以頒行天下矣。不特此也，進且用於試士。郡齋讀書志附志五上云：

御製聖濟經十卷，……徽宗皇帝所製也。政和八年，五月，十一日，詔頒之天下學校。九月，二十四日，大司成李邦彥等言：「乃者從侍臣之請，令內外學校課試於聖濟經出題。臣等切謂：今內經、道德經既已選博士訓說，乞更以聖濟經附二經兼講。」從之。（頁五一）

是年十一月朔改，（二十史朔閏表）謂政和者，即重和也。十一日，亦正壬辰也。則前云「頒御製聖濟經」，即此謂「頒之天下學校」矣。又此謂從侍臣之請，當指范氏而言。宋史選舉志云：「范致虛乞用聖濟經出題」。（卷一五七）既出題，不能不講解。然講解以其附之黃老二經，是聖濟經不若二經之重要，抑亦證明其固來自黃帝內經。

內經、聖濟經既經刊正、御製，則道德經亦必以御注為入時；故不旋踵，而請者自至矣。長編本末卷一二七云：

> 重和元年，八月，戊午，朝散郎新知兗州王純奏，乞令學者治御注道德經，間于其中出論題。〔注七〕從之。

是月辛亥朔，戊午為八日，越三日，即十一日辛酉，詔頒「御注道德經」。（宋史卷二一徽宗本紀）又因其時尚未改元，故吳曾能改齋漫錄云：「政和八年，詔有司使學者治御注道德經，間于其中出論題。」（卷一三，頁七）所當辨者，即御注老子卷數問題。書錄解題（見卷九，頁一三）同讀書志附志（卷五上）均作二卷。通志、（道藏書目卷八，頁一）通考，（見卷二一一，考一七三一）亦均作二卷。通考並謂鼂氏云：「徽宗御撰，或曰鄭居中視草，未詳。」然道藏輯要子目引書錄解題，則作四卷。（頁一）欽定道藏全書總目亦謂：「宋徽宗御解道德經四卷」。（道藏輯要第八冊，頁三五）白雲霽道藏目錄詳註同總目，並明云：「卷一之四，內多引莊、易詞理。」（卷三，頁一九）是白氏嘗親過目云。獨宋史藝文志作「徽宗老子解一卷」。（卷二〇五，頁六）衆說紛紜，未知孰是。

越十日，即八月二十一日，又詔云：

崇寧以來，學校遍天下，士雖知所向，而不見道之大原，其所習尙取辦藝文之末，以應考選程式而已。合而同之，使知大道之全，性命之本，則士不流于俗，天下庶乎無二道。可令天下學校諸生于下項經添大小一經，各隨所願分治：大經黃帝內經、道德經，小經莊子、列子。（大詔令集二二四，頁八六四）

故宋史選舉志云：「政和中，嘗命學校分治黃、老、莊、列之書。」（卷一五七）此顯見刊行道經，不如理想。將欲達到此目的，非强制施行不爲功。此令天下學生分治黃、老、莊、列大小經，猶其時令道學道徒分治大經周易、小經孟子也。（詳下）此即所謂「合而同之」之法。合而同之者，合儒道而爲一也。儒道以外無二道，正當時之大本焉。

抑有進者，玉海卷六三云：

重和元年，十月，十五日，詔以內經考其常，以天元玉冊極其變。

「天元玉策者，推五運六氣之變也。」（注八）故當時實以道敎爲本。所謂儒道合一，祗一時權宜之計耳。觀諸下說，尤足爲憑。宋史卷一五七選擧志云：

宣和元年，帝親取貢士卷考定，能深通內經者升之，以爲第一。（頁一二）

道家講長生，內經列首要，毋恠其然。奈何以國家元首之尊，特爲拔擢，實偏愛焉！

厥後又刊行御注莊列，長編本末卷一二七云：

宣和五年，十一月，癸亥，詔國子監刊印御注沖虛至德眞經，頒之學者。從祭酒蔣存誠等奏請也。

畢沅續通鑑所言同。（見卷九五）然九朝備要則謂：

宣和五年，十一月，頒御注列子、莊子。

並注云：

詔國子監刊御注沖虛至德眞經、南華眞經，頒之學也（者）。

薛應祈續通鑑同續宋編年通鑑，蓋均據此說。（長編拾補卷四七，頁一四—一五引）觀玉海所謂「政和末，詔並爲眞經，入國子學，此時御注成，故詔刊印也」云云，（卷六三）後說是矣。

其次，就其拖之於政治與社會方面言。宋大詔令集卷二二四云：

政和八年，八月，十二日手詔：「……昨所注道德經，可規倣唐制，命大臣分章句書寫，刻石于在京神霄玉清萬壽宮，以垂無窮。究觀老氏深原道德之本，……舉復于無爲恬淡之眞，皇帝之治，何以越此？朕甚慕之，注經尊教，設科作宮，所以示欽崇之旨，布告天下，咸諭茲意。（注九）

上引宋史本紀所謂「詔班御註道德經」，當本此說。此謂倣唐制，即因唐置「崇玄署」故事，以命大臣，而行刻石之職。所以如斯，固示其崇尚道家治法，要亦以老子爲道家之祖也。

又當述者，即大觀時嘗下詔訪求道教仙經，迄茲仍未達到理想，遂不得不採取另一措施。長編本末卷一二七云：

重和元年，八月，辛未，資政殿大學士、知陳州鄧洵武奏，「乞選擇道藏經數十部，先次鏤板頒之州郡道錄院看詳，取旨施行。」……詔：「令吏部申明行下」。（道學，頁六）

「案鄧洵武……或係陳洵仁之誤也。」〔注一〇〕然陳氏既乞刋行道經，胡必加以選擇？不惟選擇，且得看詳。不獨看詳，更須取旨。而朝廷遂亦從其請，而施行之。觀上述焚經事，殆必以不涉釋氏爲限也。然而最受推尊者，亦惟老子。同卷云：

重和元年，九月，庚寅，頒御注老子刻石神霄宮。（神霄宮，頁一二）

前條云刻石在京神霄宮，此則云刻石神霄宮，先中央而後地方，其積極如此。

不惟如此，尋又作如下之措施。同卷云

宣和元年，十一月，辛亥，蔡京奏：「乞以神霄玉淸萬壽宮觀玉眞主所說玉嬰神變妙經，刋印頒行。」從之。（神霄宮頁，十二）

又云：

宣和三年，十月，丙辰，御寶籙宮、神霄宮，親授王黼等元一六陽神仙祕籙及保仙祕籙，仍許黼等拜表稱謝。（道學，頁九）

又老學庵筆記卷九云：

宣和末，又以方士劉知常所鍊金輪頒之天下神霄宮，名曰「神霄寶輪」。知常言其法，以汞鍊之成

金，可鎭分野兵饑之災。(學津本頁五)

此諸書均不可考，然審及其名，要皆爲神怪之論，觀劉氏之言，尤足爲證。

其次，爲方術之傳授。長編本末卷一二七云：

大觀二年，三月，庚申，詔以金籙靈寶道場儀範四百二十六部降天下有道觀處，令守令選道士依法奉行(道學，頁一)

考道門一切經總目及其子目，(道藏輯要)均無此書，宋史藝文志亦不載，蓋金籙、靈寶經及道場儀範之總稱也。第觀詔令「依法奉行」之說，則又必係道場法式之書，省及道家書目所載科儀、方法之類，可以證明。而當時羽客，蓋一則因循舊儀，甚至有參行佛式者；(見前述)二則由於新法一時不易領晤，於是而有講習之舉。

同卷云：

政和四年，三月，辛卯，詔諸路監司，每路通選宮觀道士十人，遣發上京，赴左右街道籙院，講習科教聲讚規儀，候習熟遣還本處。(道學，頁二)

此猶今日之中央政府訓練地方幹部也。其如此推尊，則當時之道教，可謂爲國教矣。

此觀其調整道教宗派，亦儼然以國教視之。長編本末卷一二七云：

政和七年，正月，祭丑，祕書省奏：「據左右街道錄院申，恭依聖旨指揮，將所降道教五宗，再行條具，立爲永式：第一、天尊之教，以道德爲宗，元始天尊爲宗師；第二、眞人之教，以淸淨爲宗，大上玉晨天尊君爲宗師；第三、神仙之教，以變化爲宗，太上老君爲宗師；第四、正一之教，以誠感爲宗，三天法師靜應眞君爲宗師；第五、道家之教，以性命爲宗，南華眞人爲宗師。至於上清通眞達靈神化之道，感降仙聖，不係教法之內，爲高上之道，教主道君皇帝爲師。」詔依所奏，左右街道錄院印行。

（頁三）

此謂「祕書省奏」，因「道教改隸祕書省」故也。〔注一二〕道教改隸祕書省：亦朝廷重視道教之徵。第觀其奏，似道教此前不若此分宗，今特本晉陶弘景之眞靈位業圖而簡化之也。此第一、第二宗即位業圖第一、第二中位，第三宗即位業圖之第四中位，第四宗即位業圖之第四中位之左位首席，第五宗即位業圖之第三中位之右位莊周。按「位業圖次序之淩雜顚倒，蓋不可究結也。」（中國道教史第七章第一節，頁一〇四）今條具爲五宗：自「元始天眞」而「太上玉晨天眞君」；「天眞君」即「大道君」，「爲萬道之主」。至「太上老君」出，「爲太清道主，下臨萬民。」三天法師張道陵，「承老君忠臣之後，……親受太上質勑，……統承三天，……伐誅邪僞，與天下萬神分付爲盟，悉承正一之道也。」（雲笈七籤卷二八）四宗一脈相承，是爲道教。又一宗以莊子爲宗師，專言性命，名爲道家之教，實即道家。此外，別立「高上之道」，以「教主道君皇帝」爲師。按教主道君皇帝，徽宗自稱，靈素所建也，已於前述。則徽宗於崇尚固有道教、道家之外，而別立所謂「高上之道」，亦由靈素授意。是靈素與徽宗，固欲互相利用，分宗施教，以提高各自之地位，而强化其統治神民之權。

然而在教言教者，則不若是其顯然，且自成體系。所謂「道教自宋金以來，鍊養派則分南北宗。南宗昉於宋張伯端。北宗即全眞教，始於金王哲。南宗先性。北宗先命。至符籙科教派，則分爲三宗，即龍虎、閤皁、茅山三宗是也，其符籙各不同。」〔注一二〕陳著道藏源流考云：

張陵曾孫盛，於西晉永嘉中移居今江西貴溪之龍虎山，爲龍虎宗之肇始。……至宋徽宗四召張繼先至闕(始自崇寧中)：賜號虛靜先生。(見先鑑卷一九)龍虎宗始著於世。……閤皁山在宋臨江軍淸江縣(今屬江西)爲太極左仙公葛玄昇天之處。(見仙鑑卷二十三葛仙公傳，及圖書集成方輿彙編山川典。)又太極葛仙公傳云：「最後於閤皁山東峰臥雲庵，築壇立竈，以鍊金丹。」雲笈七籤卷四道經法傳授部錄靈寶經目序，宋元嘉十四年陸修靜作。文云：「仙公授文於天台」。蓋道流相傳，謂靈寶經出自仙公。故閤皁山傳靈寶經籙。……梁陶弘景隱居茅山，(故祖茅君)傳晉楊羲、許謐、許翽所出上淸大洞經籙，因創茅山宗。中經隋唐二代，高道輩出，隱然爲道敎正宗。及宋稍轉衰。至元明則其名反爲龍虎宗、全眞敎所掩矣。」

茅山志卷十一劉混康傳：「宋哲宗紹聖四年，別敕江寧府句容縣三茅山經籙宗壇，與信州龍虎山，臨江軍(淸江縣)閤皁山，三山鼎峙，轉化皇圖。」故右引南宋周必大文，謂法許受籙者，惟金陵之茅山，廣信之龍虎山，與閤皁山。金陵玄觀志卷八引戚氏志方山崇眞觀畧云：「道家閤皁山太極左宮符籙，與三茅、龍虎並行，號三山。」〔注一三〕

「故道敎符籙科敎派之分爲三宗，當成於北宋。」(同上)又茅山志卷一六云：

黃澄宋徽宗時人。初三山經籙，龍虎正一，閤皁靈寶，茅山大洞，先生請混一之。今龍虎、閤皁之傳上淸畢法，蓋始於此。(同上)

此符籙科敎三宗於北宋末年所傳經籙之大要也。又按鍊養派之「南宗諸家撰述」，見洞眞部方法類所收修眞十書；北宗諸家集，多收入太平部。」(同上)符籙科教派之「茅山宗，則藏內有元劉大彬茅山志三十三卷，詳載其事；龍虎宗則有漢天師世家四卷，藏外另有淸婁近垣龍虎山志十六卷；……惟兪策之閤皁山志二卷，(淸錢曾述古堂藏書目卷三著錄閤皁山志二卷，不著撰人。)則殊簡畧，宜據宋元人詩文集增訂。」(同上)是則非本文所能詳及，請俟諸異日。然卽此以觀，亦足證上述靈素縱臾徽宗，藉政治之力量，一再調整道教諸宗，絕不若此分宗之具自然性，而宣揚其教義，良爲諦當也。

又次，爲千道會之推行。通鑑續編卷一二云：

政和七年，二月，幸上淸寶籙宮，命林靈素講道經，自是每設大齋，輒費緡錢數萬，謂之千道會。

此說葢本諸宋舊史，而爲後代諸家通鑑所依傍。〔注一四〕而續宋編年通鑑本九朝備要，則以其幷于明年（重和元年）十月條下。〔注一五〕其十月條並云：

上御寶籙宮，度玉淸神霄祕籙，會者八百人，……一會殆費數萬緡，貧下之人，多買青布幅巾以赴，日得一飫餐，而襯施錢三百，謂之千道會云。(同注一五)

畢鑑畧同此說，並以其繫之癸卯日。(見卷九三)攷長編本末亦作癸卯，(見卷一二七，頁一一)則王鑑本陳鑑同作是年九月，(陳鑑見卷一二，王鑑見卷二四)均誤。是千道會于政和七年二月創始，至重和元年十月，不及兩年，而興盛如此。究其所以能如此，實賴政府支持。所謂「時道士有俸，每一齋施，動獲數十萬；每一宮觀給田，亦不下數百千頃。」(同注一五)並「令士庶入殿，聽靈素講經。……令吏民詣宮，授神霄祕籙。」(同上通鑑續編)而朝士之嗜進者，亦靡然趨之。」(同上)故賓退錄云：「靈素每遇初七日升座，座下皆宰執百官，三衙親王中貴，士俗觀者如堵，講說三洞道經。」(卷一，頁四，本傳)實則靈素所言無殊絕者，雜以滑稽媟語；上下爲大鬨笑，莫有君臣之禮矣。」(同注一三備要)其等而下之者，自不待言。且「道士皆外蓄妻子，置姬媵，以膠青刷鬢、美衣玉食者，幾二萬人。」(同上)可見其陣容雖稱强大，而腐化不堪。獨其施沃餐及襯施錢與貧下之人，實當時一善舉。然此舉雖謂目的在於傳道，蓋亦一種風氣使然。宋史卷一七八食貨志云：

崇寧初，蔡京當國，置居養院、安濟坊，給常平米厚至數倍，差官卒充使，令置火頭具飲饍，給以納衣絮被，州縣奉行過當，或具帷帳，雇乳母女，使糜費無藝，不免率斂，貧者樂而富者擾矣。三年，又置漏澤園，……置籍瘞人，並深三尺，毋令暴露，監司巡歷檢察。……諸城砦鎮市戶及千以上、有知監者，依各縣增置。……道路遇寒僵之人，及無衣丐者，許送近便居養院給錢米救濟。孤貧小兒可教者，令入小學聽讀，其衣 於常平頭子錢內給造，仍免入齋之用。遺棄小兒，雇人乳養，仍聽宮觀寺院養爲童行。宣和二年，詔居養、安濟、漏澤可參考元豐舊法，裁立中制，應居養之日，給稅米或粟米一升，錢十文省。十一月至正月，加柴炭五文省。小兒減半。安濟坊錢米，依居養法。醫藥如舊制。漏澤園除葬埋依見行條法外，應資給，若齋醮等事悉罷。(頁二二一—二二三)

此說詳見宋會要食貨卷六十居養院、養濟院、漏澤園等雜錄。今畧引此以說明其與千道會之施與性質相近，及由相近而可能發生之影響。觀此謂宣和二年詔罷漏澤園之齋醮等事，適繼放道士林靈素與罷道學之後，(見下述)是此制又受當時道教之影響。姑不論此二者互相影響如何，要其由政治對社會及由社會宗教組織對社會所負之責任，其意義誠不遜於傳道也。

又次，爲修道史、道典。仙鑑卷五三云：

林靈素於政和七年「刪定道史經籙靈壇等事」。

攷實退錄：「靈素被旨修道書，改正諸家醮儀，校讎丹經靈篇，刪修注解，」（卷一，頁四，本傳）未云修史道事。抑修道史，據宋史本紀所云，則有待於明年。紀云：

重和元年，九月，丁酉，用蔡京言，集古今道教事爲紀、志，賜名道史。（卷二一）

畢鑑本此說，所言同。（見卷九三）則王鑑作政和六年閏正月丁未，（見卷二三）誤。又此謂用蔡京言，與先鑑之說亦不符。宋史卷四七二蔡攸傳亦云：

攸字居安，京長子也，……京再入相，加龍圖閣學士、兼侍讀，詳定九域圖志，修六典，提舉上淸寶籙宮、秘書省兩街道籙院、禮制道史局，官僚合百人，多三館雋游。

按京再入相在政和二年、直至宣和二年始罷相，（見宋史卷二一二宰輔表）而修道史即在此政和末至宣和初期間。且攸既提舉道史局，自當主修道史。父倡之，子作之，最爲切實。主修道史者既明，進請言其修法。混元聖紀卷九云：

宣和元年，八月，編修道史官言：「編修道史所止年代」。詔：「自龍漢（注一六）止五代爲道史，本朝爲道典。」宣和三年，十一月，三日，詔：「提舉道籙院見修道史，非可以常史論 。自史記 、漢書以來，體制有可採，當以爲例。則史表一門，不須徒設。」

長編本末以事爲主，統以其繫之後條，謂

宣和三年，十一月，甲子，御筆：「提舉道籙院見修道史，表不須設。紀斷自天地始分，以三淸爲首。三皇而下，帝王之得道者，以世次先後列於紀。志爲十二篇。傳分十類。」又詔：「自漢至五代爲道史，本朝爲道典。」（卷一二七，道學，頁九）

畢鑑則本此說。（見卷九四）即此以觀，足見當時對于修道史、道典，如何愼重其事矣。蓋修道史、道典，顧名思義，爲對後代宣揚道教教義也，宜其曰：「修道史非可以常史論」。於是「道紀斷自天地始分，以三淸爲首；三皇而下，帝王之得道者，以世次先後列於紀。爲天地、宮府、品秩、輿服、符籙、儀範、禁律、修煉、丹石、靈文、寶書等十二志。男眞自風后、力牧而下，女眞自九靈元君而下，及凡臣庶之得道者，各以世次先後爲傳。」〔注一七〕

注一：歷代道書目及道藏之纂修與鏤板，頁一三五，崇寧重校道藏。按原著本通考作「大藏又增至五千三百八十七卷」，今考通考作五千三百七十八卷，（卷二二四，考一八〇五）特更正如文。

注二：宋大詔令集卷二二三，頁八六二。按原詔作「政和□年十二月」。長編本末亦畧載之，並明云政和三年十二月癸丑事。（見卷一二七）宋史本紀所言畧同，（見卷二一）而源流考引用之。

注三：玉海卷五三，郡齋讀書志亦云：「皇朝加『至德』之號。（卷三上，頁一三）則道藏目錄詳註謂「唐封沖虛至德眞人，書爲沖虛至德眞經，」（卷三，頁一五）誤。

注四：唐書卷五九，頁六注引襄陽處士王士元言。並見郡齋讀書志卷三上，頁一五；直齋書錄解題卷九，頁一六；通考卷二一一，考一七三四。

注五：讀書志、解題、通考並同注四；宋志見卷二〇五，頁五；詳註見卷三，頁一五；餘並見提要一四六，「亢倉子一卷」。

注六：漢志見卷三〇，隋志見隋書卷三四，讀書志、解題、宋志均同注四及注五，餘並見提要卷一四六「文子二卷」。（宣統庚戌年存古齋重印本）

注七：長編拾補卷三七：「案出字原本脫，據畢通鑑補。」（頁一四，畢鑑原文見卷九三）

注八：共三十卷，啓元子撰，卽唐王砅也，見郡齋讀書志卷三下醫家類。

注九：頁八六四。並見長編本末卷一二七，頁五。

注一〇：拾補卷三七，頁一七注，其詳見原文。

注一一：長編本末一二七，道學，政和六年二月壬申御筆。

注一二：引自道教源流考，附錄二，道教諸宗，頁二七一。原注：據明王褘青巖叢錄。

注一三：源流考附錄二「道教諸宗」。（頁二七一—四）按陳氏之說，主要據歷世眞仙體道通鑑及茅山志。此二書爲道藏洞眞部記傳類所收。而本圖書館無道藏，無法考詳，讀者諒之。

注一四：卽王鑑與畢鑑也，前者見卷二四，後者見卷九二。

注一五：備要見卷二八；續宋編年通鑑見拾補卷三八，頁六注引。

注一六：「按係道經年號」。（道藏源流考，頁一三七，道史、道典）

注一七：太上混元聖紀卷九，頁一一五。按志爲十二篇，此少一篇名。

THE CULT OF TAOISM IN THE LATTER DAYS OF THE NORTHERN SUNG DYNASTY (Part 1)

論北宋末年之崇尚道教（上）

By Chin Chung-shu 金中樞

In the Northern Sung dynasty the cult of Taoism began in the *Ta-chung hsiang-fu* 大中祥符 period (A.D. 1008—1016) and flourished during Emperor Hui-tsung's 徽宗 reign (A.D. 1101—1125). This is recorded in history. In fact, the background and scope of Taoist activities were not confined to the religious field, but ramified throughout the political sphere, in which struggles for personal power, factional strife, and intrigues between rival politicians and Taoist necromancers all played a complex part. Historians, however, did not explicitly tell us about these aspects which this article specifically studies.

Part I deals with the building of Taoist monasteries, the bestowal of Taoist titles, the casting of the nine tripods, the printing of Taoist scriptures and the imparting of necromancy.

In Kuo Jo-hsü's *T'u-hua-chien-wen-chih,* written during the 11th century, Wu Tao-tzu is regarded only as a figure painter. In Kuo Jo-hsü's view, Wu Tao-tzu had almost nothing to do with the development of landscape painting. This point of view placed Wang Wei in the highest position regarding landscape painting, replacing and exceeding Wu Tao-tzu.

Northern Sung critics regarded Wang Wei and Li Ssu-hsün as representatives of T'ang dynasty landscape. This relationship also resulted in Wang Wei's attaining a yet higher position in the history of landscape painting. At the same time, with the division of landscape painting into the Northern and Southern Schools at the end of the Ming dynasty, Wang Wei was mentioned as the founder of the Southern School, and Li Ssu-hsün as the founder of the Northern School.

In his *Shan-shui ch'un-ch'üan chi,* written during the 12th century, Han Cho especially speaks in praise of Wang Wei. It was only 300 years from the 9th to the 12th century, yet within those years Wang Wei's position rose from the second category to a special position in the first rank.

The reasons for the change in his position can be stated as follows;

1. During the Northern Sung dynasty, Wang Wei's paintings were in style similar to and could not easily be differentiated from, those of Li Ch'eng, Kuan T'ung, as well as the works of the artists of Chiang-nan and Szechuan.
2. In making judgments, the connoisseurs of later periods did not differentiate clearly between the works of all these artists.
3. During later periods, people who did not thoroughly understand the work of Wang Wei blindly believed in the ideas of authoritative critics. The critics themselves created an incorrect image of Wang Wei.

AN ANALYTICAL STUDY OF THE CHANGES IN WANG WEI'S POSITION IN THE HISTORY OF CHINESE LANDSCAPE PAINTING

王維在山水畫史中地位演變的分析

By Chuang Shen 莊 申

Wang Wei was an artist who lived during the mid 8th century. Criticism of his work first began in the mid 9th century. In his *T'ang-ch'ao ming-hua lu,* completed in 840, Chu Ching-hsüan placed Wang Wei in the "marvelous" or second category. Hence his position was below that of Wu Tao-tzu and Li Ssu-hsün, whom Chu Ching-hsün placed in the "divine" or first category. In the *Li-tai ming-hua chi,* written in 847, Wang Wei's technique was criticized as being inadequate.

There are two types of criticism of Wang Wei's paintings found in writings by critics dating from the mid 10th century. In the biography of Wang Wei written by Liu Hsü in the *T'ang-shu,* Liu Hsü points out that Wang Wei's compositions are somewhat lacking, yet he places Wang Wei's paintings in the "marvelous" category and praises them. Liu Hsü's attitude reflects that of T'ang dynasty writers.

The six essentials mentioned by Ching Hao in his *Pa-fa-chi* (*ch'i, yün, ssu, ching, pi,* and *mo*) were used by critics as principles. Ching Hao believed that Wang Wei had attained five of these six principles and therefore he considered Wang Wei as almost more important than Wu Tao-tzu and Li Ssu-hsün. This criticism represents a development in the attitude toward landscape painting in which the use of ink was considered more important than the use of color. The high position of Wang Wei in the history of landscape painting can be seen in this new development.

A STUDY ON LIN-SHU'S TRANSLATIONS
(Part One)
林譯小說研究(上)

By Tsang Kam Cheung 曾錦漳

After the Sino-Japanese War of 1894—1895 Western literature was gradually introduced to large numbers of Chinese readers. It was Lin-Shu (1852—1924) who first made available to Chinese readers Western literature through translation. His epoch-making translation of the novel *La Dame aux Camélias* by Dumas fils was published in 1899. Thenceforth he introduced extensively to his contemporaries some 170 works of European, English and American literature, which constituted a worthy record of his literary career and made him an outstanding figure in the late-nineteenth-century and early-twentieth-century Chinese literature.

A native of Fuchow, he had neither traveled abroad nor acquired even the rudiments of any foreign language. In translation he depended mainly on his assistants or oral interpreters, which was a practice learned from the Buddhist translators in the medieval age. He, therefore, should not be held responsible for some of the errors found in his works.

In consideration of the literary taste of his readers, Lin Shu chose classical prose as his medium for translation; for, had he chosen the vernacular instead, he would have found no readers at all. His experiment in using classical prose for lengthy narration was a new trial, as Hu Shih's word goes. As a matter of fact, his translation of *La Dame aux Camélias* exceeded in length all previous prose fiction in Chinese literature.

Lin Shu succeeded not only in introducing to Chinese readers a wide range of literature from the Western world, but also in initiating a huge movement that furnished Chinese writers with many excellent models and suggested to them many new themes.

So far no one seems to have ever made a systematic and critical study of Lin Shu's translation works. Hence this article.

THE SIMILARITIES AND DIFFERENCES OF THE TERMS SŪTRA AND BHASHYA BETWEEN SANSKRIT TEXT AND CHINESE TEXT

（華梵經疏體例同異析疑）

By Jao Tsung-i 饒宗頤

We can sum up here the similarities and differences of the terms *sūtra* and *bhāshya* between *Sanskrit* text and Chinese text.

In *Brāhman* literature, *sūtra* has the sense of 'thread' in the *Atharvaveda.* In the sense of a 'book of rules' for the guidance of sacrificers and so forth, the word occurs in the *Bṛhadāraṇyaka Upaniṣad.* Thus *sūtras* refer to *Aphorisms,* just as a thread binds together a number of beads in a rosary, to outline the essential aspects of a subject. In *Pāli,* *sūtra* is written as *sutta,* and Chalmers says the title of *sutta* was reserved from the outset for any consecutive thread of argument or narration continuously strung together and coherent." In Chinese Buddhist texts *sūtta,* is used as a general term for the divine religion; the Chinese transliteration is always given as the *Ch'i-ching* 契經, which in Buddhist canon means the Four *Agama* especially. But in Chinese classical texts, *Ching* 經 donotes the general way 常道, which is also a common term for books. Yet both in *Sanskrit* and Chinese, the primary meaning for the word is to sew.

As for the term *bhashya,* it is understood that *sūtra* and *bhashya* in *Sanskrit* are compiled together as one single issue since *sūtras* are so difficult to understand on account of their brevity which may lead astray the original subtle meaning. But in Chinese, *sūtra* and *bhashya* can be split up into different volumes, the *bhashya* is even originally edited independently without the *sūtra.* Yet both in *Sanskrit* and Chinese, the original meaning of this term is commentary: *chu* 注 is to annotate the sūtra, whereas *bhashya* is a further interpretation of the annotation. Moreover it would be quite clear there is a point in common, that is, the dialogue form appears both in the Buddhist *bhashya,* and Chinese *Shu.*（疏）.

REVISIONS OF THE SHIH-LU OF THE EMPEROR SHÊN-TSUNG OF THE SUNG DYNASTY

宋神宗實錄前後改修之分析

By Huang Han-ch'ao （黃漢超）

The compilation of "Shih-lu of the Emperor Shên-tsung" of the Sung dynasty, a Court diary, was first completed in the sixth year of Yüan-yu（元祐）of the Emperor Chê-tsung（哲宗）(1091), A new version with the section "Daily Records of Wang An-shih"（王安石日錄）added was produced in the first year of the Shao-sheng（紹聖）period of the same reign. In the fourth year Shao-hsing（紹興）period of the Emperor Kao-tsung（高宗）of the Southern Sung (1134) this diary was again re-written. Because of the opposing political affiliations of the historians who wrote these diaries, particularly those between the "Reformers"（新黨）and the "Conservatives"（舊黨）the various versions of the "Shih-lu of the Emperor Shen-tsung" were inevitably coloured with these partisan views.

The Shao-sheng version is the worst of the three as it was produced at a time when the "Reformers" were once more in power. Thus, as well as the denunciation of the authors of the Yüan-yu version, some facts were deliberately omitted in the interest of the "Reform"（新法）That the "Records" was written for a third time during the Shao-hsing period was mainly to point out these defects.

It is regrettable that the "Shih-lu of the Emperor Shen-tsung" is no longer extant. Fortunately some of this source material is preserved in the commentaries on Li T'ao's（李燾）*Hsü tzu-chih-t'ung-chien ch'ang-pien*（續資治通鑑長編）. Based principally on the latter work and supplemented by references from other historical texts, this article discusses the relationship between the compilations during the Sung of the "Shih-lu of the Emperor Shen-tsung" and the political climates of the times and comments on the defects of the Shao-sheng version.

from the *K'ai-yüan Shih-chiao lu,* with only a small part actually written by Yüan-chao and his assistants. But Emperor Teh-tsung ordered all Buddhist monasteries throughout China to collect Buddhist *sūtras* according to Yüan-chao's Catalogue. So the features of Chih-shêng's work were made known to the Buddhist world in an indirect way.

Lastly we deal with the *Sung kao-sêng chuan* 宋高僧傳 (Biographies of Eminent Buddhist Monks Compiled in the Sung Dynasty) which was written by a Buddhist monk Tsan-ning 贊寧 in 997 at the command of Emperor T'ai-tsung of Sung 宋太宗. In classification this book entirely follows the 'ten categories' 十科分類法 of the Buddhist monk Tao-hsüan's *Hsü kao sêng chuan* 續高僧傳 (Continuation of the Biographies of Eminent Buddhist Monks). An outstanding feature of Tsan-ning's work is the comment which is made at the end of almost every biography. From these comments the reader gains an insight into the author's historiographical knowledge and his foresight about the future of Buddhism.

After the Northern Sung dynasty the Vinaya Sect 律宗 declined and produced no more historiographers and bibliographers. From the Southern Sung down to thc Ch'ing dynasty, however, the work in these two fields was continued by Buddhists of other sects. These fruits should be attributed to the fine tradition established by Buddhist monks of the Vinaya Sect during the heriod from the fifth to the tenth century.

A STUDY ON CHINESE BUDDHIST BIOGRAPHIES AND BIBLIOGRAPHIES DERIVED FROM THE VINAYA SECT (Part Three)

中國佛教史傳與目錄源出律學沙門之探討（下）

By Tso Sze-bong 曹仕邦

This article deals with two Buddhist bibliographical works compiled in the T'ang dynasty and one biographical work on eminent Buddhist monks written in the Northern Sung dynasty. The first Buddhist bibliographical work under discussion is the *K'ai-yüan Shih-chiao lu* 開元釋教錄 (Catalogue of the K'ai-yüan Era on Buddhism), the compilation of which was completed by a Buddhist monk Chih-shêng 智昇 in 730. This is the most comprehensive and valued work of its kind. Following the style of a Buddhist monk Tao-hsüan's 道宣 *Ta-T'ang nei-tien lu* 大唐內典錄 (Bibliography of Buddhist Canons Compiled in the T'ang Dynasty), Chih-shêng's work is more detailed and refined. For the first time Buddhist *sutras* are classified under five main headings according to the philosophical thought they contain. And for the first time Buddhist works by Chinese authors are also recognized as Buddhist scriptures. These two features have influenced all subsequent compilations of the Chinese *Tripitaka*. The method of classification used in the *Taisho Daizōkyō* 大正藏 or the Taisho edition of Tripitaka in Chinese also originates in this T'ang work.

Next we discuss the *Chên-yüan hsin-ting Shih-chiao mu-lu* 貞元新定釋教目錄 (Newly Edited Catalogue on Buddhism Compiled in the Chên-yüan Period), the compilation of which was completed by a Buddhist monk Yüan-chao 圓照 in 799 at the command of Emperor Teh-tsung of T'ang 唐德宗. The content of this work is mainly copied

THE CIVIL STAFFS OF THE MILITARY GOVERNORS IN THE T'ANG DYNASTY

唐代方鎮使府之文職僚佐

By Yen Keng-wang 嚴耕望

The staffs under the Military Governors of the T'ang dynasty were of two branches: one civil and the other military. The *T'ung-tien* 通典 (a Historical Encyclopedia by Tu Yu 杜佑) and the *Pai-kuan chih* 百官志 (the Treatise on Public Functionaries) in the *Hsin T'ang-shu* 新唐書 (the New History of the T'ang Dynasty) record the organization of the civil staff only, while no mention is made of that of the military. Discussing the ranks and duties of the military staff, I wrote an article entitled *Higher Officers under the Military Governors of the T'ang Dynasty*, which appeared in the *Symposium in Honour of Dr. Li Chi on His Seventieth Birthday* published by the *Tsing-hua Journal* in Taiwan. On the basis of the two works mentioned above, the present article makes a detailed study of the civil staff, tracing the historical evolution of their functions and status and emending textual errors in reference to them. I hope that this will be of some use to students of the Military Governorship in the T'ang period.

TS'UI HAO'S DEATH VIEWED IN THE LIGHT OF THE EARLY CULTURAL AND POLITICAL CONDITIONS OF TOBA WEI

從北魏前期的文化與政治形態論崔浩之死

By Lu Yao-tung 逯耀東

Wei Shou 魏收, author of the *Wei-shu* 魏書 (the Dynastic History of Toba Wei), left behind a historical riddle: What were the underlying causes of Ts'ui Hao's 崔浩 tragic end? Just as some scholars have done with many other historical events of the same period, this article tries to answer this particular question.

In Part One an analysis is made of the characteristics of steppe civilization as it existed in the society in which Ts'ui Hao lived. These tiny yet insoluble particles, which attached to a culture, were possibly the indirect factors which brought about this historical tragedy.

Ts'ui Hao, who had lived under the influence of agricultural civilization, attempted to reform a community which was a mixture of steppe and agrarian cultures. In so doing he clashed with the ruling power. Hence his downfall and execution. Part Two of this article discusses this clash and the various problems arisen out of it.

Acknowledgement

The Research Institute of New Asia College, Hong Kong, wishes to acknowledge with gratitude the generous contribution of the Harvard-Yenching Institute towards the cost of publication of this Journal.

一九六六年八月一日出版

新亞學報 第七卷・第二期

定價 港幣十五元 美金三元

編輯者 新亞研究所 九龍新亞書院

發行者 新亞書院圖書館 九龍土瓜灣農圃道

承印者 華通印務有限公司 香港北角海灣街二號四樓

THE NEW ASIA JOURNAL

Volume 7 *August 1966* *Number 2*

THE NEW ASIA RESEARCH INSTITUTE